edition suhrkamp 2065

Seit Gott im Sterben liegt, erlebt das Ich seinen Höhenflug. Der Prozeß der Modernisierung hat es gehärtet und gestählt. Heute weiß es nicht mehr so recht, wo und was es ist. Es ist bei der Anstrengung, es selbst zu werden, sich selbst abhanden gekommen: Individualisierung hoch zwei. Sich selbst verausgabend, erzeugt es eine Bilderflut von sich, strampelt sich ab in Selbstbeschreibungen und jagt den selbst entworfenen Möglichkeiten nach. Was ist das Ich im 21. Jahrhundert?
Ich-Jagd befaßt sich mit der nachmodernen Sprengung des Ich, der Freisetzung seiner Möglichkeiten, seiner Zurüstung für den Laufsteg und seinem Rasen durch die aufgestoßenen Räume. Kann das Ich sich selber finden? Seine Entzweiung einholen? Es selbst werden?
Peter Gross, geb. 1941, war von 1979 bis 1989 Professor für Soziologie an der Universität Bamberg und lehrt seitdem an der Universität (HSG) St. Gallen. In der edition suhrkamp erschien 1994 *Die Multioptionsgesellschaft* (es 1917).

Peter Gross
Ich-Jagd

Im Unabhängigkeitsjahrhundert

Suhrkamp

edition suhrkamp 2065
Erste Auflage 1999
© Suhrkamp Verlag Frankfurt am Main 1999
Erstausgabe
Alle Rechte vorbehalten,
insbesondere das der Übersetzung,
des öffentlichen Vortrags sowie der Übertragung durch Rundfunk
und Fernsehen, auch einzelner Teile.
Kein Teil des Werkes darf in irgendeiner Form (durch Photographie, Mikrofilm
oder andere Verfahren) ohne schriftliche Genehmigung des Verlages
reproduziert oder unter Verwendung elektronischer Systeme verarbeitet,
vervielfältigt oder verbreitet werden.
Satz: Jung Satzcentrum, Lahnau
Druck: Nomos Verlagsgesellschaft, Baden-Baden
Umschlag gestaltet nach einem Konzept
von Willy Fleckhaus: Rolf Staudt
Printed in Germany

2 3 4 5 6 – 04 03 02 01 00 99

Inhalt

Vorwort 9

Einleitung: Ich-Jagd 13

Teil I
Fernes Leuchten 31

1. Wladimir Barkow 33
2. Sich öffnende Gesellschaften 44
3. So gerne dort 49
4. Im Sog der Zukunft 57
5. Auflösung der Gegenwart 61
6. Vom Verschwinden 67
7. Das Flüssig-Ich 73
8. Auf zur Ich-Jagd 89
Exkurs 1: Der Zerfall der Wissenschaftsenklave 97

Teil II
Der Laufsteg 115

1. Bilder des Endlosen 117
2. Statt Ewigkeit Unendlichkeit 124
3. Galaktische Pilger 128
4. Dressur des Fleisches 139
5. Die Mission des Models 146
6. Rauschende Kulturen 154
7. Das anorektische Ideal 165
8. Homo clausus und Homo apertus 170
Exkurs 2: Vom Individuum zum Infinitum 176

Teil III
Unruhig ist das Ich 187

1. Leichtigkeit und Schwere des Seins 191
2. Zeit der Entscheidung 197
3. Schwere der Entscheidung 204
4. Ich-Erregung und Selbsterlösung 210

5. Ich-Verlust und Cyberselbst 216
6. Beschleunigung, Ekstase 227
7. Ich-Wiederholung 234
8. Selbstinzest 243
Exkurs 3: Differenzakzeptanz als Ich-Akzeptanz 252

Nachwort: Im Unabhängigkeitsjahrhundert 263

Anmerkungen 297

Literatur 327

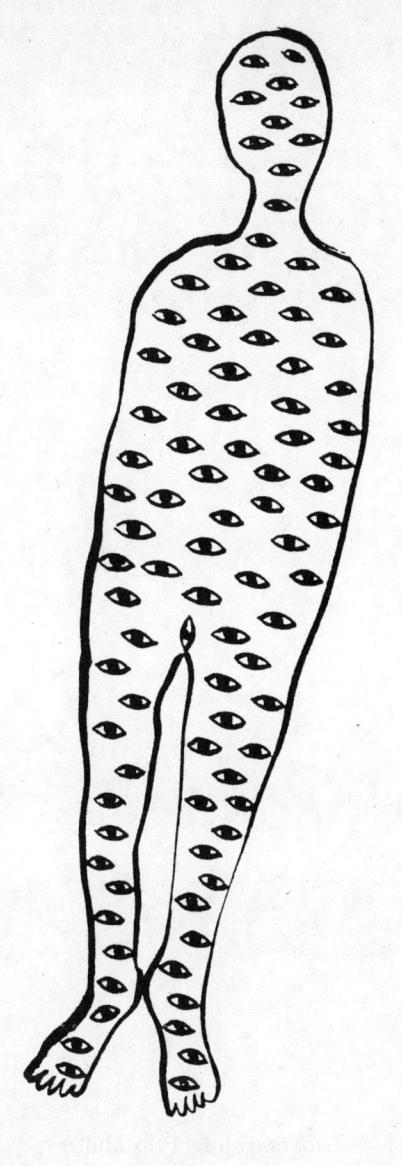

Zeichnung: Josef Felix Müller.

Vorwort

Zufrieden mit sich selbst, wer ist es! Und unzufrieden mit sich selbst, wer ist es nicht! Das ist die Ausgangslage. Sören Kierkegaard zufolge wird das Menschenleben von zwei Formen der Verzweiflung überschattet: dem verzweifelten sich Abstrampeln in Notwendigkeiten und dem verzweifelten sich Abstrampeln in Möglichkeiten. Insofern die gesamte Geschichte des Menschen zwischen Notwendigkeit und Möglichkeit oszilliert, ist es vielleicht besser, trotz postmoderner Verklärung des *und*, von *oder* zu reden. Die moderne Gesellschaft, die, zumindest potentiell, eine Multioptionsgesellschaft ist, die sich Zug um Zug aus den Notwendigkeiten herausgearbeitet und herausgeschält hat, öffnet und öffnet sich und erzwingt das Strampeln in Möglichkeiten, das Improvisieren, Wählen und Probieren, während sie das Ausführen und Kopieren hintanstellt und exorziert. Es läßt sich außerdem behaupten, daß immer, wenn die Möglichkeiten gegenüber den Notwendigkeiten hervor- und ins Leben treten, der Mensch auf sich selber verwiesen wird, sich auf sich zurückwendet, eine Partitur im Inneren sucht und eine Innenwelt entwickelt, um klar zu kommen mit der Außenwelt. Auf die Evakuierung aus den äußeren Schalen folgt die Epiphanie des Ich. Wenn gesagt wird, die neuzeitliche Moderne stehe auf dem Boden einer Rückwendung auf sich selbst, so ist das gemeint.

Man will sich finden. Man macht sich selber zur Aufgabe. Man schlägt sich zum die inneren Räume absuchenden Gralsritter. Man definiert ein spirituelles *Inseits*, welches das Jenseits und das Jenseits im Diesseits ersetzt und verdrängt. *Inner Space* statt Outer Space, *Intopie* anstelle der Utopie, ein Paradies im Innern! Unruhig ist das Herz, bis es ruhet in mir! Weiterhin gilt die Apotheose der Zukunft. Nur liegt sie jetzt im Innen, im Ich. Ich-Beobachtung und Selbstreflexion und die unter der Innenwendung entwickelten Methodologien sind operativ und begehrend, nicht mehr bezogen auf die Welt, sondern bezogen auch auf sich selbst. Aber das Ich tut sich schwer, sich zu finden. Es trifft zwar, auch ein Ende der Geschichte, auf sich selbst und sucht sich dieses Selbstgeschenks zu vergewissern. Aber da ist keine Festung, da ist kein gralsähnliches Superich, das seiner Entdeckung harrt. Im Auftreffen auf sich wird es sich selbst unsicher. Es gerät in eine wilde Gegend. Ein Durcheinander von Selbst, Sich, Ich: Es brodelt und gärt. Es zirpt im Ichmeer. Je verzweifelter es in sich dringt, sich in sich hineinschraubt, desto ferner wird es sich. Desto weiter entfernt sich jenes kompakte, unteilbare, selbstidentische, gralsähnliche Superich, von dem so hoffnungsvoll und ausschweifend in den Identitätstheorien und Selbstverwirklichungsträumen die Rede ist. Erlöst sich das Ich? Wird Ich sich, sein wahres Ich finden und irgendwann sagen können (wie Gott) »Ich bin der ich bin!« Oder ist das Unabhängigkeitsjahrhundert des Ich, mehr denn je, eine Geschichte der Selbstverängstigung und Selbstverzweiflung? Eine Jahrhundertwinterreise? Ein Jahrhundert der frierenden Seelen? Oder erhebt sich in naher Zukunft, im nächsten Jahrtausend triumphal ein Post-, ein Super-Ich?

Zumindest eine Korrektur ist notwendig. Ein Verschieben der Gewichte. Lange genug hat man die Übel dieser Welt auf ein »man«, einen verborgenen Gott oder einen Teufel, auf einen »jemand«, auf ein soziohistorisches Apriori oder einfach auf die Welt zurückgeführt, und das Ich, diese Restgröße nach Abzug der Gesellschaft, entschuldigt und ausgespart. Lange genug ist der Mensch, Nietzsche zufolge, »aus einem Zentrum gegen ein X gefallen« und hat sich mit allen Kräften weiter in die Welt und ins Weltall gegossen und getrieben. Ein Kreisel, der sich selber peitscht. Und lange genug hat man die Auswege in einer nach außen gerichteten Operativität gesehen, in der Globalisierung und Virtualisierung, in stärkeren Teleskopen und leistungsfähigeren Satelliten, in neuen Gemeinschaften und neuen Gesellschaften, in Information und Bildung, in der Verbesserung des soziohistorischen Aprioris. Und sich dem Auftrag verschrieben, aus dem anthropologischen Minimum ein historisches Maximum zu machen! Und alles sollte enden im Weltbürger, im kosmopolitischen Nirwana, im intergalaktischen Ausgriff, im milden Surren eines extraterrestrisch geknüpften Netzwerkes. Dementsprechend haben sich *Weltthemen, Weltmaßstäbe, Welterfolge* und *Welthilflosigkeiten* und deren transnationale Bearbeitung in den Vordergrund geschoben. Hat man sich damit nicht abgelenkt von sich selbst? Stimmt die Vermutung, daß eine Zeit, die zuviel mit der Weltgeschichte umgeht (um Kierkegaards Kritik an Hegel zu paraphrasieren), zwar nicht unsittlich ist, aber sich selbst betrügt, wenn sie nicht mit sich selbst umzugehen lernt? Denn die große Geschichte samt ihren traditionalen und posttraditionalen Gemeinschaften, ihren Kulturen und Bearbeitungen ist, kann nichts anderes sein als eine Projektion des oder der kleinen Ichs, und der Globus ist demzufolge eine gigantische Projektion und das Universum eigentlich ein gigantisches Ich, das die kleinen Ichs mit ihren individuellen Geschichten aufsaugt, entmutigt und entwertet.

Der Mensch lebt nicht nur auf einer kosmischen Oase, sondern ist sie selber. Mit der Jahrtausendwende beginnt erneut der Versuch, sich mit sich ins Benehmen zu setzen und Unabhängigkeit Unabhängigkeit werden zu lassen. Wir leben im Jahrhundert des sich selber bezweifelnden, sich beobachtenden ichjagenden Ich. Weder kann es sich mystisch mit sich verschmelzen, noch in eine uterocephale Blase eintauchen. Noch wird es sich von sich trennen können. Solcher Versuche müde, wird es sich als das anerkennen müssen, was es ist, nämlich sich selber suchend und versuchend, sein eigener Prediger und sein eigener Teufel, ichsagend und nie ichseiend. Ein Experiment. Damit ist nicht nichts gefunden, und damit ist auch nicht gesagt, es sei nichts zu finden. Vielmehr trägt dieses Selbstverständnis jene Selbstbefindlichkeit, die invariant und ahistorisch ein Wir konstituiert, eine zweite, eine innere Kultur, ein selbsterzeugtes gebrechliches Gerüst, eine fragile, flüchtige innere Hülle der Selbststabilisierung, eine Identität im Nicht-Identischen, die transversale Empathie konstituiert und mobilisiert. Nach der Globalisierung des Marktes die Globalisierung des Herzens! Die Verabschiedung der entropischen Hoffnung, ist sie vielleicht die wahre Hoffnung?

Zufrieden mit sich selbst, wer ist es! Und unzufrieden mit sich selbst, wer ist es nicht! Ein Versuch über die kleine personale, manchmal – nicht immer ist die Versuchung abzuweisen – persönliche, nicht Post-, sondern eher *dritte* oder *Supermoderne,* ein Schreib-Versuch also über das gottverlassene, freigesetzte und sich freisetzende Ich auf der Jagd nach seinem *missing link,* nach sich selbst in sich selbst, das Ich auf *Ich-Jagd* (nach dem oder der Phantomgefährten(in)), das Ich als *Post-Ich,* so könnte man die Handlung dieses Buches umschreiben, ein *Muding* nicht in imaginären Welten von Datenbanken, nicht im Atavarskostüm in Simulationskulturen des Cyberspace, nicht im surrenden digitalen Nirwana, in denen das Ich spielerisch variiert und ausprobiert wird, aber auch nicht im Tosen der Außenwelt, sondern in sich. Die Selbstannahme, Selbstsorge und Selbstweitung gibt Raum für anderes und andere. Ein sich nicht zur Identität zwingendes Selbstverständnis macht den Weg frei zu einer transversalen Identität im Nicht-Identischen. Oder einfacher: Wer sich selbst versteht und annimmt, versteht auch die anderen. Selbsterkenntnis als Weg zur Welterkenntnis. Auf Umlaufbahn also, um sich, in Anwesenheit von und wie alle Anderen! Und da sind sie vereint am Tresen der Herzbar: Ursula, Miriam, Lukas, Paula, Emma, Ira, Paola, Ilja, Natascha, Ilse, Jackie, Brigitte, Agathe, Uschi, Monika, Pia, Ulla, Anne, Doris, Eva, Carla, Jürg, Horst, Jürgen, Thomas, Thomas S., Michael, Fido, Thomas R., Franz, Christoph, Ronald, Olaf, Daniel, Achim, Hans, Felix-Philipp, Josef Felix, Ernst, Dieter, Peter I., Matthias, Leonhard, Marcel, Christian, Kurt und Migg und Werner und Maria und Blanca und Lisa und Angela und Marie und Ingrid und Sibylle B. und Lutz und Florian und Lara und Kyoto und alle anderen jener Familie, die es zwar außer mir gäbe, aber für mich nur in mir.

»Ich liebte es zu verweilen, aber wo immer ich auch hinkam, musste ich weichen. jedesmal wenn ich meinte, mich wiederzuerkennen, berührte mich das tief, und ich machte es mir auf der Stelle vor und nach. ich legte mir bilder zu und schwenkte mich an ihnen hoch auf, aber ins leben gehalten, liess ich von zeit zu zeit doch wieder zu wünschen übrig, kaum zurückgeworfen, schickte ich mich schon wieder nach vorne. ich betrachtete mich als unterpfand meiner bedürfnisse und ich hegte manchen verdacht. eines tages beschloss ich mich meiner zu entledigen, kaum aber wegkatapultiert, glitt ich von verschiedenen seiten schon wieder herein.«

anselm glück

Einleitung: Ich-Jagd

Sören Kierkegaard beginnt seine vermutlich hundert Jahre zu früh (nämlich 1849) veröffentlichte Abhandlung *Die Krankheit zum Tode* mit der Überschrift: »Verzweiflung ist eine Krankheit im Geist und kann so ein Dreifaches sein: verzweifelt sich nicht bewußt sein, ein Selbst zu haben (uneigentliche Verzweiflung): verzweifelt nicht man selbst sein wollen; verzweifelt man selbst sein wollen.«[1] Die Gegenwart scheint nur mehr unter dem letzteren zu leiden: verzweifelt sich selbst zu wollen, vielleicht könnte man auch sagen, sich selbst sein wollen. *Sich selbst wollen* hat die Voraussetzung, daß der Mensch nicht nur nicht ist, was er ist, sondern daß er das, was er sein könnte, was er sich ausmalt an Möglichem, auch erreichen kann. Wäre dem nicht so, gäbe es weder eine Verzweiflung noch ein operatives Denken, sondern vielleicht die Akzeptanz einer Spaltung, einer unaufhebbaren Teilung des Selbst in nicht integrierbare Fragmente. Das Ich, als herrscherliches, gehärtetes, seine Teil-Ichs in einer huldvollen Ichheit fest integrierendes Ich, ist eine Vorstellung der Neuzeit. Zu ihr gehört die Annahme des Menschen als Doppelwesen, entzweit, zerrissen, auf der Suche nach sich selbst. Verzweifelt sich selbst sein wollen und verzweifelt nicht man selbst sein wollen, hat diesen Glauben zur Voraussetzung. Noch im 19. Jahrhundert ist das Herz Jesu Organ der Verehrung und Anbetung und wird in Enzyklen gepriesen. Der Kult um das menschliche Herz ist nach zur Tagesordnung gewordenen Herztransplantationen, in denen nicht mehr wie bei der heiligen Mystikerin Marguérite-Marie Alacocque, die in ihrer ersten Vision einen Herzaustausch mit Christus, der ihr ihr Herz herausnimmt, es in seine Brust legt und dieses göttlich aufgeladen wieder zurückgibt, und nachdem Menschenherzen mit Affen- und Schweineherzen ausgetauscht werden, von kurzer Dauer gewesen.[2] Seit und weil Gott im Sterben liegt, erlebt nun das Ich seinen Höhenflug und ist gleichzeitig in Gefahr, gerade wenn es sich selbst fest will, sich zu verlieren.

Der zum Mittelpunkt des Lebens aller gewordene Mittelpunkt der klassischen deutschen Philosophie war zwar nie sehr fest gebaut. Es erschien und fiel alsbald wieder auseinander. Nicht erst heute weiß es nicht mehr so recht, was es ist und was es sein will. Aber vielleicht ist es derzeit in besonderem Maße außer sich. Es sucht sich, und je verzweifelter es sucht, desto verschwommener wird es sich selbst. Vielstimmig ertönt der Ruf nach einem festen Ich. Das Ich ist wie im toten Winkel des Ichs, weggeglitten und weggetaucht, versunken in die Tiefen des Suchens und Denkens. Unruhig ist nicht mehr das klopfende Herz, sondern ein sich selbst suchendes Ich. Aus der Tiefe rufe ich, Herr, nicht zu Dir, sondern zu mir. Das Bewußtsein über das Ich weiß, im Unterschied zum Verspüren des klopfenden Herzens, seinerseits nicht so recht, ob es innerhalb oder außerhalb seiner selbst ist. Wenn es sich reflexiv über sich selber beugt, einen Purzelbaum, wie Flusser scherzt, schlägt, um sich selbst zu vergewissern, findet es weder ein Ich noch gar sich, sondern etwas Flüchtiges, Verletzliches, Bewegliches; ein Repertoire von Selbstmodellen und eine Ich-Gestalt, die in jeder Abteilung der Ich-Wissenschaft ein anderes Aussehen annimmt; ein Vokabular von Begriffen und Behauptungen von Zuständigkeiten.

»Ich sass«, wie Robert Walser in einem Mikrogramm schreibt, und »stand gleichzeitig, schwieg und sprach und bildete zwei Personen mit der lediglich meinen und eigenen.«[3] »Ich« ist der Name, der »konvergierende Beziehungen« bezeichnet. Aber wenn alle Beziehungen, eine nach der anderen, abgezogen werden, dann bleibt kein »Ich« übrig,« bemerkt ein Ich eines Autors über Ichs.[4] Dann will es zurück, dann versichert es sich der alten Kameraden: der Institutionen, der Gesellschaft, der Strukturen, in die es hineintauchen könnte, der Kollektive und Karawanen. Schwer ist es, auszusteigen aus der Dialektik von Individualisierung und Institutionalisierung, von Autonomie und Gewißheit! Und schwer ist das Nachdenken über das Ich in sich. Aber die Vergangenheit ist Vergangenheit. Man hat diesen Kampf nach vorne zu denken: das Ich entwirft sich, und nicht nur das moderne (aber dieses besonders heftig), *in die Zukunft*. Es ist flüssig, in Bewegung; statt einen Schweif hinter sich herziehend, wirft es diesen gleichsam nach vorne, ein sich verbreiternder Lichtkegel einer Taschenlampe, sich in die Zukunft hinein verzweigend und gleichzeitig abschwächend. Die Explosion der Challenger stellt sich unvermeidlich als Bild ein: ihr sekundenschnelles und hellblendendes Zerspringen, die Explosion nach vorn, ihr Verdampfen am äußersten Ende der Atmosphäre, vor dem Eintauchen ins schwerelose All.

Auf der anderen Seite vollzieht sich über und unter und mit uns eine Bewegung, in der das Ich, vom Bewußtsein betrachtet, in seinen Versatzstücken immer wieder gepreßt, gehärtet und gefestigt und als Individuum ausgefällt sein will. Es ist, wie wenn ein ausgeglühter, aber fester Rest der Rakete auseinanderbersten und mit einem dumpfen Klang – plopp – auf die Erde zurückfallen würde. Das Selbst, das Subjekt! Der Ichling! Welche Hoffnungen bündeln sich in diesen Begriffen. Genau genommen befindet sich das Ich in einer doppelten Bewegung: eine, die es zusammen mit allen anderen vorwärts- und davontreibt, und eine zweite, im Inneren, eine Eigenbewegung im flüssigen Strom, die zu Wirbeln, Kehrtwendungen und Schleifen führt, die den Eindruck der Unordnung hervorrufen, das Individuum irgendwie festigen und gleichzeitig neue Wirklichkeiten, Repräsentationen, Topologien und Simulationen, eigentlich neue Ichs erzeugen. Das Ich wie enteignet, es erscheint und verschwindet wie eine Bewegung in der Bewegung. Derzeit ist die erste Bewegung, die Bewegung in der Bewegung merklicher, denn sie ist nicht absolut gleichmäßig, bis ins äußerste sich selbst wiederholend und deshalb unmerklich, sondern unstet, nachlassend, sich wieder steigernd, innehaltend oder sich gar rückwärts drehend, vergleichbar einem Strudel im Strom. »Frisch und konzentriert müssen die Arbeitenden nach vorwärts blicken und liegenlassen, was zur Seite liegt.«[5]

Die unaufhörliche und sich geradezu überschlagende Produktion neuer Wirklichkeiten und Zustandsbeschreibungen von Wirklichkeiten, ihre Klonung, Virtualisierung und Phantomisierung und das Verschwinden oder Umformen, Transformieren, Quälen und Travestieren des Überkommenen stehen in engster Beziehung mit dieser Eigenbewegung. Frisch und konzentriert müssen die Arbeitenden nach innen blicken und liegenlassen, was außen liegt. Die Gegenwart zieht sich im Ich krampfhaft zusammen, das Ich atomisiert sich, schraubt sich in sich selbst ein, will sich, findet sich innen nicht, wendet sich deshalb nach außen und versucht, sich vom Rand her zu ersehen und zu sehen – der aufmerkende Blickstrahl fährt nach innen in einen unentwirrbaren Knäuel, in ein Selbst. Im Selbst erfahren gleichwohl alle Modernisierungsvorgänge ihre interne Repräsentation, ihre *einsamste Zuspitzung* und ihre *äußerste Steigerung*; der Verschleiß der Verbindlichkeiten, die Steigerung der Kontingenz, die Schwarzbelichtung dessen, was ist; und der Überhang des Potentiellen, das Aufkommen des Möglichkeitssinns, des kategorischen Konjunktivs und das Denken des Kontrafaktischen, durch das die Moderne erst ihre Leistungsfähigkeit entfaltet; und die Transformation und Umarbeitung des Festen ins Weiche, der absolute Triumph des Wollens, aber auch die Implosion des Ichs und die Geburt des Individuums.

Das Individuum als Einzelnes und Unteilbares, als gefestigtes, epiphanes Selbst, als leuchtende Substanz und das Ich als zerspringendes, multiples, fraktales Paradigma, als *mittelpunktloses Netz* (Richard Rorty), als Straßenkreuzung, auf der es rauscht (C. Lévi-Strauss), ist gleichzeitig Resultat und Agens einer Entwicklung, die das Ich hervortreten und verschwinden, hervortreten und verschwinden ließ.[6] Dieses Ich will sich selbst, *idem*, Identität, seit es Gott nicht mehr will und seit sich die Welt, nachdem die letzten weißen Flecken beseitigt sind, nachdem sie sich über Jahrtausende geöffnet hat, wieder schließt. »Eine Generation, die noch mit der Pferdebahn zur Schule gefahren war, stand unter freiem Himmel in einer Landschaft, in der nichts unverändert geblieben war als die Wolken und unter ihnen, in einem Kraftfeld zerstörender Ströme und Explosionen, der winzige, gebrechliche Menschenkörper«.[7] Das Individuum sucht Gott, nachdem sich kein göttlicher Himmel mehr über die kopernikanische Erde breitet, in sich; es will nach innen, sich selbst erlösen, seit es nicht mehr nach außen und oben kann. Als Moses den Herrn nach seinem Namen fragt, erhält er die Antwort: *Ego sum qui sum (Exod. 3,14)*, eine Antwort, die der moderne Mensch sich selber geben will: Ich bin der ich bin.[8] Christus außerhalb bringt keinen Nutzen, er wird verinnerlicht; noch »Cogito, ergo sum« ist eine Variation davon und, was in der Soziologie Identität genannt wird, als Übereinstimmung mit sich selbst ist Widerschein der Antwort Gottes. Aber Gott ist, soweit die Erfahrung im irdischen Leben, unerreichbar, zu ihm blicken wir auf. Denn wir sind, wie man es ausdrücken könnte, nicht nur, was wir waren und was wir sein werden, wir sind immer noch Nicht-Wir. Indem wir uns, indem das Ich sich will, trifft es statt auf sich selbst auf Beschreibungen, was es war und was es werden könnte. Vielleicht ist Gott die höchste Steigerungsform des Ich: Ist, was er ist, sich selbst. *Nichts sonst.* Indem Ich sich will, trifft es statt auf sich selbst auf externalisierte, selbstgeschaffene Befindlichkeits- und Zustandsbeschreibungen von sich und vielleicht ist auch das absolute *Ich bin der ich bin* Gottes eine davon. Je tiefer es dringt, desto tiefer wird die Tiefe. Es findet keinen Haltepunkt, keinen harten Fels, an dem der Spaten sich zurückbiegt, auch keinen, der Straußschen Penelope auf Ithaka ähnlichen Koloß, in dessen Inneren jene »kleine zarte Person« sitzt, die vielleicht auch eine Epiphanie des Ichs ist, Epiphanie als Egophanie. Was sich findet, ist ein Schwanken, das Sausen und Brausen einer Gedankenfabrik, ein am *Selbst* orientiertes Unternehmen.[9] Alle sind, so eine lange Reihe von Anstrengungen, vom ägyptischen Totenkult über buddhistische, im Zen verschärfte Lehren vom Nichtvorhandensein eines Ich, bis zur europäischen Aufklärung, wie Montaigne bemerkt, nichts Ganzes, Einheitliches oder Festes. Aus »lauter Flicken und Fetzen so kunterbunt unförmlich zusammengestückt, daß jeder Lappen jeden Augenblick sein eigenes Spiel treibt.«[10] Oder sich ablöst. »Kaum wegkatapultiert, glitt ich von verschiedenen Seiten schon wieder herein« (Anselm Glück).

Im ägyptischen Totenkult wird das fleischerne Herz der Verstorbenen gegen ein Steinherz ausgetauscht, Symbol einer unbewegten Festigkeit, aber erst nach dem Tode. Im Leben erscheint es als Wunschtraum, als etwas, woran sich der Geist wie an ein sicheres Floß auf dem Fluß des Lebens klammern könne, *anatman*, das wahre, von der buddhistischen Lehre abgelehnte Selbst, das eigentlich ein »Nicht-Selbst« ist.[11] Die ichentdeckende Philosophie seit Fichte hofft, ein solches zu entdecken, findet aber ein Herz aus Fleisch; Gott hat das Steinerne längst entfernt (*Ezechiel 11,19*). Nichts vermag es vor dem in sich dringenden Blick zu schützen, kein Sarkophag aus Blei, Kupfer, Gold oder Marmor, keine Kapsel, und schon gar nicht hat es selber die Härte eines Steins oder gar eines Diamanten, eine Härte, die den verweslichen Körpern mangelt. Auf sich selbst zurückverwiesen, fragt man von Tür zu Tür weiter nach sich selbst, man ist wie in einem Gefüge von Relationen gefangen, mit einer Vielzahl von Ichs, die zerfallen oder sich vermehren und sich in die Zukunft hinein entwerfen. »Walking self«.[12] Unruhig ist mein Herz, bis es ruhet in mir.

Der Mensch als Ichträger hadert mit sich, besser mit seinen Ichs, versucht sich diesen anzugleichen oder überantwortet sich sich und spielt mit neuen Krankheitsbildern. Amnesie, Multiphrenie, multiple Persönlichkeitsstörung, dissoziative Störungen, ein Kostümfest sondergleichen. Je nach Beschreibung ist das Ich aus der Natur oder aus Gott oder aus der Gemeinschaft herausgefallen, seit es Mensch geworden, das Tor der Erkenntnis durchschritten, die Verbindung zur Natur gekappt und die Erde umrundet hat, leuchtet es in sich hinein. In einer vielleicht wahnhaften Vorstellung von Ordentlichkeit und Ordnung will es seine zwei oder zehn oder hundertsiebenundvierzig ausgelassenen Ichs in einem ganzheitlichen Ich der Iche, in einer Ichheit, einer Identität integrieren, einfangen und sich einverleiben oder durch monastische Exerzitien zu einem verborgenen, transzendentalen Ego, zu einem *Superich* vordringen. Alles was ich war und nicht war, bin ich – schreibt Fernando Pessoa – und fügen wir hinzu – alles was wir sein möchten, wollen wir sein – *mehr denn je*. Nicht allein haben wir uns selber immer vor uns. Der Mensch ist seines Schattens Traum oder vielleicht besser seines Traumes Schatten, eine grenzenlose Unruhe mottet, weil er sich selber vorweg, heute mehr denn je vorweg ist.

Seit der Aufkärung des Ich über sich selber tritt gegenüber der Beschreibung des Ich, was es war, die Beschreibung, was es sein könnte, in den Vordergrund. So festigt und befestigt der moderne Mensch nicht Zeiten, Räume, Bindungen, sondern verwandelt er Orte in Nicht-Orte, schafft Durchgangsräume: Schalterhallen, Tankstellen, Bahnhöfe, Flughäfen, Weltraumterminals und macht, nachdem die Erde in ihrer Begrenzung erkannt, diese selber zu einem Transitorium, einer riesigen Plattform, plant den ornithoiden Gattungsumbau und wird als kosmisches Ich Teil einer planetarischen Anatomie. Beobachtung ist immer auch Selbstbeobachtung, und insofern es der Moderne darum geht, die Welt zu zwingen, anders zu sein, als sie ist, läßt sich auch an sich selbst beobachten, wie man sich zwingt, anders zu sein, als man ist, oder so zu sein, daß man ist, überhaupt ist. Der Mensch ist ein diskontinuierliches Wesen, ein Abgrund trennt ihn nicht nur von der Natur und vom Anderen, sondern von sich selbst, von seinen Möglichkeiten. Genau so gut wie »Ich denke, also bin ich« ließe sich sagen »Ich denke, was ich nicht bin, also bin ich, was ich nicht denke«! Und je ungebundener das Ich, um so mehr Möglichkeiten schließen sich auf, desto mehr Biwakplätze bieten sich dem Ich.[13] Die Möglichkeit, oder, wie es Musil im vierten Kapitel vom *Mann ohne Eigenschaften* ausdrückt, wenn es Wirklichkeitssinn gibt, muß es auch Möglichkeitssinn geben, und das Mögliche hat etwas »sehr Göttliches in sich, ein Feuer, einen Flug, einen Bauwillen«.[14] Es umfaßt die noch nicht erwachten Absichten Gottes, ist von theologischen bis zu soziologischen und philosophischen Überlegungen immer wieder zu lesen. Jedenfalls erscheint sich der moderne Mensch selber wie geteilt, doppelt, gespalten, exzentrisch, potentiell. Was er ist, liegt – als Erinnerung – hinter ihm und oder – als Hoffnung – vor ihm, er war einmal ganz und gut und will es wieder werden.

Vielleicht ist die ganze Kultur eine Schilderung dessen, was der Mensch hinter sich oder vor sich sieht, und eine Geschichte von Hinweisen, wie er mit seiner eigenen Spannung und Entzweiung umgegangen ist und umzugehen hat. Das Individuum ist ein geschlossenes, das Ich ein offenes, dynamisches, aus sich selber wegstrebendes Konzept im Zuge der unaufhörlichen Vorwärtsbewegung, in der wir uns seit der Vorstellung befinden, die Entzweiung könnte in einem verzweifelten Rückwärts oder einem gewaltsamen Vorwärts oder in einem Monismus materieller oder spiritueller Art rückgängig gemacht und aufgehoben werden. Seit die Entwicklung nicht mehr nach oben, in die Vertikale strebt und auch nicht mehr Festigung im Rückwärts, im gewissen *Mich* sucht, und seit schließlich die Suche nach einem allen empirischen Ichs vorausliegenden, transzendentalen Ur-Ich ad acta gelegt ist und alle Anstrengung der Zukunft dem Vorwärts gelten, zerspringt das Ich in der Selbstbetrachtung und sendet das Ich einen Ichstrahl aus, auf dem es sich nach vorne schickt; ein Jules Verne der unsichtbaren Schiffe. Das Ich sagt immer: ich will: ich will das andere Ich, ich will mich, ich will Identität, mich.

Die alten Beschreibungen der Fortschrittsbewegung und Modernisierung, die Nachklänge der Französischen Revolution demonstrieren den Vorgang der strukturellen Entbettung der Menschen, seine Entfernung von der Unterlage, von den Orten der Gewißheit, seine prinzipielle Heimatlosigkeit und die gleichzeitige Erosion der handlungsleitenden Gewißheiten und Selbstverständlichkeiten. Neue Zustandsbeschreibungen ermitteln im nun entstandenen Individuum selber, leuchten in dieses hinein und sind Beschreibungen der Selbstfindung und Selbstentfremdung. Die Gesellschaft teilt sich in ihren Entitäten: die Welt spaltet sich, Europa entzweit sich, die Schweiz hälftet sich, überall Zwillinge, doppelte Lottchen, Zweisprachigkeiten, doppelte Staatsbürgerschaften, Mischehen, Bi-Identitäten, und überall Versuche, Brücken zu schlagen, Differenzen zu überwinden, Transit, eine endlose Aufgabe. Und enden immer wieder in der Ausfällung eines epiphanen Ichs, als Individuum, einer Art Selbstgeburt, *causa sui*, etwas, das selbstbewußt, unberechenbar und prometisch die Welt als Jagdrevier austestet.

Die gesellschaftliche Spaltung entspricht einem gespaltenen Selbst, und die milliardenfache Selbst-Entzweiung spiegelt sich nun in den Entitäten der gespaltenen Welt, des entzweiten Europas, der doppelten Schweiz. Das herrschenwollende, seinen Unabhängigkeitstag feiernde Ich, von dem in der Aufklärung die Rede ist und das – wie früher Gott – zum Beispiel als *transzendentales Ich*, als *Ur-Ego*, oder noch prächtiger, als *heiliger Gral* huldvoll in sich selber ruht,[15] spaltet sich selbst in seiner Bewußtwerdung, wird zu einer unendlichen Kette von Entzweiungen, wovon der eine Teil dem anderen voraus ist, in die Zukunft geschleudert, gleißend, Erlösung signalisierend, und dessen Spur die abgestoßenen Ich-Hüllen säumen, ausgebrannten Fahrzeugen gleich auf der Spur, die die Eroberer genommen haben.

Der Mensch ist nie, was er ist, sondern was er tut und was er will und was er sein möchte. Er ist nicht, sondern wird, schwebt, eilt, ist, wenn man überhaupt von ist sprechen kann, intentional, in Bewegung, auf dem Sprung nach vorn. Er operiert. Was der Mensch möchte und was er sein möchte, bildet er in seinen Möglichkeiten aus, und zwar immer und andauernd (und manchmal möchte er auch nicht sich sein).[16] Als Möglichkeitstier, als das der Mensch gelegentlich auch bezeichnet wird, nicht festgestellt, von Wirklichkeiten zu Möglichkeiten, die zu Wirklichkeiten werden und dann wieder zu Möglichkeiten, tritt manchmal die Möglichkeit hinter die Wirklichkeit zurück und so bearbeitet, daß sie als uneinholbar oder als dystopisch gesehen wird. Die Verzweiflung ist dann, könnte man Kierkegaard variierend sagen, eine Verzweiflung ob der Notwendigkeiten und des Fehlens von realisierbaren und ausgeheckten Möglichkeiten. In der modernen, fortschrittsbeseelten Gesellschaft stehen *Novum* und *Möglichkeit* im Vordergrund, sie bestimmen die Wirklichkeit so, wie das mögliche Ich das wirkliche Ich bestimmt.

Um Achtzehnhundert betritt das Subjekt nicht die Bühne der Weltgeschichte, sondern drängt sich von der Hinter- auf die ungeschützte Vorderbühne: Seht mich, ich bin ich. Auf dieser himmellosen, nicht mehr dem Auge Gottes, sondern den messenden Blikken der Anderen ausgesetzten Vorderbühne strampelt es sich nun ab, peinigt sich selbst und kann nicht verschwinden. Die Verzweiflung, die daraus resultiert, ist die Verzweiflung ob des Abstrampelns in Möglichkeiten, die die Wirklichkeit überrennen, das Ich zu immer neuen Anstrengungen verführen und es foppen, und die Verzweiflung über die Endlosigkeit dieses Kampfes. Die in der Stählung des Ichs zum Individuum erreichte Festigkeit und Eigenkraft wird nun umgeleitet auf die Erfindung von Ich-Optionen, die dem kreierenden Ich gleichsam vorausgeworfen werden mit dem Befehl, sie wieder einzusammeln, um sich zu verwirklichen.

Seit die Weltentwicklung pausiert, ein Ende der Utopie verkündet wird, und die Fortschrittsbewegung nicht mehr so leicht in die Zukunft vorstößt, ist das Ich noch lieber dort, wo es nicht, noch nicht ist. Die Möglichkeit ist die dem modernsten, letzten Menschen liebste Wirklichkeit, und insofern das *Mich* seine soziale Existenz, seine Bindungen zunehmend auflöst, *will* das *Ich* stärker als je, will verzweifelt sich selber, Individuum, *idem* sein. *Unio mystica mit sich selbst*! Das, was früher Utopie hieß, heißt nun *Intopie*, Identität des von sich getrennten Menschen mit sich selbst: *Individuum*. Die Notwendigkeit, angesichts der Ermüdung der Moderne auf die Zukunft zu verzichten, mag die Gegenwart prägen,[17] nicht aber das Individuum, das sich, wenn nichts mehr getan werden kann, sich selber zuwendet. Die axiologische Kehre, in der auch die Zukunft durch die ihr innewohnenden Risiken und katastrophischen Bedrohungen entzaubert wird, lässt das individuelle Heil um so heller erstrahlen. Wunderbare, unermeßliche Schätze muß es in den Tiefen des Menschen geben!

Das *Sich-selber-Sein* wird zwar um so schwieriger, je schillernder und multipler das Ich wird und werden muß. Der moderne Mensch ist, was er nicht ist, und je weiter er sich von dem und von denen entfernt, was er sein will, desto panischer entsendet er sich dorthin. Die Anziehungskraft der Zukunft nimmt zu, je verschwommener sie wird und fast verschwindet. Das Ich, das sich, nachdem es sich seiner Hüllen entledigt hat, in und bei sich selber sucht und sich der sich auflösenden und ausrinnenden Gegenwart durch Wegrennen in die materiellen und virtuellen Illusionen zu entziehen sucht, bleibt in der Realität wie stecken. Vielleicht kann man auch sagen, daß im gleichen Maße, wie die gesellschaftlichen Utopien leer geworden, die Zukünfte – schwarz – sich ins Endlose erstrecken, immer neue Ichs, vorlaufende Bilder kreiert werden, und die Empirie, die Realität, das Gegebene und Vorfindliche vergeblich sein Gewicht anmeldet. Im in die Zukunft projizierten Ich, im Vor-Bild, wird jene Zukunft gerettet, die sich, seit Unendlichkeit an die Stelle der Ewigkeit getreten ist, in der Ferne verliert. Die Anteilnahme wendet sich einem Ich zu, das sich in Möglichkeiten aufspaltet, zu zwei, drei, mehreren, vielen Möglichkeiten wird. Das sich beobachtende Ich teilt und spaltet sich, implodiert und beugt sich gleichzeitig sorgenvoll über sich; seine innere Mongolei. Es sucht eine Vertäuung des Ichs, ein Kissen, um es zu betten, einen Sitz; etwas Festes, Unteilbares, eine Seele, ein *Superhirn*, ein *Ultra-Ich*. Bei aller Anstrengung ist es nicht zu fassen, einer in allen Farben schimmernden Seifenblase ähnlich. So kommen große und kleine Geschichte des Ichs zusammen.

Menschen haben und machen, könnte man darüber hinaus sagen, eine große, eine kleine und außerdem eine *mittlere*, die große und die kleine Geschichte *vermittelnde* Geschichte. Die *große* Geschichte ist die abstrakte Weltgeschichte, wie sie in den Geschichtsbüchern anhand großer Kriege, großer Katastrophen, großer Wanderungen und großer Könige und Feldherren komprimiert wird. Die Geschichte des Verbandes, in dem der Mensch aufwächst und lebt, könnte man die *mittlere* Geschichte, die Sozial- oder Kulturgeschichte nennen. Die *kleinere* Geschichte ist die Geschichte des Ichs, die Geschichte der Nußschale auf dem Meer der großen Geschichte, aus der es *zirpt*, wie Gottfried Benn hört, oder in der es *raschelt*, wie Cotroneo sagen würde.[18] Große, mittlere und kleine Geschichte stehen wiederum kulturspezifisch und historisch aspektiv im Vordergrund. Große Geschichte wird derzeit unter dem Signum ihrer Kristallisation, ihrer Erschöpfung und ihres Endes behandelt (der Grund, warum sie, wie um dieser Drohung zu entkommen, das Tempo beschleunigt) und auch, unter der Metapher der Globalisierung, als der Vorstellung einer Weltfusion (dieser Leib hat noch keine Seele ...) in einem Punkt Omega, einem *mystischen Finale*, der spirituellen Verschmelzung aller Ichs in einem kosmischen Zentralorgan, einem Ultra-Ich, einem pulsierenden Herz der Materie im Sinne Teilhard de Chardins; die mittlere unter dem Titel, besser der Drohung der Aushöhlung, des Verlustes an *habits*, an Ligaturen, an Kommunismus des Herzens. Die kleine Geschichte der Ichlinge ist, vielleicht ob der Ermattung der alten Fortschrittsmoderne, die große, die ganz große Geschichte geworden. Nachdem die überkommenen Festigkeiten der mittleren Geschichte, die Fabrik und die Familie schwinden, erhebt sich das Ultra-Ich oder inkarniert sich das Innen-Ich. So wendet sich ein entzweites Ich nach der Destruktion der mittleren Geschichte, der globalen und ihren Verheißungen eines kosmischen Finales, eines allgemeinen Selbstbewußtseins zu, oder der individuellen und ihrer Versprechung einer selbsterlösenden Selbstverwirklichung.

Während das Endlose des Fortschrittsprojektes zur Genüge, und keineswegs erst seit Max Weber, der seine Überlegungen ja an Gedanken Tolstojs anschließt, tausendfach bearbeitet worden ist, ist die parallele, kleine Geschichte, die sich nun im Anschluß an das Ende der großen Geschichte und die Erzählungen über das Auslaufen der kommunitären Geschichte, der ein ungebundenes, flottierendes Ich entspringt, höchst fragmentarisch reflektiert und selten im Kontext der großen und mittleren Geschichte gedeutet.[19] Am tiefsten geschieht dies, abgesehen von gesellschaftsdiagnostisch wenig beachteten theologischen Überlegungen (etwa bei Tillich), in der modernen Literatur, bei Hölderlin (»dessen Dichtung fremd in ihrer« und noch in der heutigen Zeit steht[20]). Dostojewskij, Musil, Benn, Joyce, Kafka, Hesse, Broch, Robert Walser, Thomas Bernhard, Ingeborg Bachmann, bei Goetz, Strauss und Handke, aber auch bei Claude Simon, Jelinek, Innoue, Sibylle Berg oder Aigner, auch wenn ich vom letztgenannten erst wenige Zeilen (1997) über eine erstaunliche Begegnung (mit sich?) gelesen habe.* Und während die Ausbettung oder Ausfällung des Ichs aus seinen kulturellen Kommunen, Ligaturen und örtlichen Kontexten seit langem beklagt wird (und wie zum Trost der Globalismus

---

* »Vorgebeugt, die Arme am Rücken, ging ich wie ein Rabe breitbeinig auf dem St. Marxer Friedhof zwischen Büschen umher. Heiss war der Mittag, daß die Augenbrauen brannten. Hinter der vorletzten Buschreihe zum Kiesweg wartete der Pfau, und wir starrten einander an. Mir war klar, daß ich meinem Tod gegenüberstand. Die Hitze kämmte mich mit Schweiss. Es war phantastisch, wirklich den eigenen Tod, der niemand anderem zugehört, zu sehen, in ihm

als allgemeines differenzloses Weltbewußtsein floriert), verhallt die Implosion und Entfesselung des Ichs in Beschreibungen der kapitalen Entwicklungen und Zustände der allgemeinen Katastrophen und Nöte. Unterdessen flieht die Zeit; die Reflexion, zu der die Postmoderne aufrief, ist im Gegenwartslärm verschwunden, die Zukunft absorbiert. Man könnte auch, wie in bezug auf die Geschichte, sagen, daß die Moderne eine große, eine mittlere und eine kleine Postmoderne hat, gehabt hat. In der großen Postmoderne, von der überall die Rede war und noch ist, beugt sich die Moderne über die Moderne, wird reflexiv. In der mittleren betrachtet sie (in der Regel sorgenvoll) ihre Selbstverständlichkeiten und Gewißheiten, ohne zu merken, daß sie dabei ihren Zerfall beschleunigt. In der kleinen Postmoderne sucht und beobachtet das Selbst sich selbst und will sich selbst, wenigstens sich selbst gewinnen und erlösen. Sie, auch wenn sie nicht, noch nicht konsequent zusammengedacht wird mit der mittleren und großen, tritt heute in den Vordergrund. Denn die große Postmoderne ist verschwunden, weggefegt, obwohl sie vielleicht, rückblickend betrachtet, keineswegs ein luxurierendes Stadium bedeutete, sondern eher einer ruckartigen Beschleunigung gleichkam, einem epileptischen Anfall vergleichbar; einer *Konvulsion*, die in der Selbstanwendung des Wissens, welche ja das Gewisse verfügbar, die Vorgabe zur Aufgabe macht und nach vorne schleudert, kulminiert.

Die *kleine* Postmoderne, *die Beugung des Ichs über das Ich*, des Selbst über das Selbst, tritt in der nun beschleunigten und verschärften Hochmoderne, jene bekannte, große Postmoderne kompensierend, zutage, nichts ist zu Ende, die Mobilmachung ist total, die Bewegung ekstatisch, das Fleisch mimetisch, die Spaltung endlos, einer sich fortzeugenden Kettenreaktion vergleichbar, das gleichzeitige Vorwärts und Kreisen im Vorwärts, sich um Schmutzpartikel bildende Ichs, virtuelle Schatten; eine Doppelbewegung, die langsam, aber immer schneller davontreibt und alles mitreißt, im Innern aber jene zahlreichen Wirbel, Kehrtwendungen oder Schleifen aufweist, die den Eindruck der Unordnung her-

<small>die eigene Existenz mit dem winzigen Hirn und der ausgefransten Federschleppe zu erkennen, so absurd auf diesem längst aufgelassenen Friedhof, daß ich in Gelächter ausbrach wie noch nie. Mein Tod dreht langsam um und entfernte sich. Ich sah genau, daß die Schleppe des Pfaus die Form des Endstücks unseres zentralen Nervensystems hat, das er über Steine, Staub, Gras und Laub schleifte.«</small>

vorrufen, den Zug des Ganzen aber in keiner Weise beeinträchtigen.[21] »Und wir: Zuschauer, immer, überall, dem allen zugewandt und nie hinaus! Uns überfüllts. Wir ordnens. Es zerfällt. Wir ordnens wieder und zerfallen selbst«, klagt Rilke in den Duineser Elegien.[22] Gewiß, Selbsterkenntnis ist nicht möglich, indem man Abstand nimmt von der Welt, denn diese spiegelt sich und ist auch Resultat des Selbst. Seit Gott im Sterben liegt, feiert das Individuum seine *Epiphanie*, seinen *Independence Day*, sein *Unabhängigkeitsjahrhundert*; spiegelt, dem abendländischen Monotheismus folgend, diesen in einem Ich-Monotheismus, will sich, will identisch, eins sein mit sich. In Bewegung in sich, in der Selbstanbetung und Selbstvergottung verliert es sich, setzt sich und macht sich frei, wird freigesetzt, Identitätsdiffusion, teilt sich in Teil-Ichs, iteriert, wird polytheistisch-multipel, zum Multimind, wird geteilt, enteilt und will von sich eingeholt werden, stürzt sich in eine Vorwärtsbewegung. Seit die Geschichte nicht mehr nur gemächlich fließt, sondern vorwärts reißt, wird auch der Ich-Flug trudelnd und scheinen nur mehr die kleinen Schleifen und Kehrtwendungen vom eigenmächtigen und herrschenwollenden Ich und seinen Versuchen, Individuum zu werden, zu künden. Es ist, um das Bild vom Anfang zu wiederholen, wie wenn der das Zeitfahren absolvierende Radfahrer umgestiegen wäre auf eine das Fahren simulierende Maschine, einen *Home Trainer*, auf dem sich der Körper rüstet für den Abflug, die Levitation, das Verschwinden. Endlos sind die Hoffnungen, sich selber einzuholen, sich zu verwirklichen, identisch zu werden, die davongelaufenen Ichs zu integrieren, mit sich (in welchem Bild sich dieses auch immer verflüchtigt) zu verschmelzen, mit seinen inneren Lieben, *Feedwithin*. Und endlos sind die Metaphern, um die Ich-Jagd zu beschreiben, und die Motive, die sich herausbilden und wieder verschwinden und erneut in den Vordergrund treten.

Wenn sich in der abendländischen Geschichte solche durchgehalten haben und in ein Wechselverhältnis zueinander getreten sind, dann sind es drei Motivpaare, die genannt werden können. Es sind die Doppelmotive der *Öffnung* und *Schließung* oder der *Entleerung* und *des Aufsaugens*, der *Bewegung* und des *Verweilens* und des *Abfalls* und der *Reinheit*. Davon hat sich unter den Insignien und Programmen moderner und verschärft moderner Gesellschaften das Motiv der Öffnung und Schließung, dem Rhythmus der Gesellschaft folgend, in den Vordergrund geschoben; in der großen Geschichte in der Öffnung der Gesellschaften, in der kleinen im *anorektischen Ideal*, in einer Art *kognitiven Bulimie*, in individueller Auspressung und Verschlankung. Verschlankung und Auspressung. Wie sich die offene Gesellschaft gleichsam in die Zukunft entleert, in ihren Möglichkeiten schäumt und diese entfesselt und freiläßt, leant und castet sich das Ich, um Individuum, *idem* zu werden. Der modernen Entfesselung des Ichs folgen die Versuche, dieses zu jagen, zu domestizieren und zu integrieren, eine Art innere Familie zusammenzuhalten.[23] Die Antwort auf das Herausfallen aus der Natur war die Kultur mit ihren festen Gewißheiten und Gewichten; dem Herausfallen aus den kulturellen Selbstverständlichkeiten folgten die Anstrengungen Knigges und der Ethik; der Entfesselung des Individuums die Versuche, es zu organisieren, zu managen. Und der Ausbettung des Ichs folgen die Versuche, es einzufangen, wiederzugewinnen, Identität. »Der Held zersplittert sein Schwerdt und wirft es über(s) Meer(e).«[24] In Kesseljagd und Kesseltreiben bilden die Schützen und Treiber einen Kreis und bewegen sich auf Kommando langsam und gleiche Abstände haltend, schießend und ladend auf die Kesselmitte zu. Früher haben die Menschen Tiere gejagt, dann Menschen. Heute jagen sie sich. Die Ichlinge sind auf Waldstreife und lesen Ich-Zeichen und Trittsiegel, sie folgen Spuren und Fährten, sie deuten Bruchzeichen, wo andere schon waren, sie sammeln Trophäen, mit denen sie ihr Jagdich erregen.

Ganz diesem Bild entsprechend folgt die Auslotung des inneren Raums nicht festen Karten und darin verzeichneten Wegen, sondern unterschiedlichen Spuren, die vom fliehenden, von den Schützen und Treibern selber ausgesetzten Wild die Aufmerksamkeit auf sich ziehen; Spuren, deren Kennzeichen es ist, daß sie in endloser Auseinandersetzung vom Ich mit dem Ich hergestellt und entsprechend repetitiv sind: Zeichen in Büchern der zeitgenössischen Kunst und Literatur; brave und weniger brave Kategorisierungen und Abtragungen auf einem Zeitstrahl; Rückstände an den Schauplätzen des wissenschaftlich temperierten *Ichgerangels*; Objekte und Objektbearbeitungen; Material, das seinen Niederschlag findet in Texten, Klängen, Clips, in erhitzten Teleexistenzen und virtuellen Identitäten; unvertraute Fischgründe vielleicht, außerhalb der Sechs- oder Zwölfmeilenzonen des Erlaubten[25]; (post-photographische) nicht-lineare, hypertextuelle *Crossover-Empirie*, ein über *Links* hüpfender Text, der sich, weil so entstanden, auch Crossover, kreuz und quer lesen läßt. Für Jean Baudrillard ist die Simulation, die Wiederholung der Realität, ein imperfektes Verbrechen[26], weil es Spuren hinterlassen hat, vielleicht ist die Wiederholung, die Simulation, eine Notwendigkeit eines in die Zukunft hineingespannten Ichs, also keine Kompensation, kein Zwischenschritt ins Nichts, auch nicht das einzige, das nach Kierkegaard Glück verheißt[27], sondern die Bedingung der Möglichkeit der Aufgabe der Jagd, des Friedens mit dem Ich.

Vom Ichverlust und von den Anstrengungen und Zurüstungen des Ichs, sich zu definieren, zu modulieren und zu dirigieren, zu jagen und zu finden, versucht dieses Buch zu berichten; von der leuchtenden und gleichzeitig drohenden Zukunft, in die hinein Ich sich freisetzt und wirft (Teil I); der individuellen, operativen Zurüstung und Bewirtschaftung des Ichs auf der Jagd nach sich im Ich (Teil II); und den Bedingungen der Möglichkeit, sich gegen diese zu wenden, sich in einem Kraftakt gegen sich zu entscheiden oder sich über sich zu erheben, sich zu transzendieren. Oder schwächer und menschlicher, die Hoffnung auf Selbsterlösung des Ichs ausschließende, die Vorläufigkeit, das Unterwegs, das Nichtich und seine endlosen Selbstkorrekturen anerkennende Seinsweisen zu wählen (Teil III). So wie die Suche nach dem Ich als spiegelverkehrte Suche nach Gott im Inneren keinen Haltepunkt findet, sich in immer neuen Kammern und Differenzierungen verirrt, den Faden verliert, findet diese Suche auch keine endgültige Zustandsbeschreibung, die die bisherigen aufheben würde. Das Ich auf Umlaufbahn um sich, in vierundzwanzig Versuchen und drei Exkursen als wissenschaftlichen Atempausen. Im Intranet der Profession.

Die vorhandenen und möglichen Ichbeschreibungen sind Beutestücke einer Jagd, die währt und währt (ein Rad, das sich nicht abnutzt); Selbstentsprechungen, wo das Wild, scheu geworden ob der Dauerbeobachtung, häufig genug entwischt, auch wenn das ermüdete Auge auf den nachjagenden Ichs für kurze Zeit wie auf Wildtrophäen ruht. *Trophäen*: Die mittels digitaler Technik überarbeiteten und versiegelten Frauen mit rotglühenden Händen aus der Serie *Thank you Thighmaster* von Inez van Lamsweerde; die winzigen, leergepreßten, verausgabten Körper auf dem Pauschenpferd in Atlanta; Hélène Grimaud, Brahms und Wölfe in sich wiegend; oder Angela Haering beim zweiten Versuch, in höchster Höhe mit höchster Präzision und höchster Anstrengung, trotz schlafloser Nacht und schwerstem Außendruck, das Klavierkonzert d-moll

KV 466 zu Ende zu bringen. Wladimir Barkow, der einen mit einer schuppenartigen Oberfläche versehenen Zwillingsbruder in sich trug; Ulrich und seine schattenhafte Verdoppelung Agathe; Pasqual Pinons große Liebe, die er, weil sie wie eine Knospe aus seiner Stirn wächst, nie lieben kann; Nabokovs Zwillingsungeheuer Lloyd und Floyd; Florian mit seinem kleinen Bruder in der Todeswüste Takla Makan; David und Michael Ross in David Cronenbergs *Twins;* Pessoas Heteronomie, Lisa Liebich in *Lisa's Liebe* und das Photo auf dem Umschlag der 3. Folge, Sibylle Bergs 3.57-Ich, Robert Walsers Mikroichs, Malina, Dalida und Paola; die Schlange, deren Kopf an der Spitze scharf wie ein Bohrer zum Himmel ragt, die gleichzeitig tief eingesenkt ist in Saiko, der Geliebten des »großen«, zufällig vorüberschreitenden Jägers...«; Kyoko Date in ihrer absoluten Einsamkeit. *Bruchzeichen*: die Bemerkung Ciorans, daß der Mensch es seiner Geistigkeit verdanke, daß er von allen Wesen das einzige sei, das schwer und lange an Schlaflosigkeit zu leiden vermöge; der kleine Tod der Theresa von Avila und ihre Schwierigkeit, die durch erkaltetes Wachs von tropfenden Totenkerzen schwer gewordenen Lider nach fünf Tagen katatonem Zustand zu öffnen; Berninis Darstellung ihrer Verzükkung und Vereinigung mit Gott, ihre schweren Marmor-Lider, die Stille, das Rauschen, das Meer, wie die Zukunft ein Klang, eine rauschende Ferne, die Wiederholung, *Casta diva* mit Maria Callas aus Norma, das geschmeidig ausschreitende Model auf dem Laufsteg, der über sein Motorrad gebeugte Mensch, der sich nur auf die gegenwärtige Sekunde seines Fluges konzentrieren kann, der sich an ein von der Vergangenheit und von der Zukunft abgerissenes Fragment der Zeit klammert, der keine Angst hat, wenn er losfährt, »denn die Quelle der Angst liegt«, wie Kundera sagt, »in der Zukunft, und wer von der Zukunft befreit ist, hat nichts zu befürchten«.[28] Vieles andere mehr, unscharfe Areale, verstreute Hinweise, ein unterirdisches Netz, *brennende Bilder* im Sinne Gottfried Benns, *links* im Hypertext.[29] Alles wie in einen geheimnisvollen Zuammenhang gestellt, in einen Plan Gottes, in ein Experiment der Natur, in eine von Menschen gemachte und gedeutete oder nur gedeutete Geschichte, Fragmente, Partikel, aber partes pro toto, etwas enthüllend, Zug um Zug.

Gegenüber den überkommenen, wissenschaftlichen Deutungen anders akzentuiert, aerostatisch, aviatisch, *ornithoid* im Sinne von Claudia Schmölders;[30] vielleicht auch android oder besser androgyn, das heißt ohne äußerliche Geschlechtsreferenz, dafür mit innerer oder ohne äußerer wegen der inneren. Animus und Anima in ihr und ihm, die gegengeschlechtlichen, in einem Geschlecht zusammengepreßten Ichs, *crossdressing* (ich bin Du in mir und Du bist das andere Geschlecht),[31] in gewisser Hinsicht deshalb *light*, aber im Sinne von *Lightness*, leicht also im Sinne des Abstands vom schweren Gewicht der wissenschaftlichen Notwendigkeiten und der überkommenen Klassifikationen (auf die »existentiellen Gefährdungen des Stammes – Dürre, Krankheiten, böse Einflüsse – reagiert er, der Schamane, indem er das Gewicht seines Körpers negierte, sich in die Luft erhob und fliegend in eine andere Welt begab...«), wie Calvino im ersten seiner sechs Vorschläge für das nächste Jahrtausend, der eine Lobpreisung auf diese Art von Leichtigkeit darstellt,[32] die kognitive Aerostatik preist und das, was von vielen für die Vitalität der Zeit gehalten wird, das Lärmende, Dröhnende, Stampfende und, fügen wir ruhig hinzu, das in Nummern und Quantitäten Umgesetzte ins zahlengespickte Industriezeitalter verweist. Leicht also im Umgang auch mit überkommenen Typisierungen, so ohne die Kategorien Geschlecht und Alter; beide verschwinden nicht nur aus der Literaturgeschichte, die das Regal Frauenliteratur nicht mehr führt, sondern auch aus der Bewußtseinsforschung und Ichphilosophie, wo das Ich immer männlich und weiblich ist, das! Und nicht zuletzt verschwinden unter diesen Bedingungen die Vorstellungen von einem einheitlichen Subjekt, insofern dieses im elektronischen Netz keine oder alle Identitäten annehmen kann; die Vorgaben des eigenen Körpers sind unwichtig, und sie werden es (Ich bin Du) auch empirisch.[33] Darum gewiß auch leicht im Sinne von Milan Kundera, dessen Roman *Die unerträgliche Leichtigkeit des Seins* (ein Titel der allein schon gleichzeitig unerträglich und erregend wirkt, wie Calvino zu recht bemerkt) in Wahrheit eine »bittere Konstatierung der unausweichlichen Schwere des Lebens« darstellt, zumindest wenn dieses (das Leben!) in kategorischem Einverständnis mit dem Sein und nicht gelebt wird. Und leicht schließlich im Sinne von *Cyberspace* und *Hypertext*, in denen das, was die überkommenen, streng prozessierenden und linearen, literarischen und wissenschaftlichen Texte (»Der Herr Graf stand zeitig auf, punkt halb neun...«)[34], mit einer wie in Kriminalromanen fortlaufenden Handlung, einem Anfang und einem Schluß, einer konsistenten und ordentlichen Diskussion des bisherigen Forschungsstandes, einer Exponierung der Problemlage und einem Fazit, das alle weiterbringt, zugunsten einer hüpfenden, kreisenden, digitalen, *kombinatorischen* Unternehmung. Rekurse auf die ordentlichen Diskurse sind mit den Exkursen eins, zwei und drei versucht. Ich widme sie meinen Kolleginnen und Kollegen.

Wenn die Welt unhaltbar, zufällig, unvollkommen oder als Schöpfung selbst kriminell ist, wenn die Subjekte in ihr ob der ewigen, nicht einlösbaren Selbst- und Fremdversprechungen verantwortungslos, frustriert und entnervt, dann ist das kategorische Einverständnis mit ihr zu negieren, auch, natürlich auch die Plage der Verdopplung und endlosen und verblödenden Spiegelung der gesellschaftlichen Bewegungen. Natürlich macht der Letzte das Licht aus, vielleicht schon bald; vielleicht ist die Realität am Wegrutschen, vielleicht sind wir, vielleicht andere, vielleicht der Teufel oder der Liebe Gott daran beteiligt, und es mag luxuriös erscheinen, sich, statt dem verzehrenden Feuer eines drohenden Weltbrandes, dem Glimmen der Hoffnung zuzuwenden, der Levitation, der Repetition, sich schließenden und öffnenden Körpern, den Exaltationen des Geistes. Im Zeitalter planetarischer Politik und im Getöse der Weltmärkte, im Hin und Her zwischen Triadenwettkämpfen und Stammeskriegen, in den Cherubs von Jeff Koons und in Kunderas Theresa, in Transiträumen und Nichtorten, in den Dystopien von Aziz + Cucher mit ihren versiegelten Hypermenschen, in Donna Haraways Cyborgs und Jil Sanders Guinevere, in der Straußschen Penelope, in deren Innern eine »kleine zarte Person« sitzt, in *Frost* von Thomas Bernhard und in den auf die Minute geschalteten Ichs in *Sex II* von Sibylle Berg, in Simons *Georgica* und Elfriede Jelineks Polterschädeln, in Parkers prozessierenden, hinter Katafalken sich aufreihenden, den aufrührenden, tobenden, sich verausgabenden und übergebenden Massen entgegenstellenden, schweigenden Körpern; in Kierkegaards Wiederholung oder im *mysterium mortis* von Ladislaus Boros nach Zeichen zu fahnden, hat zur Annahme, daß sich in einer zerfallenden, auflösenden und zerspringenden Welt im Unsichtbaren, im Filigranen, im scheinbar schwebend Leichten, im Aerostatischen, Kleinen und Mobilen, in den feinen Spinnweben, in die wir uns beim Gehen verwickeln, ohne es zu merken, um ein Bild von Lukrez zu gebrauchen, mehr versteckt, als sich zeigt, nämlich und wieder und wieder das andere, das, was dem, was ist, voraus ist, und zwar uneinholbar.

Teil I
Fernes Leuchten

Was Descartes nach vielen Zweifeln als letzte Gewißheit und als erste Grundlage der Philosophie fand, nämlich sich selbst, nachdem er, wie er schreibt, in einen tiefen Strudel geraten und so herumgewirbelt worden ist, daß er weder Fuß auf dem Grunde fassen konnte, noch die Oberfläche für ihn erreichbar schien, ist heute, fast vierhundert Jahre später, so selbstverständlich geworden, daß es schwer fällt, sein »cogito ergo sum« überhaupt noch zu verstehen.[1] Im Epochenwandel zur Moderne hat sich das Ich Zug um Zug aus den Gewißheiten und Selbstverständlichkeiten der Vormoderne herausgearbeitet und massenhaft sich selber zugewandt. Die heilsgeschichtlichen Utopien und Verheißungen sind verblaßt und erlahmt, sie weichen individualisierten Glücks- und Selbstverwirklichungsvorstellungen.

In der sich selbstvergewissernden Zuwendung, im Nachdenken und Beobachten des Ich scheint es aber wie erneut zu verschwinden. Es entschlüpft dem Griff, in den man es zu bekommen trachtet, man fühlt sich, Gilbert Ryle zufolge, an den Versuch des Schwimmers erinnert, die von ihm ausgesandten Wellen einzuholen.[2] Das Ich ist sich wie voraus, zweigeteilt, fragmentiert, keine wie ein Schatz ruhende und leuchtende Gewißheit mehr, sondern ausgebrochen, in eine Möglichkeitswelt entwichen, weg ins *Eschaton*. Das Eschaton ist das Ende, die Vollendung der Geschichte, ein kosmisches, die Ichs vereinigendes Finale, und dieses wiederum kommt zustande in der Vorstellung des entscheidenden und tätigen Fortschreitens von Individuen; die Geschichte ist Operationsraum einer Zukunft, in den hinein die Individuen vorstoßen. Die Abkehr von der gottbestimmten Heilsgeschichte, die Erschütterung des Glaubens an eine jenseitige Verheißung überantwortet die himmellose Erde dem Menschen selber, der die Weltseele zu erlösen und als Operator mit wuchtigen Schritten einer Vollendung entgegenzuführen hat. Die Welt wird zum alle Menschen umfassenden Weltbildungsroman; die Weltoffenheit transformiert in Zukunftsoffenheit. Je unsicherer und zweifelhafter dieses Unterfangen indes wird, geworden ist, desto verzweifelter wendet sich der Mensch der Hochmoderne sich selber und seiner Selbstvervollkommnung und Selbsterlösung zu.³ Unruhig ist das Herz, bis es ruhet in mir. Das Ich erkennt sich als different von sich. Von nun an sucht, jagt eines das andere.

Man erinnert sich der zweiten Form der Verzweiflung Kierkegaards: verzweifelt sich selbst sein wollen.⁴ Die Multioptionsgesellschaft ist offen und zukunftsorientiert, und die Ichs, die unsere Möglichkeiten und Lebensentwürfe verkörpern, drängen deshalb dorthin. Gerade weil die Zukunft nur mehr im Modus des Möglichen und nicht des Sicheren und Gewissen gegeben ist, saugt sie die Gegenwart auf und zieht die Ichs an sich. Es gibt genug Anzeichen, daß die Transformation, die wir durchleben, nicht nur eine epochale Erschütterung und Zerstörung, ein *Memorizid* des Gewohnten, darstellt. Die Postmoderne oder, nicht weit davon entfernt, die reflexive Moderne kann die Verschärfung und Radikalisierung der Modernisierung, wie wir sie derzeit erleben, weder abschwächen noch reflexiv komplettieren. Flugs ist die zweite Moderne vorbei und erhebt die dritte, die Supermoderne ihr Antlitz und wendet es nach vorn: Die Moderne wird erneut zur Vorwärtsmoderne in übersteigerter, beschleunigter Bewegung. Glanz, Zauber und Anziehungskraft des Anderen, Fernen, Zukünftigen, Möglichen nehmen progressiv zu. Keineswegs enttäuscht von der Endlosigkeit der angesagten Wanderung ist die Gegenwart mehr denn je zukunftsbezogen und auf die Zukunft verwiesen. Aber die großflächigen Zukunftsprojektionen sind kompensiert in winzigen Ichmöglichkeiten. Und keineswegs befindet sich nun auch, wie Anthony Giddens suggeriert, die Zukunft im Endstadium, vielleicht die Zukunft mit einem leuchtenden und blühenden Planeten.⁵ Die Zukunft ist überhaupt nicht vorbei, sondern um so stärker im Kommen, je schlechter es der Gegenwart geht. Die Zukunft und ihre modernitätsgemäßen Aberrationen und technologischen Frohbotschaften flimmern und leuchten, und die Welt fährt wie ein *Dschagganath-Wagen* auf sie hin.⁶ Aber auf dem Wagen sitzen nicht Götter, die die Menschlein, wenn sie im Wege stehen, überrollen, sondern *Ichlinge*, die mit leuchtenden Augen ihre Intopien herbeisehnen. Nicht ein Gott hat sich zu rechtfertigen für die Toten unterwegs, die herabfallen vom Wagen oder, wie in der indischen Sage, von ihm zermalmt werden, sondern der Mensch vor dem Menschen, also auch vor sich selbst, daß er sein Gefährt nicht schneller antreibt. Welt, Zukunft, Realität des Alltags kulminieren im Menschen, im Subjekt, im Individuum oder im Ich, wie es sich, nachdem es, wie Robert Musil sagen würde, lange genug im warmen Stall oder Bett herausgearbeitet und herausgestrampelt hat.

Dieses, sich beugend über sich selbst, spiegelt sich ebenfalls in jenem Ich oder jenen Ichs, die vorausgeworfen, vorausgesandt in die Zukunft, die Gegenwarts-Ichs schärfen für die Verfolgung dessen, was voraus, was selber als Vorhut in die Zukunft gesandt ist. Angesagt ist nicht nur Selbsterkenntnis, sondern Ich-Empfindung und Ichjagd, die individuelle Ichjagd, eine Art Blindekuh-Spiel mit sich selbst, ein Selbstbildungs- und Selbstverwirklichungsroman, denn das vorweggesandte Ich ist wie verschwunden, verschluckt von der Leere der Zukunft, die leuchtet und der sich das Ich wie eine Sonnenblume der Sonne entgegen- und nachreckt. Unruhig ist mein Herz, bis es ruhet in mir. Eine flirrende, hellstrahlende Düne am Horizont, im gegenwartsüberflutenden Licht, verzehrendes Eschaton. Die Jetztzeit verschwindet in einem Leuchten und Rauschen, einem leuchtenden und rauschenden Vakuum, in Simulationen und Simulacren, in Datenströmen, Zeichen, flimmernden Bildschirmen, in technischen Verklärungen und Hyperrealitäten, die die Zukunft gleichzeitig verdecken und verklären.[7] In ihnen *verschwindet*, auf der Suche nach Möglichkeiten, das Ich, besser jenes Ich, mit dem sich Descartes noch im Denken vereinigen konnte. Die Zukunft leuchtet – das Bewußtsein richtet sich nach vorn, zieht die Energien aus der Vergangenheit ab und treibt sich vorwärts. Das Ich rüstet sich zur Jagd auf sich.

1. Wladimir Barkow

Einer Mitteilung der russischen Ärztekammer zufolge hat ein gewisser Wladimir Barkow dreiundvierzig Jahre seines Lebens mit einem Bruder in seiner Brust gelebt, ohne daß er es wußte. Er klagte nur zeitlebens über Atemnot beim Laufen. Bei der Autopsie fanden die Ärzte in ihm den verkrümmten und verkümmerten Körper seines Zwillings, der sich in seine Brust eingenistet hatte. Der tote Körper, den der Verstorbene über dreiundvierzig Jahre lang in sich getragen hatte, war dreiunddreißig Zentimeter lang, mehr als sechs Kilogramm schwer und mit einer holzähnlichen, schuppenartigen Oberfläche versehen. Zähne und Haarwuchs waren bereits erkennbar. Der Zwillingsbruder drückte Barkow Herz und Lunge zusammen, obwohl dessen Körper schon im embryonalen Zustand um den schwächeren Bruder herumgewachsen war und dessen Wachstum nach drei Jahren drosselte. Nach dreiundvierzig Jahren tötete der nur noch vegetativ lebende innere Zwilling seinen Wirt, ohne den er selbst nicht zu leben vermochte.

Vielleicht ist die Mitteilung ein Gleichnis. Hat nicht der Mensch, ob seiner schweren Geschichte, allzulange seinen Zwilling immer wieder in sich vergessen? Findet sich nicht in der ganzen Menschengeschichte, vom Osiris-Mythos bis zum »doppelten Lottchen«, diese Vorstellung? Etwa in der Form, daß jeder Mensch aus zwei Menschen bestehe, wovon einer, vielleicht der echte, im Himmel ist? Oder, daß »jede Handlung, die wir aussenden, umgekehrt reflektiert wird, so daß, wenn wir schlafen, der andere wacht; wenn wir Unzucht treiben, der andere keusch ist, wenn wir rauben, der andere freigebig ist.«[1] Ist Barkow und sein ihn umbringender Zwilling nicht die klinische Version von Dostojewskijs Goljádkin II, dem Doppelgänger von Goljádkin I, der tut, was Goljádkin I tun möchte, aber nicht zu tun wagt und der ihm den Platz im Leben einengt und schließlich raubt?[2] Der nur noch vegetativ lebende innere Zwilling brachte seinen Wirt um, indem er dessen Herz und Lunge umfaßte und langsam erstickte. In der verzweifelten Gegenwehr des vom äußeren Körper immer enger umschlossenen Zwillingsbruders brachte sich dieser, nachdem ihn sein holzartiger Panzer lange vor der Erdrosselung geschützt hatte, selber um. Genaugenommen ist der Tod das Ergebnis einer wohl schon pränatalen Umfangung und Ineinanderschlingung der Zwillingsbrüder, wobei der eine, im Unterschied zu siamesischen Zwillingen, die gemeinsam das Licht der Welt erblicken, vollkommen im anderen verschwand. Er sieht sein Leben lang nichts, und die Öffnungen, über die der Mensch verfügt, erlauben ihm den Austritt nicht, und Barkow wußte nichts von seinem Bewohner, der ihn als Nest benutzte. Dem Körper des Menschen sind zwar Ausgänge verliehen, durch die nicht nur neues Leben, sondern auch neues Denken in die Welt tritt. Vielleicht läßt sich das Denken als ein Spiegel der Angst eines Eingeschlossenen deuten, die unregelmäßig austritt und den Spiegel der Außenwelt beschlägt. Menschen und auch Zivilisationen, die *kleine* und die *große* Geschichte lassen sich, dieser Vorstellung folgend, vielleicht danach unterscheiden, ob sie die Oberflächen ihrer Körper weltentsagend versiegeln oder ihre Öffnungen pflegen und weiten und ihren Zwilling freilassen.

In einem seiner Bücher berichtet Per Olov Enquist von einer Sekte, deren Gemeinde fast vollständig aus mißgestalteten Menschen besteht und deren Verunstaltung der Prüfstein ist, ob man auf die Seite der Ausgestoßenen oder der Auserwählten zu stehen kommt.[3] Daß außerdem Satan als der Anbetung würdig erschien und die Sekte, wie sie einst Satan verstoßen, Gott verstieß, ist von nebensächlichem Interesse. Pasqual Pinon, Mitglied der Sekte, war mit einem Doppelkopf versehen, und dieser zweite Kopf war ein Frauenkopf. Es entstand immer ein Augenblick der Verwirrung, wenn man von Pinon sprach: »von ›ihm‹ oder ›ihnen‹, niemand konnte sich recht entscheiden«. Sein zweiter Kopf »brach aus seiner Stirn hervor wie eine Knospe oder wie ein Gefangener, der verzweifelt versucht, eine Gefängnismauer zu durchbrechen, aber dabei scheitert und, zur Hälfte eingeschlossen in der Mauer, zu lebenslänglicher Gefangenschaft verurteilt ist«.[4] Sie wurden mit Hilfe eines amerikanischen Schaustellers zum berühmtesten Liebespaar der Westküste, »zuerst ein Beispiel unauflösbaren Unglücks, dann ein Beispiel unauflösbaren Glücks«.[5] Pinon sah seine Frau, die ihm aus der Stirne wuchs, nur im Spiegel – ein gefangenes Reh –, sie hieß Maria, und manchmal war sie wach, wenn er schlief, oder umgekehrt. *Gefangen ineinander,* wie siamesische Zwillinge, wie Ulrich und Agathe im *Mann ohne Eigenschaften,* und gleichzeitig getrennt, und ihr Leben lang einander näher kommen wollend, obwohl sie einander ganz nahe waren, ohne die Möglichkeit, sich zu vereinen, gerade weil sie vereint waren, auch das ist Gleichnis.[6]

Zahllos sind die mythologischen, literarischen und wissenschaftlichen Hinweise auf diese zivilisationsprägende Dualität. Unser Kulturkreis, so Gottfried Benn, begann mit Doppelgestalten, »Sphinxen, Zentauren, hundsköpfigen Göttern und befindet sich mit uns in einer Kulmination von Doppelleben: wir denken etwas anderes als wir sind, oder... wir lebten etwas anderes, als wir waren, als wir erwarteten und was übrigbleibt, ist etwas anderes, als wir vorhatten«.[7] Das Leben hat immer die Form eines Versprechens, und in einem der Zwillinge, dem seßhaften oder dem vorwärtsdrängenden, taucht es auf. Der ägyptischen Mythologie zufolge wird Osiris, der Toten- und Fruchtbarkeitsgott, im Kampf von seinem Bruder Seth getötet und sein Leichnam zerstückelt. Die Teilchen von Osiris sind in die Menschen hineingesenkt, und Isis, Osiris' Gemahlin, zieht klagend durch die Welt, um sie zu suchen. Es läßt sich im Kopf weiterspinnen, wie die Mythen mit einem Ich, das sich nicht findet, aber finden will, umgehen. Einer Erzählung zufolge, die Platon aufnimmt, sind Mann und Frau ein Wesen gewesen. Daß sie in endlosen und verzweifelten Anstrengungen zueinanderfinden wollen oder, wenn es nicht gelingt, einander vernichten, ist Folge dieser Trennung. Suchen sie sich selbst?

Fall und Abfall sind untrennbare Bestandteile christlicher Tradition. Auch der Abfall von Gott und die Erlösung sind in Personen mythologisiert: Der Fall der Seele in der Vertreibung aus dem Paradies und im Abfall der Engel. Im Urzustand ist der Mensch innerlich *ganz,* nicht zerrissen, nicht gespalten zwischen Wunsch und Wirklichkeit, nicht gesprengt in zwei oder mehrere Ichs, die sich zu vernichten oder zu vereinen suchen. Im apokryphen Ägypter-Evangelium, von dem wenige Bruchstücke bekannt sind, heißt es: »Auf die Frage der Salome, wann das Reich kommen würde, antwortete der Herr: wenn die zwei eins werden...«. In den Kumran-Rollen ist von zwei Messiassen und immer wieder von zwei Jesuskindern und ihrer systolischen Verschmelzung die Rede.[8] Was der Mensch ist, ist ihm, gemäß der christlichen Theologie, immer voraus. Aber er träumt sich in sein Eigentliches hinein, er versucht, den Abstand zwischen Sein und Seinkönnen, zwischen Existenz und Essenz zu schließen, er versucht *sich* zu erreichen.

In der alttestamentarischen Geschichtstheologie wird dieser Mythos in der Erzählung vom Brudermord Kains in eine Blutgeschichte gekleidet.[9] Kain, der Sohn von Adam und Eva, sah, wie Gott Abel, den Zweitgeborenen, verwöhnte und ihn, Kain, verschmähte. »Da sprach Kain zu seinem Bruder Abel: ›Laß uns aufs Feld gehen!‹ Und es begab sich, als sie auf dem Felde waren, erhob sich Kain wider seinen Bruder Abel und schlug ihn tot«.[10] Kain schlägt den in ihm selber wohnenden Abel tot, um sich von diesem Ich zu lösen, von – im Falle von Kain – Herkunft und Heimat, um frei hineinzuhasten in die Zukunft. Den Zwilling suchen oder ihn vernichten, sich von ihm trennen oder sich mit ihm vereinen – ein unendliches Thema, das sich im siamesischen Zwilling zuspitzt. Wladimir Barkow ist von seinem Zwillingsbruder, den er nicht gekannt hat und der nicht hinaus konnte, getötet worden.

Im *Mann ohne Eigenschaften* trägt Robert Musil im Abschnitt »Die siamesischen Zwillinge« den Osiris-Mythos auf seine Weise vor und verbindet diesen mit spielerischen Überlegungen zur Verdoppelung und zur Symmetrie des Ichs. Der Vorstellung folgend, daß der ganze Mensch von den Göttern in zwei Teile gehälftet worden ist, in Mann und Weib, sinniert er, daß doch kein Mensch weiß, »welche von den vielen umherlaufenden Hälften, die ihm fehlen, er ist. Er ergreift eine, die ihm so vorkommt, und macht die vergeblichsten Anstrengungen, mit ihr eins zu werden, bis sich endgültig zeigt, daß es nichts damit ist.«[11] Und Ulrich, dieser sonderbare Held, versucht sich schließlich auszumalen, wie es wäre, mit einem anderen Menschen zusammengewachsen zu sein. Er nimmt an, »daß jede Erregung der einen Seele von der anderen mitgefühlt werde, während sich der hervorgerufene Vorgang an einem Körper vollziehe, der in der Hauptsache nicht der eigene sei. Bei einer Umarmung zum Beispiel werde man im andern umarmt! ›Du bist vielleicht nicht einmal einverstanden, aber dein anderes Ich wirft eine übermächtige Welle des Einverständnisses in Dich! Was geht dich an, wer deine Schwester küßt? Aber ihre Erregung, die mußt du mit ihr lieben! Oder du bist es, der liebt, und nun mußt du sie irgendwie daran beteiligen...!‹ «[12] Dieser Gedanke kommt Ulrich schwer vor, erweckt in ihm großes Unbehagen und gleichzeitig einen starken Reiz. Der, oder muß man sagen, die siamesische(n) Zwiling(e) sind eine lebensfähige Mißbildung von zwei eineiigen Zwillingen, die an einer Stelle, meist an Brust- oder Kreuzbein, miteinander verwachsen sind. Sie werden mit Hilfe der modernen Chirurgie heute so früh wie möglich getrennt. Der Zwilling in uns ist im Unterschied zu Wladimir Barkows eingewachsenem und verkümmertem Zwillingsbruder ausgetreten, aber gleichzeitig sind wir mit ihm wie verwachsen. Wir spüren seine Erregung: das andere Ich, das aus- und davongezogene, wirft einen Schatten in das zurückgebliebene. Die Moderne hat den Mythos von der Trennung und Zerstückelung auf ihre Weise, mit ihren Instrumenten wiederholt. Und wir wiederholen auf unsere Weise die Mythologien und Geschichten vom Trennen und Suchen, vom Vernichten und Finden, vom Einschließen- und Austreten-lassen. »Einmal Locken! Einmal Zöpfe! Dieselben Nasen, dieselben Köpfe!«[13]

Cioran zufolge wäre es dem Menschen, wenn er die Energie, die er nach außen gelenkt hat, seinem Inneren zugewendet hätte, gelungen, sein Heil auf sicheren Boden zu stellen.[14] Robert Musil bemerkt im *Mann ohne Eigenschaften* unter dem Titel »Ein Mann ohne Eigenschaften besteht aus Eigenschaften ohne Mann« zur

Frage, wie eine Welt aus Eigenschaften ohne Mann auskomme, sie sei eine Welt von »Erlebnissen ohne den, der sie erlebt«, und wahrscheinlich sei die »Auflösung des anthropozentrischen Verhaltens, das den Menschen so lange für den Mittelpunkt des Weltalls gehalten hat, aber nun schon seit Jahrhunderten im Schwinden ist, endlich beim Ich selbst angelangt«.[15] Heute kann man angestrengt ins Ich hineinhorchen, könnte man Musil weiterdenkend sagen, und würde ein Sausen hören, wie bei einem Wind, der über eine leere Ödnis streicht.

Das Bewußtsein, das sich zurückwendet auf sich selbst, erlebt dieses wie ausgewandert. Es ist nicht mehr da. In der chirurgischen Rückwendung auf sich selbst finden sich, und die moderne Neurobiologie wird nicht müde, die entsprechende Apparatur zu erforschen, Stränge und Synapsen, Chemie und Elektrizität oder wie Valerio in Büchners *Leonce und Lena* spottet, »Pappendeckel und Uhrfedern«.[16] Auch nichts, eine leere Öde, in der wie in einer Landschaft von de Chirico Maschinen stehen oder geöffnete Menschen, in denen man Maschinen sieht, durch die der Wind nun streicht. So sucht sich das Selbst *bei sich selbst,* und weil es sich nicht findet, kompensiert es sich mit Maschinen oder mit Energieflüssen und bioelektrischen Potentialen.

Person, so liest es sich, ist ein offenes Konzept, das kulturgeschichtlich unterschiedlich gefüllt wird. Vielleicht lassen sich Kulturen und Personen und Menschen danach unterscheiden, wie sie sich schließen oder öffnen, und die Bewegungen des Öffnens und Schließens folgen wieder den kulturellen Möglichkeiten des Sammelns und Wachens über die Möglichkeiten einerseits oder, wie sie sich in ihren Möglichkeiten erschöpfen, ihre Potentiale nicht mehr halten können, ihre Reservoirs entleeren und lärmen. Der Körper ist, Mary Douglas zufolge,[17] eine geeignete Grundlage eines natürlichen Symbolsystems. Die Weltauffassungen haben sich vom Körper und seinen Funktionen als Grundlage ihrer Weltbeschreibung weit entfernt. Die Euphorisierung der *offenen* Gesellschaft hat das physiologisch Ursprüngliche und die vitalen Körperfunktionen distanziert. In der zersplitterten Gegenwart, in der wie in einer sich in Zeitlupenexplosion auflösenden Weltauffassung Trümmer krachen, zieht sich das Ich erneut auf sich zurück. Das Selbst ist vielleicht immer virtuell, immer ein Selbstmodell, eine Art Phantomglied, aber auch als virtuelles wird es unterschiedlich bearbeitet und gepflegt und wird ihm unterschiedlich begegnet, und es zähmt sich unterschiedlich.»...ich bearbeite die Dame, aber in mir ist Oktoberfest – und ich befinde mich außerordentlich wohl dabei...«, wie Gottfried Benn es ausdrückt.[18] Es läßt sich behandeln wie etwas wirklich Wirkliches, etwas Materielles, wie einen Gegenstand, der wie eine *Heiligenfigur* auf dem Hausaltar der strengen Behütung und Anbetung bedarf – oder es wird ausgepreßt, wie Augustinus in seinen *Bekenntnissen*, der ersten literarisch dokumentierten Selbstbegegnung schreibt.

Seit einem Jahrtausend wird immer stärker gepreßt, eingeschnürt, und in der Gegenwart ist nicht die Welt, sondern der Mensch gesprengt, man sieht seine Maschine und das pumpende Herz und sucht das Selbst. Man muß alles geben, aber das Selbst ist weg. »Bist du Ölschaum, so fließt du in die Kloake, bist du Öl, bleibst du im Ölgefäß«, schreibt Augustinus zum Preßvorgang. Nichts bleibt heute im Ölgefäß, das Gefäß ist gesprengt, nicht endgültig, wie vielleicht Simmel vermeinte,[19] temporär, denn die Person als offenes Konzept, als Intention, die kulturgeschichtlich abweichend gefüllt wird, läßt sich leeren und füllen! Aber derzeit hat sich nicht nur die Geschichte wie geöffnet, das Ich ist wie leer und ausgeflossen, und im gleichen Maße, wie das Ideal des Fortschritts leer wird, zerläuft und zerstäubt es sich. Es ist, wie wenn die Geschichte an dem kranken würde, an dem viele, vor allem Jugendliche, vor allem junge Mädchen leiden, an *anorexia nervosa*, an der Unfähigkeit, Nahrung zu ertragen, und am Zwang, alles wieder herzugeben. Lärm und Schweigen waren, so Winfried Menninghaus, und sind es heute noch, »die beiden phonetischen Extreme der religiösen Erfahrung. Völlige Vermeidung und exzessive Erzeugung von Klängen regeln den Verkehr mit dem Göttlichen.«[20] Vielleicht ist Lärm ein wenig passender Ausdruck für die Anrufung Gottes. Lärm ist wohl eher das Ergebnis von Maschinen, eine menschenerzeugte, aber nicht gewollte Begleiterscheinung der Industriegesellschaft. Lärm ist auch eine Begleiterscheinung einer sich öffnenden Gesellschaft. Das Selbst ist eine regulative Idee, tritt es nach außen und verausgabt es sich, so bestimmt es die Zeit, wie die Zukunft heute die Gegenwart bestimmt.

Die Moderne hat sich gleichsam nach außen gestülpt, und was noch an Innen da ist, wird gepreßt und gewürgt und dem gleißenden Licht des Draußen ausgesetzt. Melancholie ist, Jean Baudrillard zufolge, die »fundamentale Tonart funktionaler Systeme, des gegenwärtigen Systems der Simulation, der Programmierung und

Information. Melancholie ist die inhärente Qualität in der Tonart des Verschwindens von Bedeutung, in der Tonart der Verflüchtigung von Bedeutung in funktionierenden Systemen.«[21] Melancholie ist auch eine Begleiterscheinung des Endlosen, der endlosen Stille und des endlosen Lärms. Das Ich hat sich davongestohlen, verflüchtigt, es ist verschwunden in der unaufhaltsamen, zu Tal lärmenden Lawine. In der Rückwendung auf sich selbst (nachdem es sich auf sich selbst zurückgewendet hat, weil es nichts mehr außer sich findet) findet es nichts, keine Heimat, kein Innen, kein Selbst, keinen Zwillingsbruder oder keine Zwillingsschwester. Um so mehr lärmt es nach außen. Und um so häufiger erscheinen Bilder, eine Lichtwelt in Hochglanz, bewegte Illusionen, in denen sich Selbstmodelle räkeln, die Gesichter dem Meer, dem Mars, der Galaxis zugewendet, Gestade unbekannter Paradiese. Überall unsere entsprungenen Zwillinge und unsere mehr oder weniger erfolgreichen Versuche, diese einzufangen, zurückzuholen oder zumindest der Maschine, als die sich unser Körper darstellt, zu entfliehen, zu verdecken, einzukleiden, in tradierten Prozeduren und intimen Martyrien. Während die Inquisition das Böse dem Menschen durch Folter auszutreiben suchte, ähneln die modernen Verstümmelungen und Malträtierungen des Körpers eher dem Versuch, die ausgebrochenen und weggebrochenen Selbste zurückzuholen. Der unter Qualen vom mütterlichen Gastkörper zur Welt gebrachte, verschmutzte Neugeborene wird gereinigt, reinigt sich dann selbst, versucht in neureligiösen Praktiken wieder unschuldig zu werden, zu levitieren und zu strahlen, und wird zu einem verschwommenen aber verheißungsvollen Projekt, das wie ein *Missil* in den Himmel, in die Zukunft ragt, eine *Ichgenerierungsmaschine.* Yves Saint Laurent stellt im Liliensaal des Palazzo Vecchio in Florenz der Judith von Donatello seine goldgekleidete *Immaculata* gegenüber und befolgt die gleiche Dramaturgie: das Heilige symbolisiert, was die Zivilisation und deren moderne Bearbeitung der Doppelexistenz des Menschen ausschließt.

Melancholie, so noch einmal Baudrillard, ist die inhärente Tonart des Verschwindens, man könnte sagen, das Resultat eines nicht verarbeiteten Verlusts, eines Verschwindens eines geliebten Objekts. Die Existenz ist nicht nur Abfall sondern ein Unfall, ein *Crash;* der Mensch eine *ins Sein krachende Initiation.* Die Untersuchungen zum Problem des Ichs sind endlose Manifestationen der Suche nach dem verschwundenen Ich. Wie die Anorektikerinnen des Mittelalters von Kirche zu Kirche hetzten, um die Eucharistie so häufig wie möglich zu empfangen, hetzt ein lärmendes Ich durch die Bücher und Buchhandlungen, um sich selber zu finden. Der Körper ist eine bedrohliche Behausung der Seele, ihre Hülle. Die Versuche der Philosophie, der Anthropologie und Soziologie, ein ganzheitliches Bild des Menschen festzuhalten, in der beredten Klage gegen Dichotomien zwischen Leib und Seele oder Körper und Geist, gegen Schichtungsvorstellungen von der menschlichen Natur (Empfindungen und Sinnlichkeit im Untergeschoß, Kategorien und Synthesen im Obergeschoß), gegen Vernachlässigungen (von Geruch und Geschmack in der Philosophie) und die gleichermaßen ausschweifende und melancholische Beschwörung einer ganzheitlichen, nicht entzweiten, ausbalancierten Identität sind indes auch als Illustrationen der Verzweiflung lesbar, gerade dies nicht zustandezubringen,[22] als trauernder Umgang mit einem *Möglichkeitswesen*, das sich bislang noch nicht zu erlösen hofft. Was das Innere immer sei, ein Bruder, eine Schwester, ein Fötus, ein Fötus mit schuppenartiger Haut und kleinen Zähnchen – er ist ausgetreten, abgegangen, kann aber nicht losgelassen werden. Er bläht sich sogar auf gegenüber einem verzweifelten Ich, das wie ein Vogel kreist. Friedlich-unheimlich, wie eine Sammlung von flaumig-flauschigen und keineswegs drolligen Teddybären, die mit ausgeleierten und abgegriffenen Gliedmaßen sich wie in einer Sammlung endlos hälften und fortzeugen und alle freien Plätze einnehmen. Oder als Maschine, als stählernes Gehäuse, das den modernen Menschen, wie von Max Weber befürchtet, immer enger umfängt.

Es ist kein Zufall, daß nach der von der Klassik gezeichneten Welt ontologischer Unsicherheit, etwa in den Schauspielen Shakespeares, diese in Doppelwesen, in doppelköpfigen Ungeheuern und Monstern zusammengezogen werden.[23] Ist es ein Zufall, daß ausgerechnet die Autopsie eines Russen einen wirklichen Zwillingsbruder zutage förderte, nachdem die Zweiheit der Existenz von der russischen Literatur, lange bevor die philosophische Anthropologie sich diese erarbeitete, in hellsichtigster Art und Weise aufgegriffen wurde? Am überzeugendsten vielleicht in Rodion Raskolnikov, dem Helden von *Schuld und Sühne*, der mit einem Mord seine Autonomie selbst bestätigt, in dem aber wie in Wladimir Barkow im Inneren ein nicht operierbarer Zwillingsbruder zu wachsen beginnt, der ihn umfängt und preßt und drosselt, bis Raskolnikov nach einer erlösenden Strafe verlangt, nach Erlösung von seinem innerlich wachsenden Doppelgänger.[24] Nicht nur die schöne Literatur und auch sie nicht erst seit Dostojewskij operiert mit der Gespaltenheit und Doppeltheit des Menschen, seiner Entzweiung. Auch die seit der Jahrhundertwende – ohne Referenz zur Literatur – geschaffenen Grundlagen der anthropologischen Literatur, wie sie von Buytendijk, Plessner und Gehlen entwickelt wurden, spiegeln letztlich Erlebnisse und Erfahrungen, die nicht epochenspezifisch, sondern menschenspezifisch sind.

Das theologische Denken, das sich mit dem Menschenleid ob der Entzweiung in eine Essenz und Existenz beschäftigt, liest sich wie eine Einleitung in die philosophische Anthropologie, nur daß Gott und Natur ausgetauscht sind. Hineingestoßen in eine leidvolle Welt, ohne gefragt worden zu sein, zum Tode verurteilt von Anfang an, eingebunden in einen Leib, der nur Tagesausflüge der Seele gestattet, erfährt sich der Mensch nicht erst in der Moderne, sondern immerzu als vorentschieden zu einer Gespaltenheit, die er nicht zu verantworten hat. Er ist aus etwas herausgefallen, herausgekollert oder hinausgepreßt, gestoßen und sehnt sich nach Vollendung. Und wie eine tausendfache tägliche Wiederholung fällt das Neugeborene aus dem Schoß der Mutter und wird zum frierenden Körper und zur frierenden Seele. Das Potentielle, Mögliche wird zur Essenz, hinter die die Existenz zurückfällt. Niemals wußte der Mensch, wer er ist, nicht erst heute weiß er, wer er nicht ist. So findet er keine Ruhe in dem, was er hat, er preßt sich aus und träumt nach vorwärts. In der christlichen Theologie ist der Mensch – im Unterschied zur spätantiken Philosophie, philosophischen Anthropologie – nicht aus der Natur, sondern aus Gott herausgefallen. Im Paradies war er, so die Erzählung, ungebrochen, leidensunfähig und unsterblich, nicht gespalten zwischen Wunsch und Wirklichkeit, nicht im Streit mit sich selbst, nicht ausgespannt und ausspähend auf etwas anderes hin. Ob von der Natur oder von Gott getrennt, diese prinzipielle Ungewißheit und Unentschiedenheit handelt sich die zweite Moderne ein, und damit die Aufgabe, sich selbst wiederzufinden. Dem christlichen Futurismus und der diesen variierenden Moderne verspricht sich die Erlösung im Vorwärts. *Dann wird alles gut!* Im Hineingehen, Hineinschweben, Stürmen in die Zukunft; in die Tiefen der Erde, in die Endlosigkeit des Weltalls, in der Verschmelzung im Du, in der voraussetzungslosen Liebe oder in der neuesten Version: der

Verschmelzung der beiden Gehirnhälften und ihrer Intelligenzen.[25]

Freiheit des Menschen, zu der er *vorentschlossen* ist, würde zwar andere Lösungen erlauben, das Zurück, das Versinken in einer Falte der Natur oder im Mantel Gottes, die Entscheidung gegen die Vorentscheidung, entscheiden zu können oder zu müssen, die Entscheidung also gegen die Natur oder Gott. Aber nun scheint es nur mehr ein Vorwärts zu geben, eine Moderne hoch zwei, restaurativ, radikalisiert, in der das, was die Moderne ausmachte, sich verschärft. »Die westliche Umleitung als Weltflucht nach vorn.«[26] *Total global:* der Fortschritt war, Ernst Jünger zufolge, die große Volkskirche des 19. und, fügen wir hinzu, die Amtskirche des 20. Jahrhunderts. Das 20. macht total und global mobil, scheucht in Welt- und Wirtschaftskriegen die Menschen auf die Straßen. Die Mobilmachung erstreckt sich auf das Kind in der Wiege und unterscheidet nicht mehr zwischen Kämpfern und Nichtkämpfern. Nicht nur wird das alte Glockenspiel des Kreml nach der Umstimmung auf die Internationale auf die Internationale des Marktes umgestimmt, jede(r) kämpft gegen jede(n). Was der Mensch ist, ist er zweimal nicht, und schneller als je möchte er dort sein, wo er nicht ist. Der Zwillingsbruder wird nicht gehütet, er ist entlaufen, entflohen, ausgepreßt, als Vorhut in die Zukunft gesandt. Wir *alle* tragen unsere Zwillingsbrüder und -schwestern nicht mehr in uns, sondern außer uns. Sie haben weder Zähne noch Haarwuchs, sind weder meßbar noch wägbar, aber sie sind zweifelsfrei ausgetreten, weg. Sie sind Spiegel, Gefäße der Imagination geworden. Erfaßt vom Hoffen auf eine leuchtende Zukunft klagen wir über Atemnot beim Laufen. Zwillingsbrüder und -schwestern sind aus- und in die Welt getreten und versinnbildlicht in Idealen, Simulationen, Simulacren, in Variationen von Jerusalem und in auf diese zugerichteten Kirchen, Klöstern, Fabriken, Schulen und in diese hinführenden Brücken und Stegen, auf denen die Menschen stumm vorwärtseilen.

Die Theologie spricht von der Zerrissenheit des Menschen, die Anthropologie vermerkt als Minimum das Oszillieren des Menschen zwischen Wirklichkeit und Möglichkeit, eingeschlossen die Möglichkeit, zu sich selber in ein Verhältnis zu treten, sich selber einer Autopsie zu unterziehen. Und der eigenen Gespaltenheit inne zu werden, in Abhebung vom Tier, das bewußtlos und ohne Zwilling in sich vegetiert. Verloren in der Multioptionsgesellschaft, verloren in den Möglichkeiten, strampelt sich ein entleertes Ich ermüdet ab, während der Zwillingsbruder übermächtig, metastatisch, gleißend, futurologisch wird und seinen Wirt immer schneller auszehrt, so daß sich dieser immer schneller reproduzieren muß. Ein von der Spinne angezogenes Insekt, dessen leere Hülle wie im Netz im sanften Wind leicht erzittert, ein *Shuttle-Friedhof im Kleinformat*. Aber die Erinnerung oder die Hoffnung an die Transsubstantiation, an eine Erlösung bleibt aufrecht, und um sich zu erlösen, hat sich der Mensch der Moderne seinem Schicksal gemäß zum Vorwärts entschieden, nicht zum Zurück und nicht zum Hinauf. Und im Vorwärts bildet er jene fernen Länder aus, zu denen wir hinwollen.

2. Sich öffnende Gesellschaften

Man kann nicht sagen, daß sich die Gegenwart, obwohl die Offenheit preisend, besonderer Zensuren ihrer preisgegebenen Inhalte befleißigt. Die offene Gesellschaft macht vielmehr den Anschein, als entleere sie sich haltlos, als habe sie sich nicht mehr unter Kontrolle. Bisher standen, wie Benn es sagte, »noch die Altäre der Heiligen und die Flügel der Erzengel hinter ihm, und aus Kelchen und Taufbecken rann es über seine Schwächen und Wunden«.[1] Nun rinnt der Mensch selber aus, und damit beginnt eine, vielleicht die Geschichte neuer Gefährdungen. Der Eindruck, den eine entfesselte, bulimische Produktion von Selbstdarstellungen, Bekenntnissen, Geständnissen und finstersten Gelüsten vermittelt, die Lektüre der grassierenden Trash-Literatur, der Blick auf die Haupt- und Nebenbühnen des zeitgenössischen Theaters, die ihre Hinterbühnen auf die Vorderbühne kippen, das Selbstentblößungsgestammel in den Talk-Shows, die schrillen Cartoon- und Comic-Bildwelten täuschen nicht. Sie sind die vorauseilenden Boten einer Wirklichkeit, die mehr und mehr zu jener exhibierten Wirklichkeit wird, als die sie sich in den medialen Repräsentationen zeigt. Eine grenzenlose Dynamik treibt zu immer weiteren Entblößungen und Enthüllungen. Es herrscht eine Art *Unterdruck* in der modernen Gesellschaft, der das Innere der Welt und das Innere der Individuen herauszieht, heraussaugt, in eine sich weitende Zukunft. Die Innenwelten verschwinden in die Außenwelten hinein, Freisetzungsschübe folgen auf Freisetzungsschübe,

Kopernikanische Wenden auf Kopernikanische Wenden; in das Vakuum unbegrenzter Möglichkeiten geschleudert, hetzt das Ich seinen Ichs nach, sucht Spuren, Signale, Bruchzeichen.

Wie bestimmte Insekten, wenn ein Lichtstrahl erscheint, sich diesem instinktiv zuwenden, drehen sich die Individuen der Zukunft zu und rufen in sie hinein, werfen sich nach vorn, verzweifelt, die treibende Kraft ist das Verlangen, den Punkt zu erreichen, der am weitesten vom Bereich des Treibens entfernt liegt oder, könnte man auch sagen, der am schnellsten in das hineinführt, wo Erlösung erhofft werden kann – die Zukunft.[2] »Zorn, Haß, Liebe, Mitleid, Begehren, Erkennen, Freude, Schmerz, – das sind alles Namen für extreme Zustände«, so Nietzsche,[3] für extreme Ausbrüche; wir sind, ihm zufolge, »alle nicht das, als was wir nach den Zuständen erscheinen«; wir verkennen uns und werden mit diesen »groben« Ausdrücken irregeleitet.[4] Im elektronischen Schaugewerbe, in Kunst, Literatur, Musik und Wissenschaft grassiert der Gefühlsausbruch, das grobe Darbringen, und verbindet sich mit dem Unvermögen, den Mund zu halten, einem Willen, sich rückhaltlos auszuleeren.[5]

Die Geschichte des Universums fügt sich unterdessen dieser Metapher. In der Deutung einer Explosion, nach der sich Galaxien im Weltraum mit ungeheurer Geschwindigkeit dehnen und weiten, und als Implosion, nach der sich das Universum wieder zusammenzieht und schließt, ein *kosmisches Herz*, das schlägt. Während Dehnung und Schließung des Universums auf stumme Kräfte der Schwerkraft, der Erhitzung und Erkaltung rückgeführt werden, bewegen sich Zivilisationen und Menschen, die große und die kleine Geschichte, zwischen dem, was sie sind, und dem, was sie sein wollen. Gewiß ist diese Bewegung in die Zukunft auch eine Folge der abgerissenen Herkunft. Die Zukunft wird übermächtig, wenn die Herkunft verschwindet, und sie muß andauernd neu erfunden werden, wenn die überkommenen Paradiese, Utopien, Idyllen ebenfalls der Furie des Verschwindens und Vergessens anheimfallen.

Geschichte läßt sich nicht nur metaphorisch als eine Abfolge von offenen und geschlossenen oder sich öffnenden und schließenden Körpern deuten, deren *Agens* der sich milliardenfach öffnende und schließende Mensch ist. Schließungen und Öffnungen verweisen auf jeweils beherrschende kulturelle Bearbeitung der Zweiheit, tragen einen Sinn in sich. Die offene Gesellschaft, die sich gleichsam nach vorne ausliefert, übergibt, emanzipiert sich von einem überweltlichen, die Gesetze, auch die Schließungsgesetze in der Hand haltenden göttlichen Konstrukteurs. Die Geschichte und die Menschen in ihr haben dann nicht mehr das letzte Endgericht zu erwarten, gewissermaßen die Sektion ihres Leibes, sondern irgendwo in der Ferne leuchtet das Futur, und dieses überstrahlt alle Opfer. Gefährt und Mensch sind in die Freiheit losgelassen, laufen auf eigene Gefahr hinaus, wie Schiffe ins offene Meer. Endlich erscheint uns der Horizont »wie wieder frei, gesetzt selbst, daß er nicht hell ist, endlich dürfen unsere Schiffe wieder auslaufen, jedes Wagnis des Erkennenden ist wieder erlaubt, das Meer, u n s e r Meer liegt wieder offen da, vielleicht gab es noch niemals ein so offenes Meer«.[6] Die Weltgeschichte ist demgemäß weniger eine Geschichte des Kampfes von Seemächten gegen Landmächte und von Landmächten gegen Seemächte, als ein Kampf von geschlossenen Gesellschaften gegen offene, von sich einigelnden und panzernden Gemeinschaften gegen ins Offene, ins Unbekannte, Ferne hinausfahrende Gesellschaften, handle es sich nun um Land oder Meer, die Erde oder die Galaxis, die Vertikale oder die Horizontale. »Diotima! mir geschieht oft wunderbar, wenn ich mein unbekümmert Volk durchgehe und, wie aus der Erde gewachsen, einer um den andern aufsteht und dem Morgenlicht entgegen sich dehnt, und unter den Haufen der Männer die knatternde Flamme emporsteigt...«, Hölderlin grüßt die erwachenden Heere.[7] Geschlossene Zivilisationen legitimieren sich und ihre Verschließungsprozeduren durch den Willen und das Gesetz eines Schöpfers, eines Gottes, während die offenen Gesellschaften sich davon losgesagt haben und sich nur mehr auf sich selber und ihre Freiheit beziehen. Daß der Mensch immer mehr ist, als er ist, wird in geschlossenen Gesellschaften auf etwas anderes, Außerirdisches hin gebündelt, auf einen Höhepunkt, das Ende der Geschichte, die endgültige Erlösung zu. Demgegenüber ersetzen offene Gesellschaften die außerhalb der Welt liegende, am Ende der Geschichte stehende und wartende Ewigkeit durch die Vorstellung der Unendlichkeit. Ewigkeit – ein wundervolles Wort. Wir eilen mit dem Strom der Zeit stets näher hin zur Ewigkeit, oder wie Felix sagt: *Das wahre Heimweh ist Fernweh.*

In der biblischen Apokalyptik ist *ewig* eine Bezeichnung der jenseitigen Welt. Die Psalmen feiern Gott als den ewig thronenden König. Die Ewigkeit ist die Zeit der Zeiten, sie bedeutet das künftige Heil, in dem man, wenn man es bekommt, still steht in einer Art ewigem Glück. Auf der Ebene der bewußten bzw. kommunikativen Operationen ist zwar, Luhmann zufolge, »kein Ende abzusehen«. Es kann kein letztes Element geben, denn ein *letztes* Element wäre keines. Und: »Zeitlich gesehen gibt es daher weder einen absoluten Anfang noch ein absolutes Ende, bei dem nicht die Frage nach dem Vorher bzw. Nachher sich stellen würde.«[8] Aber bindet der Inhalt des Wortes *Ewigkeit* nicht gerade die Zeit in der Zeitlosigkeit zusammen? Kann beispielsweise Zeit ohne ihren Gegenbegriff, die Zeitlosigkeit, gedacht werden, wird diese nicht als die *andere Seite* der Zeit miterzeugt? Warum kein Unterschied zwischen Ewigkeit und Unendlichkeit, warum die Operation mit einem differenzlosen Zeitbegriff? Ewigkeit ist die Differenz zur Zeit; die mit dieser Unterscheidung erarbeitete Einsicht kann ruhig mit religiösen Erfahrungen in Verbindung gebracht werden. Anders die Unendlichkeit. Zwar wird dieser Ausdruck nicht immer synonym mit jenem der Ewigkeit verwandt. Während die Ewigkeit aber ein Zustand ist, bezeichnet Unendlichkeit gerade das nicht Erreichen eines solchen. Ein äußerster Punkt wird nie erreicht, ein Ende ist nicht absehbar. Fließend geht der Begriff in die Semantik von *endlos* über. Max Weber, der sich in seiner Arbeit *Wissenschaft als Beruf* mit dem in der okzidentalen Kultur der Jahrtausende fortgesetzten Entzauberungsprozeß und seinem inhärenten Sinn befaßt, nimmt dort die Antwort Tolstojs nach dem Sinn des Todes auf. Der Tod ist für das ins Unendliche hineingestellte einzelne Leben nicht sinnvoll, weil das »zivilisierte, in den ›Fortschritt‹, in das Unendliche hineingestellte einzelne Leben seinem eigenen immanenten Sinn nach kein Ende haben dürfte«.[9] Die Ewigkeit bezeichnete noch ein Ende der Geschichte, der Fortschrittsgedanke macht die Geschichte endlos, die Erlösung wird andauernd hinausgeschoben, in eine Endlosigkeit, den aristotelischen *Horror infiniti*.[10] Die vakuminöse Zukunft ist gleichsam die Inversion des Todes, der alles in der Gegenwart überschattende Tod in seiner Endgültigkeit, und das Wissen um die Endlichkeit des Daseins wird abgesetzt, und an seine Stelle tritt die alles überstrahlende Zukunft, der Glaube an die *Selbsterlösung*.

Der Übergang von der Ewigkeit zur Unendlichkeit, von einer geschlossenen, auf ein Ende hin orientierten Gesellschaft auf eine offene, in die Unendlichkeit endlos ausgreifende findet im 15. und 16. Jahrhundert statt. In dieser Zeit verändert sich die Vorstellung der Welt. Das Wort *unendlich* erhält, so Benevolo, einen neuen Sinn: »Bezeichnete es zuvor die – metaphysischen oder religiösen – Grenzen der Welt, wird das ›Unendliche‹ nun Teil von ihr«.[11] Was Benevolo die alte Bedeutung von *Unendlichkeit* nennt, meint Ewigkeit, also eher eine Begrenzung, ein Ende der Unendlichkeit. Am Ende des 15. Jahrhunderts beginnen auch die Versuche, das Unendliche mit den Mitteln der Perspektive darzustellen. Diese Fixierung der Unendlichkeit führe, so Benevolo, aus der geschlossenen Welt des Mittelalters zur offenen der Neuzeit, oder, so Virillo, zu einem Vergessen der Unterscheidung zwischen *oben* und *unten*.[12] Vielleicht kann man das auch etwas anders oder über Benevolo oder Virillo hinaus deuten. Die Geschichte der Perspektive während des Quattrocento ist ein hartnäckiger, von Geometern geführter Kampf um ein neues Weltbild. Denn zu dieser Zeit begann die weltliche Macht die geistliche zu bedrängen. Die christliche Vorstellung vom Kosmos, die sich im mit Himmeln ausgemalten Gewölbe der großen Dome des Mittelalters wiederfindet, wurde gesprengt und die Vorstellung von Ewigkeit durch jene der Unendlichkeit konkurrenziert. Aus kosmischem wird *topisches* Deuten. Während die Architektur des Mittelalters sich nicht über das Sehmögliche hinaus erstreckte und in der Horizontalen höchstens dreihundert Meter Ausdehnung erreichte (auf diese Distanz ist die Grenze des dreidimensionalen Sehens erreicht, und innerhalb dieser Entfernung entfalten die architektonischen Formen ihre maximale räumliche Wirkung), werden diese Dimensionen von der modernen Architektur schon in der Vertikalen durchstoßen.

Man baut, soweit man sieht. Schon zieht ein ferngesteuerter Roboter über den Mars und sammelt Proben. Gleichzeitig mit der Vorstellung eines endlos ausgedehnten Raumes wird – wie kompensatorisch – versucht, diese Grenze zu überschreiten. Gewaltige Anlagen wie Versailles entstehen, kilometerlange Straßenzüge und Aufmarschanlagen werden gebaut. Zentralperspektivisch finden die Fluchtlinien freilich nach dreihundert Metern ein Ende, weil dort das binokulare Sehen die Fluchtlinien in einem Fluchtpunkt zusammenschließt. Genau genommen ist deshalb die perspektivische Darstellung keine fixierte Unendlichkeit, sondern eine sich auftuende räumliche Unendlichkeit wird in einem Fluchtpunkt gestoppt, die Unendlichkeit wird objektiviert zur Endlichkeit. Bewegt man sich indes auf den Fluchtpunkt zu, weicht er in gleichem Maße, wie man sich ihm nähert. Der Fluchtpunkt erscheint so als eine Fixierung der Endlichkeit, während uns die Perspektive von Endlichkeit zu Endlichkeit ins Unendliche geleitet. Der in der Zentralperspektive mit Lineal und Maßstab erschlossene Fluchtpunkt wiederholt ein bodenverhaftetes, immobiles Sehen. Die Blickstrahlen, die, Pfeilen zu vergleichen, nach vorne geworfen werden, finden ein Ziel, das gar keines ist, sondern eine geometrische Simulation, eine perspektivische Täuschung. Was in der illusionistischen Architektur als Riesenbühne mit Mitteln der Perspektive vorgetäuscht wird, täuscht die perspektivische Zeichnung prinzipiell vor. Die waagrechten parallelen Linien, die in die Tiefe zu führen scheinen, auf dem Papier und auch in der Wirklichkeit, solange man sich nicht bewegt, laufen auf Augenhöhe in einem Fluchtpunkt zusammen. Aber das Ich ist, wie schon von Johann Gottlieb Fichte imaginiert, »Kraft, der ein Auge eingesetzt ist«, ein Auge, das in die Ferne blickt und das Ich zum Tätigwerden auffordert.[13] Das wahre Heimweh auch des Ichs, vielleicht ist es *Ichweh,* aber in einer zukunftsorientierten Gesellschaft äußert sich dieses als Fernweh. Die Bewegung wird endlos, der Fluchtpunkt ist immer gleich weit weg. In der Ferne verlieren sich die Boote, und die Anteilnahme, mit der man ihnen nachsieht, nimmt zu mit ihrem Verschwinden.

3. So gerne dort

Daß, wie es Michael Winter ausdrückt, der Zeigefinger am ausgestreckten Arm »nicht nach oben oder unten wie im Mittelalter, sondern geradewegs an den Horizont« zeigt[1] und die Moderne mit der Anstrengung beginnt, die Welt »dazu zu zwingen, anders zu sein, als sie ist«, und deshalb probiert wurde, »immer mehr machterzeugende Energie anzuhäufen und deren Vorräte immer verschwenderischer und häufiger zu gebrauchen, um die Dinge in der Welt hin und her schieben zu können«, um »immer einen Schritt weiter zu sein als die Wirklichkeit, immer mehr Handlungsmittel zur Verfügung zu haben, als für die gegenwärtigen Handlungsziele nötig sind, immer mehr Energie bereit zu haben, als es angesichts der bereits anerkannten Bedürfnisse notwendig erscheint«, hat eine lange Geschichte.[2] Die Kluft zwischen dem, was ist, und nicht, *noch nicht ist,* der Abgrund zwischen Aktualität und Potentialität ist im menschlichen Denken seit Anbeginn vorhanden, und die Zwillingsmetapher ist ihre zeitgemäße Personifizierung. Die Orphiker und die Pythagoräer, Heraklit und Parmenides wie auch Platon sind zu Philosophen geworden, weil sie keine letzte Wirklichkeit in der Welt, in der sie lebten, fanden. Das Christentum gebiert in seinem Gott, in Jesus Christus, die ins Unüberbietbare gesteigerte Form des Doppelwesens: Christus ist wahrer Gott *und* wahrer Mensch.[3]

Schon bei Platon schwindet das Sein und wird gegenüber dem Seinkönnen zur Quelle des Meinens, der Lüge, des Trugs. Um das wahre Sein zu erlangen, muß sich der Mensch über sich hinausheben und anderes Sein zu erlangen versuchen. Das Andere ist das Essentielle, und das Gegebene ist das Existentielle. Die scholastische Philosophie und, wie zu lesen ist, auch die platonischen Franziskaner und die aristotelischen Dominikaner schlugen die Brücke zu Gott. Existenz und Essenz werden zusammengeschlossen, Gegebenes und Anderes verschmelzen im ganz Anderen. Gott ist ewig. Was er ist, *actus purus,* das *Existenzmaximum,* ohne Potentialität, nur der Mensch und die Welt sind dieser Spaltung unterworfen, und die Worte des Gottessohnes vom Kreuz: »Mein Gott, mein Gott, warum hast Du mich verlassen«, bedeuten Qual ob des erfolgenden Risses, einen Schnitt ins Herz, während, weit entfernt, gleichzeitig der Tempelvorhang reißt. Die irdische Existenz des Menschen ist prinzipiell Herausfall, Abfall von der Essenz, und dieser Riß ist erst in der Vereinigung mit Gott, nach dem Tode, am Ende der Geschichte zu kitten, »Unruhig ist unser Herz, bis es ruhet in Dir« (Augustinus). In der Renaissance und in der Aufklärung beginnt das senkrecht Aufsteigende, das Ältere, zugunsten des Waagrechten, des Jüngeren, zu verblassen und senkt sich der hochgereckte Zeigefinger, um nach *vorn* zu zeigen.

Die moderne Ära beginnt, Louis Dumont zufolge, als gigantische Anstrengung, diesen Abgrund zu *verringern,* die Kluft zwischen Existenz und Essenz zu *schließen.*[4] Das aktuelle Sein ist wie von einer Krankheit befallen, der Ort der Verwirklichung und Erfüllung der eigenen, der erhofften, geträumten Vorstellungen liegt anderswo. Die Forderung des Idealen, so Robert Musil, waltet »in der Art eines Polizeipräsidiums über allen Äußerungen des Lebens«.[5] Die Mystik, die aus glühender Inbrunst des Glaubens herrührende seelische Entzückung, versucht diese Vereinigung mit Gott herbeizuführen, herbeizuzwingen, sterben oder leiden, wie Theresa von Avila sagt; sterben, um zu ihm zu kommen, oder leiden in der verzehrenden Liebe. Man »öffnet den Mund, der Kopf dröhnt – und der Pilot im Gestell verfangen, den Wink zum Loslassen gibt; die Händepaare lassen hinten locker, Finger lösen sich vom Gestänge; ein Ruck, und das wacklige Gestell rollt tatsächlich los, auf Fahrrädern leicht hüpfend, rollt es rüttelnd über das Rollfeld, hüpft auf ächzenden Streben über Erdschollen, hoppelt wie ein Ungeschickter auf Parketten über das von Pferderennen, insbesondere von Springderby vergangener Woche geholperte, dann letzten Sonntag beim Automobilmeeting im strömenden Regen von den schmalen Vollgummireifen der Wagen durchfräste und durchfurchte, in der Hitze der folgenden Tage jedoch rasch wieder ausgedörrte Feld, rattert davon, Staub aufwirbelnd und einen feinen Wolkenschweif aus in der Sonne fast golden blinkendem Staub und blauen Dunst hinter sich herziehend, kleiner werdend, insektenhaft, und in wundervollem Schwung schießt der Monoplan am Ende der Bahn schließlich über die Startschanze«.[6] Man öffnet den Mund und der Kopf dröhnt, man erinnert Berninis Darstellung der Theresa von Avila in der Chiesa di S. Maria della Vittoria, ihr sich auflösendes Gesicht in härtestem, gleißendem Marmor, die verschlossenen Augen, der geöffnete Mund, eine makellose, rasierklingenscharfe Zahnreihe entbergend.

Alles schwindet, die Sinne, der Körper, die Geschichte; dem generellen Schwundzustand des Realen entspricht die Blähung einer mit neuen Hoffnungen vollgepumpten Zukunft. Und wir sind am liebsten dort, wo wir noch nicht sind. Seit die Weltentwicklung pausiert und die Fortschrittsbewegung nicht mehr so leicht in die Zukunft vorstößt, aber das Bewußtsein wieder streng auf *Vorwärts* geschaltet, das Koordinatensystem der Wissenschaft auf Fahrt eingestellt und die alte Fährte in die Zukunft aufgenommen ist, sind wir unruhiger denn je. Und je näher das neue Millenium rückt, um so höher schwappt eine Welle von extremen Phantasien und rätselhaften Neuwelten. Risikogesellschaft, Erlebnisgesellschaft und Multioptionsgesellschaft, Versuche, die instabile Hoch- oder Übermoderne reflexiv zu fassen, verschwinden im Schatten einer *dritten*, restaurativen, die Anstrengungen der ersten Moderne wieder aufnehmenden und verschärfenden und die reflexive Phase der sogenannten Postmoderne hintanstellenden Moderne.

Aber die Zukunft ist gleichzeitig anwesend und abwesend, allgegenwärtig und ortlos, ein leuchtender, irdischer Himmel, virtuell und doch real, ein Vakuum, ein monströser *Nicht-Ort* nach dem Tode Gottes und der Emanation des Ichs und – wie eh und je – ein unbarmherziges Instrument der Disziplinierung. Die Gegenwart ist kein Resultat der Vergangenheit, sondern eine Konsequenz der Zukunft, die Gegenwart ist unannehmbar, unvollendet, schäbig und defizitär, die Zukunft ist die alles einvernehmende, alles überstrahlende, letzte Welt. Alle Energien werden nach vorne geworfen, wir fließen in jene Zukünfte ab, die gerade *en vogue* sind: die Noosphäre, die Galaxis, die Telepräsenz, Trekkie Mania – zu den Weltmächten von morgen.[7] Die Erziehung züchtet den verkehrsfähigen Menschen, mit hoher Anpassungsgeschwindigkeit, hoher Verausgabungsfähigkeit, einem planetarischen Körper. Laufsteg und Rampe sind die Hardware dieser Gesellschaft, für die ein flüssiges, von allem Überflüssigen entleertes Subjekt geschaffen wird, das sich geschmeidig von Orten zu Nichtorten der Zukunft, in deren Leere die noch verbliebenen Träume aufgespannt werden, bewegt. Alles, was nicht ist, ist noch nicht und wird in eine unbekannte Zukunft projiziert. Den Hohepriestern der letzten Jahrhunderte: dem Arbeiter, dem Partisanen und dem Waldgänger, folgt ein *geschlechtsloses Missil*, glatt, starr und gleichzeitig flüssig, ein strahlender, verschlossener, gleitender, mystischer Körper: ein *Metakörper*, ein metabolischer Körper, das *Model*. Und den Apokalypsen der neunziger Jahre folgen die Festschriften auf die Zukunft: die Trendbücher und ihre Mystiker, die uns aus der Zukunft zuwinken. Die Zukunft erhielt einen Blankocheck. Die Zukunft ist immer stärker als die Gegenwart, und in ihrer digitalisierten Simulation, deren Widerschein sich als kleine, zitternde Benutzeroberfläche oder Fernsehbild allabendlich milliardenfach wiederholt, eine neue, gleißende, turbulente und demokratische Himmelsvorstellung, der gegenüber sich die gemütlichen Paradiese, wo einem die gebratenen Tauben in den Mund fliegen, oder die überirdischen Gewölke, in denen sich die Seligen in der Anbetung Gottes verzehren, wie längst vergangene Bilder ausnehmen.

Wirklich scheint zu sein, was der Fall ist, aber der Glaube, es gäbe nur eine Wirklichkeit, ist, so Paul Watzlawick, die gefährlichste aller Selbsttäuschungen, denn die wirkliche Wirklichkeit ist etwas, das wie ein Spinnennetz entsteht und vergeht und entsteht. Immer wieder und immer wieder variiert, findet sich in der Gegenwartsanalytik der Satz: »Wir leben in einer anderen Welt als in der, in der wir denken.« Gemeint ist, daß wir an Kategorien festhalten, deren Realitätsgehalt ausgeronnen, deren Wirklichkeiten längst ausgedient haben. Vielleicht ist das Festhalten an überkommenen Kategorien notwendig, um der aus den vielen Möglichkeiten resultierenden Verzweiflung Herr zu werden. Eine Form akademischen Kummers rührt vermutlich daher, daß man eine sich immer schneller wandelnde Gegenwart in approbierten und schnell antiquierten Kategorien beschreiben muß. Während die Repräsentanten der Kunst und der Literatur in ihren Beschreibungen der Wirklichkeit entlaufen, entläuft die Wirklichkeit den Beschreibungen innerhalb der Mauern der Akademie. Und entschwinden die Beschreibungen den Vorschriften der Akademie, werden sie anders zugeordnet: der Literatur, dem Feuilleton. Wir leben in der Tat in einer anderen Welt, als wir denken. Aber keineswegs ist es die Vergangenheit allein, die, weil sie in der Wirklichkeit über keine Wohnung mehr verfügt, in kategorialen Relikten der Akademie, in den Museen der Geistes- und Sozialwissenschaften ihr Reduit findet.

Die Gegenwart mißt sich vielmehr an der Zukunft. Der Zeigefinger zeigt auf die Frage »Wie wirklich ist die Wirklichkeit?« nicht nach oben oder unten, auch nicht auf Mund oder Kopf, sondern wie ein Pfeil *nach vorn*. Wir leben in einer anderen Welt, als wir denken, und *denken in einer anderen Welt, als wir leben*. Nicht das traditionale, auf die Vergangenheit sich beziehende Denken macht realitätsblind, sondern der strenge Zukunftsbezug. Dieser schließt zwar an einen jüdisch-christlichen Futurismus an, in dem die Welt vertikal, nicht horizontal, zwischen Zenith und Nadir, geordnet, auf einen Himmel hin angelegt war. Der biblische Himmel ist schwer beschreibbar, er ist anders, was »kein Auge gesehen und kein Ohr gehört, was in keines Menschen Herz gedrungen ist«, wie Paulus sagt. Jedenfalls ist er fern und nah, denn ausgerechnet im Schrecken des Todes werden wir seiner ansichtig. In der Offenbarung spricht Johannes von den Meeren aus Glas, von Straßen aus kristallenem Gold, von Toren, aus einer einzigen Perle gebildet, von Mauern, aufgebaut aus leuchtenden Edelsteinen. Der Himmel bietet Raum für unbegrenzte Phantasien, die einen sind der irdischen Welt näher, andere ferner. Von den frühen apokalyptischen Visionen, der Offenbarung des Johannes, der paulinischen Verheißung, der patristischen Vision des Ausgleichs für irdisches Leiden bei Irenäus, vom Ort der Vervollkommnung bei Augustinus, über die Renaissancevorstellungen des himmlischen Paradiesgartens, die neumystischen Liebes- und Verschmelzungsvisionen eines Swedenborg bis zur modernen Theologie der Verheißung schwanken sie zwischen theozentrischen (Gott in den Mittelpunkt rückenden) und anthropozentrischen (irdischen) Glücksvorstellungen.

Die moderne Ära stellt die Frage, wie der Himmel aussähe, hintan und versucht, die Kluft zwischen Erde und Himmel, zwischen Erfahrung und Vernunft, zwischen, wie man trivialer sagen könnte, Wirklichkeit und Möglichkeit zu verringern, ohne die Möglichkeiten genauer zu evaluieren. Wie die alten Asketen »einen Totenkopf auf den Tisch setzten, dessen Beschauung ihre Lebensbetrachtung war, so soll das Posthorn auf meinem Tisch mich allezeit daran erinnern, was des Lebens Bedeutung ist. Es lebe das Posthorn.« So kommentiert Kierkegaard den Triumph der Horizontalen über die Vertikale.[8] Eine Kluft zwischen dem, was ist, und dem, was sein könnte, gab es und gibt es immer. Nicht der Jetztmensch, sondern Mensch oszilliert zwischen dem Gegebenen und der Hoffung auf Verbesserung des Gegebenen wie auch der Verbesserung des Menschen. Ob seine rohe Natur kultiviert werden muß oder in seine Natürlichkeit zurückkorrigiert werden soll, ist nebensächlich. Der Mensch will nicht und wollte *nie* bleiben, wo und was er ist. »Mit einem bestimmten Teil unseres Wesens leben wir außerhalb der Zeit«, schreibt Milan Kundera in seinem Roman *Unsterblichkeit*.[9] Etwas an ihm war immer nomadisch, ortlos. Ahasver, der ewige Wanderer, der ewige Jude, vom kreuztragenden Christus zum ewigen Warten verurteilt (bis dieser in der Historie selber ein irrender, jüdischer Wanderprediger wurde), wandert als Fluch durch die mittelalterliche Literatur. Das Wandern wandelt sich vom Fluch zum Segen. Die Menschheit hat sich seit Beginn dessen, was wir Moderne nennen, auf endlose Wanderungen und Fahrten begeben.[10] »Hans Spielmann stimme deine Fiedel, es geht im Schritt und Tritt... Wir ziehen in die Weite, ja weite, wunderschöne Welt hinaus. Frischauf zum frohen Wandern, wer Lust hat, bleibt zuhaus.«

Vor über hundert Jahren (1874) erschien Nietzsches Schrift *Vom Nutzen und Nachteil der Historie für das Leben*.[11] Darin behauptet er, daß die Menschheit auf ihrem eigenen Memento mori sitze und die geschichtliche Vergangenheit ihre verkappte Theologie sei. Gegenüber der »greisenhaften« Beschäftigung mit der Geschichte lehne sie alles Werdende achselzuckend ab. Nietzsche fordert die Kraft, vergessen zu können: das *Memento vivere* als natürliches Gegenmittel, wie er es nennt, gegen die »Überwucherung des Lebens durch das Historische, gegen die historische Krankheit«,¹² gegen das *Memento mori*.

Heute legt die Zukunft auf alles ihre Pranken und verdunkelt die Gegenwart. Die moderne Krankheit ist eine Krankheit des Vergessens, Verdrängens. Die Gesellschaft hat Alzheimer und verordnet Alzheimer und will Alzheimer. »Ergreift die Spitzhacken«, heißt es in und seit Marinettis futuristischem Manifest. Kierkegaard bemüht das Posthorn. Was Emanzipation genannt wird, ist ein Aufputschmittel gegen die Vergangenheit. Der Wunsch, die Grenzen zu überschreiten, die uns gesetzt sind, wird zum Wunsch, die Grenzen zu überschreiten, die uns von uns selber gesetzt sind, in endloser Iteration. Die europäische Menschheit befindet sich seit fünfhundert Jahren und die Ganzmenschheit seit kurzem im Aufbruch zu jenen fernen Höhen, auf denen die Zukunft *leuchtet*. Wir denken in einer anderen Welt als in der, in der wir leben. Die zeitdiagnostische Literatur produziert Regale voll kontrafaktischer Zukünfte, an denen die Zeit gemessen werden will. So kommt die Gegenwart nicht zur Ruhe und versucht, einer Gegenwart zu entfliehen, auf die der Schatten einer absoluten, mit sich vereinten Zukunft fällt, einer fernen Höhe, die es zu erklimmen gilt. »Immerzu, da gehen wir und haben keine Rast, und wären gern der Wirtin Gast bei einem Weine hier, hier, hier, bei einem Weine hier. Immerzu, da sagen wir: Noch ist es nicht zu End, und täten doch so gern die Händ hingeben, Liebst, zu Dir. Immerzu glauben wir: So dauern kann das nicht, durch das Gewölke blitzt und bricht die Sonne auch zu mir. Immerzu, da gehen wir aus Haus und Heimat fort und wären doch so gerne dort zusammen alle wir« (Volkslied).

Die lichte Höhe leuchtet. Was wäre das Leben ohne Hoffnung? »Ein Funke, der aus der Kohle springt und verlischt, und wie man bei trüber Jahreszeit einen Windstoß hört, der einen Augenblick saust und dann verhallt, so wär es mit uns...«, dichtet Friedrich Hölderlin im *Hyperion*.¹³ »Legt Feuer an die Regale« (Marinetti). Die gute neue setzt sich an die Stelle der guten alten Zeit. Wie eine sich selber dem Tode oder dem Sieg weihende Armee hat die Menschheit die Brücken hinter sich abgebrochen und zimmert Laufstege und ingeniöse, schwindelerregende Konstruktionen in die Zukunft. Sie muß und will nach vorn. Sie hat keine andere

Wahl. Aber was erwartet sie? Ist dort nicht wenig? Leuchtet die Zukunft nicht schwach, auch wenn der Fluchtpunkt des Quattrocento durch einen neuen Fluchtpunkt ergänzt ist: schwarze Löcher im Himmel, durch die Ichs entweichen? An die Stelle des Paradieses im Himmel tritt ein Land der unbegrenzten Möglichkeiten auf Erden, und die interplanetarischen, in die Galaxis ausgreifenden Wünsche sind erweiterte Erdenwünsche. Schon die Idealisten unterscheiden zwischen einer aktuellen und einer extensiven oder einer guten und einer schlechten Unendlichkeit. Die gute Ewigkeit meint das Absolute, die wieder in Einheit aufgehobene Totalität der unendlichen Fülle, die schlechte die Unendlichkeit im Sinne einer raumerfüllenden Mannigfaltigkeit oder endlosen Zweckerstreckung. Die ganze Welt bewegt sich wie ein gewaltiges Fahrzeug von Wirklichkeit zu Möglichkeit, von Erfahrung zur Vernunft. »In der Öde des Unermeßlichen, im schwarzen Mantel der Nacht, die keinen Schlaf den Winden bringt, die es umwehn', inmitten schwarzer Wogen treibt herrenlos das ungeheure Wrack« – Victor Hugo hat in der Allegorie des 20. Jahrhunderts den offenen Himmel und die offene See einander gegenübergestellt.[14]

Der offene Himmel, das war für ihn die lichte Zukunft, die offene See mit dem herrenlosen *Wrack,* das einem erzgepanzerten Walfisch gleich im Ozean treibt, das war die biblische Vergangenheit, wie wir sie aus den Bibelillustrationen von Gustav Doré oder »Mad« Martin erinnern. Die offene See, der schwarzschimmernde Weltraum, Metaphern für die Jetztzeit! Das Kopernikanische System hat die festen physikalischen Punkte aufgehoben, wie die Aufklärung die kosmisch-religiösen. Die Neuzeit und nicht erst die Jetztzeit macht den Menschen ortlos. *Es lebe das Posthorn!* Die Fahrt auf den Datenhighways ist das modernste Experimentierfeld eines seit der kopernikanischen Revolution sich ausbreitenden und aufblühenden Motivs der unendlichen Fahrt. Dieses Motiv treibt seine eigene Evolution, parallel zur Logik der Epoche, Manfred Frank zufolge, voran.[15] Der Fixstern Erde wird dezentriert, der Mensch aus dem Schöpfungsmittelpunkt entfernt. Der Mensch wird ausgebettet und will ausgebettet werden. Kein Punkt im All ist ausgezeichneter Mittelpunkt. Die Erde wird in der unendlichen Galaxis ein Ort unter anderen Orten, *son lieu propre.* Die vertikale Struktur der Welt wird zersetzt, abmontiert, die Horizontale verdrängt sie. Franz von Assisi beginnt, wie auf den Fresken von Giotto ersichtlich, auf der Seite zu schlafen und nicht mehr auf dem Rücken. Mit offenen Augen späht er in die Weite, nicht mehr in die Höhe. Das Kap der Guten Hoffnung sind ihm noch die Vögel und Tiere. In seinen Ekstasen, schwindelerregend dargestellt von Francesco Cavio (1607-1665), vielleicht, verbindet er sich mit Vögeln und Tieren. Befreit von der unerträglichen Wiederkehr des Gleichen, herausgelöst aus den überkommenen Gewißheiten und Selbstverständlichkeiten, erscheint das Leben in einer neuen herrlichen Leichtigkeit als *any time – any place-Matrix*. Der Mensch wird leichter als Luft und schwebt im Internet. Der Fliegende Holländer, dieses beschädigte, mit blutroten Segeln und schwarzen Masten durch die Weltmeere geisternde Wrack: »Die Schiffer an den Rudern sind verdorrt. Als Mumien schlafen sie auf der Bank. Und ihre Hände sind wie Wurzeln lang, hereingewachsen in den morschen Bord«,[16] und auch das durch die Weltliteratur wandernde Personal, Ahasver, Melmoth, der ewige Jude, sind aus der Literatur in die Wirklichkeit gedrungen.[17] Die ganze Welt mit ihrer rasch wachsenden Menschheit ist in einer strengen Vorwärtsbewegung begriffen und versucht, jene lichte Höhe zu erreichen, die das Beresinalied beschließt.

4. Im Sog der Zukunft

So sind tausend Tore offen. Das Abenteuer des Abendlandes, das mit der vagen Hoffnung begann, irgendwann die Kluft zwischen Gegenwart und Zukunft, zwischen einer dunklen Gegenwart und einer lichten Zukunft schließen zu können, wird zum endlosen Abenteuer. Die Geschichte endet nicht, sondern weitet, dehnt und öffnet sich ins Unendliche. In rascher Folge enteilen, entfliehen ihr durch ihre Öffnungen neue Zukünfte und Möglichkeiten-Ichs. »O! Sauge, Geliebter, gewaltig mich an...«[1] Die Moderne definiert sich als ein Zeitalter des Fortschreitens, der unaufhörlichen und unaufhaltsamen Bewegung, und selbst die Vorstellung einer Überwindung der Moderne zehrt von diesem Programm. Man kann die Moderne nicht verlassen, wenn man sie zu überwinden trachtet.[2] Überwindung ist eine typisch moderne Kategorie und, gänzlich ungeeignet, einen Weg aus der Moderne anzugeben.[3] Die Überwindung der Moderne, die Hoffnung auf ein Zeitalter der Glückseligkeit, Reinheit und Güte, die Hoffnung auf eine Überwindung der Dummheit, die Hoffnung auf die Kategorie der Überwindung zu setzen, ist darüber hinaus wohlfeil, vielleicht unumgänglich.

In seiner *Kunst des Romans* gibt Milan Kundera dieser Überlegung auf seine Weise Ausdruck. Er schreibt: »Früher habe auch ich die Zukunft als einzigen zuständigen Richter über unsere Werke und Handlungen betrachtet. Später habe ich begriffen, daß der Flirt mit der Zukunft schlimmster Konformismus, feige Liebedienerei gegenüber dem Stärkeren ist. Denn die Zukunft ist immer stärker als die Gegenwart. Gewiß, sie wird uns beurteilen. Und mit Sicherheit ohne jede Kompetenz.«[4] Der Flirt mit der Zukunft verwandelt sich, sobald man die lebensweltlichen und privaten Bezüge verläßt und seine Umsetzung in der Politik oder in der Wirtschaft betrachtet, in revolutionäre Entschlossenheit. Streng wird die Zukunft ins Auge gefaßt, und jedes Beharren auf dem, was ist, oder gar auf dem, was war, ist ein *Verstoß* gegen den Fortschritt. Die Beschleunigung der Geschichte kann und wird im Namen der zukünftigen Ordnung keine Rücksicht nehmen und vielleicht auch die Barbarei legitimieren, wenn sie zur Vorwärtsbewegung verhilft.[5] Zukunft braucht sich nicht zu legitimieren, nicht zu rechtfertigen, hat immer recht, ist immer stärker.[6] Die Kraft der Zukunft stürzt die Gegenwart (ganz zu schweigen von der Vergangenheit) in den Schatten der Verzweiflung. Vielleicht, möglicherweise, ist die Selbstaufrichtung des Menschen schon die Erbsünde. Mit der Verlagerung der Augen nach vorn, der Ermöglichung binokularen, perspektivischen Sehens und der Entfaltung des Gehirns dorthin, wo die außen lagernden Augen ein Hindernis bildeten, gewinnt er das Potential, um vorwärts- und fortzuschreiten. Das Menschenhaupt wird nun, im Unterschied zum hängenden Affengesicht, steif im Nacken festgemacht. Es richtet sich auf dem aufgerichteten Körper seinerseits auf und *blickt in die Weite.*[7]

Die Weite wird zur Zukunft und diese kulturell, wie auch die Spanne zwischen Hier und Dort, unterschiedlich, wie Luhmann sagen würde, bearbeitet. Im religiösen Weltbild hochkultureller Gesellschaften, in denen die mythischen und magischen Kräfte gebündelt und in einen jenseitigen heiligen Kosmos verbracht sind, gewinnt die Vertikale gegenüber der Horizontale an Bedeutung, und die Muskelstränge des Halses und des Nackens, welche das Haupt auf- und vorwärtsrichten, ziehen es nach hinten und lassen die Frommen aufwärtsblicken. Aber es ginge zu weit und ist Vergangenheit, und wir wissen nicht, ob die Hals- und Nackenmuskeln den Menschenkopf überhaupt noch, um Gott zu ahnen, nach hinten ziehen. Die horizontale Reglosigkeit ist, Cioran zufolge, auch die »unerläßliche Bedingung der Meditation«.[8] In die Vertikale guckt der moderne Mensch nur noch bei Feuerwerken, Mondfinsternissen, Raketenstarts und Flugmanövern. Parallel mit dem Unsicher- und Undeutlichwerden der Zukunft nimmt die Bedeutung der Prismengläser, Feldstecher und Ferngläser, Teleskope, Monoculare und Nachtsichtgläser zu. Mondlose Nächte werden in hellstes Tageslicht getaucht, und man sieht das Gefieder eines Raubvogels über der Schlucht. Franz von Assisi dreht sich im Bett auf die Seite und legt sich erst im Sterben wieder auf den Rücken. Der Tote wird auf den Rücken gebettet, und die noch nicht Toten falten ihm die Hände. Die Vertikale war vielleicht erträglicher (obwohl es schwer fällt, angesichts der Greuelbilder aus dem Mittelalter, dies heute glaubhaft zu behaupten), weil sie nicht in diesem Leben überwunden, der Kosmos nicht im Diesseits erreichbar ist. Außerdem wird des Jenseits gerade teilhaftig, wer Begrenzung, Einschränkung, Zügelung, die Eigenschaften des fortschrittsbeseelten Menschen, verachtet. Der der Zukunft verfallene moderne Mensch traut der Gegenwart nicht. Das bloße Dasein kann man nicht sich selbst überlassen, es ist etwas, das »beherrscht, unterworfen, neu gemacht werden muß«.[9] So ist die Gegenwart prinzipiell obsolet und alle Zukünfte, die erreicht wurden, wurden, alsbald sie erreicht waren, es auch. Dennoch leuchtet die Zukunft angesichts der Gegenwart *heller denn je*, und die Hoffnung ist immerfort lebendig, daß jede Drangsalierung der Gegenwart in ihrem Dienste zu rechtfertigen ist.

Nicht nur der kürzlich verstorbene Cioran hat, obwohl gegenwärtig immer wieder zitiert, eingewandt, daß es unmöglich sei, ohne Hoffnung zu leben. Ähnliche Formulierungen lassen sich zu allen Zeiten und bei allen Denkern auffinden. Irgendeine Hoffnung bewahrt man stets, und diese ersetzt alle verworfenen und erschöpften Hoffnungen; in diesem Sinne fährt Cioran fort: *Irgendeine* – das ist die gleichermaßen hoffnungsvolle und bestürzende Formulierung unseres Zeitalters, des Zeitalters der Moderne und der Postmoderne, die, bezogen auf die Grunddimensionen der Modernisierung, nur eine Über- oder Hoch- oder Hypermoderne ist.[10] Hoffnungsvoll ist die Rede von »irgendeiner« Hoffnung, die die Menschen an- und forttreibt, weil sie offenbar alles als Stoff von Hoffnungen zuläßt, was Hoffnung bedeuten kann; bestürzend, weil mit dieser postmodernen Pulverisierung der Hoffnung der Gedanke einer alles übergreifenden, kosmischen Hoffnungsordnung aufgegeben und die Hoffnungen in den Einzelnen hineingesteckt sind. Wenn irgend etwas als Hoffnung zugelassen wird, dann mag es auch das Verwerflichste und Billigste sein. Ernst Bloch hat Tausende von Seiten über das Prinzip Hoffnung geschrieben und ist in seiner gedankenreichen Beschreibung des Supermarktes der Hoffnungen und weil er, nach dem weltgeschichtlichen Durchgang, nur mehr ein leeres und formales Prinzip in den Händen hält, ein Vorläufer, ja in bezug auf die Theorie der Hoffnung sogar ein Prototyp postmodernen Denkens.[11] »Ein echter Gemischtwarenladen lebt vom Durcheinander«, so Dirk Baecker, nämlich davon, »daß alles so nah beieinander liegt, daß die Phantasie, was als nächstes zu kaufen wäre, sich immer wieder neu entzünden kann. Jede Ware stört und ergänzt jede andere und Gerüche ziehen durch den ganzen Laden, die ihm seine charakteristische Einheit geben. Man weiß, wo man ist, und kann doch jedes einzelne Element austauschen gegen jedes andere, kann auf ganze Warengruppen verzichten und vollkommen neue ins Programm aufnehmen.«[12] Gerüche ziehen durch den Laden, der Gemischtwarenladen, das könnte – so Baecker – »ein Ort sein, der nicht nur die Beobachtung eines Warenangebots, sondern auch die Beobachtung der Arbeitsverhältnisse anleiten kann« und, fügen wir hinzu, die Beobachtung der Lebensverhältnisse und ihrer Hoffnungen und Sinngebungen.[13]

Aber irgendwie ist die Formel von *irgendeiner* Hoffnung, die irgendwie gewählt und wieder verworfen werden kann, wenn – um mit Baecker zu sprechen – andere Gerüche auftauchen, auch wieder unpassend, vielleicht sogar eine altertümliche Ideologie (nach dem Zeitalter der Ideologien), vielleicht auch eine Beschönigung oder, je nachdem wie man es sieht, sogar eine Beschuldigung. Denn die Gegenwart ist nicht bewegt von einem planlosen Auf und Nieder und Hin und Her. Und wer würde heute sagen wollen: Wenn es nur so wäre! Alles ist versehen mit einem *Zeitpfeil*. Der Pfeil weist in die Zukunft, und diese ist die Hoffnung, die alle anderen Hoffnungen vereint. Es gibt keine Hoffnungen, auch nicht irgendeine, auch keine von masochistischen Sonderlingen, die gegenüber dem Istzustand eine Verschlechterung erhoffen würden;

die Vergrößerung der Qual ist dem Masochisten eine Verbesserung gegenüber dem quallosen Zustand, und so könnte es von außen betrachtet auch für die vorwärtstreibende Welt insgesamt aussehen.

Aber das zu Ende gehende Jahrtausend hat uns beschert, was wir heute sehen und haben. Das Christentum steht am Anfang des abendländischen Projekts, auch wenn Christus der Welt nicht den Krieg erklärt hat, sondern Mensch geworden ist. Gleichwohl wird ebenfalls über dieses Jahrtausend und darüber hinaus unerbittlich an der »Trennung zwischen dem verheißenen und dem faktischen Leben festgehalten«,[14] ein Dualismus, der in seiner Verweltlichung zu einer irdischen oder, in den Worten von Cioran, zu irgendeiner Hoffung auf Erlösung wird. Wenn der Mensch in einem anthropologischen Minimalprogramm sich wiegt zwischen dem, was ist, und dem, was sein könnte, so könnte es irgend etwas sein, was dieses *sein könnte* ausmacht, eine Reise, ein Schlaf, die ewige Seligkeit, ein Kind. Wer einen Gott über Gebühr liebt, zwingt auch, so Cioran, die anderen zur Liebe. Vielleicht ist er sogar entschlossen, jene zu verfolgen und auszurotten, die nicht das Kreuz vor dem Futur schlagen. Immer waren die Folgen der Vergottung einer Idee unabsehbar. Das durch die Gezeiten vorwärts rasende Pendel zerschmettert, jener riesenhaften vorwärts schwingenden Abbruchbirne gleich, die dualistischen Konstruktionen der Weltreligion neu, die konservativen Gehalte und die Gegenwart selber und opfert alles auf dem Altar einer ungewissen Zukunft.

5. Auflösung der Gegenwart

Obwohl die Gegenwart komplett auf Zukunft geschaltet oder, wie man Thomas H. Macho zufolge sagen könnte, in die Zukunft zurückgefallen ist und die Entscheidungen der Gegenwart nicht die Zukunft bestimmen, sondern von ihr abhängig sind, obwohl also die Zukunft die Gegenwart vollständig beherrscht, ist sie nicht nur ungewiß, sondern erscheint, wenn man sie sich vornimmt, irgendwie *leer*.[1] Mit welcher Pracht die außerirdischen Welten ausstaffiert wurden, ist noch in den Kinderköpfen festgehalten. Aber je detaillierter die Bilder vom Leben nach dem Tod auch ausfallen, um so weniger glaubhaft sind sie. Von den Aufklärern wird wenig dazu gesagt, sie haben die Lust verloren, über ein jenseitiges Leben zu spekulieren. Um so eindrücklicher tritt die Diesseitigkeit mit handgreiflichen Paradiesen und bukolischen Idyllen auf. *Déjeuner sur l'herbe.* Der Himmel wird gespürt in der Schönheit der Kathedralen, der Natur, der weidenden Herden, im festlichen Drama der Messe. Mehr und mehr wird Himmel von einer jenseitigen Herrlichkeit zum Symbol einer diesseitigen Wirklichkeit, einer vollkommenen Gesellschaft. An die Stelle ewiger Sicherheiten treten vollkommene staatliche und gesellschaftliche Ordnungen und tausendjährige Reiche. Von der Social Gospel Bewegung über den religiösen Sozialismus zur Befreiungstheologie und weiter reichen die innerkirchlichen Verdiesseitungsbestrebungen. Die ungläubigen, aber gleichwohl religiösen Nachfahren des jüdisch-christlichen Futurismus ersetzen den Himmel durch ein Reich Gottes ohne Gott auf Erden, durch ein kosmisches, auf die Ausstaffierung wartendes Vakuum. Dunkle Existenzangst und Furcht vor der Sinnlosigkeit eines des kosmischen Daches verlustig gegangenen Zeitalters versucht, seit der Himmelspfad gesperrt ist, immer wieder in die Zukunft zu entkommen. Die Gegenwart entlädt sich in sie. Aber in ihr finden sich eine säkularisierte Heilserwartung und eine Ziviltheologie, die eine Glücksvorstellung transportiert, die im Kern eine Erlösung der Weltgesellschaft im Diesseits vorsieht. Erlösung heißt Erlösung von der Existenz, von jenem Teil des Menschen, der in der Aktualität, in der Gegenwart, in einem endlichen Körper steckt oder steckengeblieben ist, und von der mit dieser Existenz verbundenen Angst, Unsicherheit, Ungleichheit. *ZeroKörper.*[2] Je allgemeiner die Ziele, desto undenklicher die Zukunftsbilder, die Zukunft wird, statt geglückte Zustände fortzuschreiben, ein dunkler (was ja der Begriff Utopie letztlich auch bedeutet) Nicht-Ort. »In der Ferne verlieren sich die Boote, und die Anteilnahme, mit der man ihnen nachsah, nimmt zu mit ihrem Verschwinden.«[3]

Alle Varianten des fortschrittlichen Denkens und der fortschrittlichen Politik, seien es linke oder rechte, kommunistische oder liberale, haben äußerst und ähnlich vage Vorstellungen vom zu errichtenden Himmel auf Erden. Nirgendort, Nirgendwo und Nirgendland sind seine wichtigen Namen. Aber sie halten sich an die Erfahrungen, die mit den mittelalterlichen Himmelsvorstellungen gemacht worden sind: Je detaillierter die Bilder vom Leben nach dem Tod aussehen, um so weniger glaubhaft sind sie. Insofern die Zukunft ungewiß und offen und auch der Mensch, wie man sagen könnte, geöffnet ist, ist dieser Himmel auf Erden ein Reich der Freiheit. Und insofern der Mensch vorentschlossen zur Freiheit ist, hat er alles daran zu setzen und wird er auch gemahnt, aus dem Reich der Notwendigkeiten ins Reich der Freiheit zu wechseln, das Reich der Notwendigkeiten in ein Reich der Freiheiten zu verwandeln. Der Verweis auf die Zukunft wird zum unerbittlichen und überall spürbaren Disziplinierungsinstrument, und die sich gerade in der definitorischen Leere auftuende Leerstelle entwickelt eine Sogkraft, die magisch anzieht, in der, wie man Kierkegaard folgend sagen könnte, sich nun Verzweiflung ob des Fehlens der Notwendigkeiten ausbreitet. Disziplinierung durch Kontingenz! Alle Energien werden in das »große Unternehmen der Erlösung durch welt-immanentes Handeln geworfen«.[4] Diese Laufbahn verlassen, hieße, wie schon Thomas Hobbes im *Leviathan* mahnt, Sterben. Überholt zu werden ist ein Unglück, und den Nächsten überholen verspricht Glückseligkeit.

Die Menschheit ist demgemäß, wie es, war es Sloterdijk?, formuliert hat, seit der ersten Jahrtausendwende streng mit der Verbesserung des Weltaufenthaltswesens beschäftigt. Jeden Morgen richtet sich die Menschheit für den Laufsteg her, zunächst für die Himmelsleiter, dann für die Brücke zwischen Wirklichkeit und Möglichkeit, schließlich jetzt, für Schleichwege in individuelle Erfüllung verheißende Projekte. Und überall, in allen aktivistischen Schriften wird den Störrischen und Sitzengebliebenen gedroht, sich zu bewegen. Es werden operative Positionen bezogen, durch Operationalisierung der Differenz (wie der Ungleichverteilung von Einkommen) und durch Rezepturen, diese zu überwinden. Die Drohungen der Moderne, in der der Zeigefinger am ausgestreckten Arm nicht mehr nach oben oder nach unten, sondern nach vorne zeigt, beginnen mit dem Kommunistischen Manifest »Völker höret die Signale« und enden mit den zeitgemäßen Agenden für das 21. Jahrhundert, in denen ein Mentalitätswandel und eine Steigerung der Leistungsbereitschaft angemahnt wird, wenn nicht drastische Wohlstandsverluste in Kauf genommen werden wollen. Jede Verzögerung von Reformen führt demzufolge zu Positionsverlusten im internationalen Standortwettbewerb, der gleichbedeutend geworden ist mit einem späteren oder überhaupt nicht Erreichen jenes leeren, saugenden Projekts am Ende. Und jeder Rückschlag ist das Ergebnis einer zu schwachen Beschleunigung. Ein wachsender Strom von Literatur über den Niedergang oder gar Untergang der westlichen Zivilisation hat die Entwicklung nicht verlangsamt, sondern verschärft. Immer mehr Pferde sind vor den Wagen zu spannen. Immer mehr Kräfte werden freigesetzt für den Fortschritt der Zivilisation, und immer weniger wagen es, den Status quo oder gar die Vergangenheit gegen die Zukunft zu verteidigen oder nur in Rechnung zu stellen, ob ein Zuwarten nicht eine Entscheidung sein könnte, die vielleicht weniger Risiken bergen würde als eine Entscheidung für eine schnellere Gangart.

So ist die Zukunft vollständig abhängig von den Entscheidungen der Gegenwart. Aber je mehr entscheidungsoffene Spielräume sich im Zuge der Verwirklichung einer offenen Gesellschaft auftun, desto unsicherer werden naturgemäß die Zukünfte, auch diejenigen, die wir vermeintlich selber zu entscheiden haben, gerade deshalb, weil wir sie selber entschieden haben. Und daß die Entscheidungen von heute ihrerseits Maß nehmen an einem Bild der Zukunft und damit umgekehrt die Gegenwart ein Resultat der Zukunft ist, sich diese aber und diese sich immer mehr in eine offene vielgestaltige verwandelt oder überhaupt verschwindet, erscheint als dunkles, beinahe religiöses und damit keinesfalls störendes, sondern im Gegenteil magisches Paradoxon. Obwohl man die Zukunft also immer weniger kennt und die Erhebung des Menschen zum lieben Gott auf Erden die Zukunftsvorstellungen abstrakt und letztlich, wenn man etwa die Implikationen einer vollkommenen Gleichheit, Transparenz und Offenheit überdenkt, gerade nicht erstrebenswert machen, wird so getan, als wäre ihre Wahrscheinlichkeit ein Ergebnis des guten Willens, des frühen Aufstehens, der Leistungsbereitschaft und der asketischen Arbeit. Und obwohl die Zukunft die Gegenwart bestimmt, bestimmt die Gegenwart die Zukunft. So kommt der Punkt, in wie ferner Zukunft er zunächst auch zu liegen scheint, an dem, wie Karl Otto Hondrich bemerkt, »die vergebliche Suche nach etwas zum Beweis dafür wird, daß es nichts gibt, was zu finden wäre«, aber nicht nur für die Herkunftsbezogenen.[5] Abgesehen davon, daß es einen Konservatismus gibt, der nicht sagen kann oder mit Blick auf das, was man sagen darf, nicht sagen will, was er zu sagen hat, ist auch die Zukunft des Fortschrittsaktivisten leer und nicht nur die Vergangenheit desjenigen, der sich über den enttäuschten Erwartungen zurückwendet.

Die Geschichte scheint sich manchmal zu krümmen und aufzulösen und zurückzufallen, aber das auffangende Becken ist nicht mehr da, auch eine Reversion der Geschichte erscheint unmöglich, sie ist selber in die Zukunft versetzt. Der Rückfall in die Zukunft ist der spiegelverkehrte *Vor-Sprung* in die Herkunft oder, umgekehrt, eine Befreiungstheologie ohne Theologie, aber mit derselben strengen Zukunftsorientierung. Während der rückwärtsgewandte Utopismus sein Bild der heilen Gesellschaft aus der Vergangenheit holt und in die Zukunft projiziert, versucht es der vorwärtsgewandte ohne diese Hilfe, er rollt den Teppich nach vorne ins Leere. Die Zukunft muß deshalb via Verneinungen definiert werden, nicht dystopisch, sondern als etwas, was weder ist noch war. Von den kommenden Dingen ist in der gesamten christlichen Eschatologie die Rede, die Chorwände der Kirchen zeugen noch immer vom dem dem Millennium vorausgehenden Jüngsten Gericht und von den dieses einleitenden großen Plagen.

Lesarten, die sich schon im Mittelalter finden, nämlich jene vom *Millennium*, vom tausendjährigen Reich, und jene von den Verwüstungen und Plagen sind heute in säkularisierter Form in einem anschwellenden Strom von Manifesten anzutreffen. Im Unterschied zur beginnenden Neuzeit, die das Ablassen von der Vergangenheit durch ein neues Millennium kompensiert und dessen Eckpunkt wachsende Freiheit, wirtschaftlicher Wohlstand, bessere Technik, gleiche Teilhabe an den erstrittenen Freiheiten, kurz die globalisierte Multioptionsgesellschaft ist, ist die Zukunft ungewiß, und je ungewisser sie wird, desto strenger werden die Stimmen, die Verzichte anmahnen. Auf die Frage »Was verstehen Sie unter einer offenen Gesellschaft?« hat Popper sinngemäß erwidert: »Ich weiß nicht, was die offene Gesellschaft ist, ich weiß nur, was sie nicht ist.« Darin offenbart sich eine andere Apokalypse, eine gleichsam endlose und leere, die wie ein Hurrican die Gegenwart ansaugt und zerstört. *La suisse n'existe pas,* dieses Kunstwerk, das der Schweiz zu einem zweifelhaften Ruf bei der Weltausstellung 1992 in Barcelona verholfen hat, mit dem junge und jung gebliebene Schweizerinnen und Schweizer in seltsamer Weise ihr Land, vielleicht sich selber, zur Schau stellen, dieses Kunstwerk demonstriert nicht, sondern zelebriert eine hypertrophe Form von Freiheit und Offenheit, vielleicht von Koketterie mit dem Nichts. Es ist eine gleichzeitige Koketterie mit der Zukunft und ihrer Leere und ihrem Nichts und zeigt auf »kirchlicher« Ebene, daß in ferner Zukunft nichts mehr unmöglich und alles möglich ist. Freiheit und Gleichheit, ohne mehr Möglichkeiten zu wollen, sind unvorstellbar, aber die Möglichkeiten erschöpfen sich – was tun, wenn alles getan ist?

Die Bedingungen der Möglichkeit von Freiheit sind Möglichkeiten einerseits und Nichtnotwendigkeiten bzw. Kontingenzen andererseits. Das Bekenntnis zum freien Westen ist weit mehr als das fröhliche Eingeständnis, daß wir keine Utopie haben, denn diese ist so leer geworden, insofern ihre Konkretisierungen (Glück und noch einmal Glück) von beschämender Banalität sind. Ein leeres Mysterium ist schwer erträglich, es wird schnellstens gefüllt. Wo Gott schweigt, reden die Götter und Abgötter oder ein neuer, säkularer Gott. Gewiß, eine genaue Betrachtung dieser Leere, die von Verteidigern der Zukunft vorgebracht wird, zeigt zumindest, daß sie sich wie eine Lache ausbreitet, die Leere selber kosmisch wächst. Die Vorstellung der Leere stellt sich in der hundert- und tausendfachen Vervielfältigung der gleichen Aufschrift vielleicht erst ein. Diese heißt ›mehr‹. *Ein Meer von Mehrs.* Was immer man im kursorischen Durchgang durch die Geschichte der Ideologien prüft, mündet letztlich in diesem Mehr. Von Kant bis Popper treiben alle dasselbe Zauberspiel. John Gray vertritt wie viele die These, daß zum Liberalismus vor allem die Auffassung passe, Freiheit bestehe in uneingeschränkten Optionen.[6] Und Isaiah Berlin schreibt: »The extent of my freedom seems to depend on how many possibilities are open to me.«[7] Leontovitsch formuliert unübertrefflich: »Der Liberalismus betrachtet als sein Ziel das Wohlergehen, ja einfach das Glück des Individuums und also die Erweiterung der Möglichkeiten, die Persönlichkeit in ihrer Vielseitigkeit und in ihrem ganzen Reichtum frei zu entwickeln.«[8] Die Übungsstätten der Begrenzungen werden der Lächerlichkeit preisgegeben werden.[9] Es droht eine Gestalt der offenen Gesellschaft, in der alles geht und nichts wirklich wichtig ist, und es erhebt sich, wie Joachim Fest schreibt, »eine Generation von Erben, (die) mit dem Vermächtnis mühsam erworbener Prinzipien ein fröhlich-verzweifeltes Feuerwerk veranstaltet, dessen Glut die Reichtümer wie die Wahrheiten dahinschmelzen läßt«.[10]

Insofern die Vergangenheit mit all ihren Gewißheiten und Selbstverständlichkeiten einen anderen Modus angenommen hat, nämlich den Modus der Möglichkeit, der im weltgeschichtlichen *Recycling* optioniert worden ist, nun selber als künftige Möglichkeit antritt, für die man sich entscheiden kann, erscheint eine Revision der Geschichte im Sinne eines Rückfalles der Folgen zu ihren Ursachen verwehrt. Aber mit der Einsicht in die *prinzipielle* Riskantheit der Moderne und in ihrer Unabschließbarkeit werden keine Utopien mehr zuwege gebracht. Wir sind »Techniker der Müdigkeit, Totengräber der Zukunft«.[11] Der unendliche Raum der Möglichkeiten verwandelt sich im fahlen, gar nicht mehr gleißenden Lichte einer aufgeklärten Abklärung in einen Friedhof. Unschwer können wir uns eine Zukunft vorstellen, so Cioran, in der die Menschen im Chor ausrufen: »Wir sind die Letzten: der Zukunft und noch mehr unserer selbst müde, haben wir den Saft der Erde ausgepreßt und die Himmel ausgeplündert. Materie und Geist können uns keine Nahrung mehr geben: dies All ist vertrocknet, wie unsere Herzen. Keine Substanz mehr weit und breit: unsere Ahnen haben uns ihre zerlumpte Seele und ihr zerfressenes Mark hinterlassen. Das Abenteuer geht zu Ende, das Bewußtsein erlischt; unsere Lieder sind verklungen; seht, wie die Sonne der Sterbenden leuchtet.«[12]

Wir sind Zeugen einer saugkräftigen Leere. Die Zukunft ist ein gesellschaftliches Phantomglied, das es gibt und nicht gibt. Sie ist spürbar und gleichzeitig nichts. Die Phantomglieder werden zu *Phantomkörpern* und diese in die Unendlichkeit des Raumes greifende *Prothesen*. Die Vorstellung, das Weltall breite sich mit Lichtgeschwindigkeit in unendlich leeren Räumen aus, paßt zur Attraktivität der Leere: der endlosen Wüste, rinnendem Staub, endlosen Wanderungen in den Arenen der Einsamkeit (»Seilschaften, die mit minimaler Ausrüstung und ohne Sauerstoffgeräte den Aufstieg in die eisigen Todeszonen wagen«).[13] Die Zukunft als »reine Vorstellung gleichartiger Tatsachen« (Borges), als Wiederholungen ein und desselben, als Mausoleum. Keine plumpe, von menschlichen Glücksvorstellungen aufgeschwemmte Verlängerung irdischer Begehrlichkeiten, keine mit Vögeln und Tieren und Früchten vollgestopften Landschaften, sondern eine Zukunft, die uns als von allem Irdischen gereinigte leere Fläche leer entgegenblickt.

6. Vom Verschwinden

So stellt sich nach der Besichtigung der Leere der Zukunft ein Gefühl eines letztlichen Verschwindens ein, nach dem Verschwinden Gottes das Verschwinden der Geschichte, des Autors, des Ichs, und dieses aufgezehrt und aufgesogen vom gähnenden Loch der

Zukunft. Die Debatte über diese Frage, die seit Mallarmé andauert, weist, insbesondere in Verbindung mit Theorien des Selbstlaufes und der Selbstorganisation, Berührungspunkte mit Entwicklungen in der Kunst, der Literatur und der Wissenschaft auf, aber auch mit dem Leben.

Existenz ist Entfremdung und nicht Versöhnung. Lang ist die Reihe der Antihegelianer, Schelling, Schopenhauer, Kierkegaard, Marx, Camus, Sartre, Cioran, Jaspers, Heidegger, Deleuze. Endlichkeit, Angst und Schuld, die Sinnlosigkeit und Kierkegaards Analysen der Verzweiflung, die beherrschenden Themen des Existentialismus, verschwinden angesichts der fast krampfartigen Vorwärtsbewegung der Nachkriegszeit, wo ein friedlicher Krieg, zunächst in den westlichen Ländern, dann auf der ganzen Welt beginnt. Die Essenz wird in der Welt aufgerichtet. Abermals eine totale und globale Mobilmachung, die Massen setzen sich wieder in Bewegung, nicht mehr als Soldaten in den endlosen Laufgräben des Krieges, sondern als Produzenten und Arbeiter auf den Laufstegen des Fortschritts, auf denen von hinten gedrängt und gestoßen wird, so daß die Rettung alleine im schnellen Vorwärts gesehen wird.

Im gleichen Maße aber, wie die Versprechungen der Zukunft unter dem Ansturm der beflügelten Massen zusammenbrechen, die Zukunft *gähnt* wie ein riesiges schwarzes Loch, das sich mit Lichtgeschwindigkeit im All ausbreitet, und im gleichen Maße, wie die essentialistischen Versprechungen in immer neuen Aufschüben, Limitierungen und Vorläufigkeiten endeten, die Horizonte, die erklommen wurden, nur den Blick auf weitere Horizonte eröffneten, im gleichen Maße also, wie aus endlichen Projekten der Differenzminderungen ein endloses Projekt der Differenzierung und Differenzminderung und Differenzierung und Differenzminderung und Differenzierung und Differenzminderung wurde und das Fernziel verzeitlicht worden ist, wurden oder immer wieder werden, bricht auch der Essentialismus zusammen. Zurück bleiben leere Bewegungen, laufen, fahren, hasten, schnellen; totale, unabwendbare Freiheit. Und ekstatische, über Beschleunigung und Lärm erreichte Zustände: »Ins Auto. Kassette läuft. Digitale, harmonische, orphische Musik. Friedrichstraße entlang, der Wagen ein Boot, die Nautilus, Unter den Linden, die Stahlkonstruktion um mich herum: Schutz. Unbeholfene, schwerfällige Bewegungen da draußen. Asphaltmaschinen gießen heißen Teer, Kräne schwenken. Parkplatz, an den Parkplatzleuten vorbei. Fensterscheiben runtergekurbelt, die Wagentüren offen, Musik aus dem Auto... Potsdamer Platz um die Ecke, die Schwingungen der größten Urbanbaustelle des Planeten, die Stadt der zweitausend Kräne, hunderttausend Bauarbeiter, Schweißer, Ausgraber, ein heißes Sirren, feuernde Schläge: Maschinen, Spannungsfelder, Funktelefonfrequenzen, gelbe Blitze. Elektromagnetisches Feld über Berlin: so dicht, meßbar vom Mars. Große, weite Bewegungen tragen sich zu, und in die muß der DJ eingestimmt sein, die Halle dementsprechend eingerichtet: bei ihm kommt die Konstruktionsenergie an, die Transport- und Kommunikationsenergie, die Wiederaufbauenergie: alle Energie, die gegen das Gebäude prallt, fließt in seine Anlage: Untergeordnete monumentale Schwingungen«.[1] Eine monumentale Bewegung auch, ähnlich einem reißenden Strom, einer donnernden Lawine, von der mitgetragen und mitgetrieben sich alle ihrer Haut erwehren (in 16 Sekunden auf tausend Kilometer), ein gewaltiges Naturschauspiel. Hell schlagen Kieferknochen, so Elfriede Jelinek, aufeinander.[2] »Die Kiefer ist schön. Die Mutter pflanzt Äste. Die Äste sind schön und verwildert! Die Mutter weint. Das Kind betrachtet die Augenwimper. Die Augenwimper ist schön! Das Geld ist unergründlich...«.[3]

Der Schriftsteller wird, was der Wissenschaftler im Dienst schon lange ist, ein, wie Roland Barthes vermerkt, *gurgelndes Abflußrohr*, das oder der Texte in seinen dunklen Leib aufsaugt und sie dann wieder von sich gibt.[4] Während die Wissenschaft noch Versuche unternimmt, das Aufgesogene zu sortieren und zu regenerieren, zu waschen und neu zusammenzusetzen, versteht sich der *Trash-Autor* nur mehr als Mund, der unablässig von sich gibt. Während der auktoriale Erzähler die Gesetze Gott aus und selber in die Hand nimmt und mit diesen vom Berg heruntersteigt wie Moses, löst sich heute der Text vom Schöpfer, er wird gleichsam flügge, ein Ballon, eine Seifenblase, die entweicht und dann platzt. Der Autor ist nur noch Durchgangsstation für eine sich fortzeugende, wie von selbst fortschreibende Bewegung, aus der, wie aus einem dampfenden Strom, Blasen aufsteigen und sich verflüchtigen. Vielleicht ist der *Tod des Subjekts* auch nur eine, wie Hans Ulrich Gumbrecht schreibt, »Dämpfung der Erwartung, daß eine Intensivierung der Autoreflexivität in einer Steigerung des Weltwissens zu Buche schlagen müsse.«[5] Das Subjekt wird eine Funktion des Textes, der Autor überantwortet sich der Sprache, wird

Funktionär eines virtuellen Gefüges.[6] Um die Literaturwissenschaft zu retten, setzte man anstelle des Autors dann den Leser als erforschenswerte Größe ein, und die Rezeptionsforschung trat an die Stelle der Autorforschung. Das Subjekt ist eine Durchgangsstation für eine dynamische Entfaltung und Bewegung, das Subjekt wird eine Funktion des Systems, wie der Autor eine Funktion des Textes wird. Statt »eigenmächtig sich der Sprache zu bedienen, überantwortet sich der Autor nunmehr seinerseits der Sprache, der ›Autor‹ ist dem Werk weder vor- noch übergeordnet, er erschafft es nicht, vielmehr wird er von ihm erschaffen; er gehört ihm an in dem Maß, wie er darin untergeht – das Äußerste, was er erreichen kann, ist, daß sein Name mit dem Werk identisch wird.«[9]

Vielleicht um die Literaturwissenschaft zu retten, vielleicht auch aus den gleichen humanistischen Motiven, die die empirische Sozialwissenschaft darauf verpflichtet, sich zu ihrem Gegenstand herunter zu beugen und offenen Ohres dessen Vorstellungen und Meinungen aufzunehmen, »seiner Sprache zum Sprechen zu verhelfen« und anschließend zu gurgeln, zu sampeln und wieder von sich zu geben (der Soziologe als Papagei), wird der Rezipient gegenüber dem Autor wichtig, entscheidet seine Deutung über Bedeutung. Der allwissende Autor wird abgelöst vom allwissenden Rezipienten, der Mensch- und Gesellschaftswissenschaftler sieht sich als Übersetzer, als *Sekretär einer numinosen Menschheit*, deren verborgenen Subtext er objektiviert. Im Namen des Endlosprojektes der Moderne verschwindet freilich mit dem Leser (wie mit Gott der Gläubige verschwunden ist) das Subjekt, indem es sich nach vorne wirft und seine Existenz wie eine noch leicht im Winde zitternde Hülle zurückläßt. Es ist zeitgemäß, vom Verschwinden Gottes, der heiligen Barbara, der Gesellschaft, des Autors, vom langsamen Verschwinden der Materie um 1900, vom Verschwinden des Schattens in der Sonne, vom Verschwinden der (besser »unserer«) Entwicklungsmilliarden, vom Verschwinden des Blicks, der Worte, der Geschichte, der Vergangenheit, der Kindheit, gar vom geheimnisvollen Verschwinden der Welt zu schreiben (um nur einige der Verschwindens-Titel zu nennen, die der Speicher der Buchhändler Vereinigung GmbH auf Tastendruck ausdruckt). Es ist darüber nachzudenken, in welchem Maße sich die moderne Gesellschaft fortzeugt, fortwebt, fort- und selbstorganisiert und die Individuen dadurch verschwinden (wie ein Aspirin sich auflöst im Wasser) und sie sich in einem Strom wiederfinden; und – von diesem unhörbaren und unsichtbaren Strom mitgetragen werden.

Das Bild der *unaufhaltsamen* und *endlosen* Lawine, die zu Tal donnert, stellt sich ein, ein Bild aus den Kinderbüchern meiner Jugend, wo die Bauern samt ihrer Habe auf weißen Schneekronen sitzend zu Tal brausen.[8] Eine Lawine, die erst ausgelöst, dann sich vergrößernd und überschlagend in die Tiefe donnert, mit einer rudernden Menschheit darin. Vollgestellt mit Apparaten, Fahrzeugen und Prozessoren ist die Gesellschaft selber eine Art riesenhaftes Gefährt, die sehr viel Kraft verschlingt, damit überhaupt ihre Funktionen aufrechterhalten werden können. So bekommt, wie in der Literatur die Sprache als Sprache das Sagen hat, in der Gesellschaft deren Prozessieren, deren inhärente Herstellung, Schleifung und Korrektur das Hauptgewicht, und so begeben sich die verschwindenden Menschenwissenschaftler ins Innere der Prozessoren und beobachten, wie diese sich selbst herstellen. Mehr und mehr handelt es sich in dem, was die Subjekte, selbst in den Apparaturen und Organisationen, tun und was denn Selbstorganisation und Selbststeuerung genannt wird, um eine Art Gleiten oder Surfen. Wenn man an das Bild der Lawine denkt, die donnernd zu Tal stürzt und welche die Menschheit mitträgt, fällt einem das Bild des Ruderns und des Strampelns ein, wobei man davon nur die sich bewegenden und verschlingenden Körper und Arme und Beine sieht, ja diese selber die Lawine sind, die sie mitgerissen hat und die sie jetzt beschweren und in ihrem Eigenlauf stabilisieren.

Insofern die Auslöser verschwunden und Lenker nicht in Sicht, insofern also alle bis zum Hals in der Lawine steckend abwärtstreiben und niemand sich diesem Strom entziehen kann, verschwindet auch die Gesellschaft. Aus der Gesellschaft des Verschwindens wird eine verschwindende Gesellschaft. Freilich nicht unbedingt, obwohl in den Philosophien der Zerstörung und des Absturzes nahegelegt, indem sie sich selbst zerstört, auch nicht, weil sie für den Beobachter, Virillio zufolge, in der wachsenden Beschleunigung in der Ferne rasend schnell kleiner wird, sich auf einen Punkt reduziert und auf Null zusammenschnurrt, sondern weil der Fortschritt oder besser Fortsprung ausnahmslos alle erfaßt hat. Das raum-zeitliche Dispositiv des Fortschrittes, wo die Bewegung in der Zeit und im Raum noch wie von einem Festland aus wahrgenommen werden kann, wie wenn man am Rande einer Modelleisenbahnanlage stünde, verschwindet selber (vielleicht könnte man auch sagen, Anlage und Betrachter werden in ein und die gleiche Bewegung hineingezogen). Die demokratische Revolution, für Paul Virilio der Geburtsakt der Moderne, in der sich der Übergang von der metabolischen zur technologischen Geschwindigkeit vollzieht, von der Geschwindigkeit des Lebendigen zur Geschwindigkeit des Toten und vom Zeitalter der Bremswirkungen zum Zeitalter der Beschleunigung, wird in der hochmodernen, der verschärften oder restaurativen Moderne *universalisiert,* so daß sie selber verschwindet, samt ihrer Autoren, die nur noch umhertreiben.[9] Gewiß spüren wir noch den Fahrtwind auf dem Fahrrad, wenn wir uns schnell trampelnd fortbewegen, gewiß sind uralte Vorstellungen von Glück mit der schnellen Fortbewegung, etwa mit wehendem Haar auf dem Motorrad oder sich, wie jeweils auf den Schulreisen, aus dem Zug lehnend – ne pas se pencher au dehors –, ganze Trauben von im Tempo erstrahlenden Gesichtern, denen die Geschwindigkeit die Tränen in die Augen treibt, aber es sind Bewegungen in einer Grundbewegung, in einer Grundströmung oder Grundwelle, vielleicht ähnlich dem Schleuderkarussel auf den Jahrmärkten, wo die Kabinen mit ihren Insassen auf einer schnell sich drehenden Scheibe rotieren. Die Rede vom Ende der Geschichte oder dem Verschwinden der Gesellschaft impliziert also nicht ihre Zerstörung, sondern die Universalisierung der Bewegung.

Wo alles sendet, verliert sich der Sender, wo *alle* Revolutionäre sind, verschwindet die Revolution. Und insofern diese verallgemeinerte, universalisierte Bewegung ausnahmslos uns alle ergriffen hat und sie von allen getragen beschwert vorwärts getrieben wird, und wir alle zusammen das sind, was man *Gesellschaft* nennt, verschwindet auch diese. Damit verschwinden auch die dem raumzeitlichen Denken inhärenten Kriterien: Entfernung und Zeitverbrauch für deren Überwindung, und sind nur noch für die Bewegungen in der Bewegung relevant.[10] Um so spastischer wird diese Bewegung in der Bewegung, um so schneller zirkulieren die Fahrzeuge, um so verbissener wird am Ziel gearbeitet, alles gleichzeitig zu tun und zu haben. Es erfolgt die Ersetzung von Raum und Zeit und die Ablösung der Dispositive durch entsprechende Omnipräsenz und Simultaneität. In derselben Weise, wie in der Theorie der literarischen Moderne das Verschwinden des Autors und der Zusammenbruch der auktorialen Werkherrschaft beobachtet wird, der Autor zum Operator und Kopisten mutiert und infolgedessen

Virtuosität und Perfektionismus gegenüber Innovationskraft und Kreativität wichtig werden, hat das *auktoriale Ich* in der Gesellschaft ausgedient und erscheint archaisch. Das Ich wird medial, zum Medium der Bewegung und kopiert die anderen Medien, empfängt diese und gibt diese durch sich hindurch weiter.[11] Alle schreiben gleichsam am gleichen Subtext, und der Text ist entweder die Bewegung in der Bewegung oder die Bewegung selbst.

7. Das Flüssig-Ich

Im Kinderkopf hängengeblieben sind die Blutwunder des Mittelalters und die ihnen folgenden Wallfahrtsströme. Bis heute, wo alljährlich wieder irgendwo eine Madonna aus Gips Tränen weint, wenn man betend zu ihr aufschaut, lösen sie erregte Kontroversen aus. Die Verflüssigung von Substanzen ist ein immer wiederkehrendes Motiv, das sich in der Eucharistie in der Verwandlung von Wein in das sakramentale Blut Christi auf geheimnisvolle Weise täglich weltweit hunderttausendfach vergegenwärtigt und erneuert. In der Alchemie, der schwarzen Kunst, welche die Brücken zum Jenseits abgebrochen hat, nimmt der Mensch die Welt- und Selbsterlösung in die eigene Hand. Während die katholische Eucharistie zu Ehren des erlösenden Gottes als Antwort auf das Wort der Erlösung geschieht und der Protestant auf die Ehrung Gottes verzichtet und seine Erlösung schweren Herzens der Gnade Gottes anheimstellt, gründet das alchemistische Werk »positiv auf der himmellosen kopernikanischen Erde und stellt die Bemühung des Menschen dar, der die im Stoffe schlafende und der Erlösung harrende Weltenseele« zu befreien sucht.[1] Und, so könnte man schnurgerade weiterfahren, das aufklärerische Werk (bis hin zum derzeit aktuellsten Zweig, der neurobiologisch orientierten Bewußtseinsforschung) stellt die Bemühung des Menschen in den Vordergrund, die in ihm selber schlafende Letztgegebenheit, jenes der Erlösung harrende, in Fesseln liegende und vom Körper umschlossene *Ich-Selbst zu erlösen*, von dem, seit der erste Mensch »Ich« sagte und seit die Aufklärung ihre Suche begann, wie von einem letzten Geheimnis die Rede ist.

Aber: wie immer das Ich versucht, einen Sitz zu finden oder sich zu setzen, zu umschreiben, zu definieren, löst es sich auf, wird flüssig, ein *modernes Blutwunder,* ist »...ineinander gelagert, auseinander dividiert, individierbar, individumir, individudir...«[2] Während das Blutwunder die Verflüssigung toter Substanz beinhaltete, Hostien, die bluten, verstorbene Heilige, deren Blut aufkocht, Madonnenbilder, aus deren Augen Bluttränen hervorbrechen, verflüssigt sich das Ich im selbstreflexiven Versuch, sich zu erlösen. Das Ich setzt sich, beobachtet sich, verliert sich und sucht sich seiner selbst erneut zu vergewissern – das ist die Kurzgeschichte des Ichs, die nie endet und immer wieder beginnt. Jeder »Wettlauf um die Entdeckung der Welt im Kopf«, wie ihn die moderne Bewußtseinsforschung veranstaltet, wird so enden. Im Versuch, sich selber habhaft zu werden, verliert es sich. Es ist gelungen, dem Menschen »unters Dach zu steigen«, wie Otto A. Böhme sich bezüglich der derzeit grassierenden Bewußtseins- und Gehirnforschung ausdrückt.[3] Dort hockt anstelle einer prächtigen Ichheit, anstelle eines, wie es Homer im zwanzigsten Gesang der Odyssee beschwört, »bellenden und aufbegehrenden Herzens« eine »kleine, verletzliche, verhuschte Bewußtseins-Gestalt in einem gewaltigen Speicher...«.[4] Die Metapher vom Speicher ist, wie überhaupt die Bewußtseinstheorie, kardiologisch geprägt, das Herz als Verbund von Kammern, begehbaren und noch verborgenen. Schwer fällt es, aber endlos ist die Anstrengung, Bewußtsein zu lokalisieren. Im Kristallgitter sind die Elementarteilchen an ihre Plätze gebannt, beim Erwärmen bewegen sie sich und verflüssigen bei einer kritischen Temperatur. Die kritische Temperatur, könnte man metaphorisch sagen, hat auch die Moderne erreicht. Diese ist glutheiß, in Gefahr zu verbrennen. Der Ausbettung des Ichs aus gesellschaftlichen Lagen, kulturellen Vorgaben und sozialen Bindungen folgt die derzeit (bevor wieder alles von vorne beginnt) letzte Entbettung, die Entbettung des Ichs *aus sich*. Selbstbewußtsein ist *das* Thema der neuzeitlichen Philosophie und steht im Zentrum der idealistischen Philosophie.[5] Selbstverlust ist umgekehrt Thema neuzeitlicher Soziologie, Psychologie und Psychoanalyse (und führt zur menschenwissenschaftlichen Idealistik, das entsprungene Ich in seine verlassenen Betten, den Geist in die Flasche zurückzuzwingen) und gipfelt im Bild vom fluiden, nomadischen, sich verzettelnden, sich selber suchenden, *multiplen Ich*.[6]

Die Verflüchtigungsformen des Ichs und ihre Korrekturen durch reine, unbefleckte, transzendentale und kosmische Ichs, Ichs als Restgrößen nach Abzug mundaner Laken und gesellschaftlicher Zumutungen, Ichs an sich, ein Ultra-Ich, ein schwermetallenes Kügelchen Ichs, die die freigesetzten und versprengten Ichs zusammenzuhalten haben, oder herrscherliche, gütig als mütterliche Ichheiten hinter ihnen stehend, als Über-Ichs, veranschaulichen ein fraglich gewordenes Welt- und Menschenverständnis. Die endlosen Expertisen zum *Ichselbst*[7] sind vom Glauben getragen, irgendwann stoße man auf das *wahre* Selbst, etwas, um Heinrich Mann zu paraphrasieren, das dort oben steht, »steinern und blitzend«.[8] Die Protektion eines verborgenen Ichs und die Rückführungspflicht prägen, multiple Ichs hin oder her, noch die neuesten Bewußtseinsphilosophien, in denen anstelle des gekammerten Herzens im Gehirn flackernde Nervenzellen oder ein Zusammenspiel von Cortexneuronen als Letztgegebenheit ausgewiesen wurden. Die Geschichte der Metaphysik könnte man, Derrida paraphrasierend, sagen, ist die Geschichte der Metaphern und Metonymien für ein verlorenes Zentrum, eine verlorene Präsenz. Alle Namen für das, was »Ich« genannt wird, sind Zeichen einer Invariante für eine Leerstelle.[9] Die moderne Welt des Cyberspace hat das Zentrum zerlegt und die Begrifflichkeit erneut verjüngt. Sie bildet in den »MultiUserDungeons« (MUDs) soziale Laboratorien zur spielerischen Erzeugung von Identitäten oder Ichs aus, wie sie früher die philosophischen Experten in ihren Gedankendungeons und in den philosophischen Schriften erprobten. Oder wie Sherry Turkles Botschaft schlankweg heißt: Das Internet bietet jede Menge Selbsterfahrung und eine wichtige Einsicht: *Ich bin viele!*[10] Heute wären Kant, Fichte und Hölderlin am Netz, on line, und würden ihre Unterscheidungen im MUD prozessieren (vielleicht mit Kyoko Date!) und in chat-rooms (vielleicht über das Liebesleben der Kyoko Date) diskutieren. Kant experimentierte mit Formen des Bewußtseins und wollte ein reines Selbstbewußtsein deduzieren, Husserl mit einem Ich und einem transzendentalen Ich, zu dem er mittels transzendentaler Reduktion vorstoßen wollte, Schopenhauer mit verschiedenen und einem eigensten Selbst, George Herbert Mead mit I und Me, Freud mit Ichs und einem Überich, und in den modernen Theorien des Selbstbewußtseins entfalten die modernen Ich-Enzyklopädisten ein schwindelerregendes Spiel mit Umschreibungen und Definitionsversuchen, die, indem sie an einem *Ichkönig* festhalten, mehr oder weniger austauschbar erscheinen. Und schon seit Freuds wiederum kardiologisch geprägte Vorstellung, daß es so etwas wie intrapsychische Geheimfächer gibt, in denen unbewußte Ichs akiviert werden, seit Melanie Kleins Hypothese, daß die innere Erfahrung von introjizierten »Objekten« wimmle, von holographischen Repräsentationen von Menschen, die im Leben eine signifikante Rolle spielen, seit C. G. Jungs Überlegungen zu Komplexen und Archetypen, zu *Animus* und *Anima,* und zur modernen, von Assagioli, Rowan, Winicott, Berne, Stone und von vielen anderen angenommenen Multiplizität der Psyche, wirkt die Vorstellung einer inneren Familie mit einem herrscherlichen Familienvater nicht mehr exotisch oder esoterisch.[11] Auch auf dem Gebiet der künstlichen Intelligenz und der Psychoneurologie läßt sich das allmähliche Ablassen von einer Palastkultur mit einem Zentralorgan, einer Steuerungszentrale, einem Überich und ähnlichen Führerfiguren feststellen; Gazzanigas den innerpsychischen Raum füllende und unabhängig voneinander funktionierende Module;[12] Marvin Minskys Abrechnung mit der Legende vom Selbst und seine Annahme verschiedener Prozessoren im Hirn, die wie die Mitglieder einer Familie zusammenarbeiten oder, fügen wir hinzu, sich bekämpfen, oder schließlich, postmodern, Zygmunt Baumans Vorstellung vom Ich als mittelpunktlosem Netz und Wilhelm Schmids geräumigen, weiten Selbst, »in dem vieles Platz hat und viele Ichs sich finden.«[13]

Aus der Flüssigkeit des Ichs und dem daraus resultierenden wissenschaftlichen Gerangel resultieren auch das semantische Gerangel und all die Versuche, Verbindlichkeiten in der Nomenklatur zu schaffen. Im computerisierten Schlagwortkatalog der hiesigen Buchhandlung erscheinen, gibt man »Ich« ein, 1500 Nennungen. Man ermüdet. Man weiß nicht, bei welchem Ich man anzufangen hätte. Der Briefträger fährt über die Wiese und bringt Prospekte. Nach einer in immer neuen Auflagen erscheinenden Studie über das geteilte Selbst sind wir dazu verurteilt, unser Denken über das In-der-Welt-Sein mit verbalen und begrifflichen Spaltungen zu beginnen, die dem »Aufgespaltenen in der Totalität des schizoiden In-der-Welt-Seins entsprechen«.[14] Mehr noch: »die sekundäre verbale und begriffliche Aufgabe, die verschiedenen Teile und Stücke wieder zu vereinigen«, entspricht den verzweifelten Bemühungen des Schizophrenen, sein desintegriertes Selbst und seine desintegrierte Welt wieder zusammenzusetzen. Schon taucht es wieder auf, das moderne Herz Jesu. Schwierig, ja unlösbar erscheint die Aufgabe, den derart zertrümmerten *Humpty Dumpty* begrifflich zu bereinigen. Der Briefträger fährt über die Wiese und bringt wieder Prospekte. Mit teils ähnlichen, teils unterschiedlichen Bedeutungen ist von Selbst, Selbstbewußtsein, Ich und Mich, Subjekt und Individuum die Rede, und über jedem dieser Begriffe türmen sich philosophische, sozialphilosophische, psychologische und neurobiologische Topologien. Die Abscheidungsversuche und Ordnungsversuche sind von einer inkohärenten Komplexität, das gilt auch für die Differenz von *Ich* und *Selbst*. Zwar ließe sich die Terminologie auf der eingangs genannten Matrix auslegen. Übereinstimmungen lassen sich finden und führen in der philosophischen und menschenwissenschaftlichen Literatur zu neuen Klassifizierungen und Topologien.

Indes: Wie man wissen muß, was man will, wenn man sich will, muß man wissen, was man bezüglich einer Arbeit über die Ichjagd zeigen will, wenn man die überkommene Begrifflichkeit verwendet. Die Metapher von der Ich-Jagd muß mit einem *Abstand* zwischen einem Ich, das jagt, oder einem Ich, das gejagt wird, oder einer *Differenz* zwischen einem jagenden und einem gejagten Ich operieren. Die Anlage der Ichtopologien ist überkommenerweise *hierarchisch:* sie bauen, der vormodernen Lösung der Spannung gemäß, ihre Ich-Konstruktionen zuerst in die Höhe, dann in die Tiefe, in den Menschen hinein. So operiert die klassische Philosophie seit Kant und Fichte und vielen anderen mit einem naiv-tätigen und einem reflexiven Ich. Das letztere wird Selbstbewußtsein genannt. Dieses wiederum verbindet sich, insbesondere in den ichtherapeutischen Vorstellungen, mit Selbstkontrolle, Selbstdisziplinierung oder Selbstbewahrung. Gott hilft dem, der sich selber hilft, schafft, kontrolliert. Die modernen Ichvorstellungen sind nicht nur, aber vor allem, in die Horizontale, in die Zukunft ausgreifend oder vertikal orientiert, allerdings nicht mehr in die Höhe, sondern in die Tiefe. Mit dem Tode Gottes und seines idealen Ichs (Ich bin, der ich bin) verbirgt sich das mit sich selbst identische Ich in einer dunklen Tiefe, eingeschlossen von bleischweren Wassermassen, von Panzerplatten wie beim Eisernen Heinrich im Märchen vom Froschkönig und harrt auf die Befreiung durch Ichtherapeuten oder – in der modernsten Version – durch eine naturwissenschaftlich orientierte Bewußtseinsforschung, die antritt, die Welt im Kopf, »eines der letzten großen Rätsel der Wissenschaft«, zu lösen.[15] Zu lösen!! Der Postbeamte fährt erneut vors Haus und bringt neue Prospekte über neue Lösungsversuche.

Der transzendentale Gestus, etwas Verborgenes ans Licht zu holen, trifft sich mit dem operativen, dieses Problem zu lösen.

Nun sagt auch das reflexive Ich von sich *Ich*, und das Nachdenken über das Verhältnis von reflexivem und naivem Ich sagt wiederum *Ich*. Insofern ist das Ich nicht dasselbe und doch dasselbe. Man gerät früher oder später in ein Karussel von Ich-Semantiken, in denen Lage und Anordnung der Ich-Vorstellungen sich ständig verschieben und überlagern. Türen gehen auf und fallen zu, ein Knarren und Knacken von Schlössern, Klappen, Ventilen, auch wenn man sich in die Menschenwissenschaften hineinbewegt. Ermüdend. Intervalle des Leidens. Der in den Theorien über die Identität verwandte Begriff der *Ich-Identität* ruht gleichfalls auf der Annahme eines geteilten, gespaltenen, dividierten Ichs auf, das zusammenzuschweißen, ganz zu machen ist. Zahllos sind die einschlägigen Kataklysmen und Konstruktionen.[16] Schon Platon meint im *Gastmahl*: »...jedes einzelne lebende Wesen wird, solange es lebt, als dasselbe angesehen und bezeichnet... Aber obgleich es denselben Namen führt, bleibt es doch niemals in sich selbst gleich, sondern... erneuert sich immer, andererseits verliert es anderes: an Haaren, Fleisch, Knochen, Blut... Und das gilt ebenso von der Seele: Charakterzüge, Gewohnheiten, Meinungen, Begierden, Freuden und Leiden...«.[17] Aber eine Identität bleibt, sie ist gewissermaßen die Erkennungsmelodie, die Erkennungsmarke, der Rest, wenn das Menschsein abgezogen ist; diese Identität hat nichts mehr mit der Ich-Identität als einem Ideal zu tun, der Identität als einer persönlichen Aufgabe, als Aufgabe, einen konsistenten Zusammenhang zwischen Ereignissen und Erlebnissen herzustellen und diesen in der je aktuellen Situation immer wieder zu erarbeiten.

Vielleicht ist es übertrieben, Versuche, Identität herzustellen, als *Ich-Jagden* zu denken. Es handelt sich eher um ein Zusammensuchen und konstruktives Integrieren von in alle Winde zerstreuten, verlorengegangenen Ichs durch eine Ichheit. Wie eine Mutter ihre entlaufenen Kinder sucht. In der Ich-Jagd jagt ein Ich einem Ich nach, und die Differenz wird in die Zukunft hinein ausgelegt, in der, gemäß der Fortschrittsidee, die Vollendung der Gegenwart beschlossen liegt. Das Projekt wird in der Moderne zum Projektil, das Subjekt zum Subjektil.[18] Die Vormoderne hat die prinzipielle Spannung, in der der Mensch ist, nämlich vorentschlossen und vorentschieden zur Freiheit, vertikal bearbeitet, das Erwünschte, Erhoffte, Erträumte in einen Himmel ausgesetzt, wo es als Ewigglückseliges *leuchtet*. Aber die moderne Fortschrittsidee nimmt

Abschied von der Vertikalen, vom Aufwärts, und befaßt sich nur noch in ihren altmodischen Spätkömmlingen wie der transzendental verhaftenden Bewußtseinsforschung mit der Tiefe und dem dort wie ein Gral ruhenden »Selbst«. Sie will vorwärts und setzt an die Stelle des Leiternsteigens das Schreiten und Springen. Und, natürlich Derrida folgend, das *Werfen*.[19] Das Ich ist bewegt, tätig, es oszilliert zwischen dem gesetzten und dem entworfenen Ich. Das Ich verschwindet, wie man Fichte folgend sagen könnte, ins Objekt hinein. Das Ich setzt sich und setzt sich gleichzeitig, indem es sich setzt, voraus. Keine Vertröstungen auf einen überirdischen Himmel, sondern lebendigen Leibes in diesen! Damit verändert sich auch die Semantik, das Überich *über* mir und das Selbst *in* mir verschwindet. An ihre Stelle treten Ichs. Das Ich spaltet sich in ein Gegenwarts- oder Wirklichkeitsich und in ein Zukunfts- oder Möglichkeitsich und treibt das eine an, das andere zu jagen, sich mit ihm zu verschmelzen oder es in sich aufzusaugen. Das Bild von Gilbert Ryle, vom Schwimmer, der die von ihm selbst ausgesandten Wellen verzweifelt einzuholen sucht, entspricht der einen Form der Verzweiflung Kierkegaards, nämlich verzweifelt sich selbst sein wollen. Und so ist es, das ist es, auch wenn die Verzweiflung nicht allgemein ist, das Jagen und Hasten ist es und das andauernde, nicht loszuwerdende Gefühl einer bleibenden und unüberbrückbaren Differenz, wie immer diese nun ausgelegt wird. So kann sich der Mensch auch nie restlos verstehen; selber in Bewegung, gibt es keinen Moment, wo er stillgestellt wäre oder sich so stillstellen könnte, daß er sich verstünde.

Das Denken in Differenzen, Abständen zwischen dem einen und den anderen ermöglicht erst geschichtliches Denken. Wenn das dem christlichen Futurismus entstammende Fortschrittsmoment als operative Geste hinzutritt, wird aus der Geschichte eine auf ein Ziel, eine Vollendung, ein *Eschaton* zustrebende, heute zustürzende Heilsgeschichte. Insofern die Selbst-Vollendung in der Ewigkeit obsolet ist, muß in der ewigen Seligkeit die Frist, in der der Mensch sich selber einer Vollendung entgegenzutreiben hat, individualisiert und auf das einzelne Menschenleben komprimiert werden. Das Ich wird zum *Jäger* des eigenen Ichs, die Heilsgeschichte schrumpft zur *individualisierten* Ich-Jagd. Sie ist der Versuch, durch Ichverschmelzung und -verwirklichung die einzige noch verbleibende Vollendung, die Selbstvollendung, zu erreichen. Wenn man will, lassen sich auf dieser Folie weitere, wenn nicht alle Ichbegriffe auslegen: William James, Mead, Goffman, Riessman, Lasch.

Die abendländische Metaphysik liest sich wie eine Geschichte von Ichbegegnungen, wie auch die philosophischen und religiösen Systeme kulturell differente Beschreibungen, Bearbeitungen der den Menschen zu allen Zeiten und in allen Kulturen innewohnenden Unruhe darstellen. Modernitätsgemäß tabu ist, außer im Zen oder im Tao, das Loslassen, überhaupt das Lassen. Das moderne wissenschaftliche Bewußtsein ist *operativ, entropisch* und *transzendentalistisch*. Es versucht, das Rätsel zu lösen, den Sitz zu finden, in sich zu tauchen, sich selbst einzufangen, ein endloser und verzweifelter Versuch, Ich-Jagd, auf der ein heiliger Gral, ein selbstgenügsam leuchtendes Etwas, eine Wahrheit gefunden werden will. Die Bruchzeichen dieser Anstrengung erscheinen zwischen Pappdeckeln. Das Ich, ein Schatten, »hervorgezerrt am dünnen Seil der Schrift«.[20] Je energischer man eindringt, desto mehr sich auseinanderfaltet, verstäubt, ein quirliges Gemisch von Gedanken, Fragmenten, Terminologien, das Sausen und Brausen nicht einer, sondern von tausend Gedankenfabriken und entsprechenden Belegen. Alle Bearbeitungen aber, mit welchen Erkenntnistheorien, -mitteln und Stethoskopen auch immer, hinterlassen die Differenz, eine Kluft, die in der alteuropäischen Philosophie und Anthropologie nur etwas allgemeiner formuliert worden ist als Ausgelegtsein des Menschen auf etwas anderes, als *Unruhe des Seins,* als Glückswille, als Doppelwesen mit beseeltem Körper und naturentrückter Vernunft, als endloses Streben. »Was lebt, ist erregt, und zwar erst durch sich selbst. Es atmet, solange es ist und reizt uns auf... Keiner hat sich diesen drängenden Zustand ausgesucht, er ist mit uns, weil wir sind«.[21] Der Gedanke vom Menschen als Doppel-, als Nichtich oder Nochnichtich durchzieht das ganze abendländische Denken, und keineswegs nur die zeitgenössische Literatur über multiple Persönlichkeiten und Dissoziationsstörungen des Ichs.

Dieses sich selber beobachtende, setzende und freisetzende Ich ist, man kann es nicht anders denken, immer eine Art *Doppel-Ich*. So findet sich im Ich weder Gewißheit noch Selbstgewißheit. Augustinus mahnt: »Geh nicht nach draußen, kehr ein bei dir selbst!«[22] Descartes empfiehlt die Abkehr von der Welt: »...mit mir allein will ich jeden Tag tiefer in mich hineinblicken und so versuchen, mir mein Selbst nach und nach vertrauter und bekannter zu machen«.²³ Was ist daraus geworden? Wie viele methodische Vorkehrungen sind in der Neuzeit entwickelt worden, um, zum Beispiel über die eidetische Reduktion, eines transzendentalen Egos oder Ur-Egos habhaft zu werden, vielleicht als Ersatz für den verlorenen Gott, als Kompensation für die verlorenen Fremdgewißheiten, ein huldvoller, freundlich in sich versinkender Buddha. Und wieviele sind verzweifelt und haben die Philosophie und sich aufgegeben, da sie nichts Festes finden konnten, überall doppelte Lottchen, daß es zwar so etwas wie ein Subjekt gibt, daß dieses auch sich in einem weltgeschichtlichen Prozeß herausgelöst hat aus den Hüllen der Fremdgewißheiten, daß es aber, sobald es sich selber betrachtet, sich auch wieder verliert, verflüssigt, in die Zukunft hinein entwirft.²⁴

Was das Individuum betrifft, so ist dieser Ausdruck weniger ein philosophischer denn ein soziologischer, nämlich in Abhebung von Gesellschaft, und gegen sie setzt sich das Individuum frei und gewinnt dadurch, weil es nicht mehr denkt, was andere denken, Selbstbewußtsein, und Individuum wird, um dieses Begriffspaar zu benutzen, Subjekt statt Objekt, Herr und nicht mehr Knecht der Geschichte. Herren, die ihre Geschichte in die Hand nehmen und selber machen. Individualität verweist, so das soziologische Wörterbuch, auf die Besonderheit des Einzelnen, und diese wiederum gewinnt dieser in der Selbstbewußtheit und in der vertrauensvollen Annahme einer möglichen Selbstbestimmung.

Und was für Hegel in seiner Theorie der Weltgeschichte ein überwindbarer erster Zustand des zu sich selbst kommenden Bewußtseins ist, das Einzelbewußtsein, die Erkenntnis der eigenen Einmaligkeit, diese auf sich und ihr kleines Tun beschränkte und, wie Hegel schreibt, »sich bebrütende, ebenso unglückliche wie ärmliche Persönlichkeit«,²⁵ erscheint der Gegenwart als Vollendung einer Geschichte, in der erstens die Gesellschaft samt ihren Institutionen verflüssigt und dann das Soziale verdampft ist, so daß strahlend ein *kompaktes* Ich, wie ein endlich ausgepacktes Schmuckstück oder wie ein Phönix aus der Asche erscheint. In der Bebrütung und Beobachtung des eigenen Selbst hat sich das Individuum erneut verflüssigt und aufgelöst – wie eine Rakete, die strahlend in den Himmel steigt und zerbirst. Der letzte sich selber anbetende Mensch, wie ihn Sloterdijk im Anschluß an Nietzsche imaginiert, ein leerer Mönch, ein hohler Engel, der den religiösen Monastizismus parodiert, er ist der erste Mensch Hegels, der sich bebrütet und der nun in der hypertrophen Selbstbeobachtung, in der Reflexivität sich nicht härtet, sondern sprengt.[26] Zweiheit, Dreiheit, Vierheit, Fünfheit.

Während aber die Literatur, in der die Ich-Jagd seit der Jahrhundertwende passioniert betrieben wird, hin und her schwankt zwischen der Annahme, die Verflüssigung des Ichs sei weniger von Übel als die Annahme eines integralen Ichs, von dem die Möglichkeits-Ichs gewissermaßen wie von einem Gott abgefallen seien, tut sich die überkommene *operative* Psychologie schwer, nicht etwas wie eine Integration der Ichs in einem huldvollen Ich, in einer ganzheitlichen Identität, einer ganzheitlichen Persönlichkeit zu postulieren. Die Sprengung ist ihr Unglück. Vom alten Proteus aus der altgriechischen Mythologie, der seine Gestalt leicht und fließend verwandeln kann und der nur dann seine eigene Gestalt bewahrt, wenn man ihn in Ketten legt, ist kein weiter Weg zu den kulturkritischpsychologischen Abhandlungen über die De- und Entzentralisierung des Ichs, über regellose Identitäten und multiple Ichs, die unter Mithilfe des Psychologen und Psychiaters gleichsam in Ketten gelegt werden müssen, bis hin zum *T-1000*, dem polymorphen, flüssigen, protoplasmischen Prototyp aus dem Film *Terminator 2*, der vom starren, funkelnden T-800 gejagt wird. Das »variable«, »ozeanische« Ich wird als Antwort auf die Verflüssigung der Moderne gedeutet, als Kulturtypus der Zukunft; als Makro- gegenüber einem Mikro-Ich, das sich, im Gegenzug zu einer grenzenlosen Gesellschaft, grenzenlos dehnen und weiten kann. Das seit zweihundert Jahren tobende Ichgerangel endet im *multiplen Ich,* im *Multimind.*[27]

Erneute Ermüdung. Dennoch zu Ornstein. Während dieser noch vorsichtig schreibt, daß ›*Multimind*‹, diese Konföderation von ineinander verschachtelten Modulen, manchmal gemeinsam handeln, manchmal aber auch Konflikte austragen bedeute und man das Phänomen der multiplen Persönlichkeit als »sehr extreme« Ausprägung des »normalen« Multiminds betrachten könnte und man darüber hinaus sich hüten sollte, »vorschnell von extremen Störungen auf das Normalbewußtsein zu schließen«,[28] sind wir, Kenneth Gergen zufolge, zwar verstrickt in eine Übervölkerung des Ichs und wachsend überfordert. Aber *Multiphrenie*, Übervölkerung und Überforderung werden früher oder später einfach »zum Normalzustand«.[29] In ähnlicher Weise haben schon Beahrs (1982) und Crabtree (1985) die *Multiplizität* als zur Natur des Menschen gehörend vermittelt.³⁰ Die von den genannten Autoren vorgenommenen Korrekturen am überkommenen Bild des multiplen Ichs als einer Persönlichkeitsspaltung und -störung, deren Elemente oder Teil-Ichs in langwierigen Behandlungen verschmolzen werden sollen, und ihre Behauptung, daß ›Modern Man‹ mit dem ozeanischen Ich genaugenommen die Antwort auf die grenzenlose, multikulturelle, flüssige, sich schnell verändernde Multioptionsgesellschaft gefunden habe (ähnlich wie die neuere Managementliteratur das situative Segeln der Polynesier empfiehlt oder das ganzheitliche Management der modernen Überkomplexität durch vernetztes Denken beikommen will oder man riskanten Alleingängen durch Teamkonfigurationen entgegenwirken kann oder wie man schließlich seine Eigenwertsteigerung und gleichzeitige Versicherung gegen die Riskanz von Entscheiden, Anlage- und Portfoliotheorien zugrunde legt), ist auch die Antwort auf die merkwürdige Epidemie multipler Persönlichkeitsstörungen, die seit einem Jahrzehnt die Psychologie und Psychiatrie beunruhigen.³¹

Aber merkwürdig, nicht das empirische Ich, das Gegenwarts-Ich, versucht ja seine Möglichkeits-Ichs zurückzuholen, sondern die Möglichkeits-Ichs selber, die sich alle in die Zukunft bewegt haben, versuchen, die Gegenwart an ihre Brust zu ziehen, in sich hineinzuholen, um mit ihr aufzublühen. Es ist, wie wenn der Kopf versuchen würde, einen Körper über einen Zaun zu hieven, dann über den nächsten und so fort, endlos. Insofern ist die multiple Persönlichkeit zwar auf der einen Seite die Auflösung der Vorstellung eines monadischen Ichs, eines Individuums als einer ungeteilten und einzigartigen Persönlichkeit, aber zugunsten eines künftigen paradiesischen, umfassenden, endlich *in sich* ruhenden Ichs. Man erinnert sich an die Prototypen von *dédoublement,* der Doppelpersönlichkeit aus der Frühgeschichte der Multiplen Persönlichkeit, insbesondere an Albert, einen zwanghaft Reisenden mit einem schwach ausgebildeten Selbstgefühl, dem die Diagnose »psychogene oder dissoziative fugue« gegeben wurde.³² Diese gelegentlich auch Poriomanie genannte Störung äußerte sich im Trieb zur Flucht, zum planlosen Weglaufen aufgrund inneren Dranges oder innerer Unruhe. Heute wird nicht weg-, sondern in die Zukunft gelaufen.

In der bildenden Kunst und in der Literatur bildet das Ich eine Art Vorbote der Modernisierung. Während die antik-klassische

Auffassung vom Menschen diesen als geschlossen und massiv vorstellt, in Ruhe und Schönheit und Gelassenheit der griechischen Skulptur, gereinigt und geläutert und unempfindlich gegen grelles Leid und heiße Verzückung, wandelt sich der christliche Körper ins pulsierende und vibrierende, er paart sich mit sich selber, wird siamesisch, der Körper wächst mit jenem anderen Ich zusammen, welches das Ich immer auch ist. Physischer Schmerz und innere Läuterung, Verzückung und innere Freude treten in vielen möglichen Kombinationen auf, beim Märtyrer als Kopplung von Tod, Entzücken und Erotik, wie in den *Tränen des Eros* von Georges Bataille ausgemessen und beschrieben, in den »brennenden Bildern« Gottfried Benns! Der Schrecken des Todes und die Süße des Eros, die Ekstase des Gefolterten, wie sie sich Bataille photographisch, dem Kinderblick in den Märtyrerdarstellungen in der an bestimmten Monaten (wie im Mai) täglich besuchten Kirchen darbot, in den Kerker- und Geißelheilands, den Passionsdarstellungen, den ithyphallischen Geißlern Christi, in den weiß gekleideten Gruppen von Heiligen, in der römischen Arena wilden Tieren vorgesetzt: alle gelassen und geläutert, endlos war der Anschauungsunterricht zum Geheimnis des letzten Augenblicks, dessen Geheimnis in der höchsten Angst liegt, die sich auflöst in höchste Lust, wiedererkennbar im geodätischen Porträt *Galas* oder im *corpus hypercubius* vom selben Meister im Metropolitan Museum of Art; im *mysterium mortis* von Ladislaus Boros, wo in der letzten Entscheidung, im Tod, der Mensch seinen Konvergenzpunkt erreicht und er zu Tode erschrickt, wenn er durch die sich lautlos öffnende Tür dem Jenseits entgegenströmt und sich in einer letzten unwiderruflichen Entscheidung, Aug in Aug mit dem auferstandenen Gott, für ihn entscheidet.[33]

Die vibrierenden, leidenden oder verzückten Körper des christlichen Mittelalters, leicht, weiß, schlafend; oder levitierend und entrückt, haben sich nicht vollständig verloren. Vielleicht waren sie immer schon ein Vorgriff, wie überhaupt der moderne Individualismus möglicherweise im Monotheismus des Christentums gründet, in der persönlichen Begegnung des Einzelnen mit Gott (»Ich wäre also nicht, mein Gott ich wäre gänzlich nicht, wärst Du nicht mit mir«[34]). Das Wort *persona* wird von Kirchenvätern wie dem heiligen Hieronymus als Synonym für Gott verwandt und ist in der Patristik in der Anwendung auf den Menschen eine Konkretion und Erscheinungsform Gottes. Mit dem Verschwinden oder dem Tod Gottes bleiben Person, Individuum und auch das Selbst als zunächst nicht klar voneinander geschiedene, aber miteinander aufkommende Begriffe wie leere Hülsen zurück. Aus eigener Kraft, ohne Hilfe des himmelwärts ziehenden Gottes muß das Ich sich einen Platz suchen, nicht mehr im Himmel – sondern im Vorwärts. Vielleicht, so könnte man das sehen, dennoch mit Hilfe eines Gottes, den man frivol zu sich herunterzieht, ihn sich einverleibt in einer *umgekehrten Transsubstantiation,* in der, auf der Schwelle zur Moderne, der Leib und das Blut Christi in Brot und Wein verwandelt wird.

Absonderung und Einsamkeit, die Flucht aus den starren Ordnungen der sozialen und örtlichen Zugehörigkeiten mußte nicht mehr religiös legitimiert werden, der Einzelne tritt immer häufiger auf, in der Wirklichkeit und in der Literatur. In Robert Musils *Mann ohne Eigenschaften* bewegt sich nicht nur die Alltagsrealität auf ihre Auflösung zu, wo der Mensch sich andauernd transformieren und travestieren, sich umziehen und umschminken muß. Er wird zum Möglichkeitsmensch; vielleicht wird die familiäre Struktur mit Vater, Mutter und Geschwistern in die eigene Persönlichkeit hineingezügelt (wie bei Talcott Parsons), wobei er nicht nur, im Sinne von Goffman, Theater spielt, sondern das Leben ihm im Ernst das flexible und ernstgemeinte Rollenspiel abverlangt; er stellt in diesem Sinne auch nicht etwas dar, sondern ist, was in der Theaterterminologie als Darstellung aufgefaßt werden kann. Brechen persönliche Zurüstung und Selbstinszenierung zusammen, kommen Lebenswirklichkeit und Theater punktuell zur Deckung, obwohl rollengemäße Handlung auf der Bühne nicht die Konsequenzen hat wie im Leben. Endlos sind die literarischen Beschreibungen dieser Spaltung, sei es nun, daß sich die Beschreibungen aus der Befassung mit dem eigenen Ich und dem Eindringen in dieses ergeben, wie etwa bei Proust, oder durch Eindringen in ein fremdes Ich wie bei Dostojewski, sei es in einer kuriosen Selbstreflexion wie in Vonneguts »Who am I this time?« oder in zahllosen Science-Fiction-Romanen, in denen das Ich in grauer Vorzeit oder in der Zukunft, im Speicher des Powerbook oder im Weltall, gesucht wird.[35]

Die Moderne verkündet, Zygmunt Bauman zufolge, daß keine Ordnung unantastbar sei, und alle unantastbaren Ordnungen »durch eine neue, künstliche Ordnung ersetzt werden, in der Straßen gebaut würden, die von unten nach oben führen, so daß niemand mehr für immer irgendwo hingehöre«.[36] Wie müde stimmt das. Das Ich hätte nicht nur sein in Gott externalisiertes Ich zurückzuholen, sondern das kollektive Mich (oder »me«, wie es die amerikanischen Pragmatisten nennen) aus den versteinerten Ordnungen herauszugraben, herauszuziehen, mit denen es über Jahrhunderte kollaborierte und verwuchs. »Eines Morgens ging er (das »Ich« – der Verf.) hinaus«, wie Georg Büchner in *Lenz* schreibt.[37] Einfach hinaus und weg. Nicht abzusehen waren in dieser Arbeit der Selbstbefreiung, Selbstvergewisserung und Selbstvergottung die aus dem gewaltsamen Ausreißen entstehenden Wunden, die von den sich entbettenden Ichs davongetragen wurden.

Obgleich uns moderne Menschen diese Wunden und Bilder noch beschäftigen und plagen und Gegenstand wütender Auseinandersetzungen mit dem Christentum und seiner Leibfeindlichkeit darstellen (oder vielleicht deswegen?), hat sich das Ich zeitgemäß weiterentwickelt. Der Zwilling fungiert als Brücke vom Ich zum Multimind. Das Zwillingsmotiv ist uralt, die mythische Geschichte von Kain und Abel aus der Genesis (4,1 ff.) ist eigentlich schon, allerdings invers, ein Spiegelbild moderner Selbstverwirklichung. Kain, der »Ackermann«, wie es in der Bibel heißt, erschlug seinen Bruder Abel, den »Schäfer«, der Gott mit seinem Opfer wohlgefällig stimmen konnte. Der Herr sprach zu Kain: »Wo ist dein Bruder Abel?« Dieser antwortet: »Ich weiß nicht, soll ich meines Bruders Hüter sein?« Der Herr aber sprach: »Was hast du getan? Die Stimme des Blutes deines Bruders schreit zu mir von der Erde.« Und nun: »Verflucht seist du auf der Erde, die ihr Maul hat aufgetan und deines Bruders Blut von deinen Händen empfangen. Wenn du den Acker bebauen wirst, soll er dir hinfort seinen Ertrag nicht geben. Unstet und flüchtig sollst du sein auf Erden.« Kain ist der Prototyp des modernen Menschen, und das Individuum ist Kain, das unstet seinem – Gott wohlgefälligen – Abel in sich hinterherläuft, nicht, um ihn zu erschlagen, sondern so zu werden wie er (und wenn er nicht wird wie dieser, erschlägt er ihn!). Kain, das Wirklichkeits-Ich, jagt Abel, das Möglichkeits-Ich. Dieses Brüderpaar tritt in der Literatur und in der Mythologie ständig auf. Unvergeßlich die Zwillinge Ulrich und Agathe in Musils *Mann ohne Eigenschaften*, unvergeßlich der Zwilling auf Anselm Glücks *toter winkel, blinder fleck* (eine Zeichnung von Kinderhand),[38] und die letzte eben erschienene Geschichte von Sepp Mall mit dem Titel *Brüder*,[39] in der der kleine Bruder des Extremwanderers Florian Stocker eine

Befreiung aus dem Bann eines Bruders schafft, der alles besser weiß und besser kann, der »seine Sprachblasen aufplatzen läßt, bis sich alles über mich ergießt«, ein Roman über zwei Brüder, der mit der Frage beginnt: »Welchen Namen trägt die Landschaft, die zwischen mir und meinem Bruder liegt, wie soll ich sie nennen?« Und immer wieder die Lebens-, ja die Überlebensfrage, die sich allen Zwillingen zu allen Zeiten stellt: »Können wir ein Auskommen finden in etwas, das wir nie erprobt haben?« Noch schwieriger wird es (oder vielleicht leichter?), wenn sich das Ich zeitgemäß weiterentwickelt zum Multimind und nicht mehr nur ein Abel oder ein anderer Zwilling plagt, sondern wenn wir es mit einer Vielzahl von Ichs zu tun haben, die alle gleichzeitig winken und locken. »Jeder ist«, wie Claude Lévi-Strauss es einmal ausgedrückt hat, »eine Art Straßenkreuzung, auf der sich verschiedenes ereignet.«[40]

Es gibt danach keine Einheit mehr zwischen Körper und Geist, zwischen Seele und Leib, zwischen Gewalt und Sexualität, zwischen letzter Entscheidung und Tod. Das Bewußtsein wird zu einer Menge von Teil- und Poltergeistern, die je nach Situation in den Vordergrund treten und wieder verschwinden. Der *Polytheismus* hält Einzug im Selbst. Das gekammerte Herz zerfällt. »Ich bin ein anderes Ich im Gram, als in der Freude, ein anderes Ich im Zustande der Leidenschaft als der Besonnenheit, ein anderes in der Glut der Empfindung, als in der Kälte des Denkens, ein anderes mit leerem, als mit vollem Magen ...«, das hat schon Ludwig Feuerbach gegen den Essentialismus eingewandt.[41] Die multiple Persönlichkeit als Normalfall – eine Denkfigur, die man in der Moderne allerorten findet (etwa in der Universalisierung des Fremden dank der verallgemeinerten Selbstentfremdung). Die Existenz mehrerer, deutlich verschiedener Persönlichkeiten innerhalb der gleichen Person, ist Gegenstand nicht nur der klassischen soziologischen Arbeiten zur Rollentheorie, sondern zentrale Annahme von Konzepten wie *Multimind, multipler Persönlichkeit, multipler Intelligenz, Multiplizität* der Psyche. Das Ich ist nicht eine Person, sondern ein »doppeltes Lottchen«, das, jedenfalls bei Erich Kästner, trostlos murmelt: »Nun weiß ich selber nicht mehr, wer von uns beiden ich bin. Ach, die arme Hälfte!«[42]

Du bist viele, ich bin viele. Das moderne Ich verwandelt sich unter dem Druck der Ausdifferenzierung von immer neuen Erlebens-, Lebens- und Realisierungsbereichen mit entsprechenden Kodierungen und Imperativen in ein *relationales Ich*, und diese

Realisierungen sind Ich-Realisationen, die sich ins innerpsychische, ins Kopfnest zurückziehen und sich dort in der inneren Familie beraten, bevor sie wieder ausschwärmen. Da es unmöglich sei, sich der Differenzierung und Pluralisierung der Lebensumstände zu entziehen, werde, so Gergen, Schwartz und andere, Multiphrenie zum Normalzustand. Wir sind verstrickt in eine Übervölkerung des Ichs, in eine gewaltige Expansion unserer Potentiale und Neigungen.[43] *Verstrickt* suchen wir und suchen wir immer noch und immer wieder ein letztes, reines, unbeflecktes Ich in der Tiefe von uns selbst. Den Gottklumpen. Wir sind, so Schwartz, von Natur aus multipel, mit wütendem Ich, schweigenden Mehrheiten, Akteuren und Zuschauern, Frauen und Männern, Heiligen und Verbrechern.[44] Die Arbeit am eigenen Selbst wird nicht mehr nur von Philosophen angemahnt und von Therapeuten, zum Beispiel als internal family system (IFS)-Therapie, angeboten, sondern in der Lebenspraxis einer und eines jeden, sie wird zur unabschließbaren Lebensaufgabe.[45] Die modernste Variation der Selbstsuche findet seit der Erfindung der MUDs, der MultiUserDungeons, im *Cyberspace* statt, wo die eigene Biographie und die eigene Geschichtlichkeit entwertet, die Umwelt und Mitwelt verlassen und das Leben beliebig durch die Annahme einer eigenen selbstgesetzten Identität revidiert werden können.[46] Berufliche Stellung, materieller Wohlstand, Aussehen, Geschlecht, Rasse und Verstand, Attraktivität, Charakter; noch nicht alles, aber alles mögliche läßt sich in den sozialen Laboratorien der Computerspiele setzen, annehmen und erproben. Sherry Turkle zufolge wird mit dem Experimentieren der Ich-Identitäten eine Vorbereitung auf die vom Arbeitsunternehmer der Zukunft geforderte Disponibilität und Flexibilität ermöglicht, ein kulturoptimistischer Sinn, der jeder Neuheit abgerungen wird.[47]

Vielleicht hat die Über- oder Hochmoderne schon wieder einen anderen Typus hervorgebracht. Der, welcher die Menge bewegen will, muß, wie von Nietzsche in der fröhlichen Wissenschaft geschrieben, »... der Schauspieler seiner selbst sein«,[48] eine Einsicht, die bei Robert Musil im *Mann ohne Eigenschaften* so zur Selbstverständlichkeit wird, daß die Kapitel zu Metamorphosen eines sich auflösenden Ichs werden. Ulrich als der Protagonist des *Mannes ohne Eigenschaften* repräsentiert in vollendeter Form die Kategorie des Möglichen (obwohl er sich nicht wie der von ihm kritisierte Dichter auf einem Aussichtspunkt begraben lassen möchte).⁴⁹ Vielmehr besteht Ulrich eigentlich nur mehr aus Aussichten, er ist wie ein Licht ohne Quelle, eine Art ortloser, sich manchmal ballender und manchmal wieder auflösender Nebel. Das Mögliche ist ebenso weit aufgefächert, zentrumslos wie der Roman selber, der in einer Parallelaktion beredet wird, von der übrigens Ulrich sagt, daß sie die ganze historische Wirklichkeit repräsentiere. Im als Resümee vorgesehenen Schlußkapitel »Die Utopie der induktiven Gesinnung oder des gegebenen sozialen Zustandes« schreibt Musil in einem nicht für die Veröffentlichung vorgesehenen Zusatz: »Zur Moral für die vielen gehört auch: das Mehr-sein-müssen als man ist«.⁵⁰

8. Auf zur Ich-Jagd

Das Ich ist entdeckt und gleichzeitig wieder verschwunden, Yeti in uns! Spuren über Spuren. Eine Fütterungsstelle für scheues Wild. Es ist in Literatur und Kunst, in der Wissenschaft und auf den Büchertischen in Form von Autobiographien tausendfach wie aus einem Wir-Boden herausgeschwemmt. Es liegt vor und in uns in Abdrücken, Stapfen, Beschreibungen und Umschreibungsversuchen. Kein Zweifel, *man ist*.

Aber erst im Mittelalter schleicht sich das Selbstbildnis scheu und zaghaft als Stifterbildnis oder als das nur von Eingeweihten erkennbare, unter den anderen verborgene Selbstbildnis in die Bildtafeln ein. So in der Anbetung der Könige (um 1476) von Sandro Botticelli oder in Benozzo Gozzolis *Zug der Heiligen Drei Könige*, wo sich der Maler einreiht und sich nicht nur mit einer auffälligen Kopfwendung dem Betrachter als etwas Besonderes empfiehlt, sondern seinem Bildnis die gut sichtbare Inschrift »Opus Benotii« hinzufügt und mithin das vielleicht erste signierte Selbstbildnis hinterläßt.[1] »Im Mittelalter«, so die berühmte Stelle aus Jacob Burckhardts *Die Kultur der Renaissance in Italien*, liegen »die beiden Seiten des Bewußtseins – nach der Welt hin und nach dem Inneren des Menschen selbst – wie unter einem gemeinsamen Schleier, träumend oder halbwach. Der Schleier war gewoben aus Glauben, Kindesbefangenheit und Wahn; durch ihn hindurch erschienen Welt und Geschichte wundersam gefärbt, der Mensch aber erkannte sich nur als Rasse, Volk, Partei, Korporation, Familie oder sonst in irgendeiner Form des Allgemeinen. In ganz Italien zuerst verweht dieser Schleier in die Lüfte; es erwacht eine objektive Betrachtung und Behandlung des Staates und der sämtlichen Dinge dieser Welt überhaupt; daneben aber erhebt sich mit voller Macht das Subjektive, der Mensch wird geistiges Individuum und erkennt sich als solches.«[2]

In der Gegenwartskunst hat sich das Selbstbildnis travestiert und multipliziert. Wie das entschwindende Gottesbild das Menschenbild nach sich gezogen hat, wie das schwächer und in die Wolken sich auflösende Bild des Gottessohnes in der Renaissance mit Menschenbildnissen kompensiert worden ist, löst sich das Selbstbildnis, wie es uns seit Jean Fouquets Selbstdarstellung (um 1450) und besonders eindrücklich seit Giorgiones Brustbild eines jungen Mannes (um 1510) ernst und neugierig zugleich entgegenblickt, in einen Wirbel von Bildern auf. Die Selbstbildnisse werden verhüllt, verpackt, tausendköpfig, fallen auseinander, schwimmen in Ichs, wie in James Ensors Selbstbildnis mit Masken von 1899.[3]

Mit der Abwicklung der Vormoderne und dem Übergang in die Moderne und Postmoderne hat sich das Ich aus seinen Projektionen zurückgenommen und, was blieb ihm anderes übrig, sich selber zugewandt. Endlose Bibliotheken sind über dieses scheue Wild geschrieben, aber Gewißheiten taten sich nie auf: »Eines Tages betrat man mein Gefängnis. Er (wer?) hielt sich kaum auf den Knien und übergab sich in meiner Gegenwart. Während sich sein Gesicht fächerte, war ich wie gelähmt. Zwei Jahre später begann ich mich aufzuteilen, und ein paar von meinen Abgesandten gelang es schließlich, sich zu befreien. Selber fiebere ich ihrer Rückkehr entgegen...«[4] Zurück sind sie nicht, im Gegenteil, sie waren fruchtbar, haben sich vermehrt; die Ichjagd wird, schon bei der kleinsten Selbstaufgabe, etwa bei der Fahndung nach Hölderlins Ich-Begriff, zum endlosen Kampf. Dostojewskijs Staretz Sossima zufolge, dem geheimnisvollen Gast im sechsten Buch der *Brüder Karamasow*, ist das Paradies in jedem von uns verborgen; das Paradies ist in der Seele, man muß es nur entbergen. Die scholastischen Debatten des 12. und 13. Jahrhunderts befassen sich immer wieder mit der Frage der Auferstehung des Lebens und den Folgen für die verstümmelten, zerstückelten und fragmentierten Körper, wie sie in den Heiligengeschichten der *Legenda Aurea* immer wieder vorkommen. Die Gattin des heiligen Adrian etwa macht eine weite Reise, um die abgetrennte Hand ihres Gemahls mit seinem restlichen Körper zu vereinigen, der von einem wundersamen Regen vor dem Verbrennen geschützt worden war, nachdem sie diese, als sie Adrian im Martyrium abgeschlagen wurde, an sich genommen und in ihrem Kleid verborgen hatte.[5] Es mag sein, daß die Doktrin von der Auferstehung des Leibes im Christentum dem modernen Menschen äußerst unglaubwürdig erscheint.[6] Die damit verbundene Notwendigkeit des Sammelns von so weit verstreuten Fragmenten des Körpers tritt in der nachscholastischen, aber weiterhin futurologisch orientierten Moderne in einem seelisch-pathologischen Gewand auf. Paradiese und Höllen finden Psychologien und Seelenlehren. Die irdische Seligkeit beruht auf einer Selbsterlösungsvorstellung, in der die dämonischen, abgespaltenen Ichs reinkarniert werden.

In der Gegenwart, so eine vielzitierte Stelle von Matthias Horx, ist »die einzige Massenbewegung, die in den letzten zehn, zwanzig, ach, dreißig Jahren unaufhörlich an Kraft gewann (...), die der galoppierenden Ich-Werdung«.[7] Und dieses Ich in »seiner unaufhörlichen Tendenz, sein Terrain und Kommando zu erweitern, scheint in letzter Konsequenz zu einer Kultur zu führen, in der die Menschen wie in riesigen Blasen sitzen...«,[8] die herumtreiben und in deren Inneren, wie bei Paper-Weights, beim Schütteln Schneeflocken tanzen, Teil-Egos wirbeln. Dieses Ego mit seinem stillen, exzentrischen Wachstum, seiner Tendenz, das eigene Territorium, den eigenen Radius zu erweitern, funktioniert nicht mehr als Einzel-Ich, sondern nur mehr als Ich-Vielheit, nicht mehr als Individuum, sondern als Dividuum; es entsendet seine Ich-Module in die Welt und in die Zukunft, wie der Künstler von heute seine Wände mit Selbstbildnissen tapeziert (Picasso soll gemeint haben, Leonardo da Vinci habe gesagt, der Künstler male immer sich selbst), seine Porträts in die Welt hinauswirft: *Ich bin Ichs*. Oder wie es Jean-Paul Sartre ausdrückt: »Ein Mensch ist nämlich niemals ein Individuum; man sollte ihn besser ein einzelnes Allgemeines nennen.«[9] Und auch die neuen Antworten der Wissenschaften steuern auf dieses *Ich bin Ichs* zu.

Ich bin Ichs. Das ist der kleinste gemeinsame Nenner der Zustandsbeschreibungen – von Fichte bis Frank.[10] Descartes hat mit seinem *Cogito* die erste Person ins Zentrum der Welt gerückt. Die ersten Personen rücken unterdessen die »erste Person im Plural« ins Zentrum: *Ichs*. Auch das *fundamentum inconcussum* der neuzeitlichen Philosophie: das Selbstbewußtsein als Ich, das sich über sich selbst beugt, findet nichts Festes, sondern etwas Flüssiges,

Huschendes, sich Entwindendes. Das vermeintliche Ich, welches das selbstreflexive Ich zu erhaschen meint, entwischt dem Zugriff. Es zerspritzt und zerstäubt wie Wasser unter dem Tritt eines fest auftretenden Fußes. Man könnte Fichte folgend auch sagen, daß die vielen Ichs, die ich bin, eine Art *Ichheit* darstellen, eine Art *Mutter-Ich,* unter deren Rock sich die anderen Ichs manchmal verstecken, manchmal hervorwagen, manchmal in der Innenwelt herumtigern, manchmal nur mehr in der Außenwelt operieren und dort Personen, Objekte und Leerstellen besetzen.[11] Aber in der *Ichheit* wird an einem Rest von Individualität, vom Subjekt oder vom Selbst (Ich, Selbst, Person und so fort sind selber tanzende Derwische) festgehalten. Verzweifelt, ja unabweisbar ist das Verlangen danach. Das Selbst mag fiktiv sein, es mag als ein erfaßbares, intentionales Objekt etwas sein, das es nicht gibt, es mag sich *karmisch* immer neu zusammensetzen, der Kampf um das Selbst, um seine Unabhängigkeit ist der Jahrhundert-, vielleicht der Jahrtausendkampf. Die Perspektive der *ersten* Person ist nicht nur ein Darstellungsphänomen, dem nichts in der *objektiven* Welt entspricht, eine Operation, die Kommunikation ermöglicht. Das sich selber beobachtende, prüfende und jagende Ich ist auch keineswegs eine Folge der sich steigernden Glas- und Spiegelproduktion für die Privathaushalte. Es ist *Projekt, das Projekt* im Projekt der Moderne.

Gewiß gibt es, und dazu gehören die neuesten Überlegungen der Neurobiologie und der Gehirnforschung, zum Ich und zum Selbst zahllose Versuche der Beschreibung und Selbstbeschreibung. Wie immer diese auseinanderfallen und sich zerstreuen, sie sind erfunden von einem Selbst oder einer Ichheit, welche andauernd Beschreibungen von sich selbst generiert, auch wenn wir, Thomas Metzinger zufolge, Wesen sind, die durch »einen Schleier von tanzender Information von sich selbst und der Welt getrennt sind«.[12] Zahllos sind die Begriffe und noch zahlloser deren Überschneidungen und Verdichtungen, und zahllos sind, wie oben gezeigt, die Versuche, in diesen Schleier aus tanzenden Informationen eine Art Ordnung zu bringen, auch wenn es mir wenig nutzt, zu wissen, daß bei bewußten Leistungen der Gehirnrinde die Hauptrolle zukommt. Selbst, Selbstbewußtsein, Ich, Mich: In einer kulturgeschichtlichen Perspektive löst sich das Ich aus dem Mich, das das soziale Selbst, das *Wir,* so etwas wie den Wirt verkörpert; es entsteht ein reflexives Ich, ein Selbstbewußtsein im

Selbst, das sich im *Über sich selbst beugen* bildet. Gewiß sind wir uns selbst wie unmittelbar gegeben; eine brausende Gedankenfabrik. Die Beschreibungen für das, was wir sind, sind Erzeugnisse eines sich selbst zuwendenden Ichs: »Auch wir selbst sind uns deshalb nicht in der Direktheit eines sich selbst durchsichtigen Ichs gegeben, sondern nur durch die Produkte des von uns selbst erzeugten inneren Informationsflusses.«[13] Und wenn aus diesen Eigenschaften Objekte und Beziehungen hervortreten, oder wenn man den zeitgemäßen Kostümen des sich aus der Ichheit davonstehlenden oder von der Ichheit entlassenen Ichs nachspürt, so sind es nicht (wie vielleicht in vormodernen Kulturen) Erinnerungsichs, nicht wie vielleicht in den großen Monotheismen Engel-Ichs, sondern in die Zukunft gesandte und geschleuderte Möglichkeits-Ichs.

Vielleicht ist, wie es Sloterdijk hübsch beschreibt, das frühgeschichtliche Großereignis, aus dem der *Homo sapiens* hervorging, die Verwandlung vom flüchtenden Tier zum Gegenangreifer (aber kann man das nicht auch bei Hunden beobachten?), zum Gegenangriff mittels geschwungener Äxte und geworfener Steine.[14] Dieses älteste, wie Sloterdijk spekuliert, die Hominisation voranbringende Aktionsmuster, das, durch die Straffung der Nackenmuskeln unterstützt, die Menschheit als Menschheit erwachen läßt (und die in der Folge vor Wachheit zittert), wird, so könnte man fortfahren, modernitätsgemäß sublimiert (auch wenn der Gegenangriff mit geschwungenen Äxten und geworfenen Steinen bleibt): aus Steinen werden Bilder, aus Äxten Federn und Pinsel. Es folgt die Verwandlung des Menschen vom Gegenangreifer und Gegenwerfer zum *Kreator* immer neuer Möglichkeiten, zum Utopisten (manchmal auch zum Apokalyptiker), zum Stylisten; zum Entwerfer seiner eigenen Möglichkeiten. Seine modernste Waffe ist die Ichbeschreibung. Der Mensch ist von diesem Zeitpunkt an nicht nur, was er nicht ist, keineswegs nur gedoppelt, exzentrisch, sich außer sich bewegend, sondern multipel, multizentrisch. Und da es zur zeitgemäßen Erzählung gehört, daß er sich selber einholen, verwirklichen kann, gehört es zum Möglichkeits-Ich, daß die Möglichkeiten integriert werden können und auch sollen. Es kommt zu jener eigentümlichen Vorstellung einer auf das Ich-Ich übertragenen *weltlichen* Erlösung im Sinne einer Überbrückung der menschengemäß angelegten Spannung zwischen Ich und Noch-nicht-Ich, zwischen Hier und Dort, zwischen Erfahrung und Vernunft und zum auf das Individuum heruntergeteilten Fortschrittsprogramm der Moderne, das sich bekanntlich, Louis Dumont folgend, als »gigantische Anstrengung begreifen läßt, den Abgrund, der ursprünglich zwischen Vernunft und Erfahrung lag, zu verringern«.[15] Dies heißt dann nicht mehr und nicht weniger, als daß der Abgrund ins Individuum hineingenommen und es aufgefordert wird, den Abgrund zwischen dem Erfahrungs- und dem Vernunft-Ich, dem Wirklichkeits- und dem Möglichkeits-Ich zu verringern.

Das Ich als Möglichkeits-Ich transformiert sich in vielerlei Gestalten, es tummelt sich in körperlichen, geistigen, sozialen und virtuellen Realitäten, es heftet sich an das andere Geschlecht, an Idole, schlüpft in Kostüme und Götter. Vielleicht in umgekehrter Reihenfolge: Im 4. Jahrhundert schreibt Augustinus in seinen *Bekenntnissen,* der ersten christlichen Autobiographie, daß er sich in Schmach nach Gott verzehre, daß er in ihm zu stehen kommen wolle, und in seinem Jammer ob des Wartens schlägt er das Evangelium des Apostels auf und liest: »...vielmehr ziehet an den Herrn.«[16] Nicht mehr das Anziehen von Christus ist derzeit verbunden mit der einzig wahren Rolle des Menschen, sondern das Überziehen von Kleidern, in denen man dann ganz sich selber ist, mit sich selbst verschmilzt. Die Welt um uns ist besetzt mit Möglichkeits-Ichs und besprüht mit Hinweissignalen. Das wahre Heimweh ist das Fernweh, das Fernweh *nach sich,* vielleicht ließe sich sagen, die Sehnsucht sei verhüllte *Ich-Sucht.* Das Nomadische der modernen Existenz hat gewiß zu tun mit Treiben und Herumgetriebensein, aber nicht ohne Grund, nicht ohne Motiv, die Kluft zwischen Wirklichkeits-Ich und Möglichkeits-Ich will überbrückt werden, man will sich selbst gelingen. Die besondere Schwierigkeit besteht darin, daß das Selbst, mit dem man sich selbst verwirklichen will, wieder fragmentiert, gespalten ist in tausend und nicht nur in hundertsiebenundvierzig Ichs.[17]

Die Ichjagd ähnelt insofern mehr einer Treibjagd als einer Einzelpirsch: und mehr einer Jagd auf verschiedene jagdbare Tiere als auf ein einzelnes. Im Unterschied zum Nachstellen, Fangen und Erlegen von Wild nach den Regeln des Jagdrechts und des jagdlichen Brauchtums unterliegt die Ichjagd keinen Beschränkungen. Und in Abweichung zur Jagd auf Wild, wo nur in Ausnahmefällen dieses selber gezogen und zur Jagd ausgesetzt wird, ist die Ichjagd eine Jagd auf abgetrennte und ausgesandte oder entsprungene Teil-

und Möglichkeits-Ichs. Das moderne Ich *erzeugt sich selber* als vernetztes und multiples Ich, in dessen Mitte eine Art *Rest-Ich* nach allen Seiten lauert und zittert. *Entomophtora muscae*, der Fliegenpilz, bildet sich als weißer Hof um eine sterbende Fliege. Sofern man ihn beläßt, hält er sich über Monate, im heißesten Sommer und im kältesten Winter. Während die Konieden bei ihren Wirten, den Mücken, Fliegen, Blattläusen, Zikaden, Käfern, Raupen, Schmetterlingen und Blattwespen durch ein kreisrundes Loch auf der Bauchseite abgeschleudert werden und so die Vermehrung der Entomophtorales sicherstellen, werden die Ichs vom eine Art Wirtskörper simulierenden Ich selber produziert und in die Umgebung, modernitätsgemäß in die Zukunft, geschleudert. Die Pilze des Fliegenpilzes töten ihre Wirte und vermehren sich gleichzeitig.

Irgendwie töten die Möglichkeits-Ichs auch das Wirklichkeits-Ich. Nämlich in dem Maße, wie die strenge Zukunftsbezogenheit der Gegenwart diese abtötet oder zumindest beschädigt und obsolet macht. Und wie die Gegenwart sich als Gesamtsubjekt aufrappelt und in die Zukunft hineinlaufen will und sich zu diesem Zwecke herrichtet, rappelt sich das Ich zusammen (wie sich beim Erschallen der Trompeten zum Jüngsten Gericht, in der Doktrin der Auferstehung der Leiber, die fragmentierten Leichname zusammenrappeln und ihre Gebeine, bis hin zu den Zähnen, Fingernägeln und Haaren zusammensuchen),[18] um die verstreuten und abgeschleuderten Ichs zu sammeln und zu integrieren. Man müßte ein Heer sein und nicht ein Einzelner, hat – war es d'Annunzio? – angesichts der vielen Möglichkeiten geklagt, die auf ihre Realisierung warten und angeeignet werden wollen. Heute kann man ein Heer sein durch die Multiplikation des Ich. Ein US-Psychiater ist von einer Patientin wegen falscher Behandlung verklagt worden: Er hatte bei ihr 120 Persönlichkeiten festgestellt und diese dann für eine halbe Million Franken als Gruppentherapie abgerechnet. Vor mir liegt das Buch mit dem Titel: *Die 147 Personen, die ich bin*, das allerdings von der altmodischen Vorstellung ausgeht, daß sich diese 147 Personen vereinen, integrieren lassen von einem besonders selbstmächtigen Ich.[19] Die Fähigkeit, virtuos zwischen verschiedenen Persönlichkeiten hin und her zu *switchen*, wie das die zeitgenössischen Spezialisten nennen, ist keineswegs neu. Empathie, Verstehen, Mitfühlen und Mitleiden beruhen darauf. Die Zeiten und Kulturen unterscheiden sich lediglich danach, welche Ichs der Ichheit sie in den Vordergrund rücken, das Wirklichkeits- oder das Möglichkeits-Ich, das transzendentale oder das transzendente Ich. Die Gegenwart einer verschärften Moderne impliziert zweierlei: erstens die globale Verallgemeinerung der »irdischen« Spannung zwischen Wirklichkeit und Möglichkeit und zweitens das weltweite *Halali* (aus der französischen Parforcejagd: »ihm (dem Hirsch) nach«) auf die konjunktivistischen Ichs und die verzweifelte Hoffnung, diese zu stellen und sich einzuverleiben.

Aber seltsam: während die Schizophrenie – eine Bewußtseinsspaltung oder, wie es erdgebundener heißt, ein Verlust des inneren Zusammenhangs der geistigen Persönlichkeit, so daß der Mensch nicht mehr sicher sagen kann, wer er ist – nach wie vor ein übergangsloses Krankheitsbild ist, hat sich das, was in der neueren Psychologie als Multiphrenie bezeichnet wird und was soviel bedeutet wie keine klaren Grenzen mehr zwischen sich und anderen Ichs ziehen zu können, selber nicht nur in ein Übergangsphänomen, sondern in einen Normalzustand verwandelt. Bewußtsein wird durch eine Vielzahl von Ichs, von *Minds* bevölkert, von Teilgeistern, die modulartig aktiviert werden können oder sich selbst organisieren. »Jeder von uns ist ›viele‹, eine Vielheit, eine Konföderation von Modulen, ein Supernetzwerk von Supercomputern.«[20] Gewiß, Sonderbegabungen gab es immer, der geistig behinderte *Katzenraffael,* mongoloide Musiker, farbenblinde Sportler. Während die Schule mit dem Intelligenztest nur eine einzelne und eine bestimmte Begabung zuläßt und ihr die Türen öffnet, versperrt dies anderen Fähigkeiten den Weg oder tötet sie, indem sie ihnen keine Aktivierungsmöglichkeiten läßt. Es gibt in unserer Gesellschaft rätselhafte Spezialisten, die *idiots savants,* die Primzahlen schneller als eine Rechenmaschine berechnen können, aber unfähig sind, mit anderen Personen zu kommunizieren, die hervorragende Leistungen in Mathematik oder im Schachspiel oder im Abmalen von Katzen erbringen, doch in anderem zurückgebliebene Kinder zu sein scheinen.[21] Je differenzierter die moderne Gesellschaft wird, je mehr Handlungsmöglichkeiten sich auftun und je weniger Gewißheiten es gibt, desto mehr sind natürlich multiple Intelligenzen gefragt, die nicht nur über eine hochspezialisierte Fähigkeit verfügen, sondern ihre Rollen virtuos und flexibel zu spielen wissen.

Exkurs 1:
Der Zerfall der Wissenschaftsenklaven

»Zum Teufel mit Kopernikus«, ruft der Held von Luigi Pirandello, Mattia Pascal, im Vorwort des Romans *Il fu Mattia Pascal*.[1] Und sein Vermieter Paleari behauptet im 12. Kapitel, daß der Unterschied zwischen der antiken und der modernen Tragödie in einem *Riß* im Papierhimmel bestünde; einem Riß, durch den, so könnte man weiterfahren, auch Galilei mit seinen Fernrohren geschaut, und damit erst den unendlichen, von Göttern leergefegten Himmel zu Gesicht bekommen habe. Dementsprechend richtet sich Pirandello mit dem Mund seines Helden auch gegen das Schema des traditionell realistischen Romans, dessen mimetische Absicht (»Der Herr Graf stand zeitig auf, punkt halb neun ...«) einem alles durchdringenden Relativismus weicht, der wiederum aus der Selbstbeobachtung des Autors sich speist (*sich-leben-sehen*, wie Pirandello sagt). Ihren stärksten Ausdruck findet der Piranellismus im Theaterstück *Sechs Personen suchen einen Autor*, in dem nicht mehr der Autor auktorial und gottähnlich sein Personal erfindet und gegeneinander aufmarschieren läßt, sondern sechs Personen nach einem Autor und Schauspieler fahnden, der ihnen ihre private Tragödie in Ordnung bringen könnte.[2]

Die Dinge *in Ordnung* bringen zu wollen ist eines der großen Motive der zeitgenössischen Sozialwissenschaft. Die modernen Wissenschaften haben sich von der überkommenen Metaphysik, die eine verlorene Partitur, ein Ding an sich, ein kosmisches Ur-Ich und ähnliches mehr suchte trotz Historisierung und Paradigmatisierung ihrer Ansätze und trotz Konstruktivismus nicht verabschiedet. Sie sind allesamt operativ und entropisch: sie wollen über das Bisherige hinaus und in ein Gleichgewicht. Sie sind nach wie vor transzendentalistisch und metaphysisch orientiert, sie suchen etwas nicht unmittelbar Erfahrbares, ein geheimes Zentrum, einen Fürsten, eine Bewegung, ein Prinzip, einen Gral, etwas dahinter. Die Geschichte der Metaphysik ist die Geschichte der Metaphern und Metonymien einer invarianten Vorstellung.[3] Sei es, daß ein Autor des Welttheaters gesucht, sei es, daß die Mechanik der Bühne entdeckt werden will. Die Suche nach einer verborgenen Ordnung, die aufgespürt und ans Licht gebracht werden muß, ist bei aller Differenz, die in der wissenschaftlichen Interpretation der alltagspraktischen Deutung erzeugt und entgegengesetzt wird, eigentlich eine komplizierte, vielleicht halbierte, theologische Art der Mimesis. Anstelle eines Autors oder Gottes werden Erzeugungsregeln der Wirklichkeit und ihrer Sinngebung eruiert, die in Subjekten und ihren konstitutiven Möglichkeiten verankert werden (womit die Bewußtseinsphilosophie der Aufklärung erst nachgeholt ist) und wo, im Zeichen der Systemtheorie und der Theorien der Selbstorganisation, letztendlich die Subjekte verschwinden und die Soziologie zur Erzeugungsmaschinerie geschlagen wird. Die alte bewußtseinspilosophische Aporie kehrt mit zweihundert Jahren Verspätung in ihr (und ihren Ausläufern in der Evolutions- und Systemtheorie) wieder: einerseits unvoreingenommen die Sinn- und Wirklichkeitskonstitution zu beobachten und zu beschreiben und andererseits die konstitutionslogischen Bedingungen der Beobachtung und Beschreibung freizulegen.[4]

Natürlich stößt sie damit auf sich selbst und im Auftreffen auf die Selbstentzweiung. Die Wirklichkeit erzeugt und beschreibt sich selber, ihre Erzeugungsregeln sind eine Art Selbsterzeugungsregeln. Der Erzeuger, Schöpfer, Autor verschwindet und schlußendlich auch die Soziologie. Darüber hinaus hat die überkommene, an den beschreibenden Abbildungen von Massierungen intensivierte Sozialwissenschaft in ihrem mundanen Begehren nach wie vor eine Außenwelt im Blick[5], bedeutet doch *mundan* nichts anderes als das *Festhalten* an einer unabhängigen, objektiven Außenwelt (ohne diese Unterstellung verliert der Begriff des Beobachtens seinen Sinn), und verweigert, auch als reflexive Soziologie, den Blick nach innen. Daß sie sich in sich selbst befinden und eigentlich sich selbst befragen könnte, ist ihr ein unannehmbarer und dunkler Gedanke.

Die moderne Kunst endete, Zygmunt Bauman zufolge, in »ihrer Besessenheit, die moderne Realität zu zensieren, mit einer leeren Leinwand, die Musik in der Stille. Schreiben mit einer leeren Seite.«[6] Die Sozialwissenschaften echoen demgegenüber weiterhin die soziale Realität und versuchen, deren kleine, mittlere oder größere Lebenswelten so adäquat wie möglich weiterzugeben – in *akademischen Bilderbüchern der Wirklichkeit,* wie schon Friedrich Nietzsche spottete. Auch nach der konstruktivistischen Wende, in der die Wirklichkeit als etwas Erzeugtes zu verstehen ist, schmiegt sich wissenschaftliche Darstellung nur äußerlich an den Gegenstand an, der sich selber erzeugt und dessen Selbsterzeugungsprozeduren, -regeln und -resultate nun erneut abgebildet oder, was den Sachverhalt genauer trifft, rekonstruiert werden. Im Grunde genommen wird die *Mimesis* perfektioniert, indem die Techniken der Rekonstruktion verfeinert werden, durch qualitative Methoden, neuartige Designs, was auch immer.[7] Aber die Differenz zwischen dem deutenden Subjekt und den zu deutenden und selber die Wirklichkeit generierenden Objekten muß aufrechterhalten werden. Die der Mimesis entgegenkommende Welt da draußen, der sich der Wissenschaftler in künstlicher Dummheit nähert, scheint es nicht mehr zu geben, jedenfalls nicht mehr in jener Form, an der die zeitgenössische Wissenschaft entwickelt worden ist. Das Objekt, das über Jahrhunderte ohne komplizierte Innenwelt einer Deutung harrte, als ob es eine objektive, vielleicht dahinter liegende Wirklichkeit gäbe, ist flauschig, weich, flüssig und multipel geworden, das Subjekt erscheint als sich auflösendes Grießkörnchen im Brei einer verkochten Moderne, so daß das scharfe Messer der Wissenschaft, wie Zygmunt Bauman treffend bemerkt, durch dieses fährt, ohne Widerstand zu spüren.[8]

Eine Vielheit von konkurrierenden Wirklichkeiten muß angeeignet und bei Gelegenheit auch wieder abgelegt werden. *Exercices de Styles* im Sinne Raymond Queneaus, der in verschiedenen Berufen tätig war, u. a. als Bankkaufmann und als Vertreter für Papiertischtücher (als Vertreter für Papiertischtücher!), und der diesen einen Vorfall, dessen zufälliger Zeuge er wird, aus hundert unterschiedlichen Perspektiven beschreibt, mit einem Korpus von Etüden, Beschreibungstechniken, kombinatorischen Sprachspielen, Xenismen, stilistischen und rhetorischen Variationen, von denen keine der Wahrheit näher ist als die andere.[9] Die letzte Exercice konfrontiert den Leser mit der »autopastiche« Queneaus, die wieder auftaucht in der Psychologie Ornsteins.[10] Eine Vielheit von Ichs, die sich selber wieder ins Visier nehmen und reflektieren, finden oder verstecken sich im sogenannten Individuum. Ich bin Du, ich bin viele – und wie die Buchtitel und Erkenntnisse langjähriger Recherchen heißen. Als *Dividuum* sieht es sich selbst in der Selbstbeobachtung von Zimmer zu Zimmer laufen: »sieht sich selbst dabei zu, wie sie von einem Zimmer ins nächste geht, und sie sieht sich zu, wie sie zuschaut, und während sie zuschaut, scheint die suchende Rho immer schneller und die zuschauende Rho immer stiller zu werden... und entdeckt nichts, was für die Frage, wer sie ist oder was hier geschieht, von Bedeutung ist ... Sie läßt das Band noch einmal ablaufen: Sie sieht sich selbst, wie sie von einem Zimmer ins nächste ...«[11]

Seit der Renaissance erfolgen Paradigmenwechsel in Jahrhundertschüben, heute wird ihre Lebenszeit wie die aller Produkte immer kürzer. Im ersten Film fangen die Guten die Bösen, stecken sich dabei aber mit dem Bösen an, im zweiten kommen die Bösen ungeschoren davon, und im Dritten sind die Guten in Wahrheit die Bösen, das ist die Kurzgeschichte des Krimis der letzten fünfzehn Jahre. Die ichjagende und ichspielende Moderne verwendet alle Muster als Möglichkeiten, wenn es geht, sogar im gleichen Film. Der eine ist gleichzeitig der Gute, der Böse, der Infizierte, der Unberührbare. Die Renaissance feierte den Zusammenbruch der göttlichen, die Aufklärung den Zusammenbruch der ständischen Ordnung, die Industrialisierung und Modernisierung den Zusammenbruch der Klassengesellschaft. Die postmoderne Multioptionsgesellschaft bejubelte den Zusammenbruch der geschichteten Gesellschaft, die Geburt eines irdischen Jenseits von Stand und Klasse; die Jetztzeit beobachtet den Zusammenbruch des letzten Haltes, des Ichs, und sein Auseinanderbrechen in eine Vielzahl von Fragmenten. Außerdem eine Auflösung der Grenzen, eine hochgradige Überlappung, Durchdringung und Vernetzung von Seinsphären mit differenten und exklusiven binären Codes, ein Aufstau von Denkmöglichkeiten.[12]

Erachtet man *Kontingenz* (was besagt, daß auch anderes möglich ist) und *Optionierung* (verstanden als Steigerung der Möglichkeiten) als ausschlaggebend für die Anlage moderner Gesellschaften, so bedeutet *Komplexität* die Erfahrung, daß Beschreibungen von Zuständen andauernd korrigiert werden müssen und deshalb an die Stelle einer Zustandsbeschreibung eine Prozeßbetrachtung treten muß. Moderne Gesellschaften, die durch ein steigendes Maß an Komplexität gezeichnet sind, operieren in einer Dynamik, die nicht nur neuartige Mechanismen der Reduktion, der Verwaltung und Steuerung, sondern auch der Beschreibung erfordern. Und zwar gilt dies für alle Seinsbereiche, in die sich die Lebenswirklichkeit ausdifferenzieren läßt. Gewiß und nicht zuletzt, sondern vielleicht zuerst gilt das auch für das Ich, das ebenfalls anders sein könnte und aus diesem Wissen heraus auch andauernd anders ist.

Die immanente, auf Steigerung der Wahlmöglichkeiten hinauslaufende, *operative* Fortschrittsprogrammatik drängt einerseits auf Ersatz der alttestamentarischen Binarität durch multiple Optionen. Diese, die exklusiven und inkommensurablen Weltsichten aufweichende Kodierung der Seinsbereiche ist universell und gilt, wie sollte es anders sein, auch für die Beobachtung der beobachteten multiplen Kodierung. Auch diese (auch diese hier!) könnte anders ausfallen (was ungute Konsequenzen für eine Theorie hat, welche für die Wissenschaft eine ausschließlich binäre Kodierung, wahr/falsch, behauptet). Vielleicht setzt sich in allen Seinsbereichen eine ironischerweise wieder binäre Kodierung durch, die für die Lebenspraxis (oder Lebenswelt) behauptet wird, nämlich die von vertraut/unvertraut (man könnte auch sagen von anschlußfähig/nicht anschlußfähig an die jeweils vorhandenen Lese- und Fernseh- und Lebenserfahrungen) mit der zusätzlichen Annahme, daß das (frühere) Meer des Vertrauten mehr und mehr einem (modernen) Meer des Unvertrauten weicht und die letzten Inseln der Vertrautheit dem fortschrittsbeseelten Menschen fortschrittspolitisch unkorrekt erscheinen und er sie deshalb im Namen der Emanzipation beseitigt. Die Gesellschaft braust wie ein Hochgeschwindigkeitszug an der Wissenschaft vorüber, die, mit Bleistift und Papier bewaffnet, am Bahnsteig lauert, vielleicht auch im Innern dieses Zuges sitzt und zu aquarellieren sucht, was so schnell passiert, daß, wie meine Mutter klagt, die Stationstafeln nicht mehr gelesen werden können. Der einschneidende Wandel in der Wirklichkeitssicht und -auffassung ist indessen die Selbstzuwendung, nicht nur als Reflexion der überkommenen Mittel, Wissenschaft zu beschreiben, und als Variation der Forschungsmethodiken, sondern als Zuwendung zur Wirklichkeit und die Beschreibungen von Wirklichkeiten konstituierenden Innenmenschen, zum Ich.

Die überkommene Sozialform der Sozialwissenschaft, die letztlich die Wirklichkeit bzw. die Wahrheit bzw. einen Kern der Dinge in ihren Arbeiten spiegeln und kategoriale Letztbezüge wie Individuum – Gesellschaft vornehmen will, ist eine der Litanei ähnelnde endlose Anrufung des Menschen, seine Alltagswirklichkeit auf Bitte und Befehl aufzusagen oder niederzuschreiben. Nach der Anrufung Gottes die Anrufung des einen Menschen, nach der Darstellung der Heilsgeschichte in der Heiligen Schrift durch die Apostel und die Psalmensänger die Zitation der Menschengeschichte durch die Menschenwissenschaften und nach dem Zusammenwirken von Gott und Mensch im Alten Testament das

Zusammenwirken von Soziologen und Menschen in der zeitgenössischen Sozialwissenschaft. Vielleicht ist die soziologische Wirklichkeitswissenschaft die *spiegelverkehrte* Exegese der theologischen Textwissenschaft. Während diese seit zweitausend Jahren Anstrengungen unternimmt, das Wort Gottes immer tiefer und vollkommener zu verstehen, ist es der Ehrgeiz der Menschenwissenschaften, dasselbe dem Wort des Menschen angedeihen zu lassen, statt zu verstehen, daß das Wort und die Antwort in der Kontingenzgesellschaft das Inventar der Möglichkeiten in neuer, nämlich nicht mehr vertikaler, sondern lateraler Art ausschöpft. Die Wahrheit ist ein bewegliches Heer von Metaphern (Nietzsche), ein Klingelbeutel, in den die leere Hand des Psychologen (und des Soziologen) hineingreift (Rudolf Kassner), ohne die Münze der Münzen zu finden; ein Heer, das sich beweglich Situationen anschmiegt und keineswegs nur einen aufgezeichneten, die letztendliche Wahrheit bergenden und verbergenden Tümpel auslotet, Buddhas *anatman*-Lehre, nach der es kein wahres Selbst gibt, sondern nur wechselnde Erfahrungen in immer neuen Zusammensetzungen, die die Vorstellung einer gewissen Beständigkeit erzeugen (wie eine wirbelnde Fackel den Eindruck eines Feuerkreises hervorruft).[13]

Die Voraussetzung von einem anderen oder von anderen Zuständen realisiert die Unbedingtheit der Alltagsrealität, und die Zukunftsfixierung ist ein besonders heftiger »Einbrecher« in diese. Die *imago mundi* hat ihren Ursprung in dem Glauben, daß der Mensch, wie Thomas Bernhard sagt, ein »widerspiegelndes Wesen« sei, wobei jedoch dieser Wille zur Widerspiegelung, zum immer Genaueren, Wahreren, in Wirklichkeit auf eine »Verfälschung« hinauslaufe. Denn, so jedenfalls Thomas Bernhard, der »Wille zur Wahrheit ist, wie jeder andere, der rascheste Weg zur Fälschung und zur Verfälschung eines Sachverhaltes«,[14] geht er doch von einer erkennbaren Wirklichkeit hinter der Wirklichkeit aus und nicht von einer von der Zukunft geprägten Weltsicht.

Analysiert und gedeutet werden will, in der Metaphorik des Don Quixote, das Subuniversum von Sancho Panza, der – Alfred Schütz zufolge – die unmittelbar gegebene Wirklichkeit in seiner ganzen festen, drallen Körperlichkeit personifiziert.[15] Der Roman von Cervantes, in dem Don Quixote und Sancho Panza die unterschiedlichen Weltsichten verkörpern, befaßt sich mit Ritterwesen und Alltagsleben; mit der Welt des Rittertums, einem Subuniversum der Wirklichkeit, das mit der ausgezeichneten Wirklichkeit des Alltagslebens unvereinbar ist; und der Welt von Don Quixotes Verrücktheit und Sancho Panzas Welt, in der nicht nur der Barbier, der Priester, der Hausherr und die Nichte Don Quixotes einfach dahinleben, als wenn es nur diese Welt gäbe. In Panzas Welt gibt es keine Burgen, Armen und Riesen, sondern Kneipen, Schafherden und Windmühlen. Die Türme von blinkendem Silber, das Trompeten der Zwerge, die holdseligen Jungfrauen oder der Katalan Don Quixotes, das sind für Sancho Panza lediglich eine Herberge, ein Schweinehirt, der in sein Horn bläst, zwei leichte Mädchen und der Wirt, die übrigens Don Quixote in seiner Weltsicht bestärken und, sich daran ergötzend, das Spiel mitspielen. Das Spiel, in dem, in der zweiten Reise als Priester und Barbier, Versuche unternommen werden, Don Quixote zu heilen, indem seine Bücher verbrannt und seine Bibliothek zugemauert, zerstört wurden. Don Quixote braucht von da an die Zauberei, um seine Wirklichkeit zu schützen, eine Wirklichkeit, die heute weniger denn je monolithisch ist, die mehr denn je überformt und überlagert wird von Tod und Traum, von Visionen und Kunst; von Prophetie und Wissenschaft, wie Schütz sagt; von der Zukunft, wie wir sagen. Im Vorwort zur dritten Ausgabe zum Don Quixote schreibt Heinrich Heine: »Ach, ich habe seitdem erfahren, daß es eine ebenso undankbare Tollheit ist, wenn man die Zukunft allzufrüh in die Gegenwart einführen will und bei solchem Nahkampf gegen die schweren Interessen des Tages nur einen sehr mageren Klepper, eine sehr morsche Rüstung und einen ebenso gebrechlichen Körper besitzt.«[16] Was Heine als Tollheit bezeichnete (vor nun über hundert Jahren), ist heute jedermanns Alltag, und Tollheit wäre es, in den vertrauten Koordinaten der Gegenwart zu verbleiben. Die Gegenwart ist in einer Art und Weise von der erhofften Zukunft abhängig, daß man sich in Zeiten der Enderwartung fühlt.

Im übrigen ist nicht nur die Realität flüssig, die Welt zu einer Flüssigwelt geworden, sondern das Ich ist selber Flüssig-Ich, die Flüssigwelt kulminiert im Flüssig-Ich und baut sich auf aus Flüssigkristallen. Alle sind Doppelfiguren und, wie schon Heinrich Heine schreibt, Don Quixote und Sancho Panza *zugleich*. In Musils *Mann ohne Eigenschaften* wird von Ulrich, dem Protagonisten des Romans, in Hinsicht auf die Parallelaktion bemerkt: »Es lag ihm gar nichts am wirklichen Geschehen, sondern er kämpfte um seine Seligkeit«.[17] Trotz der Ausrichtung der Gegenwart auf die

Zukunft hält die sozialwissenschaftliche Amtskirche unbeirrt an Sancho Panzas Auffassung von Realität fest, die von Alfred Schütz folgendermaßen charakterisiert wird: »Für ihn (für Sancho Panza – der Verf.), den neopositivistischen Empiriker, bürgen die Schmerzen in seiner Schulter, die durch das Hin- und Herschleudern in der Herberge, als sie in ihren Decken lagen, verursacht wurden, für die Wirklichkeit ihrer Peiniger, den Wirt und die Maultiertreiber; und er weigert sich, Don Quixotes Erklärung anzuerkennen, daß dies das Werk von Geistern in einer verwunschenen Burg sei.«[18]

Gewiß ist die moderne Wissenschaft, diese »unter sozial-strukturell und geschichtlich ganz besonderen Bedingungen entstandene spezifische Weise, bestimmte Probleme aus dem Gesamt der alltäglichen Lebensbewältigung herauszulösen und unter einer gewissen Entlastung vom unmittelbaren Handlungsdruck – sozusagen theoretisch distanziert – Problemlösungen zu systematisieren«, wie Thomas Luckmann es wissenschaftstypisch formuliert,[19] in ihrer Wiederaufnahme vorhandener wissenschaftlicher Theorien auf die Enklave dessen, was noch als wissenschaftliche Problemlösung akzeptiert ist, beschränkt. Aber das gilt auch für die transavantgardistische Musik, deren Tracks die vorhandenen Musikarchive durchgehen, aneignen und leicht verändert wiedergeben. Vielleicht könnte man in den wissenschaftlichen Biotopen auch von einer DJ-Culture reden, von Autoren, die die Funktion des Autors destruieren und das Sampeln in Perfektion entwickeln. Vermutlich ist die Gegenwartssoziologie, abgesehen von Autoren wie Beck, Bauman, Breuer oder Baudrillard (um einmal beim Buchstaben B zu bleiben), darum ziemlich erfolglos auf dem Markt, weil sie nicht einmal virtuos sampelt, sondern an Panzas Landschaftsmalerei und dem transzendentalistischen Vorurteil, daß es eine wirkliche Wirklichkeit gebe, festhält. Wenn gesagt wird, die postmoderne Theorie komme nicht ohne intellektuelles Vagantentum aus und operiere mit wechselnden symbolischen Codes, mit denen sich die Akteure selbst entwerfen und definieren, »ein endloser Tanz der Unterschiede ohne transzendentales Firmament und empirisches Fundament« (Bernd Giesen), so sind die Gesellschaftswissenschafter eine Art Phantom-Singer geworden: alte Lieder unter alten Kameraden. Die Amtskirche, die Ausbrechern alsbald Amtsenthebungsverfahren androht! Vielleicht ist es, wie Bauman bemerkt, in der Tat eine »Quichoterie, die verzerrte Darstellung der Realität zu entlarven, wo keine Realität mehr behauptet, realer zu sein als ihre Darstellung«.[20] Aber die unter sozial-strukturell und geschichtlich besonderen Bedingungen entstandene Weise, Probleme aus dem Gesamt der alltäglichen Lebensbewältigung herauszulösen und, vom unmittelbaren Handlungsdruck entlastet, Problemlösungen zu systematisieren, hat eine Realität im Auge, die immerzu realer zu sein scheint als ihre Darstellung, der man sich in einem unendlichen iterativen Prozeß anzunähern habe, wie einem heiligen Gral.[21] Nun haben sich die besonderen Bedingungen erneut gewandelt, die Herauslösung wird schwierig, die Sinnprovinzen werden zunehmend ineinander verwoben, der Einzelne operiert in einem Netz von sich überschneidenden Kreisen.

Der moderne Mensch (das ist sein Name und seine Anschrift und sein Alter – nämlich abgehoben vom vormodernen) ist für eine unbestimmte Zahl von Wirklichkeits- und Selbsttransformationen offen und empfänglich für den Wechsel. Die Selbstkostümierungen und Selbsttransformationen im Netz, in den virtuellen Realitäten, in deren *Chat-rooms* sich die nachkommende Generation selbst übt und erprobt, sind deren modernstes Exerzierfeld.[22] Gewiß wendet der Professor ein, daß er, schon wenn er an verschiedenen Themen gleichzeitig arbeitet, dementsprechend sich selber, nicht nur die Bücher und vielleicht den Schreibtisch wechseln muß. Während *Cyber Freaks* mit Brille und Konsole Dinos jagen, düst Stephen Hawkings (*Eine kurze Geschichte der Zeit*) in seinem Rollstuhl zu fernen Galaxien. Behinderte Pensionierte und Studenten sind nach einer Untersuchung der Telefongesellschaft MCI in einem »Great American Net Test« die Hauptgruppen unter den Usern. Die Auflösung des Subjekts wird freilich schon in der Ichphilosophie des Deutschen Idealismus transmundan zelebriert und in den Dichtungen der Frühromantik von Hölderlin und Novalis insbesondere virtuos umgesetzt. Und die Auflösung der neuen Heiligkeit, des Subjekts, wird überhaupt in der Literatur obsessiv dargestellt. Die neue Heiligkeit, das Subjekt, empfindet sich, wie das Ich in Ingeborg Bachmanns *Malina*, als eine einzige Fälschung: »Ich war ganz verfälscht, man hat mir falsche Papiere in die Hand gedrückt.«[23] Die Methoden der Sozialforschung treffen in der Befragung nicht nur auf Menschengruppen, die nicht gleich vor der Sprache sind[24], auf Frauen und Männer ohne Eigenschaften, die spielerisch mit Wirklichkeiten umgehen und auf die gleichen Fragen einmal so und ein andermal anders antworten. Die Wissenschaft hat nicht nur selbstreflexiv zu werden und ihre alten Wunden und Gewißheiten zu pflegen, sondern *multipel*.

So fällt auch die Wissenschaft auf das Subjekt und das Subjekt auf sich selber zurück. Es gibt, Warnfried Dettling zufolge, keine Gesellschaft im gewohnten Sinne mehr, es gibt »nur noch Individuen.«[25] Störenfriede in der überkommenen Soziologie. Nun gibt es auch keine Individuen mehr, sondern nur noch multiple Ichs, die sich lavierend, ohne festes Fundament und ohne strahlendes Firmament definieren! Warten wir ab, wie mit ihnen umgegangen wird. Und ebenso wie ein herrscherliches, auktoriales Ich ausgefallen und ausgeflogen ist, ist ein herrscherliches Paradigma entschwunden. *Paradigm lost!* Nicht nur in der Ethik.[26] Und ebenso wie das Ich sich fragmentiert hat und aufgesplittert ist, ist die Wahrheit aufgesplittert, fragmentiert. Deshalb muß auch die Wissenschaft, in unserem Fall die Soziologie, ihre Fertigkeiten, ihre Theoriekonzepte und Forschungsmethodiken neu definieren, sich, wie im Management von Unternehmen üblich, *neu erfinden*. Heinz Bude beginnt sein treffliches Buch *Das Altern einer Generation* folgendermaßen: »Es gibt in der soziologischen Kunst Landschaftsmaler und Porträtmaler. Die einen zeichnen unsere Gesellschaft im Großformat mit den hauptsächlichen Aufenthaltsorten, zentralen Verbindungswegen und entscheidenden Umschlagspunkten. Man spricht von Spätkapitalismus oder nivellierter Mittelstandsgesellschaft, von Industriegesellschaft oder modernisierter Moderne... Die anderen heben die einzelnen Figuren heraus, die sich durch diese variablen Geographien bewegen.«[27] In beiden Formen verbleibt die Sozialwissenschaft im letzten Jahrhundert.

Die Bilderwelt der Kunst und die Literatur hat sich schon lange von der Vorstellung gelöst, sie müßte so etwas wie eine äußere Wirklichkeit wiedergeben, und dies am besten auf einer rechteckigen Leinwand. Ihre doppelte Emanzipation vom Gegenstand und vom Publikum ist folgerichtig. Die monochrome Malerei, die Installationen Nam Jun Paiks, die nachtwandlerischen Bilder Cuchis, die Obsessionen Felix Josef Müllers, *Die große Nacht im Eimer* von Baselitz, die *Verkündigung nach Tizian* von Gerhard Richter, Salomés *Wild Boys*, Gerhard Naschbergers *Gott*, aber auch Inez van Lamsweerdes Serie *Thank you Thighmaster*, Aziz +

Cuchers digitale C-Prints, Cécile Wicks in der flirrenden Hitze Kaliforniens aufgenommenen, fliegenden Untertassen mit gezündeten Triebwerken ähnelnden Provinzhäuschen; diese Vielheit von die äußere Realität transzendierenden und überholenden Bildern folgt der Doppelbewegung der Emanzipation von der Gegenständlichkeit und dem Publikum und endet schließlich, wie immer konstatiert, dort, wo sie angefangen hat, beim Körper, weil dieser das einzig sichtbare Moment von Kontinuität darstellt, den einzigen konstanten Faktor unter den proteischen und unberechenbaren Identitäten: das materiell faßbare Substrat, »das alle vergangenen, gegenwärtigen und zukünftigen Identitäten beinhaltet, trägt und ausführt«.[28] Aber sie landen auch und ebenso wichtig bei sich selber, beim Ich, das sich über sich beugt und erkundet, unter Hinweglassung alles Äußerlichen – der Landschaften und der sich in ihnen bewegenden Personen – und versuchen, ihrer eigenen Erzeugungsregel (wie Foucault sagen würde) habhaft zu werden. Die Wissenschaft ist hingegen Wissenschaft geblieben, im Kampf und im Widerstand gegen ihre eigene Verflüssigung begriffen.

Der finale Bruch der zeitgenössischen Kunst mit der Mimesis, insbesondere in ihrer Befreiung von Gegenständlichkeit, hat als zentrales Ereignis der Moderne in Malerei und Architektur die Menschenwissenschaften im strikten Sinne nicht, noch nicht erreicht.[29] Während Philosophie und Literaturwissenschaft das Tempo der Wirklichkeitsveränderung mitgemacht und sich sich selber zugewandt und autonomisiert haben, die Theorie der Postmoderne die Vorstellung der *einen* Erzählung abweist, die sich in der Moderne mit ihr und für sie durchgesetzt hat, und einzelne, wie Richard Rorty, versuchen, die Philosophie ganz von ihrer Anlehnung an Wissenschaft und ihrer Codierung in wahr/falsch zu lösen und eine *Philosophie ohne Spiegel*, das heißt, ohne erkennen und wissen wollen einer letzten Wahrheit propagieren,[30] und schließlich der Konstruktivismus mit seiner These, daß Wahrheit nicht entdeckt, sondern erfunden werde und abhängig sei von einem kontingenten Rahmen, in dem sich erst Paradigmen der Wissenschaft herausbildeten, bewegen sich die universitären Sozial- und Wirtschaftswissenschaften starrköpfig im Koordinatensystem des 18./19. Jahrhunderts. Eingefügt in das System des industriegesellschaftlichen Fortschrittsprozesses und auf die verstaubten Weisungen eines imaginären wissenschaftlichen Politbüros hörend, exekutieren sie Vorstellungen, deren Rechtfertigung in etwas besteht, was nirgends mehr als Rechtfertigung bestehen könnte, nämlich im Beharren darauf, daß man das immer so getan habe.

Vielleicht resultiert aus Mimesis *Katharsis*, vielleicht wirkt diese Art von Wissenschaft wie ein *homöopathisches Medikament*, das Schauspiel des Todes erschreckt uns weniger als der Tod selber. Und gewiß setzt das mimetische Ideal erst ein gleitendes Begehren in Gang, das »anstelle des ursprünglich begehrten Objekts eine Reihe von Ersatzbildungen akzeptiert oder zu akzeptieren lernen muß«.[31] So fließt Wissenschaft in den jahrhundertealten Drainagen weiter: *Culture encadrée;* in Drainagerohren, für die die wissenschaftstheoretischen Entscheidungen im 13. Jahrhundert, in der die Wende zur Welt, in der Abkehr von Augustinus, in der Hinwendung zum Gegenstand, zur Empirie, zur phänomenologischen Genauigkeit erfolgte und zur mimetischen Rivalität und Konkurrenz führte. Aber die Gesellschaft ist von anderer Dignität als ein totes Objekt, dessen genaueste und schärfste Wiedergabe das photographische Bild sein könnte, eine Vorstellung, welche die mimetische Rivalität seit einem Jahrhundert beflügelt.[32]

Das Verschwinden der Wirklichkeit ist gewiß auch eine Folge ihrer Simulation, genaugenommen verschwimmt die Wirklichkeit gegenüber ihrer Kopie, und insofern die Simulationen Konstruktionen sind, stellt sich naturgemäß die Frage, ob, wenn nämlich die Gegenwart ein Resultat der Zukunft ist und die Zukunft eine Konstruktion, die Analyse der Simulationen (das waren einmal die Utopien) eine bessere Deutung der Gegenwart ermöglichen könnte als eine Untersuchung der Gegenwart selber. Die Hierarchisten und Konsensualisten im Sinne von Heinz Bude werden zunehmend konkurrenziert von den Experimentalisten, die über das Gatter hinwegsetzen. Ein Porträt dieses Typs setzt Sprungkraft der Wissenschaft voraus, gute Beinarbeit, um das Subjekt überhaupt zu verfolgen. Wenn die Welt flüssig wird, muß die Sozialwissenschaft ihre Anpassungsgeschwindigkeit *erhöhen,* selber flüssig, experimentell werden. Auf turbulenter werdende soziale Verhältnisse muß die Soziologie, Hartmut Esser zufolge, nicht mit »turbulenten Theorien reagieren«.[33] Aber mit Theorien, die selbstreflexiv sind, das heißt, sich in der Nachfolge einer unterdessen obsoleten, autoritativen Selbstbeschreibung sehen. Das Gedächtnis, sagen die antiken Philosophen, ist ein Palast, in jedem seiner Räume ist ein Gedanke abgestellt. Das Individuum ist ein Schwarm, könnte man sagen; nicht das Ich, sondern ein Schwarmich durchkämmt und durchstreift die Wirklichkeit, und sein Gedächtnis oder sein Gehirn kombiniert die unscheinbarsten Anhaltspunkte. Das gleich einem Bienenschwarm ausschwärmende Ich kann nur mittels Schwarmdenkens in seinen Koordinaten eruiert werden. Vielleicht meint Zygmunt Bauman das, wenn er fordert, der Methodologie der *dichten Beschreibung* von Geertz zu folgen, nach dem Bedeutungen fremder Erfahrungen durch Auslotung von Traditionen, Lebensformen und Lebensweisen wiedergewonnen werden könnten, genaugenommen Auslotung von Repräsentationen, Objektivationen und Simulationen.[34] Wenn die Sozialwissenschaft das photographische Zeitalter abstreift und durch den *Post-Photo-Shop* hindurch geht,[35] werden alle Repräsentationen zum Rohmaterial der Wissenschaft, ist die Aufmerksamkeit in alle Richtungen zu lenken, sind genauso wichtige Plattformen der Information wie die sie bedienenden Spieler, wird die Wissenschaft, kurz gesagt, multipel. Die Spieler sind, wie auch die Intelligenz und die Wissenschaft, mit nichts als sich selbst beschäftigt, während die Soziologen sich als Kopisten legitimieren, deren Arbeit nichts mit ihnen selbst zu tun habe. Demgegenüber ist die von Bildern oder Texten oder Körpern produzierte Erregung eine Vorgehensweise, die direkt an das Erleben anschließt; in der Sprache Gottfried Benns ein Paradigma der *brennenden Bilder*. Nicht nur an das Erleben, sondern an modernste Formen des Arbeitens im Netz, im Hypertext, wo das Auge kreuz und quer brennenden Bildern folgt, ein archaischer Karneval mit täglichen Kopernikanischen Wenden. Die panische Produktion von Texten und Bildern ist schließlich eine Reaktion auf die in der Leere der Landschaften notwendig werdende schöpferische Kraft des Ichs, das nach dem Wegräumen aller äußeren Notwendigkeiten sich selbst erfinden und aussenden muß, um Festigkeiten von Wällen und Territorien zu prüfen. Alain Touraine spricht schon 1965 vom »Verschwinden des konstituierenden und dem Triumph des schöpferischen Bewußtseins«, aber er wendet die Feststellung nicht auf sich selber an. Es stellt sich jedoch die Frage, woraus das Bewußtsein, das des praktisch oder jenes des wissenschaftlich Tätigen, denn schöpfen soll, wenn es sich nichts anderem unterwirft als sich selber.

Aber verbleiben wir bei der überkommenen Art des Wissenschaftstreibens. Das aufrichtige Bemühen um Wahrheit scheint beim Lesen der einschlägigen Texte implizit die endlose Suche nach sich selbst zu spiegeln. Innerhalb dieser endlosen Produktion, besser Flut von Büchern, finden sich Texte, die Bilder des Endlosen sind. Gerade trifft ein Sammelband ein mit dem guten und Spannung versprechenden Titel *Zustand und Ereignis*, wo sich beim ersten Aufschlagen folgendes findet: »Daß es morgen regnen wird, ist schon heute wahr, wenn und nur wenn, unabhängig davon, wie sich die Welt *sonst* von heute bis morgen entwickelt, sich verändert oder unverändert bleibt, es morgen regnen wird. Wer behauptet, es sei *schon heute* wahr, daß es morgen regnen wird, sagt nicht: möglicherweise, wahrscheinlich wird es morgen regnen. Sondern er sagt: es ist *sicher*, daß es morgen regnen wird.«[36] Eine Seite zuvor und erhellender liest sich: »Eine jede Vergangenheit kann natürlich eine offene Zukunft gehabt haben. Vielleicht gab es gestern noch eine andere kausal mögliche Welt für heute als die, die sich tatsächlich verwirklicht hat. Und vorgestern noch andere, alternative Entwicklungsmöglichkeiten für gestern. Sie sind aber nicht realisiert worden, sondern gleichsam in das Meer der unverwirklichten Möglichkeiten gesunken und dort verloren gegangen.«[37]

Das ist neu, schön, leicht und schwer, das Überkommene haltend und abstreifend. Nichts ist verlorengegangen. Die Moderne und das, was man Postmoderne nennt, zeichnen sich ja gerade dadurch aus, daß nichts verlorengeht, sondern im Modus des Möglichen, der Option (anstelle der Gewißheit) wiederkehrt. Die Gegenwart ist auch ein Raum nicht gewählter Möglichkeiten, ein Schattenreich von Toten, die auf den jüngsten Tag warten, auf den Tag ihrer Auferstehung – dann, wenn sie, die verschmähten, endlich gewählt werden. Über die resultierende Kontingenzerhöhung ist viel gesagt und viel wiederholt worden. »Eine Entscheidung ist alles, was die Organisation als Entscheidung ansieht«, wie Luhmann bemerkt,[38] und, fügen wir hinzu, immer mehr wird zu einer Frage der Entscheidung – selbst der Tod, vielleicht bald das Leben, wenn es möglich wird, durch einen vorausgesandten Klon die zu erwartende Existenz zu beobachten oder hochzurechnen, indem eine Kopie, ein Klon die hochgerechneten, für mich gültigen Lebensmöglichkeiten in der gynäkologischen Klinik einschätzt und daraufhin über das eigene Leben entscheidet. Eine Entscheidung ist ein *Sprung* von einem Möglichkeitsraum in den anderen. Und keine der nichtgewählten Möglichkeiten ist verloren – im Gegenteil, in der Entscheidung sind sie vergegenwärtigt worden und bilden die gesunkenen, von auf den jüngsten Tag wartenden Toten. Der jüngste Tag kommt immer dann, wenn die herausgehobene, die gegenüber allen anderen Möglichkeiten gewählte Möglichkeit nicht das hält, was sie verspricht. Das Transitorische der Texte, ihr *Endlosmodus,* ist beides: ist eine Art Entscheidung gegen eine Entscheidung oder eine Entscheidung für die Nichtentscheidung. Weil jede Entscheidung Optionen versinken läßt, will man den Möglichkeitsraum lange offen lassen, und die photographische Wissenschaft fühlt sich aufgerufen, von allen, den entschiedenen und nicht entschiedenen Aufnahmen, bessere Schnappschüsse zu machen. In einer sinnfälligen Weise arbeiten die gewaltige Textproduktion und die ihr auf dem Fuß folgende immer schnellere Bewirtschaftung und immer umfangreichere Speicherung von Texten der Hoffnung entgegen, die Wirklichkeit zu bannen.

Die Welt ist eine riesige, tagtäglich anschwellende Bibliothek von sozialen, technischen und politischen Konstruktionen und Konstruktionen über Konstruktionen, ein theatralischer Karneval, eine chaotische Prozession, ein auf ein im Zuge der ebenfalls zunehmenden Aufräumarbeiten entschwindendes Ziel hin. »In der Ferne verlieren sich die Boote, und die Anteilnahme, mit der man ihnen nachsieht, nimmt zu mit ihrem Verschwinden.«[39] Insofern die Wirklichkeit nichts anderes ist als das, das wir andauernd als solche erzeugen, begegnen wir in der Wirklichkeit immer unseren eigenen Produkten. *Autopoiesis:* Die Wirklichkeit als ein prozessuales Geschehen, das sich gewissermaßen selbsttätig fortspinnt, spiegelt sich in der Sprache der Endlostexte. In Form von Wiederholungen, Neuansätzen, die immer wieder aufs gleiche hinauslaufen, hektischen Reihungen, Tautologien, Anakoluthen und – wie eine Art Stecken im dahinstürzenden Wortfluß – Wortwiederholungen: »Tatsächlich komme ich mitten im Wald von allen Seiten auf mich zu, um watten zu gehen. Tatsächlich gehen alle diese in den Wald hereinkommenden Ich watten. Und haben nichts im Kopf als den Gedanken, watten zu gehen. Das ist aber das Merkwürdige, sage ich: alle haben den Gedanken im Kopf, watten zu gehen, gehen aber nicht watten. Wollen watten gehen, gehn watten, gehn aber nicht watten, sage ich.«[40]

So braust die Information wie ein Hochgeschwindigkeitszug an einem vorüber, und der alexandrinische Traum, nach dem im 3. Jahrhundert vor Christi Geburt König Ptolemäus I. alle Herrscher und Statthalter der Erde aufrief, ihm Bücher jeder Art von

Dichtern, Wahrsagern, Geschichtsschreibern und allen übrigen zu übersenden, um alle Bücher aller Menschen auf dieser Welt unter einem Dach zu versammeln, wird mit den neuerdings gegebenen gigantischen Speicherungsmöglichkeiten von neuem geträumt. Die Technologien ändern sich, doch die Träume bleiben: computergestützte Systeme, die die Totalität des Textes digitalisieren und mit Verknüpfungen versehen könnten, um ein öffentliches Publikationsarchiv für alle Schriften der Menschheit bereitzustellen, mit Zugriffsmöglichkeit für alle Menschen! Die Reproduktion und Speicherung von Bildern ist immer problematischer gewesen als die von Texten. Kein Traum hat davon geträumt, alle Bilder und Kunstwerke dieser Welt unter einem Dach in einem Museum zu versammeln. Erst die Photographie macht dies möglich. Die digitale Photographie ermöglicht gar die Ablage aller Bilder und bildlichen Repräsentationen im Computer. Um welche Quelle es sich immer handelt, beim Digitalisieren wird der Input in Pixel zerlegt und digital verpackt. Mit der elektronischen Bildverarbeitung und -bearbeitung, bei der der Photograph so lange mit dem Bild herumspielt, bis es richtig ausschaut, wird der Zusammenhang zwischen der Photographie und ihrem Objekt, der gerade bei der Photographie, indem diese etwa der gerichtlichen Wahrheitsfindung dienen durfte, strikte aufrechterhalten worden ist, fragwürdig. Während in der Literatur, überhaupt in den schriftkonstituierten Texten die indexikalische Beziehung immer eine kompliziertere war, wird sie nun, mit der Möglichkeit der Veränderung und Konstruktion von Photographien, ebenfalls komplizierter oder bricht gänzlich zusammen.

Was hieße denn *Empirie*, wenn die Wirklichkeit flüssig, dauernd überarbeitet und erneuert wird? Was bedeutet es, wenn von jeder Forschungs- und Entwicklungsabteilung verlangt wird, daß die Flüssigwelt in ihren divergenten, manchmal zusammenlaufenden, manchmal auseinanderfließenden, manchmal anschwellenden und manchmal versiegenden Läufen und Nebenläufen beobachtet werden muß: die Welt der Menschen, die Welt der von ihnen hergestellten Dinge, die Welt der Texte über die Dinge und die Welt der ordnenden Systembildungen, in die die Welt der Menschen, der Texte, der Dinge wieder eingefangen werden, nachträglich und immer im Bewußtsein, daß die Läufe und Nebenläufe, die unterschieden sind, schon wieder zusammengeflossen oder neu separiert, sich ihr Flußbett selber graben? Die Wirklichkeit, diese feste, harte, mit den Werkzeugen der Empirie (wie der Strahler, der im Gebirge über Jahrhunderttausende gebildete Kristalle bricht) zu lockernde Masse und ihre mit kleinen Hämmerchen und Schneidewerkzeugen separierbaren Einschlüsse, Versteinerungen, Spuren ist in einen Zustand übergegangen, wo Hämmerchen und Meißel *nutzlos* sind, Werkzeuge einer verflossenen Zeit. Die Modernisierung, die Postmodernisierung und die derzeitig verschärfte Modernisierung lösen die Konturen der Gegenwart auf, wirbeln sie durcheinander und verlangen neue *Cross-over*-Denk- und Werkzeuge, eine *multiple Sozialforschung*, das *Schwarmdenken*, um einer Wirklichkeit, dieser Wirklichkeit jenseits der überkommenen Wirklichkeit, jenseits der Genrebildungen, der Milieus und Differenzierung gerecht werden zu können. »Der Herr Graf stand zeitig auf, punkt halb neun Uhr...«.

Gerade mit Blick auf das fragmentierte, auseinanderstiebende Ich müßte die erste Selbstbefragung der Wissenschaft, die sich mit diesem Ich beschäftigen wollte, sein, welches Ich, welches Mitglied der inneren Familie wann, bei welcher Befragung und Frage in den Vordergrund tritt. Das Ich wohnt in einem Haus mit gegenüber dem Fremden mehr oder weniger verschlossenen Türen und Zimmern, in denen es von den Menschenwissenschaften gestellt und erlegt werden will. Während die quantitative Sozialforschung ein Heer von Ichs unter der Konstanzannahme mit den gleichen standardisierten Fragen verfolgt und die qualitative einem kleineren Personal mit ausgedehnten und wenig standardisierten Befragungen Erzählungen entlockt, hätte sich eine *multiple* Sozialforschung mit dem *Ichpersonal eines Ichs* auseinanderzusetzen und dieses gegeneinander antreten zu lassen. Statt Ergebnisse von der Art: »Zwölf Prozent der befragten Personen antworteten mit Ja«, hießen Ergebnisse der multiplen Sozialforschung: »Zwölf Prozent der inneren Ichs waren anderer Meinung als die restlichen Mitglieder der inneren Familie.« Gerade die reflexive, sich auf sich selbst beziehende Soziologie, die damit das sich auf sich selbst beziehende Individuum meint, müßte in den intrapsychischen Raum vordringen, die *Multiplizität* des Ich anerkennen und zur Gruppenbefragung im Einzelnen vordringen. Wenn wir schon, wie Peter L. Berger nicht müde wird zu betonen, Bürger *vieler* Welten sind (für Kant waren wir noch Bürger zweier Welten), sind wir als Bürger von Teilwelten, nicht als irgendwie verallgemeinerte, gute, das Ganze im Auge behaltende Bürger zu befragen.[41] Eine zeitgemäße Empirie dürfte nicht mehr davon ausgehen, daß die Wirklichkeit *fest*, das Ich *ein* Individuum ist, mit einem festen Bestand, festen Abteilungen, festen Möglichkeiten, eine Wirklichkeit, die zugedeckt ist mit Tüchern, die man eins nach dem anderen wegzuziehen braucht, um die wahre Wirklichkeit zu finden, den richtigen Beethoven zu spielen, die verlorene Partitur zu finden.[42] Das Individuum konfiguriert sich nicht nur in der Biographie andauernd neu, sondern in allen situativen Bezügen, die es begeht, eingeht und wieder losläßt. Das macht das neuzeitliche Individuum aus – es erzeugt sich und seine Bestände und Möglichkeiten andauernd selber, es spielt sich neu –, ein *Patchwork-Dividuum*.

»Galilei, Hobbes, Descartes, Locke, die Aufklärung zum (reifen) Marx, Le Corbusier, dem soziologischen Positivismus, der analytischen Philosophie und Habermas...« – das ist Scott Lash zufolge die Genealogie der ersten Moderne.[43] Zur zweiten Moderne zählt Lash die Romantik, den jungen Hegel, Baudelaire, Nietzsche, Simmel, den Surrealismus, Benjamin, Adorno, Heidegger, Schütz, Gadamer, Foucault, Derrida und Zygmunt Bauman. Diese sind, könnte man in Umkehrung der genannten Umschreibung der Wissenschaft der ersten Moderne sagen, an einer *Ordnung der Herstellung* interessiert. Und, sofern diese das Subjekt in den Mittelpunkt rückt, an der Fragmentierung und Verteilung des Ichs und den Versuchen, sich selbst zu definieren und so etwas wie Identität zu erzeugen. Die Untersuchung dieser auseinanderstiebenden Subjekte freilich, das wäre die Aufgabe der *dritten* Moderne. Diese begann eigentlich schon mit Fichte, der in einem Brief die Wissenschaftslehre mit der Französischen Revolution in Beziehung bringt und bemerkt: »Mein System ist das erste System der Freiheit, wie jene Nation von den äußern Ketten den Menschen losreißt, reißt mein System ihn von den Fesseln der Dinge an sich.«[44] Vielleicht verläßt sie, in der Erkenntnis der Individualisierung hoch zwei, ihre metaphysisch, vom unteilbaren Ich ausgehende und dieses operativ suchende, immer noch mimetisch und darüber hinaus in Kolonnen prozessierende Konzeption und erarbeitet *multiple Theoriekonzepte* und *multiple Forschungsmethoden*, mit denen ein Individuum als *Dividuum* befragt wird. Wenn es das eine unteilbare Individuum nicht gibt, dann tut die mit diesem Subjektverständnis arbeitende Wissenschaft Wissenschaft *als ob*.

Teil II
Der Laufsteg

Das Tauchen unter die Schädeldecke führt zur alten Zweiheit. Wie eh und je will dieser Riß operativ, vorwärtseilend, schreiend, dem eigentlichen Ich nachjagend, überwunden werden. Man ist sein eigener Bodyguard, sein eigener Reisegefährte, wobei dieser oder einer ihm immer voraus ist. Wie einer sich, einer altägyptischen Geschichte zufolge, von Versuchungen geplagt, anschickt, seine Zelle zu verlassen, sieht er einen Mitbewohner, der die Schuhe schnürend, auf die Frage, wer er sei, sich als sein eigenes Ich zu erkennen gibt, das mit ihm ziehen muß.[1] Aber einer eilt dem anderen voraus, das ist keineswegs nur eine Deutung des Ichs in der Moderne. Allein die kulturellen Bearbeitungen dieser Spannung zwischen Ich und Nochnichtich fallen unterschiedlich aus. Was das postmoderne, das *Postich* tut, erinnert an die zur Weihnachtszeit in der Erinnerung aufscheinenden Bildchen von Lampen, auf denen Engelchen auf Sternenstrahlen zur Erde rutschen, nur umgekehrt. Und statt aufwärts vorwärts, in die Zukunft, nach vorn. Die Sternenstrahlen, die vom Himmel herab uns erfreuten, sind einem Kranz von Lasern gewichen, die, wie in den Nächten an den Rändern von Großstädten, die Himmel und die entfernten Hügelzüge mit Strahlen abtasten.

Auf sie schwingt sich das Ich und gleitet in die Zukünfte. *Gleitet*. Nicht flaniert oder spaziert. Der Flaneur, den Zygmund Bauman, Walter Benjamin folgend, erneut flanieren läßt, ist gleichermaßen eine Figur der Vergangenheit wie die Passagen, die er ziellos abschlendert.[2] Die zeitgemäße Heilsgeschichte des Individuums verkörpert sich in Bikern und Surfern, Skatern und Boardern; die Passagiere und Operatoren zwischen Gegenwart und Zukunft sind Manager und Models. Heilsgeschichtliche Zeichen des Übergangs, Ikonen modernster Religiosität sind die *Models*. Ihre Laufstege sind Sinnbilder der transitorischen Zeitverfassung. Sie erstrahlen als neonbeleuchtete Gleitschienen, auf der nicht Engelchen vom Himmel zur Erde rutschen, sondern missile, strahlende, versiegelte, unbefleckte und unantastbare Körper in einer merkwürdig repetitiv-starren Choreographie erscheinen und verschwinden, erscheinen und verschwinden. *Laufsteg* und *Model* sind die Chiffren für das Transitorische der Gegenwart, für die Ersetzung der Orte durch Nicht-Orte, der Heimat durch das Überall, für die Welt als Durchgangsraum.

Bilder des Transitorischen finden sich überall, in der Architektur, der Literatur, der Kunst und der Musik. Stellvertretend Andy Warhols *Ten Lizes*, stellvertretend die einer Abschußrampe gleichende Bushaltestelle von Calatrava. Stellvertretend die Behausungen des *Cage People* in Hongkong, aber auch die fundamentlosen Bunker der Organisation Todt. Alles wird reisefertig gemacht. Der Gattungsumbau zum in die Zukunft hinein operierenden Passagier ist offenkundig und wird nicht nur vom Beförderungspersonal, sondern von den Beförderten selber vorangetrieben. Nachdem die sakramentalen, priesterlich gewiesenen Wege, die Levitationen, die Vermählung mit Gott, die ekstatische Selbstenthebung, die asketische Entleerung nicht mehr opportun sind, treten an ihre Stelle Simulationen, Geschwindigkeit, Selbstjagden, und an die Stelle der heiligen Anorektiker die Magersüchtigen und die Bulimiker.[3] Unter dem Gefühl der Machtlosigkeit, die Welt zu ändern, ändert man, was man meint ändern zu können, *sich selbst*. Vielleicht. Wer nicht mehr an Wunderheilungen und Fremderlösungen glaubt, greift zur Selbsterlösung. Vielleicht. Anstelle des Aufstandes gegen die Gesellschaft züchtigt man sich selber und weist sich selber zurecht. Steht aufrecht wie ein Kreisel, solange die eigene Peitsche pfeift. Noch einmal: Vielleicht. Vielleicht erfordern der Laufsteg und das Bestehen des Laufsteges ein anderes Tuning als die Himmelfahrt. Man ist Subjekt und Objekt zugleich, man schießt sich selber, einem *Projektil* gleich, nach vorn. Derrida möge verzeihen, als *Subjektil*.[4]

Aller Übergang ist schwer. Der Wechsel von der Vertikale in die Horizontale, von Orten zu Nicht-Orten, von Seßhaften zu Passagieren verändert auch die alte Zweiheit von Geist und Körper, von Himmel und Erde, von Künstlichkeit und Natur. Das anorektische Projektil, der *ZeroKörper*, in das sich der Mensch nicht nur auf der Rennbahn von Oerlikon verwandelt, verlangt Austrocknung, die Auspressung des Körpers und die Bearbeitung des Erbrochenen. Der Abfall erscheint auf spiritueller Ebene wieder. Während in einer operativen Weltgesellschaft, in der immer mehr, immer schneller produziert wird, und die Selbstgeschwindigkeit aus schierer Selbsterhaltung unter Kontrolle genommen werden will, und während sich nicht nur die Passagiere von heute, sondern auch die

Städte täglich rituellen Reinigungsprozeduren unterziehen, avancieren im Reich des Geistes das Schmutzige und Böse, das Unreine und Erbrochene zum Kern der Kultur. Das in sich gespaltene Individuum manifestiert sich in jenem Reich, wo immer mehr möglich war, im Reich des Geistes und der Phantasie. Jede Kultur bearbeitet die Differenz von Reinheit und Schmutz auf ihre Weise.[5] Die moderne Kultur öffnet sich, sie rauscht, sie ist ein Sturzbach von Bildern und Texten. Die Vergangenheit, die Gegenwart, die Geschichte, die Grausamkeit von Kriegen, die Klagerufe der Verdammten und das Triumphgeheul der Sieger, alles versinkt in einem allgemeinen Rauschen von Bildern und Tönen. Ein schneeweißer Torso, aus dessen offenem Hals violette Schwaden steigen...[6]

1. Bilder des Endlosen

Der Grund der verschwenderischen Produktion der Waren-, Erlebnis- und Denkwelt, dieser unversiegbare und gleich einer Sintflut tagtäglich hereinbrechende Strom von Nachrichten, diese Lawine von Möglichkeiten, in der man tagtäglich strampelt, liegt nicht nur in einer übersteigerten Entschlossenheit zur *Exzentrizität*. Lange scheint die kleine Geschichte des Menschen eine Geschichte der Trennung von den Glitzerdingen der irdischen Welt und eine Geschichte der Bindung an das Überirdische gewesen zu sein. Und lange genug war die kleine Geschichte dann, nach der Ablösung von Gott, eine Geschichte der Aufnahme, des Aufgehens und des Internalisierens einer bislang verbotenen Wirklichkeit. »Manchmal«, so Büchners *Lenz*, »riß es ihm in der Brust, er stand, keuchend, den Leib vorwärts gebogen, Augen und Mund weit offen, er meinte, er müsse den Sturm in sich ziehen, alles in sich fassen, er dehnte sich aus und lag über der Erde, er wühlte sich in das All hinein...«.[1]

Es ist, als ob sich in den fortschrittsorientierten Multioptionsgesellschaften das Umgekehrte abspielen würde: die Augen geschlossen, der Leib vorwärts gebogen und geschwollen und die Welt in einer krampfhaften Anstrengung *sich öffnend* und *übergebend*. Die Moderne beginnt mit dem Bewußtsein, daß das was ist auch anders sein könnte. Und mit dem Willen, was anders sein könnte, anders zu machen, zu verdreifachen und zu multiplizieren. So wird aus dem anthropologischen Minimum ein Maximum an Dingen, Sichtweisen, Möglichkeiten und an Bildern. Bilder haben einen endlichen oder unendlichen Gehalt, und man kann sie danach unterscheiden und klassifizieren. Unterscheiden und klassifizieren kann man auch Epochen, ob sie Zeiten der Verschließung oder Öffnung, Zeiten der Pflege oder Zeiten der rückhaltlosen Gabe sind. Auf den ersten Blick erscheint die Gegenwart, angesichts der tosenden Flut von Bildern, Texten und Nachrichten, ihrer Kennzeichnung als offener Gesellschaft genau zu entsprechen. Natürlich gibt es auch Verschließungsprozeduren, eine Art Hermetik, ein Verschwinden nicht nur bei den sattsam bekannten Versteckspielen von Autoren wie Pynchon, Strauss oder Salinger. Es könnte sein, daß dem hemmungslosen, sich ausleerenden, ungebundenen, tobenden Selbst, das sich ein- und ausläßt in ein- und demselben Individuum, ein sich zurückziehendes und flüchtendes Ich (z. B. als zeremonieller, seiner Körperfunktionen verlustig gegangener »Idiot«) entspricht. Unzählbar die Belege. Noch in der Hölle glänzt plötzlich das Reine, Weiße, Unbefleckte auf. »Ein weißer, sonnenerfüllter Museumssaal, rosige, zwanzig Meter hohe nackte Statuen.«[2] Vielleicht zieht sich dieser Kontrast wie ein Riß in die Individuen hinein, vielleicht entspricht der anorexetischen Öffnung der Bilderwelt eine Verschließung der Körperwelt.

Obwohl eine Krankheit, eignet sich die Anorexie als Metapher für das Reich des Geistes.[3] Die Magersucht, mit der sich ein Ich manchmal der Eingliederung ins Familienleben zu entziehen sucht, manchmal ein Ideal zu erreichen versucht, abstrahiert den Körper, macht ihn zu einem unberührbaren, kalten Pfeil; das Ich wird »zum Rächer, das seinen Meister in einen Sklaven verwandelt«,[4] es verneint die Mutterwerdung, es verweigert die Liebe, Selbstverwirklichung durch Verblassen und Entmaterialisierung.[5] Aber das alles um den Preis des Hergebens, im Nacheinander von Nahrungsverweigerung und Heißhunger, von Essen und Erbrechen. Die geistige Travestie der Anorexie und Bulimie ist in offenen Gesellschaften, wie das Wort schon sagt, augenfällig. »Kennzeichen dieses = ganzen letzten Jahrhunderts am Rand zu seinem Abgrund ins nächste Jahrtausend: das Zerreißen, das Zerstückeln: in all seinen Variationen & Verschiedenheiten.«[6] Und: »...ganz kurz fühle ich mich in einer Glasschale völliger geistiger Klarsicht, Gedanken wie Salzkristalle, ich könnte sie wie den EKG-Herzschlag sichtbar machen; die zartgesichtige Frau, dein aschenes Haar, Sulamit, diese verdammten Wörter, die mir auferlegt wurden wie eine Bürde, die wie der Dreizack des Todes meine immer wieder geordneten Wellen zerwühlen, ausgeleerte Exkremente die Treppe meines Gehirns hinunterfließen...«.[7] Vom Essen zu Tabletten und Büchern und Bildern, vom WC zum nach Valium riechenden Krankenhauszimmer zur Bibliothek und dort in die Abteilung Comics mit den über und über vollgekritzelten und vollgeschmierten Seiten etwa von Crumb, Fzzt!, AAAGLH. GRRR., der Heulsusen-Blues, diese erstaunliche und obszöne, wenngleich ins ordinär-lustige getauchte Mischung von platzendem Fleisch, Fett und Fetzen und tosenden Sprechblasen, »...ein Mädchen wird in der Nacht fischsuppenglänzendweiße Nudeln essen und ihr Erbrechen wird ein Hämmern und Tosen sein...«,[8] entleeren, übergeben. Der Mensch ist mehr, nicht mehr nur ein Nestflüchter, sondern *Mund*. Im Unterschied zu Picassos Blättern, aus der verborgenen Sammlung, wo der Mund nach unten rutscht, arbeitet sich in dieser und vieler Literatur das Geschlecht nach oben.[9]

Möglicherweise hat die Umstellung vom Nehmen zum Geben Jahrhunderte gedauert, und selbstverständlich findet man auch in einer Zeit der allgemeinen Exhibition das Gegenteil: das Sich-Verschließen. *Festland* gegenüber dem Meer. Denn das Meer repräsentiert in der nautischen Metaphorik das Offene und Unberechenbare, und der Seemann bewegt sich auf seinem beweglichen Boden »zwischen zwei großen Ozeanen, einem luftigen und einem wässerigen«.[10] Selbst der müde Wanderer von gestern abend bis morgen nacht, wie er von Christian Fuchs imaginiert wird, würde »viel lieber etwas anderes tun und woanders sein, als hier, inmitten einer Wohnanlage zu stehen und Fenstern zuzusehen, wie sie in regelmäßiger Folge hell und wieder dunkel werden; würde sich losreißen von dem Anblicke der Bewegungen und Gesten fremder Menschen, hielte nicht ein Zwang hier fest, unter ihnen etwas zu suchen, das ich noch nicht kenne und dessen ich bedarf; ein höherer Befehl, Zeuge zu sein, dieses ganzen alltäglichen Lebens, eine Schickung, das Selbstverständlichste auf dieser Welt zu heiligen, als stünde ich hier wie ein Sendbote eines leeren, wesenlosen Himmels«.[11] Der Mensch muß sich neue Heimaten suchen, und der moderne Mensch sucht sie sich weit weg, oder er deckt sich zu mit dem, was ihm bleibt, mit Wörtern, in die er sich wie Laub bettet, die er wie eine Schutzdecke andauernd selber produziert, ein flüchtiger, samtweicher Staub von nieselnden Wörtern, vielleicht ein Gefieder. Aber das wahre Heimweh ist

Fernweh (Felix Philipp Ingold). *Ein Schiff wird kommen.* Viel lieber würde er träumen vom Welten-Bauen, viel lieber würde er, wenn er nicht das Unendliche und Repetitive der Vorwärtsbemühungen sähe, sich dem großen Treck in die Zukunft anschließen und der Last der Gegenwart entfliehen, einem Gewicht, dem »nichts anderes zusteht, als verdrängt zu werden von immer neuem Dreck«.[12]

Wie Bilder bleiben und sich einprägen, die mit Licht und Reinheit zu tun haben! Der *Information Highway* leuchtet. Die virtuelle Stadt erstrahlt im überirdischen Licht. In Europa läßt sich kein *Brasilia* in die Wildnis bauen, man muß, wie dies Florian Rötzer im Anschluß an Vittorio Lampugnani in einem, so Rötzer, »schönen Bilde« gesagt hat, das »zerstörte Herz einer Stadt des 19. Jahrhunderts durch eines aus dem 20. ersetzen«, in dem man das, wie Florian Rötzer hinzufügt, »Zentrum transplantiert«.[13] Die Zahl der levitierten Ekstatiker der katholischen Kirche ist hoch, aber sie endet im 18. Jahrhundert. Im 19. wird über Flugapparate nachgedacht, im 20. sind die Flughäfen und die Flugreisen die Bedingungen der Levitation; heute levitieren ganze Städte, in denen virtuelle Gemeinschaften ortlos, körperlos, geschlechts-kommunistisch miteinander kommunizieren: *any time – any place.* »Claudia erzählt von einer Veranstaltung, bei der sie jemandem in ihrer Sitzreihe etwas erklärt und aufgezeichnet hat. Als ein Sitznachbar sich danach erkundigte, habe der Mann, der Erläuterung und Zettel bekommen hat, sofort alles in die Jacke gesteckt – ›Das ist mein Zettel.‹«[14] Das ist im Zeitalter der Telekommunikation Vergangenheit. Das Netz ist, hofft man, ein Ort des Teilens. Die Teleexistenz verschmilzt, träumt man, Existenz und Essenz. Das Fernsehen zeitgemäßer Ort der ortlosen Liturgie. Der Computer Sinnbild eines multimedialen *Totems*. Der strahlt, auch wenn er nicht gebraucht wird, auf den Weltschreibtischen und lädt ein zu virtuellen spiritistischen Séancen. Er stellt, wie Hans Conrad Zander es ausdrückt, eine »Theologie der Wiederholung« bereit, mit der Aufforderung *Do it again,* aber ohne Erdenschwere.[15]

Zeitgemäße Fluchten aus der gefallenen Welt gelingen auch mit anderen Mitteln, körpernäher oder körperbewußter. Das Idyll muß sich an den Körper schmiegen wie eine Haut; noch besser: ihn ersetzen. Der Fall, so die Schöpfungsgeschichte, ist ja ein Fall in die Leibhaftigkeit und in den Widerspruch zwischen einem Körper und Geist. Eine tödliche und endlose Entzweiung, die nach Erlösung sucht. Nur beschränkt läßt sich diese technisch herstellen, über elektronische Anzüge, die Schnittstellen mit ihren Sinnesorganen und den Satellitennetzen haben, oder wo die Anschlüsse in Form von *Chips* implantiert und injiziert werden, wie bei freilebenden Tieren, um sie zu beobachten. Der Mensch als eine Art *mobiles Endgerät*, das sich in Windeseile umbilden kann, vielleicht vergleichbar dem verwandlungsfähigen Gegenspieler von *Terminator II*, der, ausgerüstet mit einem autopoietischen Formenprogramm, sich aus jeder Zertrümmerung in neuer Form reorganisiert.[16]

Die autopoietische Organisation des Körpers erfolgt innerlich.[17] Ihm gegenüber nimmt sich das elektronische Kleidchen, auch wenn es früher oder später unter der Haut getragen werden kann (durch Implantation der Buchsen und Anschlüsse), billig aus. Der *Cyborg* ist ein metallisches Flittchen. Die Selbstinszenierung erfolgt merkwürdig gespalten, bis in die moderne Bildwelt hinein. »Ich starre aus meinem Fenster auf die Nike-beschuhten Cyborgs auf dem Memorial Drive. Ihre Füße aus Fleisch und Blut klatschen auf die Oberfläche der materiellen Welt; ihre mit Walkman verstärkten Ohren saugen Signale aus der virtuellen auf. Als teils menschliche, teils elektronische Janusköpfe joggen sie durch zweierlei Welten zugleich.«[18] Ein Blick in die Lifestyle-Zeitschriften und in die Werbung zeigt Springer, Flieger, Surfer und Raver. Luftsprünge sind bevorzugtes Motiv im Marketing auch der Rentner-Generation. Ekstatische oder jedenfalls aviatische Gebärden, wie Claudia Schmölders feststellt, wechseln mit missilen, nazarenischen Gestalten, die Erzengeln gleich über Laufstege prozessieren (*Stella Tennant, Trish Goff, Kirsty Hume, Guinevere van Seenus*). Beide Tendenzen, die ausufernd beschleunigte Motorik und die extreme Statik, werden in nuce von den Künsten audiovisuell reflektiert: von der monotonen Techno-Musik einerseits, von der nervösen Schnittechnik moderner Filme andererseits.[19]

Eine Photoserie der amerikanischen Photographin Inez van Lamsweerde nennt sich *Thank you Thighmaster*. Sie zeigt Frauen, die mit computertechnisch hergerichteten Körpern ausgerüstet sind. Puppen werden mit wirklicher Haut bestückt, aber gleichzeitig die Öffnungen außer den Augen verschlossen: *Bondage mittels Computer*. Die Künstlerin deutet ihre Aufnahmen von Kunst als Gleichnis verlorener Menschen einer schnellebigen Zeit, in der die Entwicklung der Technologien es möglich mache, immer weniger körperlichen Kontakt mit anderen zu haben. Denn jeder »sitzt vor seinem Computerbildschirm und steht mit den anderen durch das Modem in Verbindung. Da sitzt man also mit einem perfekten Körper. Man kann nichts mit ihm anfangen. Der Körper ist hermetisch abgeschlossen. Tatsächlich sind die Menschen Gehirne, die mit einer künstlichen Hülle bekleidet sind.«[20] Künstler sind, wie die Soziologen auch, Bewegungsmelder, vermutlich bessere, sicher schnellere, und die schnellsten Künste sind die bildenden Künste. Die Körper, die diese Künstlerin herstellt, sind freilich nicht nur, was die Künstlerin von ihnen sagt. Inez van Lamsweerde hält mit ihren Bildern eine Bewegung, besser eine Gegenbewegung fest. Diese ist Gleichnis, vielleicht eine Allegorie.

Walter Benjamin zufolge entspricht der Allegorie im Bereich des Denkens die Ruine im Bereich der Dingwelt.[21] Die geläufigsten Allegorien freilich sind Personifikationen; die Dirne als Allegorie der Lust, der Ausgemergelte als Allegorie des Geizes. Die hermetischen Körper aus der erwähnten Serie sind, besonders wenn man ihre roten, verbrannten, glühenden Hände und Füße und die geschwollenen Venen mitsieht, doppeldeutige Allegorien, Allegorien der Einsamkeit (die glühenden Hände und Wundmale) und Allegorien der Leere – Toten werden, um sie haltbar zu machen, die Eingeweide entfernt, noch heute werden ihnen Augen und Münder geschlossen. Das Ich befindet sich in einer Doppelbewegung, es treibt vorwärts und auseinander. Das Ich, immer schon gespalten zwischen einem seienden und einem davoneilenden Ich, ausgefällt in den Prozessen der Optionierung und der Entobligationierung, rudernd in einer Lawine, die endlos durch die Welten donnert, wird abgeschliffen und modelliert sich selber zu. *Thank you, Thighmaster* zeigt Allegorien verlorener, selbstverlorener aber hermetisch-missiler Geschöpfe, deren Aufgabe die Selbstpräsentation und -repräsentation ist.[22] Ihre Lehre ist die Lehre der Hermetik.

An Allegorien dieser Art erinnert sich nicht nur der Gläubige, dem die Engel, diese geschlechtslosen, überirdischen Wesen in weißen Gewändern und mit Flügeln, wären sie entkleidet, sich wohl so darstellen würden. Mit Engeln, geflügelten Wesen, spielen seit Nike, der griechischen Siegesgöttin, die Jahrhunderte und die Automobilhersteller.[23] Der oder die Engel (problemlos lassen sich männliche und weibliche Form gebrauchen) sind TrägerInnen von Botschaften. In jedem zehnten Popsong der letzten dreißig Jahre kommen Engel vor: »No-one on earth could feel like this, I'm thrown and overblown with bliss, there must be an angel playing with my heart. I walk into an empty room, and suddenly my heart goes ›Boom‹! It's an orchestra of angels and they're playing with my heart. And when I think that I'm alone, it seems as if there's more of us at home. It's a multitude of angels and they're playing with my heart.« (Annie Lennox/David A. Stewart); und ein Poster von Mouse und Kelly aus den achtziger Jahren für die Gruppe »Led Zeppelin« zeigt einen blauen (!) rot-geflügelten, aber hermetisch geschlossenen Engel.

Wie erinnerlich, ist der Begriff *Engel* von der griechischen Übersetzung des hebräischen *mal'ach* hergeleitet, was ursprünglich *Schattenseite Gottes* bedeutete und später die Bedeutung *Bote* erhielt. Der Engel ist eine Funktion, kein Wesen, und genauso sind *Kim* und *Joan* aus der Serie *Thank you Thighmaster* Funktionen von Vorstellungen. Und genau so sind die »unhintergehbaren« Subjekte Funktionen eines sich dahinwälzenden und selbstorganisierenden Systems. Wie die Bedeutung der Engel nicht darin liegt, was sie sind, sondern was sie tun, liegt die Bedeutung der Körper von Inez van Lamsweerde nicht darin, was sie sind, sondern was mit ihnen getan worden ist. Engel sind mobile, zwischen Erde und Himmel, Wasser und Luft schwirrende Zwischenwesen, verkünden himmlische Botschaften, preisen den Allmächtigen und erneuern sich im Dunkeln. *Kim* und *Joan* versinnbildlichen irdische Botschaften und preisen die Raketen. Die neue Generation von Models ist härter und androider und gleichzeitig unschuldiger. *Guinevere van Seenus, Stella Tennant, Sid Vicions, Trish Goff, Kirsty Hume* – Kunstgestalten, unbefleckte Jungfrauen, deren Martyrium Laufsteg und Studio sind. *Felicitas, Perpetua, St. Appolonia,* die hl. *Ursula* oder aber *Judith* und *Lukretia* setzen sie sich fort in den gemarterten und umgebauten Körpern und Gesichtern der Models?[24] Kein Zufall, daß über der Ausstellung der Photographin in einer Vitrine ein aufgeschlagenes Modeheft liegt, das zwei Models zeigt, die im Sportdress auf Fahrrädern sitzen und an einem Eis in Raketenform lutschen, während im Hintergrund ein *Space Shuttle* abhebt. Der *Space Shuttle,* so archaisch es in seinem Inneren aussieht, so hermetisch geschlossen präsentiert er sich von außen. Engel sind Botschafter der Zukunft, und dafür sind sie gerüstet. Was dem Benjaminschen Engel der Geschichte passiert, der verweilen möchte, in dessen Flügeln sich aber ein Sturm verfängt, so stark, daß der Engel sie nicht mehr schließen kann, und so, daß der Sturm ihn unaufhaltsam in die Zukunft treibt, der er den Rücken kehrt, während der Trümmerhaufen vor ihm zum Himmel wächst, das passiert dem modernen Engel nicht.

Der Benjaminsche Engel hat die Eigenschaften eines Schmetterlings; er ist weich, flauschig, bebend, kräftigen Stürmen hilflos ausgeliefert. Er stützt sein Kinn, wenn es nicht stürmt, in die Hand und denkt. Der moderne Engel ist geschmeidig, elastisch, zäh und widerstandsfähig. Er hat die Eigenschaften des Erzengels. Derzeit mutiert er zwar vom T-800 zum T-1000. Von den sieben Erzengeln der jüdischen und christlichen Überlieferung bzw. den vier des Koran soll jener mit dem Namen *Michael* in einer einzigen Nacht allein 185 000 Mann der Armee des assyrischen Königs *Sanherib* ausgelöscht haben, der im 7. Jahrhundert v. Chr. Jerusalem bedrohte. *Michael* ist es, der die Engel der Finsternis bekämpft und herabsteigt, den Schlüssel zum Abgrund und eine große Kette in der Hand, mit der er den satanischen Drachen auf tausend Jahre binden wird. In der nachexilisch-apokalyptischen Zeit vermehren sich Engel, und die Engelvorstellung gewinnt an Kraft. Gott und Welt rücken weit auseinander, es bedarf der Vermittlung zwischen dem *Deus absconditus* und dem Menschen – auch der Vollstreckung seines Willens, so, wenn er, wie das Francesco Martini Traini im *Campo Santo* von Pisa zugeschriebene Fresco *Der Triumph des Todes*, als furchterregende und mit dem wehenden Haar gleichzeitig magisch geheimnisvoll anziehende, Flügel und Sense schwingende Gestalt dargestellt wird. Es ist nicht weit von hier zur Vermählung von *Eros* und *Thanatos*, die im Barockzeitalter beginnt, in der Nekrophilie ihre Verirrung und im Model seine Verkörperung findet. Was künden die durch ihre Versiegelung merkwürdig *clean* und *androgyn* wirkenden Engel van Lamsweerdes? Was ist die Mission des Models, das geschmeidig den Laufsteg beschreitet?

2. Statt Ewigkeit Unendlichkeit

Ewigkeit ist in den Weltschöpfungslehren der Zustand, der der Erschaffung der Welt vorausgeht und wiederkehrt nach dem Ende der Welt. Ewigkeit setzt Endlichkeit voraus und verhält sich zur Endlichkeit wie Leben und Tod. Der Tod ist Voraussetzung ewigen Lebens. Die Ewigkeit überläßt uns das Heute wie den Himmel den

Spatzen, aber nicht den Gedanken einer Überwindung der Endlichkeit... Vielleicht verbirgt sich hinter dem Leben wie dem Klonen eines erwachsenen Schafes Furcht vor der Endlichkeit. Aber ersetzt wird die im Durchgang durch den Tod erreichte Ewigkeit durch eine Idee der irdischen Unendlichkeit, einer endlosen, von menschlicher Erfinderhand vorwärtsgetriebenen Geschichte. Schon die Idee der Endlichkeit der Geschichte hat Jahrtausende des Leidens an gähnender Endlosigkeit gebraucht, um sich durchzusetzen. Die Erlösung von einem Dasein, in das wir uns nicht hineingestoßen haben, in eine leidvolle Welt, die sich den irdischen Verbesserungsbemühungen entgegensperrt, die im christlichen Heilsgeschehen entgegengesehen werden darf, ist nicht nur tröstlich für das irdische Herumtaumeln, sondern erfreut und ließ und läßt heute noch die wahren Gläubigen eine beinahe nachlässige Haltung gegenüber dem Tod, dem fremden wie dem eigenen, einnehmen; Unsterblichkeit ist nur durch Sterben erreichbar.

Der Tod, das *unvorstellbar Andere* des Seins, das sich der Kommunikation entzieht, wie Zygmunt Bauman meint,[1] leuchtet als Tor zu einer Passage, die man durchschreitet, die man alsbald, angesichts der Helligkeit des Himmels oder des Feuers der Hölle, hinter sich läßt, die im Schatten versinkt, sowenig Angst mehr macht wie die Geisterbahnen auf der Kirmes, in denen Skelette und andere Unwesen hausen, die beim Passieren aus der Wand hervorschnellen und alsbald matt in ihre Spalten zurückfallen. Die christliche Kultur hat sich bemüht, den Tod in dieser Weise zu zähmen. Todesvergessenheit gebiert Daseinsvergessenheit; so kehrt der in die Gegenwart verdrängte Tod in verwilderter Form wieder als Maske in der Fasnacht, als Totenkopf auf dem Hamlet-Plakat an Zürichs belebten Plätzen. Der moderne Mensch spielt mit dem Tod herum; amerikanische Psychologen raten, den Kindern künstliche Exkremente zu geben, damit sie durchs Spielen nicht zu Koprophilen würden,[2] im Kasperletheater mit dem Tod will man die Todesfurcht beherrschen lernen. Die Möglichkeit, den Tod zu überleben, gerade durch ihn ewiges Leben zu erlangen, ihm dadurch mit Gelassenheit, wenn nicht mit Freude entgegenzusehen, ihn sogar zu verhöhnen, hat heute einer endlosen Verneinung, einer endlosen Erwartung und der Hoffnung, technisch irgendwann irdisch zu überleben, Platz gemacht.

Die Ersetzung der Idee der Endlichkeit der Geschichte durch eine unendliche Erwartung und die Substitution der Sinnhaftigkeit des Todes durch seine endlose Bekämpfung und Verneinung ist endlos variierbar. Während es bei Epikur hieß »Wo er sein wird, werde ich nicht sein; wo ich bin, ist er nicht«, heißt es dem zukunfts- und fortschrittsbeseelten Menschen »Wo ich nicht, noch nicht bin, bin ich am liebsten.« Damit ist keineswegs der Tod oder das Leben nach dem Tod gemeint, sondern die irdischen Verheißungen einer leuchtenden Zukunft, die es unter Anspannung aller Kräfte zu erreichen gilt. Während der Tod als Fanal des Durchgangs getilgt und in der Feuerbestattung (»das beste Verfahren, sich vollständig und endgültig des Leichnams zu entledigen«[3]), rückstandslos ausgemerzt wird (wie wenn man mit dem Toten den Tod verbrennen möchte), wurden die Gesunderhaltung des Körpers und seine Bearbeitung und Stählung zu einer endlosen Aufgabe, die gleichbedeutend ist mit der endlosen Bekämpfung des Todes. Insofern sich die Idee des endlosen Fortschrittes durchzusetzen beginnt, wird die Ewigkeit, das paradoxe Ende jeder Geschichte, eine Art stationärer, vollkommener, *glückgefrorener* Zustand, ersetzt durch die Unendlichkeit, transformiert sich die Geschichte in eine unendliche Geschichte des Fortschrittes, wird aus der gähnenden und zermürbenden Endlosigkeit, die durch die Setzung eines Endes erlöst wird, und jeder einzelne Mensch in ihr, eine gleichzeitig lockende und anspornende Unendlichkeit. Die Welt wird zur Welt der unbegrenzten Möglichkeiten, zur Multioptionsgesellschaft, der Mensch zum Möglichkeitssucher oder – war es Helmuth Plessner, der den Ausdruck geprägt hat – zum Möglichkeitstier. Als solches sitzt er tagtäglich im Wipfel, im Ausguck und giert und späht nach Möglichkeiten, um der Endlichkeit zu entkommen.

Die Möglichkeiten sind wie davoneilende Diebe, die uns den Verstand rauben, die – könnte man der Auferstehungsgeschichte folgend sagen – das Grab geplündert haben, aus dem der möglichkeitsversprechende Gott, der Messias, der im Alten Testament versprochene Heilskönig, geraubt wurde und an dessen Stelle, und mit ihm nun unablässig, neue, verheißungsvolle Möglichkeiten, seiner habhaft zu werden, auftauchen. Wäre der Messias nicht entkommen, hätte Judas Thomas, der Zweifler unter den Jüngern, einlösen können, was er in einer modernen Übersetzung so ausdrückt: »Den Auferstandenen will ich annageln, die Nägel ihm in die Wundmale schlagen, meinem Messias, daß er mir nicht mehr entkommt und daß seine Worte im angenagelten Körper noch zum Zuspätgekommenen sprechen. Haltet ihn, daß mir Eure Phantasien erspart bleiben, haltet mir den, der mir die Zweifel zermalmt, zugleich mit dem Zweifler, die Phantasien zerbirst uns Phantasten, daß ein neuer Mensch aus uns würde, vor ihm zu Boden geschlagen, unfähig, ihm in die Augen zu sehen. Der neue Mensch aber, unten am Boden, soll mit eigenen Augen noch rot die eigenen Hände sehen. Beweisrot soll er sie sehen, seine Hände. Herkunftsrot jeden Finger, der eben noch stak in den Kesseln der Wunden. Haltet ihn also, wenn er wirklich auferstanden sein soll, daß ich die Finger mir färbe an ihm, ihn an uns nagle, daß er uns nie mehr verläßt.«[4] Aber er hat uns verlassen, ist auferstanden oder wurde gestohlen, nie mehr ist er unter uns aufgetaucht, wir haben ihn verloren.

Das leere Grab bietet Generationen von Gläubigen Platz für Spekulationen, Hoffnungen, Visionen, die sich an den entflohenen oder auferstandenen Christus heften, ihm folgend mit Engeln verkehren, wie Theresa von Avila, um endlich sich mit niemand Geringeren zu begnügen als mit ihm, dem entflohenen Gott, und nach ihm zu verlangen. Nachdem der Himmel im Jenseits gestrichen, die Auferstehung Christi verlorengegangen und das Jenseits im Diesseits gefunden werden muß, treten an die Stelle des jenseitigen Himmels Träume und zeitgemäße Formen der *Levitation*.

Der Flugreisende in Marc Augés schmalem Band über Orte und Nicht-Orte setzt sich, nachdem der Hinweis *Fasten seat belt* erloschen ist, die Kopfhörer auf, wählt Kanal 5 und läßt sich, während er über das Mittelmeer, das Rote Meer und den Golf von Bengalen gleitet, vom Adagio des Konzertes Nr. 1 in C-Dur von Joseph Haydn forttragen.[5] Sich Tragen im Tragen-Lassen. Die Erfahrung von Nicht-Orten ist heute, wie Augé es merkwürdig altmodisch ausdrückt, »ein wesentlicher Bestandteil sozialer Existenz«.[6] Ein wesentlicher Teil der Umgebung besteht aus Nicht-Orten, die Übermoderne, die nach Augé durch drei Figuren des Übermaßes bestimmt ist: die Überfülle der Ereignisse, die Überfülle des Raumes und die Individualisierung der Referenzen finden ihren vollkommensten Ausdruck auf natürliche Weise in den Nicht-Orten.[7] Nicht-Orte sind die Unterwanderung der örtlichen Gegebenheiten, Sprachen, Austauschformen, Rituale durch universelle Formen, die Kontaminierung ortsgebundener Sprachen durch universelle Vokabularien; Orte und Nicht-Orte verhalten sich zueinander wie die »Worte und die Begriffe, mit denen sie beschrieben werden können«, aber es lassen sich auch die Realitäten des Transits den Realitäten der festen Wohnung entgegensetzen, eine endlose Folge von Kennzeichnungen und Beispielen, von Erlebnissen und Beschreibungen von Erlebnissen, denen etwas gemeinsam ist, was man als das Gegenteil von *stationär*, von *fest* bezeichnen könnte.

Nicht-Orte sind Durchgänge, Transitorien von universeller Natur, darum überall kenntlich, vertraut: Autobahnen, Tankstellen, Einkaufszentren, Hotelketten und die entsprechenden, wiederum universellen Hinweistafeln auf Autobahnen, Tankstellen, Einkaufszentren, Hotelketten und mit den entsprechenden Führern zu den Autobahnen, Tankstellen, Einkaufszentren und Hotelketten. Für den Fremden, der ein ihm fremdes Land bereist, ist das fremde Territorium, sind die Orte übersät mit Nicht-Orten, mit Hinweistafeln zu Nicht-Orten, die sich manchmal wie Warnungen vor Orten ausnehmen. Bis zu einem gewissen Grad sind diese Nicht-Orte identisch mit den Transitbauten und -orten, den Durchgangslagern, Schleusen, Kreuzungen, wo sich die Hinweise zu irgendwelchen Auf- und Ausgängen häufen. Nicht-Orte verlangen oder erzeugen einen universellen Menschenschlag, den Kunden, den Reisenden, den Nutzer, den *Passagier*. In einer Art, wie Augé schreibt, »gewaltigen Parenthese« nehmen die Nicht-Orte eine ständig wachsende Zahl von Individuen auf,[8] die unverzüglich sich in Passagiere oder in Wartende verwandeln, gleichzeitig aber auch eine Verwandlung oder Verpuppung durchlaufen, eine Art internationale Identität gewinnen, als Wartende, Reisende, Welteinheimische. Es erfolgt die sukzessive Mutation des alten Ortsbürgers und Ortseinheimischen in einen Raumfahrer, besser einen *hesthenischen Hybrid*.[9] Der Einheimische von gestern wird zum Fremden von morgen, der Fremde von gestern zum Welteinheimischen.[10]

3. Galaktische Pilger

Nicht-Orte sind unübersehbar zum Maß von Politik und Macht geworden. Macht bemißt sich nicht mehr an Regierungsgebäuden, Rathäusern, Festungen und der Dicke ihrer Mauern, sondern an Flughäfen, Bahnhöfen, Verkehrsknotenpunkten und -verteilern und an erzielbaren Reichweiten und Reisekilometern. Politik ist, wenn die Grenzen verschwinden, *Außen*-Politik, Kommunikation, *Außen*-Kommunikation. Das Maß ist *Fuß*-Maß, die Sekretariate der Politiker verwalten Entfernungen. *Geschwindig-*

keit ist der Index unternehmerischer und gesellschaftlicher Fortentwicklung und Ausweis von Effizienz. Wie sich die Zunahme der Nicht-Orte quantifizieren ließe, indem man eine Summe bildete aus den Flugstrecken, den Bahnlinien und den Autobahnen und sie mit der Zahl der mobilen Behausungen, der Flugzeuge, Eisenbahnwagen, der Automobile und der betriebenen Verkehrsknotenpunkte, Bahnhöfe, Flughäfen multiplizierte, könnten die Länder, die Politik, ja die Politik insgesamt nach diesem Maßstab hierarchisiert... werden. Die Rückständigkeit von Politik rührt aus der Weigerung, sich dieses Maß zu eigen zu machen, zum Beispiel in bewegliche Weltgesellschaften oder internationale Organisationen einzutreten. Wie die Unternehmen der Zukunft grenzenlos, ortlos und virtuell sein wollen, Fetische, die sich temporär und aufgabenbezogen aktivieren lassen, und wie die wirtschaftliche Weltmacht der Zukunft nach Naisbitt virtuell ist (die Auslandschinesen)[1] und wie sich die Behausungen in Mobilheime und Wohncontainer hinein auflösen, in denen Betten auf Rollen und bewegliche Nomadenmöbel Trumpf sind und wo die (noch) mit Fundamenten erstellten Häuser mit Wintergärten und verglasten Balkonen wie reisefertig gemacht werden, wird die Zukunft der Politik in der ortlosen und damit von Bodentruppen unangreifbaren Weltpolitik sein. Einem kürzlichen Bericht zufolge leben Amerikaner vermehrt in entflügelten Rümpfen von Flugzeugen. Kleine Länder, wie das Fürstentum Liechtenstein oder die Schweiz, werden ihre Kleinheit durch hohe Beweglichkeit kompensieren. Eigentlich bewohnen sie gigantische *Terminals*.

Im 1942 verfaßten Buch *Land und Meer* hat Carl Schmitt die Überlegenheit der Seemächte gegenüber den Landmächten herausgestellt und die britische Weltmacht zurückgeführt auf deren Entscheidung, sich vom festen Land abzuwenden und sich auf die stürmische See zu wagen.[2] Der Kampf von Landmächten gegen Seemächte, ist er etwas anderes als Kampf von Orten gegen Nicht-Orte? Die modernen Kinder der See sind vertraut mit den modernsten Navigationsmitteln, mit Informationstechniken, deren Reichweite die Unterschiede von Land und See zudecken. Vielleicht sind sie nicht die wilden Abenteurer und Seeschäumer von gestern, die kühnen Ozeane durchstreifenden Walfänger und Segler. Die Walfänger, die Helden Schmitts, waren »wirkliche Jäger, keine bloßen Fänger und erst recht keine maschinellen Walschlächter«.[3] Sie folgten von der Nordsee oder der atlantischen

Küste aus ihrem Weg durch die ungeheuren Räume der Weltmeere mit Segelschiff und Ruderboot, und die Waffe, mit der sie den Kampf mit dem mächtigen und schlauen Seeriesen aufnahmen, war eine vom menschlichen Arm geschleuderte Harpune. Heute fahren große Schiffe, bis zu 30 000 Tonnen, mit elektrischen Maschinen, Kanonen, Granaten, Flugzeugen und Funkgeräten ausgerüstet, gleich schwimmenden Küchen, in das Eismeer am Südpol. Sloterdijk unterscheidet am Leitbild der Schiffahrts-Metaphorik drei Stadien unserer Gattungsgeschichte. Die erste Periode wäre unter dem »Symbol von Flößen darzustellen, auf denen kleine Menschengruppen durch riesenhafte Zeiträume driften; die zweite als Weltalter der Küstenschiffahrt mit Staats-Galeeren und Herrschaftsfregatten, aufgebrochen zu riskanten Fernzielen anhand einer Vision von Größe, die in der Heiligen Ordnung der Männer psychisch verankert ist; und die dritte als Ära der Super-Fähren, die, fast unlenkbar vor Riesenhaftigkeit, durch ein Meer von Ertrinkenden hindurchziehen, mit tragischen Turbulenzen an den Schiffswänden und beklommenen Konferenzen an Bord über die Kunst des Möglichen«.[4]

Die *vierte* Periode, könnte man hinzufügen, ist die Periode der *physisch leeren Virtualität*, der in Netzwerken flüsternden Kulturen. In der nautischen Metaphorik repräsentiert das Meer Unberechenbarkeit, Gesetzlosigkeit und Orientierungswidrigkeit: es ist der Inbegriff für die Sphäre der für den Menschen unverfügbaren Willkür der Gewalten. Die Seefahrt wird, so Blumenberg, zur »fast natürlichen« Dauerbefindlichkeit des Lebens[5] und das Schiff (»Und ein Schiff wird kommen«), Foucault zufolge, das größte »Imaginationsarsenal der Neuzeit«, die *Heterotopie* schlechthin![6] Selbst die kommunikative Vernunft wird zur »schwankenden Schale« und bewältigt Kontingenzen durch »Erzittern auf hoher See«.[7] Die der Nautik folgende *Aviatik*, die Luftfahrt, ist paradoxerweise den Naturgewalten, indem sie sich mit ihren Flugzeugen in die Luft erhebt, weniger ausgeliefert.[8] Die Loslösung von der Erde und die eigenmächtige Erhebung über sie bezeichnen den Beginn einer neuen Metaphorik; mit dem um die Jahrhundertwende beginnenden Fliegen setzt sich eine Art Angelismus durch, die durch die heute auch schon wieder alltäglich gewordene Raumfahrt ihres ursprünglichen Zaubers beraubt wurde. Die Ablösung des *tellurischen* durch das *planetarische* Bewußtsein wird fortgeführt durch die neue *Hyperhorden* und eine neue *Hyperpolitik* generierenden *Cyberwelten*, denen sich mit der Schiffsmetapher nicht mehr beikommen läßt. Die Hyperhorden sind im *Überall*, sie sind ortlos, es verbindet sie die Kommunikationstechnik. Die Supertanker sind auf Grund gelaufen, sind ausgeflossen, strömen als traktale, aber zusammengeschlossene informationstechnische Netzwerke nicht auf Weltmeeren sondern im Äther.

Die Hyperpolitik hat den Modus des Überalls anzunehmen. Die Raumbegriffe und mit ihnen die alten Gegensätze von Land und Meer verblassen. »Was wir über unsere Gesellschaft, ja über die Welt, in der wir leben, wissen, wissen wir durch die Massenmedien.«[9] Die Weltgesellschaft wird konstituiert durch die Massenmedien – denn kein einziges Leben würde ausreichen, all das zu sehen, was wir an einem Tag im Fernsehen sehen und in der Tageszeitung lesen. Infolge eines ungeheuren Konzentrationsprozesses, der »sowohl Völkermorde als auch Assimilationen« umfaßt, ist die vor dem Informationszeitalter auf eine halbe Million geschätzte Anzahl von Horden, Dorfgemeinschaften und Häuptlingsherrschaften bis 500 nach Christus auf die Hälfte und im 20. Jahrhundert auf rund zweihundert Einheiten zusammengeschrumpft.[10] Nun schrumpft sie weiter, nun sind die letzten Konzentrationsprozesse im Gange, die aus den in der weltgeschichtlichen Rallye verbliebenen Nationen eine Weltgesellschaft machen. Weltpolitik führt die Sonderpolitik mittels der Verkehrssysteme zusammen, die Beschlüsse werden in Echtzeit über die Informationssysteme diffundiert und kommuniziert, und das Selbst wird der Geschwindigkeit angepaßt und kann die neuen Räume nur in der Mutation zum Flugwesen durchmessen. »Zwischen dem Astronauten und dem einfachen Skater und Surfer«, so Claudia Schmölders, »breitet sich ein riesiges Arsenal von Bewegungsabläufen gegen die Schwerkraft aus«.[11]

Wer von diesen Zentren aufbricht, in welcher Richtung immer, befindet sich in der merkwürdigen Lage eines Wanderers oder Läufers oder Fahrers oder eines Fluggeschöpfes, das angesichts der Kugelerde weiß, daß mit jedem Schritt, mit jedem Kilometer, mit jeder Meile, mit jeder Flugstrecke, die man sich vom Zentrum entfernt, diesem sich gleichzeitig nähert, und zwar um genau die gleiche Distanz: »Du fährst und fährst, und im selben Maße, wie du dich von dem Punkt, den du soeben passiert hast, entfernst, näherst du dich ihm. Einen Anfang gibt es nicht, und ein Ende ist nicht abzusehen.«[12] Oder du fliegst und fliegst, und mit den schnelleren Flugapparaten könnte es bald sein, daß du eingeschlafen vom gleichmäßigen Sirren der Düsentriebwerke, deren Vibrationen einschläfern, den vor den Luken vorbeigleitenden Film begleitet – »dann und wann ein leichtes Rütteln, ein kaum merkliches Slippen, Flattern an den Flügelenden«[13] – wenn du aufwachst, das Zentrum, das du eben verlassen, von der anderen Seite her anfliegst und landest, wo du zugestiegen bist.

Die Anziehungskraft der Transiträume ist quasireligiös. Nicht-Orte sind Bindeglieder zwischen Diesseits und Jenseits, zeitgemäß zwischen Diesseits und einem Jenseits im Diesseits. An Wochenenden sind die Plätze der Bahnhöfe und S-Bahnhöfe in der Schweiz und in Deutschland »schwarz von Menschen«.[14] Die Flugplätze der Dritten Welt sind immer *schwarz* von Menschen. Während wir es in der Dritten Welt mit Gläubigen zu tun haben, mit Pilgern, die durch ein Meer von Elend das gelobte Land erreichen wollen, und sei es in der Radkappe einer Transportmaschine, handelt es sich hierzulande um deren postmoderne Aberrationen.

Gleichwohl erschöpft sich weder die Moderne noch die Nachmoderne in der Figur des Pilgers. Die genannten Figuren haben allesamt Mobilität, Regsamkeit, Beweglichkeit, eine Art ornithoiden Umbau hinter sich.[15] Nachdem die Postmoderne selber eine Episode geworden und die alte Moderne erneut aufs Tempo drückt und die gängigen Figuren der Produzenten und Konzernsoldaten wieder in die Startlöcher eilen, wartet er vornübergebeugt in den Startpflöcken, konzentriert in sich versunken. Diese Figur, die die kinetische Energie, welche die Produzenten und Soldaten der Moderne in kreative oder destruktive Arbeit umgesetzt haben, wendet die Energie nach innen. Man erinnert sich Jeff Koons *Michael Jackson and Bubbles* (1988), Inez van Lamsweerdes *Well basically*, Christoph Kutners *Claudia Mason* und *Patrizia*, überhaupt all der humanoiden Schaufensterpuppen, der Cyberborgs und Models, die weder flanieren, noch vagabundieren, die keine Touristen sind und keine Spieler, die mit diesen kleinbürgerlichen Streunern nichts zu tun haben.[16]

Das Übermaß an Raum bildet, Marc Augé zufolge, das Korrelat zur Verkleinerung und Schließung des Planeten. Der Wechsel der Größenordnungen erfolgt durch den Ausgriff in die Galaxis, durch den unser Planet auf einen winzigen Punkt zusammenschrumpft, und durch die Schnelligkeit der Verkehrsmittel wie auch durch die Gleichzeitigkeit der Weltereignisse, wie sie tagtäglich die Nachrichten demonstrieren. Dies führt zu einer Vermehrung von Orten, in denen nicht mehr lokale Kulturen gedeihen, sondern sich globale Prozesse und die sie tragenden Infrastrukturen kreuzen. Zu den Nicht-Orten zählen nicht nur die für den beschleunigten Verkehr von Personen und Gütern erforderlichen Einrichtungen (Schnellstraßen, Autobahnkreuze, Flughäfen), sondern ebenso die Verkehrsmittel selbst, die großen Einkaufszentren, die Durchgangslager, die Autobahnraststätten.[17] »Wie schön, nachts über die Autobahnen zu fahren und unten leuchtet es aus den Lokalen« (Elfriede Jelinek). Dieser Wechsel der Größenordnungen und die Verwandlung von Orten in Räume, von Räumen in Terminals und von Terminals in schwimmende und fahrende Behausungen hat heute eine neue, folgenreiche Qualität dadurch erreicht, daß die Bewegungen im Raum selbst simuliert und ersetzt werden und virtuelle Welten und Bewegungen die realen nicht nur konkurrenzieren, sondern sich mit ihnen mischen und diese simulieren.

Die Moderne, durch die Figur des Übermaßes, die Überfülle der Ereignisse, die Überfülle des Raumes und die Individualisierung der Referenzen gekennzeichnet, legt sich wie ein leichter Firniß über alles, was war und ist. Die Umformung von Orten in Räume und deren Anfüllung mit Nicht-Orten, mit Durchgangsstationen, erfolgt durch die Entkoppelung, Lösung und Mobilisierung von Bauten vom Boden und der Erfindung von bewohnbaren Fahrzeugen, Schiffen, Maschinen. Die Weltraumstationen sind die vielleicht letzten Wunderwerke (ähnlich den mechanischen Uhren) eines Zeitalters, das vom virtuellen, vom Zeitalter der Simulation überholt wird. Wohl kommen die Architekten nicht los vom Bild des Schiffes, des Ozeandampfers, des Luxusliners,[18] und die Immobilie zeigt immer häufiger Signaturen der Mobilität. Der Ozeanriese, eingeprägt im Kinderkopf; großformatige Kinderbücher mit Faltblättern; die *Queen Elizabeth* und die *Queen Mary*, gigantische Maschinen, die, von Passagieren besetzt, Länder der Verheißungen als schwimmende Massenwohnung ansteuern, Sinnbilder der dritten, der Ichmoderne sind indessen Minimalisierungen, Minimobile.

Angesichts des Ausgriffs in den Weltraum und angesichts des tagtäglich in den Wetterprognosen und Nachrichten schon den Kindern antrainierten Satellitenblicks fühlt man sich als Passagier in der unendlichen Galaxis; die Erde wird zum gigantischen, im Vergleich zu anderen Himmelskörpern indessen wieder winzigen

Raumschiff. Die Umsetzung von Dampferformen in der Architektur beginnt erst nach dem Ersten Weltkrieg; insbesondere die klassische Moderne zwischen 1923 und 1933 bedient sich der Dampferformen, in den Monumentalbauten des Faschismus, gerade um den Eindruck der Bewegung, der Mission, des Unterwegs ins Gigantische zu steigern. Architektur ist immer auch Zeichen für etwas; in sie und ihre Formenwelt wird eingeschrieben, was die Zeit beschäftigt. Der Ozeanriese ist, wie die *Villa Savoye* von Le Corbusier, ein Sinnbild für eine fortschrittsbewegte und fortschrittsbeseelte Zeit, die aufbricht, sich unterwegs befindet, zu einem fernen Ziel. Das Schiff läßt sich bezeichnenderweise im christlichen Futurismus zuerst beobachten: als Kirchenschiff. Schon im Frühchristentum treten die Basiliken in Konstantinopel und in Mailand, Ravenna und anderen Orten als fünfschiffige Bauten auf, in denen liturgische Handlungen stattfanden, die wieder streng auf jenen Nicht-Ort im Jenseits ausgerichtet waren, der heute zum leeren und strahlenden Himmel auf Erden geworden ist. Im zyprischen Salamis und im afrikanischen Karthago entstehen am Ende des 4. Jahrhunderts sieben-, in Damus el-Karita, einem Vorort von Karthago, sogar neunschiffige Bauten. Das auf die Romanik zurückgehende Querschiff erleichtert die Prozessionen und Umgänge der Pilger, die durch den wachsenden Reliquienkult an Zahl zunehmen. In der Gotik werden durch die Erfindung des Kreuzrippengewölbes mit Hochfenstern und Strebebogen die kompakten Anlagen zu schwerelosen, nach oben strebenden, wie an Schnüren vertäuten Ballonen, zu im Irdischen verankerten startklaren Raumschiffen. Eine unbefangene Betrachtung der Bauten der Gebrüder Wesnin (Leningradskaja Prawda, Moskau, 1923) oder Stirlings (Ingenieurfakultät Leicester, 1959), Jean Nouvels (CLM-BBDO, Issy-les-Moulineaux, 1988-1992) oder Fosters Flughafen (Standsted, London, 1991) oder Coop Himmelb(l)aus Forschungszentrum (Seibersdorf, 1995) oder Zaha Hadids Feuerwehrhaus (Weil am Rhein, 1994) erweckt ähnliche Eindrücke: eine technoide Ästhetik, überlagert durch heilsgeschichtliche Zeichen; gestählte Raumkörper, schwebend, nach oben strebend, knapp vor dem Abheben, *fetischartig* verschnürt, durch Glas und Stahl Inneres entbergend und die Menschen in Passagiere verwandelnd.

Die Weltkugel, der Planet, wie ein Riesenfetisch eingehüllt, mit zartem Tüll gefesselt, ein Ersatzkörper, *gepierct*, tätowiert, ein riesiges, pulsierendes Gebilde, eingezwängt in ein Korsett aus Stahl.

Die Nicht-Orte nehmen darüber hinaus ein wachsendes Maß von Personen auf, nicht nur von solchen, die sich zwischen Eingang und Ausgang in Passagiere verwandeln müssen, weil sie ferne Länder oder nahe Dörfer erreichen müssen, oder weil CIAM-Stadt und CIAM-Funktionalismus mit der proklamierten Entflechtung von Wohn-, Business-, Arbeits- und Freizeitfunktionen durchsetzten, sondern weil sie Passagiere sein *wollen*.

Der ideale Flughafen steht, so eine geläufige Vorstellung, ». . . mitten in einer riesigen unbevölkerten Ebene, aber dennoch in unmittelbarer Nähe eines attraktiven Wirtschafts- und Bevölkerungszentrums. Er ist vierundzwanzig Stunden pro Tag geöffnet, hat mehrere parallele Pisten, die ausnahmslos mit den für die Blindlandung erforderlichen Einrichtungen ausgestattet sind, verfügt über ein dichtes Netz von Rollwegen und eine große Parkfläche, wobei alle Flugzeug-Abstellplätze mit Passagierbrücken und sämtlichen wünschbaren technischen Anschlüssen ausgestattet sind. Jede Fluggesellschaft ist frei, ihre Maschinen selbst abzufertigen und ihre Gäste in eigenen Terminals oder Docks zu empfangen. Die Flugsicherung ist effizient, Verkehrsbeschränkungen existieren nicht. Für die Passagiere sind die Marschwege kurz, die Abfertigungs- und Zollschalter zahlreich, die Warteräume groß und hell, die Einkaufsmöglichkeiten vielfältig...«[19] Je tiefer man sich hineindenkt, um so mehr kommt es einem vor, als handle es sich um etwas, was alle schon haben. Die Durchschnittswohnung ist, genau gesehen, bereits ein *Terminal*, die Küche ein einziges, das Wohnzimmer ein partielles *Cockpit*; vierundzwanzig Stunden am Tag geöffnet, verfügt es über Maschinen, die rund-um-die-Uhr laufen, ist mit allen wünschbaren technischen Anschlüssen ausgestattet und ermöglicht es, beliebig Gäste zu empfangen und Passagiere abzufertigen. Der Mega-Flughafen des Aviatik-Journalisten ist nicht leicht zu erreichen, auch wenn er, wenn man einmal dort ist, mit einem dichten Netz von Rollwegen, technischen Anschlüssen, Terminals und Schaltern ausgerüstet ist.

Der *Living-tomorrow*-Komplex ist eigentlich kein Haus mehr, sondern in jeder Beziehung eine transitorische Einheit, eine Start- und Landeeinrichtung mit allen wünschbaren technischen Anschlüssen; mit computergesteuerten Temperaturreglern, High-Tech-Bad mit Multi-TV-Gerät, Fernsteuerung für das Badewasser und der eingebauten Strahlmassage, computergestützten Waschbecken und beheizten Spiegeln (damit sie nicht anlaufen), die

High-Tech-Küche der Zukunft verfügt über das touch screen für den Computer, der Bestellungen erledigt, Menüvorschläge ausarbeitet, Kalorien der einzelnen Mahlzeiten hochrechnet, Kosten berechnet und Sonderangebote in seine Dispositionen einbezieht. Die Arbeitsfläche ist stufenlos verstellbar, sie verstellt sich automatisch nach Maßgabe der Augenhöhe; vom Kommandostand lassen sich alle Geräte steuern. Das ganze läuft auf das intelligente Haus hinaus, wie man die Vorstellung des *Electronic Cottage* von Alvin Toffler merkwürdigerweise übersetzt hat und wie sie von Bill Gates im neuen Anwesen am *Lake Washington* bei Seattle in einer infantilen Form realisiert wurde. »Wenn Sie die Empfangshalle betreten, befinden sich zu Ihrer Rechten einige Glasschiebetüren, die sich auf eine Seeterrasse öffnen. In der Ostmauer werden 24 Bildschirme eingelassen sein, jeder mit einer 40-Zoll Bildröhre, vier Reihen übereinander mit sechs Monitoren. Diese Schirme werden so zusammengeschaltet sein, daß sie große Bilder für kulturelle, unterhaltsame oder berufliche Anlässe liefern... Mit handlichen Fernbedienungen können Sie Ihre unmittelbare Umgebung und das Unterhaltungssystem des Hauses steuern... Wenn Sie für die nahe Zukunft eine Reise nach Hongkong planen, fordern Sie den Bildschirm auf, Ihnen Bilder von der Stadt zu zeigen.«[20] Zielprojektion ist eine Art individueller Flughafen, in den man die ganze Welt über leistungsfähige Information-Highways in die eigenen vier Wände, die es ja noch gibt, hineinsaugt. Das Haus mutiert zu einem *Miniterminal*, das Wohnzimmer zur *Transit Lounge*, in der man nicht wegfliegt, sondern fliegt ohne zu fliegen. Überhaupt nicht überraschend nimmt in den Möbelprospekten und -katalogen der Anteil der beweglichen Stühle, Tische, Kommoden zu. Die Küchen verflüssigen sich, das Bett nimmt man und geht. Das Haus als Flugsimulator.

Daß Architektur sich ins Transitorische und Transparente und ins Fetischartige wandelt, daß den Einfamilienkuben, wie sie in den fünfziger und sechziger Jahren gebaut worden sind, nun Glasveranden angefügt werden, in denen sich die Bewohner der Wohnhöhle in Passagiere mit Ausguck verwandeln, folgt keinem Zwang, sondern einem Bedürfnis. Die wachsende Zahl von Individuen, die sich in ihrer Freizeit in Passagen, auf Straßen, auf Bahnhöfen und in Shopping-Zentren aufhalten, zeugt nicht von einer »Bewahrung des Bodenständigen«, wie es Augé merkwürdigerweise insinuiert, sondern manifestiert den dunklen Wunsch, *Passagier* zu sein. Man schätzt, daß derzeit etwa hunderttausend Menschen in New York bei Temperaturen unter Null als Dauerpassagiere auf der Straße leben. Das von Krzystof Wodiczko entworfene *Homeless Vehicle Projekt* zeigt ein Minimobil, inspiriert von den Einkaufswagen der Supermärkte, mit denen Nichtseßhafte schon häufig ihr Hab und Gut in den Städten herumschieben. Wodiczko, Leiter des Bostoner Medienlabors des Massachusetts Institute of Technologie (MIT), parodiert zwar die Initianten von Mobilheimen und modulartigen Containerbehausungen, zeigt indessen, wie die Heere freiwillig oder unfreiwillig Vagabundierender untergebracht werden können. Das von ihm und David Lurie entwickelte Gefährt »verfügt über große Abteile zum Lagern wiederverwertbarer Büchsen und Flaschen, die wegen ihres Pfandwerts gesammelt werden. Es kann auch als Schlafplatz dienen. Sein Verdeck ist durchsichtig, was den Schläfer davor schützen soll, mitsamt seinem Karren im Müllwagen zu landen (ein Schicksal, das von Obdachlosen, die oft zwischen Mülleimern auf der Straße übernachten, gefürchtet wird). Ein an einer langen Stange befestigter Wimpel soll die Sichtbarkeit im Verkehr erhöhen. Zudem verfügt das Gefährt über eine ausklappbare Sitzgelegenheit zum Ausruhen und über ein kleines herunterklappbares Waschbecken für die tägliche Hygiene. Es besteht auch die Möglichkeit, das Gefährt mit einer chemischen Toilette auszurüsten und mit Vorhängen zu versehen, um den Bewohner vor neugierigen Blicken zu schützen. Das Mobil wird über eine Steckdose am Fuß einer Straßenlampe mit Strom versorgt. Mit einem Blinklicht kann so nachts seine Position auf dem Trottoir signalisiert werden.«[21] Man kann, und vielleicht ist das Wodiczkos Intention, das Konzept der ortlosen Information einmal mit dieser Behausung komplettieren und sich ein Ende vorstellen, *wo die Ganzmenschheit in* solchen *Wohnmobilen auf endlosen Straßen vegetiert*. Bereits Realität sind Busreisende, deren Trips sich durch besondere Ortlosigkeit auszeichnen: An den Bus angehängte Wohn-Waben-Container dienen dazu, die Reisenden zum Schlafen zu verstauen, aufzubewahren, bis sie sich wieder ihrer Bestimmung als Passagiere hingeben.

In gewisser Weise erinnert es auch an die Mondfahrzeuge der Astronauten, überhaupt an die Kapseln im Weltraum mit äußerst primitivem Innenleben (man werfe einen Blick in den Sputnik). Die Welträume durchmessenden Astronauten sind die modernste Generation von Jägern (nach Daten) und Sammlern (von Weltraummüll); Weltobdachlose, die sich in einer merkwürdigen Weise mit den Obachlosen der Großstädte verschwistern. Im übrigen zeigt auch die Dokumenta X in einer unbeabsichtigten Häufung nomadische Architekturutopien, Wohncontainer, mobile Cocons, *Mobilis in mobili*. Von der *Executive Box* von Adam Page, einem zusammenfaltbaren Container mit Münztelefon, Klapptisch, Stühlen und Kaffeemaschine, über Dorothee Golz' aufblasbaren Hohlraum mit Stuhl und Lampe bis zu den schnuggeligen *Escape Vehicles* von Andrea Zittel prozessiert eine »merkwürdig eifrige Kunstwelt«[22] und schaut sich augenreibend selber an. Nicht nur mobile Vehikel, sondern generell die Nicht-Orte sind von einer geradezu dystopischen Anziehungskraft, die sich, wie Augé bemerkt, in den gewaltigen Stauungen auf der Autobahn, den Schwierigkeiten der Fluglotsen im überfüllten Luftraum zeigen. Nicht-Orte, die keineswegs besetzt werden, um sie zu Territorien zu machen und die Werte des Heimischen zu verteidigen, sondern gerade umgekehrt, um in ihnen zum Passagier zu werden. Diese zeitgemäße Utopie ist dem ursprünglichen Wortsinn von Utopie vielleicht sogar näher als den tradierten Paradiesen und Seligkeiten, etwa der von Augé verwendeten Vorstellung, dergemäß die Utopie etwas Rundes, Samtenes, Organisches mitbeinhaltet. Utopia ist, auch im Sinne des Romans von Thomas Morus, zunächst das Land, das nirgends ist, auch wenn es dann mit phantastischen Vorstellungen von einem Idealzustand gefüllt wird. Das Nirgendland ist weniger Ort denn Nicht-Ort. Vielleicht ist es nicht nur bequemer, sondern überzeugender, wenn man Nicht-Orte durch das ihnen innewohnende transitorische Moment kennzeichnet. Sie sind Röhren zwischen einem »Nicht mehr« und einem »Noch nicht«, Zwischenräume; etwas ist vorbei, etwas anderes noch nicht da. Wie wenn man sich in einer *Falte* der Geschichte befinden würde; der Rückblick auf das hinter dem Rand der Falte liegende Land ist genommen, der Ausblick auf das, was erwartet, verwehrt. Ein Jahrzehnt vor der eleganten Schrift von Marc Augé finden sich in einem Aufsatz von Micky Reman mit dem Titel *Aufenthalt in Transitonia* mit leichter Hand hingeworfene, vermutlich in Transitonien entstandene, eindringliche und dennoch genaue Beobachtungen und Selbstbeobachtungen.[23] *Transitonia* ist »kein Ort, sondern eine Unterbrechung zwischen zwei Orten«, die Psyche, die Transitpsyche läuft mit »hoher Geschwindigkeit ins Leere«.[24] Transitonia hat die Tendenz, sich auszudehnen; der Übergang wird zur schleichenden Konstante: »Auf den internationalen Flughäfen wuchert die neuentstandene Gesellschaft der Transitonier, die erste, wirkliche, erbarmungslose Form von Weltbürgertum.«[25]

Transitonia für Hängengebliebene, Wartende, Flüchtende, Verirrte: »Ein Land voller Niemands. Engländer, Nigerianer, Japaner, Deutsche nur dem Namen nach; einige und gleiche Brüder im gemeinsamen Vakuum«.[26] *Vakuum* – ein anderer Ausdruck für *Falte*, aber auch für Leere, für Reinheit, für Antiseptik, Plastik, Glas. Ein geschlossener Raum, der transparent ist, in dem man nicht weiß, wo das Innen aufhört und das Außen beginnt, ein Außenraum in umgekehrter Architektur oder ein Innenraum, der die Weite des Außens spiegelt und, wie ein fetischistisches Kleid, hier und dort eine Handbreit Inneres entbirgt. Der Ort, so noch einmal Marc Augé, ist eine symbolische Konstruktion, auf die sich all jene beziehen, denen sie einen Platz zuweist, so niedrig und bescheiden er auch sein mag. In Parenthese dazu ist der Nicht-Ort, der Transitraum, eine Konstruktion, auf die sich alle beziehen, ohne daß diese ihnen einen Platz zuweist; weder räumlich noch zeitlich. Any time – any place, die Matrix der Zukunft, die Zukunft, für die sich die Menschen herrichten.

4. Dressur des Fleisches

Der Raum ist die Negation des Ortes, der Passagier die Negation des Seßhaften. Der Raum will passiert werden, ist Durchgangsraum, er führt von einem lokalisierbaren Ort zum anderen. Nicht-Orte sind, könnte man sagen, bodenlose, verschiebbare *Raum*-Stationen, die Kreuzungen, Verzweigungen, Knotenpunkte oder Aufenthalts- und Erholungsräume markieren. Insofern die Orte zunehmend durch Räume und durch Nicht-Orte (und die überkommenen Gemeinschaften durch Zufallskreise) ersetzt werden, wird die Welt wie zu einem einzigen Durchgangsraum (und schließt sich für alte theologische Vorstellungen auf). Die Welt, die in der Aufklärung ihr Eigengewicht gewonnen hat und in der Kolonialisierung aufgeschlossen wird, beginnt sich, nachdem sie in ihrer Begrenzung erkannt wird, wieder zu schließen.[1] Sie transformiert sich in ein Transitorium. Die Zunahme des Transitorischen erfordert eine Zu- und Herrichtung der Menschen. Immer hat sich oder wurde der Mensch hergerichtet, für die Arbeit, für die Kirche, für die Hochzeit und für das Begräbnis. Nicht nur die alten Ägypter wußten, daß zur Unsterblichkeit die prunkvolle Herrichtung des menschlichen Körpers und dazu auch die absolute Sterilität gehören. Die Herrichtung von Toten hat für uns etwas merkwürdig Geheimnisvolles: der strahlende Lenin im Kreml; Evita, ein verschnürtes, in eine Weltumlaufbahn gebrachtes Paket; die Könige Dijöser und Chephren, in Kalk gehauene Astronauten aus dem 3. Jahrtausend vor Christus. Alle menschlichen Abbildungen und Nachbildungen haben diesen unterschwelligen Zusammenhang mit dem Tod.

Vielleicht kommt beim Tod der schönen Frau, wie das Elisabeth Bronfen nachzuweisen versucht,[2] noch anderes ins Spiel. Vielleicht ist dieser Grund und Fluchtpunkt patriarchalischer Kunst ein kulturelles Repräsentationssystem gesellschaftlicher Strukturen. Den Umschlag des besagten Buches ziert das Bild *Die Nachtmahr* von Johann Heinrich Füssli; Leichen werden durch die Praktiken, sie dauerhaft zu machen, zum Text. Jeder Text, auch die Photographie, ist eine Art Abtötung der Lebendigkeit, und jeder Text, jede Objektivation bis hin zu den fortschrittlichsten technischen Möglichkeiten hat diesen Preis. Die Gesellschaft verdoppelt sich mittels immer feinerer Repräsentationstechniken in eine lebendige und eine tote Welt und spiegelt in dieser Dualität auch die Oszillation zwischen Wirklichkeit und Möglichkeit. Diese Verdoppelung erfolgt in der Herrichtung des Körpers am Menschen selber. Jeder Mensch besteht aus zwei Menschen, wovon der echte im Himmel ist – dieser Glaube der *annulares* ist der Allerweltsglaube zu allen Zeiten und in allen Kulturen.[3] Mit einem bestimmten Teil, so Kundera in seinem Roman *Die Unsterblichkeit*, leben wir »außerhalb der Zeit«.[4] Die Herrichtung des Körpers, seine Verdoppelung in einen verängstigten, empirischen Verdauungskörper und einen mythologischen, künstlichen oder prostituierten Körper, der gleichsam über die sich angstvoll dehnenden Rippen gespannt wird, ist kulturinvariant *und* kulturspezifisch. Man vergleiche die Herrichtung von Marokkanerinnen für den Markt – die vollkommene Verhüllung – und jene für das von Roland Barthes ausgemachte Nachtlokal in Tanger, die vollkommene Enthüllung und gleichzeitige phatische Funktion von entpersonalisierten Körpern, das Nachtlokal als Ort »halber Anwesenheit«.[5]

Mit einem bestimmten Teil unseres Wesens also leben wir außerhalb der Zeit, und dieser Teil, der außerhalb der Zeit ist, ist verfügbar für die Einschreibung kultureller Träume und für die Abdichtung, Versiegelung und Immunisierung von Ängsten. Im Zeichen des Fortschritts und im Zeichen der strengen Zukunftsorientierung werden Orte in Räume übergeführt und diese mit Nicht-Orten versehen und wird der Körper dafür hergerichtet: ornithoid umgebaut, hybridisiert und *futuristisch mutiert*. Der Verweis auf die Zukunft ist ein unbarmherziges Instrument der Disziplinierung. Der Körper ist Ort und Raum, und für die Bewegung von Orten an Nicht-Orte und die Bewegung im Raum wird er dressiert. Seine Wiederentdeckung und Wiederkehr, über die atemlos und angstvoll geschrieben wird nach einer tausendjährigen Ära des Puritanismus, ist keineswegs nur, nicht einmal in der Hauptsache, eine sexuelle. Die Hervorhebung seiner Kontaktfunktion ist im Grunde eine Hervorhebung seiner Beweglichkeit, und für die Bewegung wird er in unserer fortschrittsekstatischen Zeit hergerichtet und in den futuristischen Träumen ausgeräumt.[6] Der Körper wird nicht zum Gegenstand des Heils (wie Baudrillard meint), sondern *prozessual*; die Richtung wird in ihn eingeschrieben und gleichzeitig wird er zu einem Projektil im Projekt Moderne. Der Status des Körpers richtet sich in der Tat nach der Kultur, und ist diese flüssig geworden wie in der Moderne, will und muß der Körper geschmeidig und starr zugleich werden.

Geschmeidig, um sich in der flüssigen und treibenden Moderne zu bewegen, und starr, um nicht mitgerissen zu werden, ein »bonbonfarbenes, tangerinrot-gespritztes Stromlinienbaby«.[7] Und offenkundig: der Gattungsumbau zum Passagier ist obsessiv, gewalttätig, symbolträchtig. Was Virillo am Beispiel des Fußes entwickelt, die Verstärkung der Lokomotorik durch die Zähmung des Pferdes, dem er mehr unterworfen ist als dieses ihm, mit dem er verschmilzt, indem er sich mit einem anderen lebendigen Muskelapparat arrangiert und, indem er schließlich vom Pferd und in den Zug steigt, nachdem er sich, wie er sagt, »den Armen der Frau entzog, von ihrem Rücken herabstieg«[8], setzt sich fort im Gefährt und endet vorderhand, so lange der bionische Umbau des Körpers noch in den Anfängen steckt, im *Datasuit*, dem elektrischen Korsett, über das sich die Science-Fiction-Autoren seit der Jahrhundertwende Gedanken machen und das nun als Elektroanzug mit Helm, Handschuhen und eingebauten Sensoren über das Fleischhemd gezogen wird und in der medizinischen Prothetisierung bereits Wirklichkeit ist.[9] Diese, im Fortschrittsdenken vorangetriebene und systematisierte Nestflucht symbolisiert sich im beschuhten Fuß: von der beflügelten Ferse des Hermes bis hin zu den hochglänzenden High Heels und Stilettabsätzen und in Vivienne Westwoods astronautischen Variationen, in denen ein niedriger und schmutziger Zeuge unserer animalischen Vergangenheit in ein glänzendes Gefäß gesteckt wird, das in kleinen Öffnungen (oder wie beim Kristallschuh von Salvatore Ferragamo, der es zuläßt, bei einer bestimmten Sitzhaltung die brennende Fußsohle sehen zu lassen) rotschimmernde Zehennägel *entbirgt*, kulminiert. Während die Wirklichkeit noch fetischistischer spielt, machen die digitalen Verfahren der Cyberkultur die Erzeugung von posthumanen Idealbildern möglich. Die Bilder werden per Computer bearbeitet.

Erstarrte, photogene Posen, soweit das Auge reicht. Auch in der Kunst zeigt das Lächeln selten Zähne. Man fühlt sich unwohl in seiner Haut mit ihren Aus- und Eingängen. Schon die Gesichter der archaischen Göttinnen bleiben merkwürdig versiegelt. Sie sind starr und eilen. Das Lächeln der *Mona Lisa*, können wir es uns *keep smiling* nach dem Muster amerikanischer Collegegirls vorstellen? Bataille nennt den Mund das Ausdrucksinstrument animalischer Kultur. »Bei großen Ereignissen konzentriert sich das menschliche Leben tierhaft auf den Mund; Wut läßt einen die Zähne zusammenbeißen, Angst oder furchtbares Leiden verwandeln den Mund in das Organ gellender Schreie.«[10] Im strengen Fahrtwind schließt sich der Mund und spitzt sich zu. Die Münder der Models sind entsprechend geschlossen, sie ähnlen Tauchenden, die, in die Tiefe eines Bassins tauchend, die Luft anhalten (wenn sie nicht gerade für Make up's oder Zahnpasta werben). Der gebieterische Ausdruck eines Gesichts mit geschlossenem Mund ist schön wie ein Tresor, schreibt Bataille, und so blicken Heilige, Gottheiten, Apostel von den Altären herab. Wir wären, wie Marina Warner schreibt, irritiert, würden wir dort ein »Grinsen des Heiligen Petrus, die Zähne Jesu oder die Zunge Marias erblicken.«[11]

Streng geschlossen sind auch die Münder der Porträts und Selbstbildnisse, von der griechischen und römischen Antike bis zu den Selbstbildnissen Botticellis und Parmigianos, über Michael Sweerts und Luis Melendez zu Philipp Otto Runge, Degas, Hodler, Bonnard, Beckmann, Nolde, Soutin, bis hin zu den Kühlerskulpturen von *Rolls Royce*. Auch *Barbie* wird, 1977 mit Stupsnase, XXL-Busen und einer 45 cm-Wespentaille versehen, ins

Ornithoide umgerüstet: verkleinerter Busen, schmale Hüften, windschnittige Nase und, ja und vor allem anstelle des Schmollmundes geschlossene Lippen, ernst und streng, wie vor dem Abflug. Verstorbenen schließt man (aus Angst, sie könnten sehen?) reflexartig die Augen und bindet ihnen mit einem Kinntuch den Mund zu (aus Angst, sie könnten reden?). Die verschiedenen Bilder für mortus (Tod) und stimulus (Stachel) gehen schon in der Bibel von der Vorstellung einer scharfen, durchdringenden Verwundung aus. Der Stachelstock durchsticht, der Biß einer Schlange durchbohrt das Fleisch, die erste Sünde ist die Penetration Evas durch Adam. Die Schließung des Mundes und die Schließung aller Körperöffnungen durch Inez van Lamsweerde panzert den Körper. Die Entfernung der Geschlechtsmerkmale bringt, so Lamsweerde, zum Ausdruck, wie die Menschen heute in sich selbst verschlossen sind.[12] Aziz + Cucher, das Künstlerpaar aus San Francisco, operiert ihre Models digital und befreit sie von Öffnungen und Ausstülpungen.[13] Nun erscheinen auch Männer glatt, ohne Geschlechtsmerkmale. In einer Serie aus dem Jahre 1994 werden die Münder und Augen nicht nur verschlossen, sondern zugemacht, mit Haut zugenäht, überspannt und kosmetisch bearbeitet. Ihre Körper können nichts aufnehmen und nichts hergeben – sie sind ihrer hominiden Merkmale beraubt, von einer überirdischen Missilität.

Wir leben laut Baudrillard in einer Welt, in der es die »wichtigste Aufgabe des Zeichens ist, die Realität verschwinden zu lassen und dieses Verschwinden zugleich zu vertuschen«.[14] Aber Realität verschwindet mittels neuer Technologien auch in der Realität. Für Naomi Wolf ist es nur eine Frage der Zeit, bis die Schönheitschirurgie die Klitoris versetzt, die Vagina zunäht, die Halsmuskeln lockert und den Würgereflex beseitigt.[15] Die Performance-Künstlerin Orlan hat sich im Rahmen ihrer Arbeit *Das endgültige Meisterwerk. Die Reinkarnation der Heiligen*, einer Arbeit der *Fleischeskunst*, so häufig operieren lassen, bis ihr Gesicht eine Collage aus Mona Lisa, Geromes *Psyche*, einer *Diane* aus der Schule von Fontainebleau, Bouchers *Europe* und Botticellis *Venus* wurde.[16] Der passagere Körper, wie er in Uniformen, in Rennfahreranzügen, im Piloten- und Raumfahrerdress sich darbietet, gewinnt seine besondere Leuchtkraft dadurch, daß er gleichzeitig verbirgt und entbirgt. Das Wissen um einen Roboter, der gespielt wird, macht ihn weit interessanter als einen Mechanismus. Daß sich unter den paradierenden, prozessierenden, sich über Karten beugenden Uniformen pulsierendes Fleisch befindet, macht die Uniform bzw. deren Träger als Objekte der Machtausübung und Gegenstände der Unterwerfung und Lenkung attraktiv. Die Uniform verleiht ihrem Träger oder ihrer Trägerin eine deutliche Abgrenzung des weichen und pulsierenden Inneren gegenüber der Welt. »Abgeschlossen in seinem härteren Futteral, verschlossen mit Riemen und Klammern, beginnt er sein eigenes Untergewand zu vergessen, und die Unsicherheit des Lebens, ja das Leben selbst, rückt von ihm ab.«[17] Wer selber Uniform getragen hat, erlebt, daß diese unmerklich zu einer empfindlichen Versteifung der eigenen Haltung führt. Die Uniformen transportieren Allgemeines als Uni-Formen und Besonderes in Form der Uniform. Die zeitgemäße Uniform ist eine Projektionsfläche der Gegenwartsanforderungen, sie hat sich der Beweglichkeit und Geschwindigkeit seiner Träger anzunehmen, die allen Anzeigen die gleiche Botschaft und Aufforderung entnehmen: *traffico intensivo*. Wenn die Beschleunigung erhöht werden muß, ist auch die Uniform gleitfähig und windkanalbeständig zu schneidern. Man verliert an Gewicht, dressiert seinen Körper zu einer Art Flugmaschine, räumt ihn möglicherweise mit Hilfe von Organtransplantationen und der Transplantationschirurgie leer und verpackt ihn windschlüpfrig. Schon die Futuristen behaupteten, daß im Fleisch des Menschen Flügel schlummern. Ein zeitgenössischer Chirurg hat kürzlich vorgeschlagen, aus der Brust entnommenen Hautlappen, die durch Implantate erweitert und mit Kunststrippen versteift werden, eine Flughaut am Menschen zu bilden.

Uniformen haben auch etwas Schweigendes, Leeres und Drohendes an sich. Sie verschließen, kapseln ab, schaffen ein Vakuum – hat man es mit Verlorenen oder Geretteten zu tun? Helene Cixous vergleicht die leeren, schweigenden Romanfiguren von Marguerite Duras mit einer »Art sehr schwarzen Sonnen«,[18] man erinnert sich der Uniformierten bei Claude Simon: »Er geht in einer unendlichen Kolonne von Männern in Uniformen aller Waffengattungen, sämtlich verdreckt und verschlampt. Er trägt seinen langen, staubbedeckten Kavelleriemantel, dessen Gürtel er gelöst hat und der ihm gegen die Beine schlägt... schweigsam, das Gesicht abgespannt, mit Bartstoppeln von mehreren Tagen, ausdruckslos, gleichsam abwesend, in jene Art dumpfer Konzentration (oder Anspannung) versunken, die Zeichen äußerster

Ermüdung ist, den Blick getrübt, als ob selbst ihre Augen schmutzig und auch mit einem Staubfilm bedeckt wären.«[19] Schwarze Sonnen von einer stillen Drohung, eingehüllt, nutzbar gemacht, von der Waffen-SS bis zum Italo-Western und der Lederbekleidung von Thierry Mugler oder Claude Montana oder den Uniform-Kleidern von Prada. Mit den Second-Skin-Materialien, und dazu zählen nicht nur Leder, Gummi, Seide und Satin, sondern auch Plastik, rücken die verschließenden und gegenüber der Außenwelt abdichtenden, aber gleichzeitig windschlüpfrigen, passageren Uniformen aus den öffentlichen Aufmarsch- und Kampfzonen in den privaten und intimen Bereich ein.

Die Opposition von Reinheit und Schmutz, von Missilität und Dreck, von glatt und widerständig, neigt sich in der Mode auf die Seite der sich verschließenden Reinheit, und zwar durch die Aufnahme fetischistischer Motive, die auch in den *Superman-* und *Batman*-Filmen, den aviatischen Heroen der Neuzeit, Eingang finden. Das *Catwoman*-Kostüm aus dem Film *Batmans Rückkehr* mit *High Heels, Gummi-Catsuits* und *Brustharnisch* (wiederaufgenommen im Projektilsbüstenhalter und in Madonnas Korsett von Gaultier) macht Anleihen aus der Fetischszene und führt deren Verbindung von Schließung und Öffnung durch das Verschließen und Zunähen der Öffnungen ins Reine über. Die *pevy world* der Fetischszene ist geprägt durch eine strenge, rituelle Opposition dieser beiden Vorgänge, wo die feuchtglänzenden, gleißenden Leder- und Gummihäute an bestimmten Stellen durch mit Plastikschnüren oder Lederriemen zurückgedrängtes, weißes oder rosiges Fleisch entbergen. Geschlitzte Kleider, Stiefel mit Reißverschluß, Netzstrümpfe und Schnürstiefel sind die kommunen Abkömmlinge und Übersetzungen der Erbsünde und gleichzeitig Symbole der und Aufrüstungen für die Bewegung in die erlösende Zukunft. Selbst die gestrenge Domina (etwa Belle Ogier in Barbet Schroeders Film *La Maitresse* in einem Lederkostüm von Karl Lagerfeld) verkörpert den strafenden schwarzen Engel gegenüber dem aufbegehrenden und darum zu schnürenden und fesselnden und zu peinigenden Fleisch. Harte und feuchtschimmernde Undurchdringlichkeit durch Ganzkörperanzüge aus Latex, schenkelhohe Stiefel etc. sind darüber hinaus Insignien nicht nur der Skispringer in Lathi, sondern des *Cybersex* geworden, dessen Peripherie aus High-Tech-Materialien in keinesfalls seltsamem Kontrast zu ihrer Funktion einer technisch erhöhten Selbstbefriedigung steht. Die Cyber-Technologie schafft zwei Welten, eine materielle und eine virtuelle, und diese beiden kulminieren im Individuum; sie endet in einem »radikal geteilten Ich: das Ich, das mit sich selbst Krieg führt; ein gespaltenes Bewußtsein für eine Kultur, die zwischen digitalem und humanem Fleisch gespalten ist.«[20]

Aber noch läßt sich das Fleischhemd nicht ausziehen, noch können Körper nicht im Netz verdampfen, noch läßt sich mimetisches Fleisch nicht herstellen, noch sind wir mit unserem alternden Körper allein, auch wenn die eine oder andere chirurgische Technik Reversibilität verspricht, Lara Croft und Kyoko Date im japanischen Fernsehen reüssieren und die erste Internet-Moderatorin, die unter dem Namen Misona eine fünfzehnminütige Kinoshow im *Microsoft-Network* durchführt, die ersten Schritte macht. Der Kampf zwischen Fleisch und Geist ist in der menschlichen Mythologie endemisch, und der Fetischismus und seine modischen Ableger sind zeitgemäße Erzählungen dazu. Wir stehen unmittelbar an der Schwelle zum 21. Jahrhundert, zum kommenden Cyberweltzeitalter mit neuen Hoffnungen und Erwartungen. Vielleicht sind wir die letzte menschliche Spezies, die ohne Datenhaut oder Cyber-Organe geboren wurde. Anders als die *Fin de siècle-Generation* der neunziger Jahre des 19. Jahrhunderts, die beim Anbrechen der Moderne Gefühle von Angst und Melancholie hatte, gibt sich die *Fin de Millenium-Generation* klarer Romantik hin. Warum soll man die Wetware des organischen Körpers eintauschen, wenn es – wie Stelarc gern behauptet – schon genügt, den telemetrischen Körper »ein wenig auszuhöhlen, zu härten und zu trocknen, um ihn auf das Leben im dritten Jahrtausend vorzubereiten«.[21]

5. Die Mission des Models

Der Körper ist, nach einer Bemerkung von Leslie Fiedler, die motorische Vollendung einer visuellen Idee, Schauplatz der Einschreibung der kulturellen Träume und Ängste. Sein Umbau zum Passagier, seine Härtung und Entleerung, seine prothetische Aufladung und informationstechnische Füllung resultiert, wie überhaupt die Techniken der Körperstählung und -meditation, aus der Individualisierung der Fortschrittsidee, aus der natürlichen oder wahnhaften Vorstellung, das Selbst könne das Selbst, das Wirklichkeits-Ich das Möglichkeits-Ich *einholen*.[1] Dies zeigen etwa die

Kahuna-Praktiken der Polynesier, die transozeanischen Reisen der Aborigines, die Seelenwanderungen der Schamanen, die Ablösung vom eigenen Körper im Lichtleib bei den Anthroposophen, Charles Tars' Psychic Explorations, Emanuel Swedenborgs Schweben durch unterschiedliche Himmel, Robert A. Monroes Leben mit zwei Leben, Moodys Reisen in ein Leben nach dem Tod, aber auch die außergewöhnlichen Fähigkeiten religiöser Adepten, das indianische Laufen, die indischen Säulenheiligen, die Begräbnisse der Jogis, die Askeseübungen taoistischer Mönche und Zauberer. Angeführt wird das sich für diese Selbsteinholung umbauende Menschengeschöpf – modernitäts- und zeitgemäß – durch die missilen und reinen Geschöpfe der Werbung und der Mode, durch Stars und Idole, deren Glanz die Möglichkeiten des Ich anzieht und fesselt.

Täglich bricht, wie Guido Ceronetti in seinen Aufzeichnungen zum Schweigen des Körpers notiert,[2] über die Städte eine Flut von Schlachtfleisch herein und ergießt sich in die letzten Seitenstraßen eine Lawine des Verkehrs. Eingehüllt in die Geräusche der Lastwagen und Sattelschlepper, angestachelt von der Präsenz der Scheinwerfer, unterwegs zu nichtssagenden Nicht-Orten, sucht das Auge die Zeichen der Gesamtverwirklichung, sucht jenes andere, an dem die Möglichkeits-Ichs sich sammeln, labt sich an Bildern und Erscheinungen, die jenen Teil des Ich oder jene Teile des Ich repräsentieren, der oder die noch nicht sind. Eingehüllt in Fahrtgeräusche, umzingelt von einer Wolke von Auspuffgasen und Staub tauchen Prozessionsbilder des Fortschrittes auf: Stationen des individuellen Kreuzweges: reine, nazarenische, ebenmäßige, grazile, schwebende Geschöpfe, die sich ihres Körpers nicht zu schämen brauchen und diesen oder ihre seligen Gesichter wie in einem Moment tiefsten Glückes eingefangen und eingefroren auf Plakatwänden und Litfaßsäulen vorzeigen. Gelegentlich überklebt, überschmiert, um so drastischer der Kontrast des Reinen mit dem Schmutz. Schwebende, für Stiefel werbende Mädchen *in Eis*! Die Zeiten, wo Frauen den Schleier nahmen, um sich zu verbergen, sind vorbei, und auch die Männer ziehen, vorerst in Strip-Shows, aber bald auch sonst mit. Heute verbirgt man sich, indem man sich *entbirgt* und seinen getunten und überarbeiteten Körper vorzeigt.[3] Das Ich, das mit Kleidern zum Strahlen gebracht wurde, maskiert sich mehr und mehr als Körper, glänzend, makellos, wie ohne ein Inneres, ein leeres, herausgeputztes Kloster. Johanna von

Kastilien ist vor vielen Jahrhunderten mit der Leiche ihres verstorbenen Mannes in einem düsteren Zug von Bewaffneten, Fackelträgern und betenden Mönchen durch Spanien gezogen und hat sich, wie sie sich in Trodesillas niederließ, ein Zimmer ausgesucht, von dem aus sie den Sarg mit der Leiche ihres Mannes jederzeit sehen und träumen konnte von der Vereinigung mit ihm.[4]

Seit wir uns in diesem Ausmaß bewegen, wird das *jederzeit* zeitgemäß umdefiniert: durch die Staffelung und Wiederholung der Bilder an den modernen Kreuzwegen des Verkehrs, so daß man die reinen und leeren Abbildungen auch in schnellster Bewegung immerzu sehen muß. So schweben schon bei der Durchfahrt durch Bregenz an die deutsche Grenze ein halbes Dutzend Mal die gleichen nackten Geschöpfe auf den Bauzäunen an uns vorbei. In diesen katatonen, gleißenden, stillgelegten, ausgeräumten Körpern und ihren unschuldigen Gesichtern ist das Transitorische der Gegenwart, ihr endloser Übergang vom Wirklichen zum Möglichen gleichzeitig gefestigt und abgebildet. Wahre Botschafter des Transitorischen sind indes jene Geschöpfe, in denen das Starre und das Bewegliche, Tod und Leben, direkt zusammenfallen, in denen sich die elastische Fertigkeit eines Missils findet. Vielleicht sind unter den Aufmerksamkeit weckenden Figuren der Gegenwart die die Laufstege beschreitenden Models dieser Vorstellung näher als ihre zweidimensionalen Replikationen auf den Bauzäunen und auch näher als die Astronauten. Während Stars am Repertoire darstellerischer Rollen gemessen werden, bemißt sich der Wert des Models an der perfekten Inkarnation einer einzigen: der des transitorischen Körpers, der rein und erotisch, verschlossen und beweglich, metallisch und biegsam, vielleicht gleichzeitig tot und lebendig ist.

Die Herrichtung eines Menschen und seines Körpers ins Passagere und Ortlose verlangt *Lean Management* an sich selber. Dieses richtet sich auf Entfernung und Abdrängung der leiblichen Funktionen, die auf Reproduktion und Geschlecht verweisen. In die Karrosserie integrierte Stoßstangen – das ist es! Wie in einem Bilderbuch finden sich Herrichtungs- und recht eigentlich Missionierungsstrategien (durch die die Körper zu Chiffren des Übergangs modelliert werden) in prototypischer Weise in den ausgestellten und vorgeführten Körpern wieder, wie sie uns in den Schaufenstern der Modehäuser und auf den Laufstegen der Couturiers begegnen. Die eigentümliche Faszination des Mannequins, des Models beruht auf seiner Herrichtung zu geschlechtslosen, schwebenden, pädophilen Körpern, deren vergleichsweise herzigen und irgendwie menschlichen Ausgaben (vielleicht Claudia Schiffer), die vielleicht auch Geliebte oder Mutter, sogar wie du und ich sein könnten, um so mehr Begeisterung dort erregen, wo sich angesichts der glühenden Unnahbarkeit der Supermodels mehr Angst als Entzücken einstellt. Und deren gerade derzeit grassierenden bizarren, gequälten, somnambulen Versionen eine Art gewalttätige Rückverwandlung ins Empirische darstellen.[5]

Während die Faszination der Puppen im Schaufenster darin liegt, daß ihre Bekleidung und Drapierung etwas Kahles, Kaltes, ohne Haare, ohne Geruch und ohne Schweiß verhüllt, rührt die Faszination des Models auf dem Laufsteg umgekehrt daher, daß unter der glänzenden Hülle des Kleides und des an seinen sichtbaren Stellen geschminkten und maskierten Körpers ein mit Organen gefüllter warmer Leib, daß unter der repetitiven Choreographie eine verborgene Anstrengung, unter dem gefrorenen Lächeln vielleicht heftiger Schmerz präsent ist; ein Schmerz, eine Pein, die im kurzen Aufblitzen des ausschreitenden Beines gezeigt und verborgen wird. In E. T. A. Hoffmanns Nachtgeschichte *Der Sandmann* entflammt *Nathanael* in Liebe zu *Olimpia*, einer Olimpia, die, das sieht Nathanael bei ihrem ersten Anblick, etwas Engelgleiches hat, etwas Starres in ihren Augen, »beinahe möchte ich sagen, keine Sehkraft«,[6] ein zu früher Cyborg. Darüber hinaus verfügte sie über einen »seltsam eingebogenen Rücken und hatte in Schritt und Stellung etwas ›Abgemessenes und Steifes‹«.[7] Ihre Hand, die er ergriff, um mit ihr zu tanzen, war eiskalt, »er fühlte sich durchbebt von grausigem Todesfrost«, und er »küßte Olimpias Hand, er neigte sich zu ihrem Munde, eiskalte Lippen begegneten seinen glühenden! – So wie, als er Olimpias kalte Hand berührte, fühlte er sich von innerem Grausen erfaßt, die Legende von der toten Braut ging ihm plötzlich durch den Sinn...«[8] Der Blick »ohne Sehkraft«, der Schritt »sonderbar abgemessen«. Nach einer Auseinandersetzung, in die Olimpia involviert ist, bemerkt Nathanael, daß Olimpias totenbleiches Wachsgesicht keine Augen hat, »statt ihrer schwarze Höhlen«.[9]

Starr und dennoch lebend, nicht tot und nicht nur lebend – vielleicht wäre der moderne Liebhaber eines *Mannequins* zutiefst erschrocken, wenn statt der roboterhaften Starre, die er vom Laufsteg kennt, plötzlich ein lebendiger, blutvoller, volatiler Köper in seinen Armen liegen würde und ihn offene, todtraurige oder strahlende Augen anschauen würden, statt glasbesetzter Augenhöhlen. Das Mannequin bzw. das Model demonstriert wie keine andere Figur der Gegenwart das Doppelgängertum des Menschen, den *homo duplex*. Von Cindy Crawford über Claudia Schiffer, Christy Turlington, Linda Evangelista, Elle Macpherson, Niki Taylor, Isabella Rossellini, Naomi Campbell, Kate Moss bis zu Bridget Hall (ganz zu schweigen von der neuen, wie vom Tode gestreiften Generation wie sie Stella Tennant, Trish Goff oder Guinevere van Seenus verkörpern), um die kürzlich unter dem Titel »Die teuersten Zehn« von einem Magazin präsentierten Models zu nennen, aber auch bei Michael Jackson, Boy George oder Joe Dallessandro oder, in schon betagter, aber virtuoser Fluidity: Karl Lagerfeld, finden sich, wenn auch mit Abschattungen, diese ins Astrale, Unberührbare ge-leanten Körper, die in der Bewegung gefrorenen Gesten. Während in archaischen Gesellschaften und in den an den dörflichen Fasnachten hierzulande, überhaupt in den auf germanisches, keltisches oder römisches Brauchtum zurückgehenden Volksbräuchen die Masken insbesondere an der Fasnacht und Wintersonnenwendfeier die unheimliche, schmutzige, wilde und rohe Seite demonstrieren und ganze Heere von wilden und unheimlichen Gestalten entfesseln, wird diese in der modernen Herrichtung verborgen, zugestrichen und zugedeckt.

Alle Techniken und Strategien des Body Buildings und Body Tunings, der Solar- und Bräunungsstudios, der Diäten und Körpertherapien, des Peelings und des Schminkens und des mit leichten Betäubungsmitteln vorgenommenen »Permanent-Make-up«, mit dessen Hilfe ein Lidstrich über Wochen haftet, versuchen den Körper fit, schlank, poren- und faltenlos, ihn zu einer Art Projektil zu machen. Models sind Meisterleistungen eines futuristischen Nazarenismus, der die Erneuerung der christlichen Kunst als Erneuerung und Tuning ihrer Körperlichkeit im Sinne eines reinen, zeremoniellen Körpers vorantrieb. Ohne Blasphemie sind der Gottessohn, insbesondere in seiner nazarenischen, reinen, unbefleckten Darstellung, als erstes männliches Model und die Muttergottes Maria als erstes weibliches bezeichnet worden, und der Erlöser erinnert in seinem milden, glatten, falten- und porenlosen Äußeren und mit dem welken, schulterlang fallenden Haar an die derzeit in den Zeitschriften uns merkwürdig verlegen entgegenlächelnden männlichen Models.

Überhaupt sind die wichtigen Figuren der christlichen Heilsgeschichte *ambulant* für diese unterwegs zum Heil; für den Laufsteg einer Geschichte, der zwischen Gegenwart und Zukunft gespannt ist (eine Himmelsleiter), hergerichtet und dennoch anrührend. Das Wort »anrühren« ist, etwa für Berninis *Verzückung der heiligen Theresia* in der Vereinigung mit Gott oder in den Darstellungen der Buße tuenden Magdalena, zu schwach. Eine bestimmte Art der Haltung, der Geste, eine Bewegung können, so sekundenschnell sie sind, tiefste Bewegung auslösen. »Als ich die Frau nach einer Weile wieder beobachten wollte, war die Lektion beendet, die Frau ging am Becken entlang und am Bademeister vorbei hinaus, und als sie vier oder fünf Schritte von ihm entfernt war, drehte sie nochmals den Kopf, lächelte und winkte ihm zu. In diesem Augenblick krampfte sich mir das Herz zusammen... Diese Geste rief damals in mir eine grenzenlose, unverständliche Wehmut wach...«[10] Die eindrucksvollsten literarischen Bilder sind Bilder, die die Bewegung bannen: »ein weißer Schwarm, der rauschend näher kam...«(Ransmayr), die Verzückung der heiligen Theresa von Avila (das Lieblingsbuch von Cioran), die mit einem durchsichtigen Schleier verhüllten Marmorbüsten Lombardis oder Montis, Jeff Koons Marmorbüste *Bourgeois Bust – Jeff and Ilona* (1991), überhaupt seine Großplastiken mit Lieb-Ilona. »Den ewigen Augenblick in die zeitliche Gegenwart zu binden, ist das Werk der Magie, deren letzter Ausläufer die Kunst ist«, so Jacob Taubes.[11]

Der Tod einer schönen Frau, so Edgar Allan Poe, »ist ohne jeden Zweifel das poetischste Thema auf Erden«. Die Koppelung von Weiblichkeit und Tod geht natürlich weit über einen dichterischen Zauber hinaus und hinunter in Regungen, die tiefste Schichten ansprechen. Der Tod und das Mädchen war immer eines der grandiosen Themen der künstlerischen Darstellung, nicht übrigens, wie das die modernistisch gefärbte Literatur suggeriert, um das Bedrohliche des weiblichen Geschlechts zu beseitigen, sondern um dieses in dieser merkwürdigen Koppelung zu erhöhen. Gewiß verkörpern die Frauen etwa in Hans Baldung Griens im 16. Jahrhundert gemalten Holztafeln von *Frau und Tod* Versuchungen zur Sünde. Aber sind Versuchungen verwerflich, oder ist es verwerflich, Versuchungen nicht zu widerstehen? Nicht widerstehen auf den Bildern Hans Baldung Griens kann der Tod.[12]

Viele und merkwürdige Darstellungen finden sich in Gedichten, Romanen, Gemälden und Filmen.[13] In der ersten Nummer von *Amica* (1996) ist unter dem Titel »Der Tod und das Mädchen« eine

Photofabel von Richard Avedon zu sehen, wo der Tod »Schaumichanfaßmichan« fleht, sie ihren Kopf in seinen Schoß legt und er ihr Haar durch seine skelettierten Hände gleiten läßt; es schließlich zur ekstatischen sexuellen Vereinigung kommt.[14] Wird die für den Laufsteg hergerichtete Starre in eine Photographie übergeführt, so potenziert sich der Eindruck. Wie um ihn zu korrigieren, wird der Tod, der dem Körper des Models wie eine Maske auferlegt ist, als Gruselgestalt eingeführt, damit die potenziert mortifizierte Frau zum Leben erweckt wird. Der Eindruck des Kasperltheaters ist unabwendbar und möglicherweise beabsichtigt, um das Obszöne der Kompositionen (z.B. Tod und Mädchen auf durch eine Holzwand getrennten Klos, die für den Betrachter, durch den aufmerksam an der Wand lauschenden Tod, gleichzeitig den Eindruck des Beichtstuhls erwecken) zu verstärken.

Aber man kann schließlich den Tod nicht als geschmeidig einherschreitenden Partner auf den Laufsteg bringen. Er hat sich so zu maskieren, daß er *sichtbar und unsichtbar* ist, daß seine Anwesenheit wie ein leichter Luftzug, wie ein schwebender süßlicher Geruch *anwesend und* dennoch *abwesend* ist. Statt den Begleitservice anzubieten, muß er gleichsam in die Personen *hineinkriechen*. In einer merkwürdigen Weise zeigen die Bilder von Aidskranken diese Vereinigung. In einer hochartifiziellen Form ist dies Thema des künstlerischen Ausdruckswillens in den Grabsklupturen des vorigen Jahrhunderts, schwebende Ekstasen in Stein oder Bronze. Hören wir Ricarda Huch: »Entlang die dürre Hecke, die Blüten einst geregnet, geh ich allein, wo er mir so manches mal begegnet. Mein Herz fängt an zu klopfen, wie sonst, wenn ich ihn sah. Und weiß doch, niemand, niemand nun wartet meiner da. Sieh, schwarz verhüllt im Mantel nach meines Liebsten Art, lehnt einer an den Zweigen und späht hinaus und harrt. Er winkt mir. Blätter tanzen im Nebel um ihn her. Es ist der Tod. Ich komme – Umarmst du so wie er?«.[15] Oder Ingeborg Bachmann: »Und darum will ich dein Skelett noch als Skelett umarmen und diese Kette um dein Gebein klirren hören am Nimmermehrtag. Und dein verwestes Herz und die Handvoll Staub, die du später sein wirst, in meinen zerfallenen Mund nehmen und ersticken daran. Und das Nichts, das Du sein wirst, durchwalten mit meiner Nichtigkeit. Bei dir sein möchte ich bis ans Ende aller Tage und auf den Grund dieses Abgrundes kommen, in den ich stürze mit dir. Ich möchte ein Ende mit dir, ein Ende. Und eine Revolte gegen das Ende der Liebe in jedem Augenblick und bis zum Ende.«[16] Die Liebe schließt »sich verlieren«, die Verschmelzung mit einem anderen Wesen ein. Irgendwie stirbt man in der Liebe, und der Tod in der Liebe ist nicht nur Gegenstand aller großen Dichtung, er wird auch, aber nicht nur, von Dichtern selbst vollzogen: »...die beiden tot. Henriette auf dem Rücken liegend, Kleist vor ihr zusammengesunken, der Kopf dicht an ihrem rechten Bein. Am Boden zwei Pistolen.«[17] Der Körper des Models, vielleicht ist er, wie Baudrillard meint, ein *psychotropischer*, vom Innern her modellierter Körper: »...ohne Umwege über den Perspektivraum der Repräsentation, des Spiegels und des Diskurses... Ein schweigender, mentaler, molekularer... Körper, ein direkt metabolisierter Körper, ohne Vermittlung eines Handelns oder Blicks immanenter Körper, ohne Andersheit, ohne Inszenierung, ohne Transzendenz, ein den implosiven Metabolismen ausgelieferter Körper«.[18]

Vorangetrieben wird derzeit die Außenmodernisierung und Außenmodellierung durch chirurgische Eingriffe, Bleichfärben, durch die Transplantationschirurgie, das Einsetzen von Gewebe, die Züchtung und Implantierung von Organen und Körperteilen, aber auch durch die Cyborgisierung, d. h. durch in den Körper einbaubare elektronische Prothesen, deren bekanntestes Beispiel der Herzschrittmacher ist. Die Cyborg-Vorstellungen der informationstechnischen Literatur sind voll von allen persönlichen elektronischen Geräten wie drahtlosem Kopfhörer, Handy, Piepser, Diktiergerät, Camcorder, elektronischem Griffel, Modem, Taschenrechner, Satellitennavigationssystem, intelligenter Brille, Videofernbedienung, Datenhandschuhen, Schritte zählenden elektronischen Joggingschuhen mit Pulsmesser und Warngerät vor auftauchenden Fahrzeugen (oder Dieben), neuartigen medizinischen Überwachungssystemen, die ihnen die Bewegung auf dem Hometrainer erlauben; alles, was man in naher Zukunft bei sich trägt, wird in einem ersten Schritt zu einem drahtlosen Körpernetz (gleich einer zweiten Haut) verbunden und in einem zweiten Schritt möglicherweise chirurgisch implantiert.[19]

Die technische Substitution natürlicher Organe und biologischer Prozesse folgt dem technischen Traum einer Überwindung des Körpers, des Fleisches, der beschmutzten Existenz, einer Überwindung der Blutungen und Leerungen. Der Körper ohne Fleischhemd und ohne Organe, darauf strebt man, wie Deleuze und Guattari sagen, *unaufhörlich zu*[20] – und endlos sind die entsprechenden literarischen Phantasien. »Der Körper ist von skandalöser Wirkungslosigkeit, warum könnte man nicht anstelle eines Mundes und eines Anus, die alle beide Gefahr laufen, sich zu ruinieren, eine einzige Ausmündung besitzen, gleichermaßen zuständig für Ernährung und Ausscheidung? Man könnte Mund und Nase vermauern, den Magen zuschütten und ein Belüftungsloch zu den Lungenschächten führen, was von Anfang hätte getan werden müssen.«[21] Oder: Ein Abschnitt von Stefan dem Nizzaner, dem Erfinder der Therrorie: »Man würde das Hirn durch den Mund hinausbefördern, die Gedärme und Eingeweide durch den Anus, das Geschlecht durchs Geschlecht, die Muskeln durch die Poren, die Augen durchs Gesicht. Sind die Stücke sodann erst einmal entfernt, sodann in einen Zuber mit Plasma getan, würde man dort eine Jungfrau eintauchen. Drei Personen würden in der folgenden Weise die Organe beobachten: jede der drei würde, sind die Aufgaben einmal aufgeteilt, äußerst gewissenhaft die Oberfläche des Plasmas mustern und aus der Zahl der Blasen, ihrer Form, ihres Volumens, ihrer Instabilität, ihrer Intensität Schlüsse ziehen. Am verbliebenen Körper würden alle Wundspalten mit Fett überdeckt, dann alle genäht, außer einer, wahlweise keine, alle, zwei genäht. Schließlich würde man den Körper mit Helium vollpumpen, wahlweise mit üblicher Luft. Man würde ihn dann mit Papierschleifchen schmücken, schminken, tätowieren, an einem Schönwettertag mit wollüstigen Cumuli würde man dann den Körper in die Lüfte steigen lassen. Man würde den Körper lächeln, überlegen, brüllen sehen, dann nachdenklicher werden und verschwinden sehen. Der Körper wendete sich gegen den Erdsinn, doch nahezu in den Sonnensinn und gänzlich in den Sinn des Himmels, der Wolken des Regens, der Schloßen, der Hummeln. Man würde ein Bankett veranstalten, trinken, essen und wir, noch gänzlich befaßt mit der Vorsorge um die Vermengung der Organe und der Jungfrau in Körper-Anderen, das Sterben erwarten.«[22]

6. Rauschende Kulturen

Wie immer man die Realität als eine Spielart der Illusion sieht oder umgekehrt, manchmal verhüllt sich die eine Seite, manchmal die andere. Manchmal ist das, was wir Illusion nennen, wirklicher als die Realität, und manchmal bekommt die Realität eine Schwere, die jede wirklichkeitsdämpfende Verzückung zuammenbrechen läßt. Irgendwie setzt sich die Exzentrizität des Menschen in die Welt hinein fort oder ist diese in ihr angelegt, im Verhältnis von Himmel und Erde, von Licht und Finsternis. Die Spannung, die aus der exzentrischen Stellung des Menschen herrührt, aus seiner Ausgespanntheit auf etwas anderes hin, aus seiner Sehnsucht und seiner Differenz zwischen etwas, was eigentlich, und etwas, was faktisch ist, ist die gott- oder naturgemachte Weltübungsanlage, auf der wir tagtäglich zum Appell antreten, wie immer auch die Separierung der Menschen nach Guten und Bösen, nach Heiligen und Verbrechern in der Geschichte und in der Gegenwart vorgenommen wurde und wird. Das heißt, sie zeigt sich und entbirgt sich oder verbirgt sich im Ich, in der je spezifischen Bearbeitung der Spaltung in ein Möglichkeits- und ein Wirklichkeits-Ich. Dieses tritt in ungewohnten und neuen Formen auf und verdrängt die alten Projektionen. Das Ich funkt und sendet sich in eine numinose, mit den alten bukolischen Beschreibungen nicht mehr abbildbare und nicht mehr verkäufliche Zukunft – und eilt und irrt dem vorausgesandten Möglichkeits-Ich nach.

Im Laufsteg versinnbildlicht und offenbart sich diese Gegebenheit. Diese zeigt Gestalten vor, die ihr empirisches Ich verhüllen und ihr Möglichkeits-Ich entbergen und darbieten. Wobei der Laufsteg der sich anderen darbietende und präsentierende Durchlauf ist. Nie wird man abschließend sagen können, *was* der Mensch ist, *weil er sich immer vorweg ist*. Er bleibt sich endgültig verborgen, weil er sich immer voraus ist und das letzte vorauseilende oder reflektierende Ich nicht gleichzeitig bedenken kann. Aber es läßt sich viel dazu sagen, wie Kulturen und Menschen mit sich umgehen, wie sie sich öffnen und schließen, sich verbergen oder entbergen. Hausend am Rande einer mehr als hundert Milliarden Sterne umfassenden Spiralgalaxie, bewohnen wir einen äußerst kurzen, im Vergleich zur Bestandsdauer des physischen Weltalls ephemeren Abschnitt der Weltzeit. Menschliches Leben hat einen Millionen von Jahren dauernden Evolutionsprozeß durchgemacht, im letzten Wimpernschlag dieser Geschichte menschlichen Bewußtseins hat es uns dann das Ich emporgewirbelt, ein Ich, das sich seine eigene Situation vergegenwärtigen kann.[1]

Vergegenwärtigung erfolgt in Bildern und Texten, und diese sind als Objektivationen in ihren Motiven und ihrer Kadenz der Deutung zugänglich. Bilder haben zwar einen potentiell unendlichen Gehalt. Es fällt schwer, in einer bis ins Innere hinein differenzierten Gesellschaft, in der sich die Vergangenheit wie in einem Auktionshaus aufstaut, motivische Deutungen, die für die Gesamtproduktion gelten könnten, zu generieren. Alles ist möglich, alles wie schon dagewesen, vielleicht sind die inhaltlichen Möglichkeiten überhaupt und nicht nur in der bildenden Kunst erschöpft. Der *imagic turn*, der für die Bewußtseinstheorie gefordert wird, müßte auch die Produktion von Bildern, das Machen, Objektivieren, Hergeben von Bildern und Texten *selber* beinhalten. Der Zustand der Person findet seinen Ausdruck in Bildern, vielleicht auch der Zustand der Welt, denn die große und die kleine Geschichte verschränken sich. Deshalb ist es keineswegs nur eine Frage der Semantik, nämlich *wovon* die Bilder sprechen, um dem Zustand näher zu kommen. Person drückt sich darin aus, ob sie überhaupt willens ist, ihren Zustand in Bildern und Texten zu generieren. Vielleicht sogar, seit der Spielraum des Erfindbaren und Möglichen enger wird, mehr denn je. Das Selbstmodell ist die *mentale Repräsentation*, also das »geistige Bild, die stellvertretende innere Darstellung, welche die betreffende Person oder das betreffende System« von sich selbst oder ihrer Umwelt erzeugt«², und das führt nicht nur zur Frage nach der besten Zustandsbeschreibung der Wissenschaft für die Generierung von Selbstmodellen und zur Überlegung, inwieweit es sinnvoll sein könnte, daß die wissenschaftlichen Zustandsbeschreibungen mit den Selbstmodellen der Menschen selbst übereinstimmen sollten, sondern zur Frage nach Grund und Art der wechselhaften, sich konkurrierenden, kontingenten Zustandsbeschreibungen.

Die prinzipielle Fähigkeit des Menschen, von sich selber Beschreibungen anzufertigen, sich selber zu entwerfen, sowie die Beobachtung, daß er das nicht nur in ganz unterschiedlicher Weise, mit unterschiedlichen Mitteln und unterschiedlichen Inhalten, sondern in unterschiedlichem Ausmaß tut, ist kulturdifferent geläutert. Bilder und Texte sind nicht nur Dokumente des sozialen Wandels und Hinweise darauf, was in diesem verschwiegen wird, sondern die Textproduktion selber ist die jeder Art von Semiotik vorausgesetzte und in ihrer Kanalisierung erklärungsbedürftige Erscheinung. Es kann sein, daß sich Bilder als Versuche deuten lassen, Kontinuität in einer diskontinuierlichen Welt zu erzeugen. Es kann auch sein, daß eine das individuelle und das kollektive Ende andauernd beschwörende Weltsituation zu panischen Bild- und

Textgenerationen führt, wie Bilddeuter meinen; oder, wie etwa in der Kunst des leeren Raums, in der Subtraktion, in der Reduktion, der *arte povera*, dem Minimalismus, zum Gegenteil. Die Durchflutung der Gesellschaft mit Geräuschen und Lärm, die elektrisch erzeugte, alles einhüllende *Sonosphäre* tritt hinter die Bildproduktion, hinter die *Optosphäre* zurück, die sich parallel zur Fortschrittsprogrammatik über die Sonosphäre schiebt. Der Optozentrismus arbeitet mit dem Auge. Das Auge der modernen Menschen ist ein Falken-, ein Spähauge, es dringt in die Zukunft. Der Vormarsch geschieht unter dem Begleitschutz der Bilder und Texte, die, unablässig produziert, einer Wolke gleich, mit der fortschrittswütigen Menschheit zieht. »Nachrichten, Bombenanschlag auf Thatcher gescheitert, vier Tote, viele Verwundete, tolle Bilder« – vegetative Kulturen, wie sie Bergson von explosiven unterscheidet, sind nicht mehr in der Lage, sich vollzusaugen, oder nur unter dem Preis, sich wieder auszugeben, zu entleeren, explosiv zu entladen.[3] Die Gegenwartskultur hat in ihrer vormodernen, hochkulturellen Zeit eine jahrhundertelange Mästung durchgemacht, die sich nun, unterbrochen durch ein postmodernes Wundern über die eigene Energie, vollends verausgabt. An die Stelle der nicht mehr gelingenden Internalisierung und Einsaugung, Verdauung oder Verarbeitung der Tagesproduktion an tollen Bildern, unverständlichen Texten, undefinierbarem Lärm treten individuell oder gesellschaftlich veranstaltete Ikono- und Sonoklasmen: »Hamburg, Markthalle, Konzert der Lords Of The New Church, furios. Das Jahr der Kruzifixe, ultimatives Stück im schwitzenden, tobenden Geschiebe der Körper, die wahre Kommunion von Fleisch, Blut, Sex. Anschließend Atelierfest, alles goldrichtig, noch mehr Bier, schließlich Offizierskasino, Schnaps, Tisch, Schlägerei, Zusammenbruch.«[4]

Ikonoklasmen, in denen Bild- und Textproduktionen nicht nur unterbunden, sondern durch Vernichtung rückgängig gemacht werden, sind vielleicht nicht nur Reaktionen auf bestimmte Inhalte, sondern auf eine wilde und übersteigerte *Textproduktion* selber. Immer wieder in der Geschichte treten Ikonoklasmen auf, in denen die Bild- und Textproduktion verbrannt, vernichtet, zerstört wird. Der Scheiterhaufen des Luxus im Karneval von Venedig, den Girolamo Savonarola im Jahre 1497 errichten ließ, war zwanzig Meter hoch, hatte siebzig Meter Umfang und bestand aus sieben Stufen. Diese versinnbildlichten die Sünden des Volkes.

Unten kamen die Masken und Kostüme zu liegen, dann, als Werkzeuge unzüchtigen Geistes, die Bücher heidnischer Autoren, darüber Schminkzeug, Toilettenartikel und Musikinstrumente, schließlich, nach den Geräten für Sport und Spiel, Zeichnungen, Gemälde, verführerische Statuen. Zuoberst thronten Skulpturen von Göttern, Helden und Weisen der Antike.[5] Heutzutage da die Produktion von Bildern und Texten Jahr für Jahr zunimmt und außerdem immer mehr davon aufbewahrt, konserviert und gespeichert (und schneller gelöscht!) werden kann, und obwohl ein Großteil der Nachrichten, Fernsehsendungen, Börsenkurse in neuartigen platzsparenden Speichern aufbewahrt wird, geriete ein Ikonoklasmus zum Weltbrand.

Während die körperliche Produktion von Abfall in der Gegenwart bis ins Äußerste zivilisiert ist (aber gleichzeitig die Beschreibung der Inkontinenz, des Unvermögens, die Körperfunktionen zu kontrollieren, zunimmt[6]) und schon das Wasserlassen an einer Hauswand in der Dunkelheit ein, polizeilich gesehen, größeres Problem ist als das innerliche Platzen, werden diese Vorgänge in der neueren Trash- und Hip-Hop-Musik und Literatur, trotz PC und Forderungen nach *Verbal Hygiene*, geradezu frenetisch beschrieben.[7] In dieser Hinsicht ist das Papier geduldiger als die informationstechnischen Netzwerke, wo gerade wieder Klagen gegen Netzbeschmutzer laufen. Und während, jedenfalls in der Schweiz, die Abfälle der großstädtischen Konsumation, nämlich Exkremente, Straßendreck, schmutzige Wäsche, Kehricht, Scherben, Lumpen, Asche, Speisereste, in einer großangelegten Aktion in zu diesem Zweck geschaffenen Säcken und Behältern verborgen und dann weggeschafft und verbrannt werden, sind die Aufbewahrungs-, Entleerungs- und Abfuhrtechniken mit großer Liebe in speziell dafür entworfenen Entsorgungskalendern beschrieben und spielen sich entsprechende Praktiken in Theatern, neuerdings in Kirchen ab. Die modernen Hygienestandards im Zeitalter der Badezimmer, Wasserklosetts, Duschen, Saunen sind enorm und unterliegen nicht nur in Restaurants einer strengen Kontrolle. Dem modernen Drang, sich andauernd zu waschen, zu reinigen und die Kleider zu wechseln, die gesteigerte Frequenz des Wäschewechselns (bis zu dreimal am Tag), die peinliche Ordnungs- und Sauberkeitsliebe, die von Sigmund Freud auf eine zu späte Beherrschung der infantilen *Incontinentia alvi* zurückgeführt wird, erfährt im Reich des Geistes eine sonderbare Kompensation. Der

Beherrschung der körperlichen Vitalfunktionen und ihrer öffentlichen Systematisierung, Trennung, Bearbeitung und Verbergung korreliert eine zugelassene spontane, wilde, heftige, vom Autor abgelöste, literarische und künstlerische Produktion, die häufig das unter dem Titel Kunst transportiert, was die öffentliche Ordnung unter Strafe stellt.

Bild und Text und nun auch die bewegten Bilder sind, wie der Körper, Gefäße kultureller Einschreibungen und Möglichkeiten, kulturelle Praxen zu realisieren. Das gilt nicht nur für Inhalt und Form, sondern auch schon für das Verhältnis von Schweigen und Sprechen, von Schließen und Öffnen, von Ikonoklasmus und Bilderflut. Die rasende Produktion von Bildern und Texten entspricht einer sich entfesselnden Gesellschaft und einem Ich, das sich in der Bilder- und Textgenerierung Luft verschafft und sich dadurch erleichtert. Das Gegenwarts-Ich hat *Preßweh* wie auch einige Gegenwartsautoren. »O mein armes Köpfchen, was habe ich gemacht.«[8] Die Kadenz ist hoch, als Motiv zeigt sich zunehmend die Darstellung des Endlosen und der damit implizierte Versuch, das Endlose stillzulegen, zu verlangsamen, erstarren zu lassen. Jedes Motiv, so Manfred Frank, »das in literarischen (und allgemein: kulturellen) Gebilden überlebt hat, bricht ein Stück kultureller Erbschaft an, um sie im Vorblick auf ein bestimmtes Projekt von der Zukunft dieser Kultur neu zu deuten...«[9] Die Zukunft ist Steigerung, und was sich in der Bild- und Textwelt als Schlüsselmotiv anbietet, ist die *Endlosbewegung*. Diese wird im Bild in Starre übergeführt. Bewegung und Starre und ihre Zusammenführung, das ist die Mission des Models und die Herausforderung der Meister des Bildes. Vielleicht ist die Geschichte der Kunst überhaupt geprägt vom Wechsel zwischen der Überführung der Starre in Starre und der Bewegung ins Starre. Vielleicht ist das bewegte Bild, sind Film und Video der Endpunkt, die Überführung der Bewegung in Bewegung.[10]

Gewiß zeigen die Künste auch Kontrapunkte, Phasenverschiebungen, Überlagerungen und gegenseitige Verstärkungen. Gemeinsam haben sie sich in ihrer Fortschrittsgeschichte vom Gegenstand ab- und sich selber zugewandt, gemeinsam haben sie sich vom Publikum gelöst (im Unterschied zu den Wissenschaften), und gemeinsam oszillieren sie, wie immer sie sich ausleeren und ausbrüllen, zwischen Formen der Öffnung und Verschließung. Gewiß ist das Arbeiten mit Tönen und Bildern etwas anderes als mit Texten. Nicht weil die letzteren vermittelt, die ersteren unvermittelt sind, sondern weil es schwerer fällt, sich in Texten voll auszugeben. Die Verschriftung diszipliniert. Die Schrift ist ein kühles Medium. Die Verarbeitung in Texten sträubt sich gegen das Chaotische, Unordentliche und Verdreckte.[11] Wie Sartre bemerkt, ist ein Schmerzensschrei »das Zeichen des Schmerzes, der ihn hervorruft. Ein Schmerzensgesang aber ist der Schmerz selber und gleichzeitig etwas anderes als Schmerz..., ein Schmerz, der nicht mehr existiert, sondern ist.«[12]

Die bildende Kunst, auch sie ist im Sartreschen Sinn ein Schmerzensgesang. Nur fällt es in ihr einfacher, die Nähe des Existierenden zu erreichen, sie setzen in ein Medium um, das dem natürlichen Ausdruck näher liegt. Lärm und Schweigen waren, so Menninghaus, die beiden phonetischen Extreme der religiösen Erfahrung, und sie sind es noch heute – zur Fastnachtszeit tobt jeden Abend ein Heidenlärm. Aber während in der vormodernen Zeit die höchsten Dezibelwerte regelmäßig bei religiösen Festen, Kulten und Zeremonien erreicht wurden (blasphemisch und erhaben in Parkers und Oliver Stones *Evita*-Film dargestellt, wo die kultischen Zeremonien unter einem ohrenbetäubenden musikalischen Lärm ablaufen), erreicht der Lärm in den modernen Gesellschaften den Status eines Basismythos Murray Schafer zufolge.[13] Das Rauschen des Meeres, der Bäche, das Sausen des Windes, der Gesang der Tiefe, das durch die Frequenzen des Flügelschlages hervorgerufene Summen der Insekten werden überformt und überdeckt vom Lärm der Fabriken und der stehenden und bewegten und reisenden Maschinen – gipfelnd im grollenden Start von Weltraumraketen und -fähren, die eine erdbebenartige Erschütterung des umliegenden Territoriums mit 160 dBA auslösen und, einen Feuerschweif hinter sich herziehend, verschwinden. Während dieser Lärm noch territorial begrenzt ist, macht sich der Lärm mit der Erfindung des Rundfunks und Fernsehens gewissermaßen selbständig; er wird zwar noch örtlich etwa von lokalen Sendern produziert, aber realisiert sich im Raum der Frequenzen über Satelliten weltweit. Satellitenfotos zeigen die Erde auf der Nachtseite übersät mit Lichtpunkten, die so zusammenwachsen, daß man vermutlich in einigen Jahrzehnten von der Erde aus die Sterne nicht mehr sieht. Der Astronaut der Zukunft wird die Erde nicht mehr nur als Lichtquelle, sondern als Lärmquelle wahrnehmen, als durchdringender einziger Ton, ein Breitbandpfeifen wie von einem Riß, durch den Helium aus einem Luftschiff entweicht. Die in den *Lovemobils* der Ravekultur kulminierenden elektrischen Feste, in denen die Welt nicht mehr, wie bei Christo, verpackt, sondern mittels gigantischer Lärmmaschinen *angeturnt* und mit *Sound* gleichsam geflutet wird, sind das akustische Gegenstück zu Christos simulierten Zudeck- und Verhüllungsaktionen, die eigentlich wiederum simulierte Ikonoklasmen sind, wie die Soundflutung eigentlich gleichzeitig ein Sonoklasmus ist, in dem die alten Klangbilder der Städte überbrüllt werden.

Möglicherweise reagieren einzelne Künstler und Autoren auf die Lärmvermehrung mit einem verstärkten Rekurs auf eine Ästhetik des Schweigens (wie ja auch Rhetorikkurse und Meditationskurse sich konkurrenzieren), vielleicht lassen sich mit ihr Lärm und Geschwindigkeit besser bestehen (die starren, in den Fahrtwind getauchten Kühlerfiguren der Moderne – Vögel mit starrem, metallisch glänzendem Gefieder). Und gewiß gibt es auch weiterhin das unbeirrte Tradieren von Geschichten und wird nicht nur am Indikativ, sondern am Präteritum festgehalten. Der eine schweigt, weil er wenig, der andere, weil er zuviel zu sagen hat, die Literatur schweigt manchmal, weil die Bildschirme und Lautsprecher ihr das Maximum jener *Blubber*-Literatur vorführen, die sie im Begriffe ist, zu konkurrenzieren. Verstummen, verschweigen – Wunschziele einer *bulimischen Welt*; von Augustinus bis Beckett eine Geschichte des versuchten Schweigens. Schweigen hat etwas von zudecken, verhüllen, etwas vom Meer, von dem Kierkegaard schreibt: »Das Meer ist stumm, sogar wenn es lärmt und tobt, ist es stumm«, von einem steigenden und flutenden Meer, indem das bodenlose Gerede selber zu einer Form des Schweigens wird.[14] Wie immer Schweigen und Verstummen sich als unsichtbare Wände vorschieben, die Kadenz der Produktion von Texten und Tönen hat sich insgesamt gesteigert. Wie eine Schneeschicht legt sie sich auf eine vom Reden noch erwärmte Unterlage und kühlt. Der heftige Ausstoß von Bildern, Tönen und Zeichen, die karriereentscheidende Notwendigkeit, sich andauernd oder zumindest im entscheidenden Moment voll zu geben, ist dennoch von einer merkwürdigen Doppeldeutigkeit. Einerseits läßt sich die konvulsivische Produktion als ein verzweifelter Versuch deuten, Kontinuität aufrechtzuerhalten. Andererseits, insofern ihre Produktion logopathische Formen annimmt, steigern sie die Beschleunigung.

Sprache ist »eine Verlängerung, ein Anzug, der Sprecher steckt in der Sprache, er ist mit Wörtern ausgestattet; sie sind die Verlängerung seiner Sinne, seine Scheren, seine Fühler, seine Brille, er setzt sie von innen her in Bewegung...«, wie Sartre es ausdrückt.[15] Der hochindividualisierte Mensch von heute, der *uomo singulare*, der sich aus allen Hüllen herausgeschraubt hat, schüttelt sich wie ein dem Wasser entflohener oder entstiegener Hund und rasselt mit seinem Wörteranzug. Sprayer, Graffitikünstler, Comiczeichner rasseln und spritzen die öffentlichen Wände und Maschinen voll und entleeren sich in jene hunderttausend Hefte, die jährlich produziert und alsbald, in privaten Ikonoklasmen, vernichtet und entsorgt werden. Ein Mann sollte, wie Sartre außerdem instruiert, »aufs Ziel schießen und nicht wie ein Kind auf gut Glück, mit geschlossenen Augen und nur, um vergnügt das Knallen zu hören«.[16] Aber zielen kann er nur, wenn Ziele *vorhanden* und Regeln *gegeben* sind. Ziele sind bekanntlich immer vorläufig, Fortschritt bedeutet eine endlose und unaufhaltsame Vorwärtsbewegung, eine andauernde Unzufriedenheit mit dem Gegebenen, dem Etablierten, dem Establishment, und so hören wir ein vergnügtes und hektisches oder panisches Knallen, mit Texten, Bildern, sich rasch folgenden Popkulturen, Avantgarden. Wir sehen, daß sich die Kunst wie ein großer Mund öffnet und in einen Dauerorgasmus, oder ist es ein epileptischer Anfall, verfällt; wie die schnellen Medien die langsameren anstecken, die Töne die Bilder, die Bilder die Filme, die Filme die Literatur, wie sie nacheinander die Grenzen zwischen Vorder- und Hinterbühne durchstoßen, in Frage stellen, rasseln, nicht nur mit Wörtern, sondern, wie Jake und Dinos *Chapman* in ihren monströsen Figuren auf dem glitzernden Tableau »Happy Kissmyarse«, mit Hunderten von Geschlechtsorganen.[17] Der Welt scheint es schlecht zu gehen oder zu werden. Der Kopf, der Mund, der Körper wird zu einer Art einzigen Öffnung, einer klaffenden Wunde, gerade nicht zu einem Schrei wie in Munchs Lithographie, und erbricht und deckt die Mitwelt mit Abfall zu, mit Müll, Trash, simultan in allen Avantgarden, metonymisch im Duktus und rasend hoch in der Kadenz ohne Platz für den Tod. Ungeachtet also, ob der Autor Autor ist oder verschwindet, ob der Text eine Funktion von ihm oder er eine Funktion des Textes ist, und ungeachtet des Gefühls, die Gesellschaft übergebe sich in all ihren Texten und Bildern, sie laufe aus und verschwinde in Textlachen, haben alle Arten von Repräsentationen und Objektivierungen immer dasselbe zum Ziel gehabt: Dauer, Überwindung der

Zeitlichkeit, der Vergänglichkeit, des Sterbens. *Littera scripta manet.* Das gilt nicht nur, aber in besonderer Weise für die großen Meister der Moderne, wie etwa für Pynchon, der in *Gravity Rainbow* tausend Seiten lang die letzten Momente vor dem Einschlag einer abgeschossenen Rakete schildert;[18] oder für Elfriede Jelineks *Die Kinder der Toten*, in dem in einem durch Regenfälle verursachten Erdrutsch die Feriengäste im Gasthof *Alpenrose* im Schlamm begraben werden;[19] oder, warum nicht, obwohl schon fast vergessen, in leuchtendem Rot für die viertausend Seiten von Marianne Fritz,[20] wo sie schreibt, »Das Leben ist eine Wunde, und diese Wunde heilt so schwer«; oder, diesmal sicher, für die siebenundzwanzigtausendundfünfhundertdreiundvierzig in eine Truhe gefüllten Manuskripte von Fernando Pessoa.[21]

Jede Apokalypse arretiert für einen Moment die Geschichte, führt eine Weltbewegung auf ein Ende zu und in Starre über. Sie ist Erlegung und Stillstellung eines unaufhaltsamen Stroms, vielleicht ähnlich der Bannung einer heranbrausenden Herde. Solche Bilder sind tief ins Unterbewußtsein geglitten. »Komm und sieh«, der in den acht Abschnitten, die die Öffnung der ersten vier Siegel beschreiben (Joh. 6, 1-8), viermal wiederholte Ruf, der das Erscheinen der vier apokalyptischen Reiter ankündigt (deren vierter zuletzt als *Pale Rider* über die Weltkinoleinwände ritt), diese Aufforderung, die in der Offenbarung von den vierteiligen Lebewesen, sechsflügligen Löwen, dem sechsflügligen Stier, dem sechsflügligen menschlichen Antlitz und dem sechsflügligen Adler befolgt wird, eröffnet einen Zyklus von schwerdüsteren Bildern, die sich dem Kinderkopf tief und unauslöschlich eingeprägt haben. »Die Sonne wurde schwarz wie ein härener Sack und der ganze Mond wie Blut« (Joh 6,12), »die Sterne fielen auf die Erde, wie der Feigenbaum seine unreifen Früchte abwirft, wenn er vom Sturmwind geschüttelt wird« (Joh 6,13), und »der Himmel wurde weggezogen wie ein Buch, das zusammengerollt wird« (Joh 6,14); und: »ein Orkan, das war ein Vogelschwarm hoch oben in der Nacht: ein weißer Schwarm, der rauschend näherkam und plötzlich nur noch die Krone einer ungeheuren Welle war, die auf das Schiff zusprang« – das Bild eines modernen Meisters.[22] Die eindrucksvollsten literarischen Bilder stellen Bewegungen still: »Der Himmel wurde weggezogen wie ein Buch, das zusammengerollt wird«, diesem biblischen Beispiel einer unvorstellbaren, gleichzeitig gewaltigen und sanften (wegziehen wie ein Buch, das zusammengerollt wird) Destruktion der Welt läßt die Weltliteratur immer neu ähnliche Bilder folgen, »ein weißer Schwarm, der rauschend näher kam...«. Die Momentaufnahme des Sturzes ist gewissermaßen der Archetypus der Bannung der Bewegung. Ikarus, wie er mit geschmolzenen Flügeln zischend ins Meer eintaucht. Die aus dem Heck eines abstürzenden Flugzeuges im Wirbel des Unterdrucks hinausgesaugten Passagiere. Oder die vollkommene Leere, die jenen toten Astronauten umgibt, der mit großer Geschwindigkeit im leeren Raum seine schattenlose Bahn zieht.

Überhaupt die Bannung einer letzten gewaltsamen Bewegung im Bild, der Kalvarienberg mit dem gebrochenen Leib *Christi*, der Todeskampf, die Ekstase, die ihm vielleicht nahekommt; Batailles *Chinese des Schmerzes*, im letzten Augenblick, unrettbar verloren, zwischen Leben und Tod;[23] *Theresa von Avila*, festgehalten von Bernini in Santa Maria della Vitoria in Rom, diese seltsame Ehe zwischen Ekstase und Tod; und noch einem Dritten, der vielleicht mit oder von Theresa von Avila selber beschriebenen Vision: vom Engel mit »einem langen goldenen Pfeil, und an der Spitze des Eisens schien ein wenig Feuer zu sein. Es kam mir vor, als durchbohrte er mit dem Pfeil einige Male mein Herz bis aufs Innerste, und wenn er ihn wieder herauszog, so war es mir, als zöge er diesen innersten Herzteil mit heraus... die Wonne, welche dieser ungemeine Schmerz verursachte, war so überschwenglich, daß ich unmöglich von ihm frei zu werden verlangen, noch mit etwas Geringerem mich begnügen konnte als Gott«.[24] Das höchste Glück der Vereinigung mit Gott kann übrigens nach Theresa von Avila nie zur Vollendung gelangen, sie wünscht sich nach dem Vorgeschmack des Himmels sehnlichst zu sterben, spricht vom süßen Tod und dichtet jenes Lied, in dem das Thema: »denn ich sterbe fast vor Schmerzen, weil ich noch nicht sterben kann«, in allen Varianten ausgeschöpft wird. Ihrer gelegentlich widerfahrenen Levitationen, die sich in den Verzückungszuständen ereigneten (Schweben über dem Erdboden), schämte sich Theresa von Avila, wenn es von anderen bemerkt wurde. Das Eigenartige und Bedrohliche eines solchen Ereignisses besteht darin, daß es eine Art Abbild eines Falles oder eines Sturzes ist, Bilder, die heute mit Vorliebe Motive großer Photographien sind, Levitationen, ohne daß man sich ihrer zu schämen braucht. In der Photoserie *hover hover* von Gerald van der Kaap gleiten Models auf Hüfthöhe am Betrachter vorbei – auf einem imaginären Laufsteg.[25] Das Zerplatzen einer Wassersäule oder eines Wasserwirbels in einem übergroßen, leeren Zimmer, eines Wirbels, der stillgestellt, zeitlos ohne Bewegung inmitten des Zimmers schwebt und nur auf sich selbst und seine mortifizierte Bewegung verweist, stellt eine hypermoderne Form der Levitation dar: die mittels des Picture Processing mögliche Entrückung und Emporhebung von realen Objekten, wie sie in den digital bearbeiteten und mittels Tintenstrahldruck produzierten levitierenden Gebäuden auf Arbeiten von Heidi Specker oder auch Cécile Wick zum Ausdruck kommen.[26] Überhaupt ermöglicht die Photographie im *Schnappschuß* (und deshalb wurde sie auch gefeiert) die Bannung der Bewegung mit einem künstlichen Auge und dem schnellen Pinsel der Natur (der die langsame Hand des Menschen ersetzt).

Wäre es denkbar, daß die immer wieder auftretenden Bilderstürme und Bücherverbrennungen, zumindest jene, die Bilder und Schriften mit und über Gott vernichten, eine magische Hintergrunderzählung haben, in der die Gefahr mittels Objektivierung gebannt wird – auch die Angst und den Schrecken, der von der christlichen Heilsgeschichte und ihren Märtyrern, Stationen und Endzeitvorstellungen ausging, zu bannen? Und könnte es sein, daß im Kruzifixstreit in Bayern ausgerechnet von den Kirchengegnern eine magische (nicht eine christliche) Praktik unterbunden werden will, die seit eh und je geholfen hat, mit dem Entsetzlichen fertigzuwerden, und nicht, es zu perhorreszieren.

7. Das anorektische Ideal

Die Beschleunigung ist eines der herausragenden und auch angstmachenden Kennzeichen der Moderne. In immer kürzeren Abständen erfolgt eine Einverleibung und Auspressung der Kultur, die sich in der beschleunigten Produktion nicht nur von Gütern, sondern von Bildern, Ideen, Texten wiederfindet. Zurück bleiben als Ideal und Resultat leichte, ausgepreßte Körper, *anorektische Ideale*, ein Traumbild von leichten, weißen, schlafenden Gestalten, die sich schließen.[1] Und zurück bleiben Versuche, den beweglichen und fluiden Schrecken zu bannen. Die bildende Kunst beschreibt in ihren Stilepochen einen Bogen von der Ab- und Nachbildung des Starren, Unbewegten zur Bannung von Bewegung. Die Stillegung des Bewegten in Skulpturen aus härtestem Material, aus Granit, Stahl, Marmor oder Elfenbein ist besonders eindrucksvoll. In Raffung läßt sich diese Entwicklung an der kurzen Geschichte der Photographie nachzeichnen.

Frühe Photographien hatten eine Vorliebe für *Totes*, für alles, was ruhte. Bilder der ersten Kriegsberichterstatter zeigen Zerstörungen und Leichen, nicht die Momente des Zerstörens und Tötens. Erzwungen auch durch die Tatsache, daß eine Aufnahme viel Zeit brauchte, existierte die Bewegung auf der Photographie nicht. Die Bilder unserer Großeltern zeigen diese ernst, konzentriert, würdevoll – in selbstveranstalteter Starre. Die kürzer werdenden Verschlußzeiten und hochaufnahmefähigen Filme erlauben allmählich die Bannung der Bewegung. Das *Clicken* der Kamera – wie eine Detonation, begleitet von einer Explosion. Fotos werden geschossen, schnappgeschossen. Die Kugel, wie sie eine Scheibe durchschlägt, der Blitz, der nach vorne schleudernde Körper. Sie ähneln jenen merkwürdig klar erinnerbaren, photographischen Aufnahmen, die, um Geister nachzuweisen, heimlich oder offen in spiritistischen Sitzungen gemacht wurden und schwebende Astralleiber festhielten, unter denen sich Teilnehmer der Séancen ducken und die wiederum erinnert werden in jenen Phänomenen, die Gerald Van Der Kaap in seinen auf Plexiglas gezogenen Digitalphotographien nachweist.

Bilder haben unterschiedliche Funktionen. Sie stellen etwas dar *und etwas her*.[2] Im zeitgemäßen Aktionsbild oder auch im Action-Film wird Bewegung gebannt, sie setzen der Vergänglichkeit etwas entgegen, sie erheben Flüchtigkeit zu Dauer. Vielleicht besteht, wie das Roland Barthes suggeriert, zwischen der *Krise des Todes*, die im frühen 19. Jahrhundert offenkundig wird, indem er als Freund und Gefährte verschwindet und zu einem Feind wird, und der Entstehung der Photographie ein Zusammenhang.[3] Der Tod nicht mehr als Übergang, sondern als endgültiges Ende, erfordert andere Strategien der Bewältigung. Dem Tod, dieser *Furie des Verschwindens*, wie Hegel ihn nennt, läßt sich mit Bildern etwas entgegensetzen, er läßt sich photographisch simulieren. Daß der Tod »unentrinnbarer Teil des eigenen Lebens ist und wir ihn doch nicht er-leben« können, diese Nichtdarstellbarkeit des eigenen Endes stellt in der Geschichte der bildenden Kunst die große »Herausforderung an die ästhetische Vernunft dar«[4]. Aber nicht nur für sie. Alle Photographien, die in unseren Schubladen, in den Ausweisen und Portemonnaies ihr Dasein fristen, sind *Memento moris*, Emanationen der Vergänglichkeit. Die Skulptur, das Bild, die Photographie und der Text sind aporetisch. Sie halten einen unwiderruflich vertriebenen Augenblick fest und mortifizieren ihn gleichzeitig. Aus dieser Sicht ist die *analoge* Photographie eine artifizielle Verfeinerung der Mimesis und gleichzeitig deren Endpunkt, der im Photorealismus noch zelebriert und bestätigt wird. Der Film seinerseits, der Einzelbilder, Photographien in so schneller Folge aneinanderreiht, daß er unser Auge übertölpelt, läßt den Tod gleichzeitig laufen und entlaufen. In der Bewegung verschwindet er wieder. Je realer die Szene, desto weniger *Memento mori*. Die von Arthur Penn (in *Bonny and Clyde*) erstmals angewandte, dann von Sam Peckinpah und insbesondere von Enrico Morricone perfektionierte Technik, den Tod in Zeitlupenaufnahmen zu zeigen, bringt ihn zurück.[5]

Im für den Laufsteg hergerichteten Menschen zeigt sich, insbesondere auch in seinem ausdrucksvollen Schweigen, für den Moment des Erscheinens die Gestalt der Reise, im auf die Reise geschickten, gleitfähig gemachten, getunten Körper, der einen Windkanal mit scharf beobachtenden Augen durchmißt. Gewiß, seit jeher reist der Mensch, heute aber schneller als je, er fährt nicht mehr nur, sondern fliegt, katapultiert sich von Kontinent zu Kontinent. Die Reise, die der Mensch, wie Manganelli schrieb, als einziger erfunden hat, ist die Reise ins *Jenseits*: »Wer stirbt, geht anderswo hin. Er verschwindet nicht, verbirgt sich nicht unter dem Boden, verbrennt nicht, seine Wirklichkeit reist.«[6] Die Reise ins Jenseits ist in der Moderne vertauscht mit dem Reisen *im Diesseits*, dem *unentwegten Reisen*. Die vom Adler überragte Barke der Pharaonen, die den Toten vom Diesseits ins Jenseits befördert, hat sich verwandelt in stählerne Vehikel, die nicht von Toten belegt, sondern von Lebenden gesteuert werden. Seit die Erde selber als Gestirn erkannt ist, das im unendlichen Raum seine Bahn zieht, auf der oder rund um die Fahrzeuge, Flugzeuge und Satelliten zirkulieren, sie nicht mehr, wie Brechts Galilei sagt, an einem kristallenen Gewölbe angeheftet ist, schwebt sie selber im Freien, »ohne Halt und in großer Fahrt«.[7]

Mit dem Jahr 1492 fängt der Raum bereits an, sich zu schließen. Gewiß endet der Aufbruch ins Unbekannte in einer geschlossenen, sich immer mehr vernetzenden und informationstechnisch zusammenklumpenden Welt.[8] Aber sukzessive wird sie, indem sie sich an galaktischen Bezugssystemen ausrichtet, ein selbst dahinschießendes und um sich selber kreisendes, riesenhaftes Gefährt, ein Himmelskörper in unendlichen Welträumen. Der Verlust des Ortes und seine Ersetzung durch den Raum und nun der Verlust des Erdenraumes, Verlust des Erdbodens, wirft also das Individuum, das keinen Außenhalt mehr findet, mehr denn je auf sich selber zurück.

Ersatz für die Dauer ohne Dauer, für die Zeit ohne Zeit. Drückt sich in den Fluten von toten Bildern und Texten der ubiquitäre Wille nach etwas Festem aus? Zeichen, die sich der Reisende, wie um seine eigene Spur wiederzufinden oder nicht zu verlieren, selber setzt? Und ist es nicht signifikant, daß sie in der bildenden Kunst die Objektivationen, das ihnen selbst Ähnliche vortrugen, den ruhenden Falken, den ruhenden Gott, das ruhende Herrscherpaar, das auf uns ruhende Auge? Mit dem Aufkommen des jüdisch-christlichen Futurismus erfolgt jene Abkehr vom Ruhenden, die noch die modernste Beschleunigung prägt, die Bestimmung der Gegenwart durch die Zukunft, die Notwendigkeit des Aufbruchs und des Reisens. An Abraham ergeht das Gebot, wegzuziehen in ein Land, das Gott zeigen wird, Moses führt das durch eine Hungersnot nach Ägypten verschlagene Volk in das verheißene Land zurück, jüdische Heere eroberten das verlorene Jerusalem zurück. Nach der Zerstörung der Tempel in Jerusalem und der babylonischen Verbannung bildeten sich flexible, nicht ortsgebundene, vom Opferritus unabhängige synagogale Gottesdienste heraus, die messianischen Erwartungen übertrugen sich auf das Christentum und wurden in ihrer Heils- und Bekehrungsgeschichte radikalisiert. Beschleunigungsversuche folgten Beschleunigungsversuchen, und die Sehnsucht und das Verlangen, das Andere, das Heil, sich selbst, Gott, das Paradies zu erreichen, nahmen zu und steigerten sich mit deren Verschwinden. Trotz periodischen Ikonoklasmen nahmen im gleichen Maße, wie die vormodernen Gesellschaften durch die christliche Geschichtsauffassung in Fahrt kamen, beschleunigten, und in Gefahr gerieten, außer Kontrolle zu geraten und das Ziel aus den Augen zu verlieren, die Stabilisierungsversuche zu. Nicht mehr die Ruhe, das Bewegungslose, das Starre verlangen Darstellung, sondern die Bewegung verlangt ihre Überführung ins Feste.

Jahwe, der nordwestarabische Name des biblischen Gottes bedeutet *Er weht*, und die Geschichte des Judentums und des Christentums ist eine Geschichte der Fahrten, Reisen, Kämpfe, Fluten, Zerstörungen und Rettungen. Die Deutung der Bildverbote und

Bilderstürme als antipolytheische Manifestationen ließe sich vielleicht ergänzen durch eine Deutung, die in der Zerstörung von Bildern, auch wenn sie Bewegtes darstellen, wie die tief im Kinderkopf hängengebliebenen Bebilderungen des Neuen Testaments, Jesus unterwegs, mit wallenden Kleidern und wallendem Haar und Reisesandaletten, eine Befreiung der gleichsam in Bildern steckenbleibenden Fahrt sehen konnte. Sind nicht Bilder, alle Arten von Objektivationen und Repräsentationen, auch oder gerade wenn sie das Bewegte darstellen, eine Art Aufhaltmanöver, Bremsen; Dinge, die herausstehen aus dem sich schnell bewegenden Gefährt, eine Art Kühlerfiguren, anorektisch aufragend über der phallischen Vegetation. Insofern ist die moderne Überproduktion von Texten, ganz abgesehen von ihren Motiven, eine Folge der übersetzten Geschwindigkeit. Ausgebettet aus der Vormoderne, erzeugt die Moderne aus sich heraus ein Netz von Verweisungen und Festigkeiten, die selbst produziert, gesteuert, repariert und kontrolliert werden, um die Menschen, uns selber besser, wie Arnold Gehlen einmal gesagt hat, »im Dasein zu halten«.[9] Im gleichen Maße nun, wie die Geschwindigkeiten wachsen, der Fortschritt schreitet, die Zukunft lockt und leuchtet, nehmen nicht nur die Bilder und Texte zu, die die Bewegung bannen, sondern auch die Entmaterialisierungs- und Abmagerungsversuche. Mumford deutet die ägyptischen Pyramiden als Produkte einer beschämenden, nekrophilen Technologie; die transitorischen Architekturen der Gegenwart ließen sich entsprechend interpretieren als nekrophile Kreationen, und während die ersteren das Tote in Totes überführen, transformieren Transitarchitekturen das Bewegte in Bewegungen, die sie gleichzeitig einfrieren und die von daher jenen fetischartigen Anstrich bekommen, der den straffen und glänzenden Damenschuhen ähnelt, die den Fuß behindern und ihn gleichzeitig zum wehrhaften Gefährt machen. Die Permanenz eines Motivs enthüllt vielleicht etwas von der jeweiligen Geschichte, die Permanenz der Motivproduktion begleitet die Geschichte und gibt in ihrer Kadenz Auskunft über die Bewegung, in der sie sich befindet.

Die Kadenz ist hoch; im Vergleich zu den Kopieranstalten in den Klöstern des Mittelalters, wo Seite um Seite abgeschrieben wurde, sind die modernen Druckereien und Verlagsanstalten Schnellfeuergewehre, ganz zu schweigen von der Bildgenerierung der neuen Medien. Noch ist nicht abzusehen, wie sich Bild- und Textströme überlagern, verstärken und ineinanderfalten und die

Sonosphäre zu einem einzigen dringlichen und unaufhörlichen Signalton wird, der die Drehungen der Erde um sich selbst und um die Sonne begleitet.[10] Die *Bulimie*, die sich mit der Freßsucht abwechselnde Neigung, sich andauernd zu übergeben, ist wie die *Anorexie*, die krankhafte Magersucht, eine Metapher für unser Zeitalter. In der Metaphorik von Öffnung und Schließung kommt es einem vor, als wenn sich die Gegenwart nicht nur periodisch, im Wechsel mit der Einverleibung, sondern endlos übergeben müßte, wie wenn sie von einem endlosen, vom Erbrechen begleiteten epileptischen Anfall mit heftigen Krämpfen befallen wäre.

So wird die Gegenwart, in der die anorektischen Körper wie ein Arsenal von Miniraketen aufragen, begleitet von einer frenetischen Lärmentwicklung und gesäumt von Abfall. Und so wird schließlich unser Zeitalter, das sich versucht, in die Zukunft hinein zu entwerfen und alle Energie von der Vergangenheit abzuziehen, begreiflich: je stärker es beschleunigt, desto mehr Energien verzehrt es und desto mehr Abfall hinterläßt es, und je mehr Abfall es hinterläßt, desto schneller bewegt es sich von dannen.

8. Homo clausus und Homo apertus

»Was innen ist außen und was außen innen«, so ließe sich die ichphilosophische Literatur in einem Diktum von Johann Gottlieb Fichte zusammenfassen. Die Philosophie der Subjektivität schwankt zwischen einer in sich ruhenden, absoluten Ichheit, die die Welt aus sich herausspinnt, und einem in die Welt verfließenden Ich, einem Weltspiegel. Dieser Weltbezug spiegelt sich in der Rede vom *homo clausus*. Er hat sich in sich selbst zurückgezogen. Sein Gegenspieler wäre der *homo apertus*; auch er findet sich implizit in der soziologischen und philosophischen Literatur.[1] Der *homo clausus* verschließt sich gegenüber der Welt, der *homo apertus* geht auf in ihr. Über die Dialektik von weltlosem Ich und ichloser Welt geht der Gegensatz von *homo clausus* und *homo apertus* freilich hinaus. Gerade der durch die Doppelprozesse von Optionierung und Enttraditionalisierung notwendig werdende Ichbezug, das Auf-sich-selber-verwiesen und -geworfen-Sein, führt zu einer Art Ichsprengung. Es vollzieht sich in der Entwicklung zur Moderne eine Art umgekehrte kopernikanische Revolution: Im gleichen Maße, wie die Erde als Mittelpunkt der Welt abdankt, begibt sich der Mensch ins Zentrum, verwirft nacheinander seine Natur, seine Kultur, seinen Körper (seine letzte Heimat), schraubt sich gleichsam in sich selber hinein, um in sich etwas Ruhendes, Festes, Harmonisches zu finden. Er findet nicht nichts, aber auch nicht das, womit Individualisierungstheorien meist schließen. Keine geschwollene Zecke, aber auch keine in sich ruhende, huldvolle Potenz, kein transzendentales Ego, das die Welt aus sich herausspinnt und gleichzeitig in ihr aufgehoben ist, sondern etwas, was schon wieder (oder immer!) weg, vorweg ist.[2] In der Selbstbetrachtung und Selbstreflexion, auf Ich-Suche und Ich-Jagd, ist das Ich wie ausgeflogen. Der Körper birgt und verbirgt ein Herz, ein Klopfen, Organe, ein Sausen und Brausen, wie es Peter Fuchs umschreibt, aber keinen Ichkern. Die Vorstellung vom *homo clausus* impliziert desungeachtet die Vorstellung einer kapselartigen Individualität, aus der, bei genügend scharfer Aufmerksamkeit, wenn man sie anritzt, so etwas wie ein Ich hervorquillt und alsgleich sich schützend einzieht, einrollt.

Norbert Elias hat dazu ein kurioses Bild geliefert, in dem er den *homo clausus* als ein von einer hohen Mauer umgebenes Individuum schildert, »von der herab geheimnisvolle Zwerge – die ›Umwelteinflüsse‹ – kleine Gummibälle nach den Betreffenden werfen, die bei diesen ›Eindrücke‹ hinterlassen«.[3] Abgesehen von den »kleinen Gummibällen« (wie sollten diese Eindrücke hinterlassen?), ist der *homo clausus* vermutlich die adäquatere Deutung dessen, was Menschsein heißt. Christus am Kreuz klagt: »Warum hast Du mich verlassen?« und wiederholt damit aller Menschen Schicksal, nämlich nach der Geburt von der Mutter, vom Vater verlassen zu werden und sich auf andere hin orientieren und entwerfen zu müssen. Einsam ringt der *homo clausus* ein ganzes Leben manchmal um Gott, manchmal um den Nächsten, manchmal um Teilhabe an Anderen. Wäre er das gesellschaftliche Wesen, das er gemäß der antiindividualistischen Soziologie sein soll, müßte er um seine Einsamkeit kämpfen. In den modernen Organisations- und Kontrollgesellschaften ist schon das Aufrechterhalten einer Mauer um sich selber kein Leichtes. Vielfach anstrengender ist es aber, die sozialen Bezüge zu erringen und aufrechtzuerhalten. »Das Verheiratetsein, das ich nun wieder lernen sollte, glückt mir noch nicht gut«, schreibt Hermann Hesse, am *Steppenwolf* arbeitend, 1924 an Hugo Ball.[4] Die Ehe ist, wie die anderen Institutionen, modernitätsgemäßes Substitut der Enttraditionalisierung, in der die sozialen Bezüge zu Selbstverständlichkeiten und Gewißheiten geronnen und versteinert waren und begründungslos gepflegt wurden.

Aber auch wenn der Mensch *exzentrisch*, d. h. prinzipiell *sich außer sich stellen* und sehen kann (in der reflexiven Moderne ist der *Exzentriker* gewissermaßen die Normalfigur), und so sein Alleinsein erkennt, und auch wenn er noch so tief eingebettet ist in die Gewißheiten einer Liebe, einer Familie, eines Clans, in Freundschaften, auch dann also, wenn der *homo clausus* entgegen der soziologischen Normalkonzeption eines gesellschaftlichen, in Figurationen handelnden und in Ligaturen eingebundenen homo sociologicus letztendlich als ein von der Natur und von Gott Alleingelassener und darum als ein seine Bezüge erfindendes Individuum entworfen ist; die Art und Weise, wie die Beziehungen zum anderen und zur Gesellschaft geregelt werden, sind historisch und kulturell variabel. In der modernen Weltgesellschaft, in der selbst die Begriffe von *fremd* und *heimisch* wie ausgewechselt erscheinen,[5] sind die Bezüge zur und zum anderen anders als in archaischen Gemeinschaften oder in hochkulturellen Gesellschaften. In der Weltgesellschaft, in der jeder Widerstand des Raumes, wie Paul Virillo es umschreibt, »nach und nach gebrochen, jede örtliche Gebundenheit nach und nach gelöst« wird,[6] entläßt uns eine »verlorene Welt in unsere Einsamkeit«, eine Einsamkeit von Milliarden Menschen, in der sich die Multimedien anschicken, auf »gewissermaßen kybernetische Weise (uns) zu... organisieren«.[7] Vielleicht handelt es sich bei den informationstechnologischen Unternehmungen um den Versuch, die verlorene psychoakustische Einheit kleiner überschaubarer Gemeinschaften weltgesellschaftlich zu restaurieren.

Die älteste Gesellschaft ist, Sloterdijk zufolge, eine »kleine plappernde Zauberkugel, ein unsichtbares Zirkuszelt, das über seiner Truppe ausgespannt ist und mit ihr wandert. Durch psychoakustische Nabelschnüre ist jedes Individuum mit dem Gruppenklangkörper mehr oder weniger kontinuierlich verbunden.«[8] Zusammengehören heißt in der Tat zusammen-hören, auch für die Weltgesellschaft. Die Weltgesellschaft ist ein sich öffnender und schließender *Riesenkörper* mit einem wehrlosen Ohr. So hören wir zusammen die Nachrichten von Schiffsunglücken in Australien, Attentaten in Jerusalem, Toten in Sarajewo, Play-off-Runden in diversen Sportarten. So nehmen wir gemeinsam die Wetterprognosen für die nächsten drei Tage zur Kenntnis, lesen Arbeitslosenzahlen, Börsenkurse und Sportresultate. Wir erfahren weltweit und detailgetreu, unter welchen Umständen Prinzessin Diana zu Tode gekommen ist, und fragen uns mit Michael Lind, ob das nächste Amerika ein zweites und Europa ein drittes Brasilien wird, ob eine Perücke diskriminierend wirkt, und werden darüber informiert, daß Modeschmuck häufig der Auslöser einer Nickel-Allergie ist oder daß die japanischen Kleinkinder neuerdings virtuelle Haustiere und die Eltern virtuelle Kinder füttern. Während der Verlust des psychosphärischen und sonosphärischen Kontinuums in archaischen Gesellschaften einer Katastrophe gleichkam (»nicht umsonst verhängten manche ältere Kulturen die Verbannung als eine Art von psychosozialer Todesstrafe«),[9] wäre das Kappen der Kabel zum Weltsoundscape, wie leicht in den Ferien testbar, nicht das geringste Problem, im Gegenteil, es käme einer Stärkung der kleinen plappernden Zauberkugeln gleich. Da diese freilich auch, wenn es nach den Wünschen des ebenso kindlichen wie erfolgreichen Geschäftsmannes Bill Gates ginge, in den kleinen plappernden Zirkuskugeln das plappernde Miteinander durch Anbindungen an das *Cape* ersetzen und als optische und akustische Schatten mit uns im *intelligenten* Haus der Zukunft herumwandern, bieten die Höhlen, in denen man die eigene Stimme hört, keinen schützenden Mantel.

Aber setzen wir noch einmal anders an. Die psychoakustische Einheit, der unaufhörliche Strom von Bildern und Texten und die kontinuierliche Erzeugung von Tönen und Lärm in der modernen Zivilisation, die das bewußte Aufsuchen von Stille notwendig und den Vertrieb von »CDs mit Stille« und den Einsatz von neuerdings eingesetzten *Nicht-Sprech-Waggons* auf internationalen Bahnverbindungen profitabel machen, kontrastiert in eigentümlicher Weise mit der Abschottung und Absonderung der Körper von- und gegeneinander. Könnte es sein, daß manchmal das eine, manchmal das andere Ich die Vereinigung sucht und manchmal das eine, manchmal das andere diese meidet? Könnte es sein, daß, wenn das Individuum nicht mehr als etwas In-sich-Ruhendes, Autoritatives, Herrscherliches, Festes gefaßt ist, sondern als Zweiheit, als Vielheit, die Ichheit nicht mehr als Individuum, sondern als Dividuum auf der Suche nach den entwichenen und entsprungenen Ichs ist? Könnte sich also, wenn der *homo clausus* von Anfang an als Doppel- und Zwitterwesen begriffen wird, dessen einer Teil die Vereinigung, dessen anderer die Absonderung sucht, die

Auseinandersetzungen zwischen Duerr und Elias, Karl Otto Hondrich und Ulrich Beck, Ronald Hitzler und Elmar Koenen auflösen?[10] Möglicherweise macht der Prozeß der Zivilisation kürzere Schritte, als er bei Elias unternimmt, möglicherweise verkürzen sich die Lebenszyklen zivilisatorischer Phasen wie alle anderen drastisch, und möglicherweise erleben wir derzeit ein Nebeneinander unterschiedlichster zivilisatorischer Phasen.

Aber es gibt eine Weltzivilisation von Bildern und Geräuschen, einen globalen Themen- und Motivstrom, dem sich weder die Papuas in Neuguinea noch die letzten noch nicht *coolen* Appenzeller Alpsennen entziehen können. In den hintersten Alphütten begleitet die internationale *Hitliste* das abendliche Melken der Kühe, und der Untergang eines Frachters mit flüchtenden Albanern vor der Küste von Brindisi wird auch in die Hütten der *Yanomami* gefunkt. Gleichzeitig aber schweigt und schämt sich der Körper und errichtet unsichtbare Mauern und verrichtet seine Pflege und Herrichtung im Verborgenen; liebt, sofern er noch liebt, hinter Vorhängen und erscheint glänzend, schweigend, wie ein Projektil aus einer rauchenden Mündung, eine Heiligenerscheinung. *Lourdes ist überall*. Die Disziplin und Selbstzucht, der nach Norbert Elias in der frühen Neuzeit ein immer größeres Gewicht beigemessen worden ist, betraf den Körper und die Zunge. Noch vor wenigen Jahrzehnten war es auch in dieser Region verpönt, bei Mahlzeiten zu sprechen. Das Schweigen ist unterdessen nicht einmal mehr in den Benimm-Büchern zu finden. An der Stelle, wo man etwas darüber nachzulesen sucht, stehen Stichworte wie *Schokoriegel* und *Schwule*. Bei Tisch wird allerhöchstens gefragt, warum man schweige, nicht, warum man rede. Wie es einen Zusammenhang gibt zwischen der zunehmenden Bedeutsamkeit des Schweigens und dem Aufstieg des Kapitalismus, gibt es wohl einen Zusammenhang zwischen Lärm und Schweigen.[11]

Das Lärmen der Maschinen geht einher mit der Beweglichkeit der Körper, die sich, wie Artisten in der Zirkuskuppel, in der Arbeitswelt zu bewegen haben: Chaplins maschinenhaftes Gezappel in *Modern Times* findet sich zeitgemäß wieder in den Schwitzarenen der *Bodybuilding-Studios* und in den *Technotempeln*. Die Anteile jener frei verfügbaren, disponiblen Zeit nehmen zu, die ins Rituelle und Orgiastische eingetaucht werden. Andernorts schrumpft die Sonosphäre, der akustische Raum fällt wie ein Soufflé in sich zusammen. Die leistungsfähigsten Maschinen, die Computer, arbeiten nahezu geräuschlos. Gleichzeitig werden die Körper an Stühle und Bildschirme gefesselt. Sitzschäden statt Schäden vom Bewegen schwerer Lasten sind Zivilisationskrankheiten. Im gleichen Maße indes, wie der Körper keusch und schweigend wird und wie er, verschnürt und auf den Laufsteg getrieben, als lichte Erscheinung auftaucht, im gleichen Maße außerdem, wie die Vitalfunktionen des Körpers ins Verborgene und Sterile abgedrängt werden, *always*, wie die Körper sich schließen und versiegeln (und davon zeugen sogar die pornographischen Exhibitionen in ihrer Starrheit und in ihrem Glanz), öffnen sich die Münder. Die Gegenwartsgesellschaft ist ein gewaltiger Chor, der sich endlos verausgabt und seinen Körper strafft und bildet, um mehr Kraft für das Schreien zu haben. Das »System des Schweigens im Europa der frühen Neuzeit«, das Peter Burke einleuchtend beschreibt, wird abgelöst durch das System des Redens in der Neuzeit und durch das System des Lärmens in der neuesten Zeit.[12] Das Frenetische, Schrille feiert Triumphe; an die Stelle des Maschinenlärms und der Detonationen tritt der *selbstverfaßte*, *selbstgemachte* Lärm: »Love me till the early morning light«, surrt der Anrufbeantworter. »Willst Du Dir denn nicht wenigstens mal anhören, was da läuft?« – »Nein!« – Vom Plattenspieler rollt es: »Your love is the sweetest thing, your love makes me feel so fine…«. Von der Straße her gröhlen ein paar Betrunkene: »We are the champions…« Seltsame Geräusche aus der Bauchgegend. Ein Opernsänger probt »America«, einen Stock höher.[13]

Grunge, Brit-Pop, Rave-Techno, Nazi-Skin-Kultur, Black-Dada-Nihilismus laden im Verein mit dem Gefangenenchor aus *Nabucco*, Drafi Deutschers *Marmor, Stein und Eisen bricht* und den in den Straßen herumswitchenden, kleinen, rollenden, in eine Art Lautsprecherbox umfunktionierten GTIs eine betäubende Sonosphäre auf, eine psychoakustische Einheit für Weltgesellschaften, ein Weltsoundscape, in dessen Innerem unentwegt geschrien und geredet wird, während die Körper sich verschlanken, designen, in Schweigen hüllen. Bei allen, oder, wie Charles Darwin schreibt, »beinahe allen Tieren, selbst bei Vögeln, verursacht äußerste Angst ein Erzittern des Körpers. Die Haut wird blaß, es bricht Schweiß aus, und die Haare sträuben sich. Die Absonderungen des Nahrungskanals und der Nieren werden verstärkt, die Ausscheidungen werden infolge Erschlaffung oder Lähmung der Schließmuskeln unwillkürlich entleert. So ist es bekanntlich bei

Mensch und Tier der Fall, wie ich es bei Kindern, Hunden, Katzen und Affen selbst feststellen konnte. Das Atmen ist beschleunigt. Das Herz schlägt schnell, wild und heftig (...). Bei einem erschrockenen Pferd habe ich das Schlagen des Herzens durch den Sattel hindurch so deutlich gefühlt, daß ich die Schläge hätte zählen können.«[14]

Gewiß werden Entleerungsvorgänge heute auch auf Bühnen staatlich subventionierter Theater gezeigt. »Don Carlos aalt sich in der Badewanne, Minna von Barnhelm muß öfter aufs Klo... Pinkelnde Prinzen, Pissoirs als Bühnenbilder sind den Theatergängern ebenso vertraut wie gackernde Hühner oder quiekende Schweine.«[15] Theaterstücke wie *Shoppen & Ficken* (von Mark Ravenhill), im Theaterhaus Zürich aufgeführt, bringen nicht einmal mehr katholische Zeitungen in Schwierigkeiten, nachdem der progressive Klerus über die Öffnung der Kirchen nachdenkt und wohl bald die Verspottung Gottes Einzug hält. Aber man täusche sich nicht. Theater ist Theater, und das Lassen auf der Bühne ist eine Beschreibung des Lassens in Wirklichkeit, das nach wie vor, vielleicht mehr denn je, im Verborgenen stattfindet. Aber das Herzeigen setzt, wie der Geschlechtsakt vor Publikum auf einer Bühne auch, sogar eine besondere Beherrschung des Körpers voraus, eine Simulation des Affektes, eine Darstellung eines Naturgeschehens, dessen Realismus immer neu versprochen werden muß. Schweigende, paradierende Körper in tobendem Lärm, still vor sich hin arbeitende Wissenschaftler hinter Bergen von sich überbietenden Texten...

Exkurs 2:
Vom Individuum zum Infinitum

Homo clausus und homo apertus können als Problemanzeigen genommen werden. Einer überkommenen Denkweise der Soziologie zufolge bewegt sich die kleine Geschichte, die Geschichte des Menschen, in einer Dialektik von Individualisierung und Kollektivierung oder: Wortungetüm *Kollektivisierung*. Sobald jeweils der Zwang der Notwendigkeiten, der Vorgaben und der Herkunft übermächtig zu werden droht, beginnen die Freiheitsregungen und Freisetzungsbestrebungen des in Notwendigkeiten eingespannten und darob manchmal verzweifelnden Menschen. Zug um Zug, so die soziologische Geschichtsschreibung seit Auguste Comte, Karl Marx und Georg Simmel, revoltiert und entbettet ein zur Freiheit entschlossenes, zwischen Notwendigkeit und Möglichkeit oszillierendes Wesen sich aus überkommenen Gewißheiten und Selbstverständlichkeiten und wird – im Gegenzug – unerbittlich auf sich selbst zurückgeworfen, zum Individuum, Subjekt, Ich, zum *Entscheidungs-* und *Kommandozentrum*. Die Freiheit ist nicht leicht zu ertragen. Nicht sechs, sondern hundert Personen suchen einen Autor. Nicht zwei Ich sehnen sich nach Identität, sondern hundert,[1] hundertsiebenundvierzig,[2] unzählbare.[3]

Das Sehnen nach wie die Vorstellung von Identität sind ebenfalls Problemanzeigen. Der aus der progressiven Optionensteigerung (der Freiheit »zu«) einerseits, und der gleichzeitigen Erosion von Gewißheiten (der Freiheit »von«) andererseits resultierende, *heroische Dezisionismus* zwingt, Carl Schmitt zufolge, »aus dem Nichts« zu entscheiden.[4] Aber die aus dem Nichts geborene Entscheidung gibt es nicht, oder nur für jene, die nichts wollen in einer Gesellschaft, die auf Immanenz und Gegenwart um- und die Transzendenz und Zukunft, überhaupt die Umfelder abgeschaltet hat. Außerdem werden Entscheidungen erst dann möglich und notwendig, wenn Möglichkeiten gegeben sind, gegen oder für die man sich entscheiden kann (und das können schließlich auch Werte, Traditionen, Gewißheiten und Selbstverständlichkeiten sein). Entscheidungen fallen deshalb nicht aus dem Nichts, sondern aus der Vergegenwärtigung von Möglichkeiten, von denen es stets mehr gibt, als aktualisiert werden können. Und diese Möglichkeiten warten in ausdifferenzierten Erwartungsräumen, etwa was Krawatten in Kleidergeschäften, Würste in der Metzgerei oder Kanäle im Fernsehen betrifft, wo sie zielbezogen (oder auch nicht) aktiviert werden. Der Verzicht ist eine Schwundform der Entscheidung. Wer Ziel sagt, ist schon in der Zukunft. Fraglich ist deshalb insbesondere die existentielle Verkürzung der Entscheidungssituation auf einen Jetztpunkt, der nicht nur die normative, die Selektion offensichtlich oder hinterrücks steuernde Gewißheit abschneidet, sondern auch jede Art von Zukunftsorientierung. Denn diese ist gegenwartsbestimmend.

Der Mensch scheint zwar prinzipiell und immer und endlos ausgespannt und ausgerichtet auf etwas Künftiges hin. Geworfen ins Dasein, entlassen aus der Natur oder verstoßen aus dem Paradies, wie immer die großen Erzählungen seine Ausgesetztheit denken, entwirft und wirft er sich in die Zukunft. Gewiß, nicht nur gelegentlich, sondern allzu häufig läßt er sich vom Geschehen treiben, von den Notwendigkeiten erfassen. Aber immer wieder eilt er sich, sich selber entwerfend, voraus. Der Mensch ist nicht Werfer und Schütze, der, sich aufrichtend, in die Horizontale schaut,[5] sondern Selbstentwerfer, ein sich selbst in die Zukunft katapultierendes Projektil. Sein wahres Heimweh ist Fernweh.

Gegenüber einer die Zukunft einbeziehenden Lageanalyse verfügt die überkommene Individualisierungsthese nur über zwei Zeitformen, über Gegenwart und Vergangenheit, und auch nur über zwei Formen des Menschseins: Vereinzelung und Vergemeinschaftung.[6] Der Mensch oszilliert in der Tat zwischen Vergangenheit und Gegenwart und zwischen Gemeinschaft und Vereinzelung. Und obwohl, wie schon Karl Mannheim beklagte, die utopischen Gehalte eingetrocknet,[7] der Himmel den Spatzen überlassen und die alten Paradiese nur noch liebenswerte Miniaturen einer Universalgeschichte darstellen und die Zukunft einem riesenhaften monochromen Gemälde ähnelt, in das sich alle vergangenen und gegenwärtigen Gehalte hineindeuten lassen, ist die Zukunftsorientierung in dieser restaurativen Hochmoderne, in der alle Befehle, Symbole und Erzählungen über die Zukunft und über den notwendigen Exodus in sie, in verschärfter, imperativer und gewalttätiger Form global zirkulieren, *stärker denn je. Finis Utopiae*, Ende der Sehnsucht, das ist selber eine, solange es Menschen gibt, uneinlösbare Utopie.[8] Die Gegenwart beschleunigt in die Zukunft hinein, Präsens und Futur verschweißen sich zu einem Raum, dieser entwickelt eine Saugkraft, die alles Bisherige als Weltgrößenordnung übertrifft. Die Zukunft leuchtet und leuchtet wie noch nie; die Propheten predigen rund um die Uhr und deren Verheißungen und Plagen werden tagtäglich in die Wohnstuben übertragen. Sie zeigen Schreckensbilder der Gegenwart in Gegenwartstagesschau und den Himmel auf Erden in Werbung, auf Galaabenden und im Musikantenstadel, wo alle einstimmen in den Refrain *Wir kommen alle alle in den Himmel*. Merkwürdig: Die Soziologie hat die Möglichkeits-Welt gegenüber der Vergangenheitsorientierung immer hintangestellt. Der Wirklichkeits- und Erwartungsbegriff kommt nur als Orientierung an bereits Gegebenem ins Spiel, nicht als unbestimmte Leere, als große Hoffnung oder lastende Befürchtung, die die Energien aufsaugt; nicht als aus dem Inneren hervorgezogener Anspruch, der die Gegenwart und das Gegenwarts-Ich verdunkelt.

Die Vorwärtsorientierung ist, wie Anthropologie, Theologie und Philosophie übereinstimmend feststellen, als anthropologisches Minimum seit eh und je im Menschen angelegt. Man kann auch sagen, daß der Mensch nicht nackt ins Sein geworfen, sondern zum Entwerfen von Möglichkeiten entworfen worden ist – deshalb die Heideggersche Sorge um die Möglichkeit eines solchen Seinkönnens. Daher die von Kierkegaard herausgestellte (moderne) Verzweiflung: nämlich, verzweifelt sich selbst sein wollen.[9] Ist das nicht der Kern des jahrtausendealten Befehls: *Werde der du bist*! Und meint das nicht auch die christliche Theologie, wenn sie den Menschen als Wesen sieht, das nicht verwirklicht, nicht abgeschlossen ist, das nach vorwärts träumt, das sich als aufgebrochen, gespalten, *exzentrisch* erlebt. Wenn man so will, ist die Entworfenheit des Menschen zur Freiheit die einzige verbleibende, transzendentale, unveränderliche, unveräußerliche und darum wahre Gewißheit; eine Gewißheit, die die Unruhe, in der der Mensch existiert, erklärt, und auch sein Oszillieren zwischen Einbettung und Entbettung, zwischen Sicherheit und Unsicherheit, zwischen einem Hier und einem Dort, zwischen Erfahrung und Vernunft, zwischen Wirklichkeit und Möglichkeit, zwischen Eigentlichem und Uneigentlichem, zwischen Existenz und Essenz. Das neue an der Moderne, der Postmoderne und der restaurativen oder verschärften Moderne, die uns mit Optionen und Befehlen, Optionen zu realisieren, wie einschwemmt und zudeckt, ist, daß die verlorenen Vorgaben, Bestimmungen, Gewißheiten, Obligationen, Traditionen partiell, nicht vollständig zu wählbaren Möglichkeiten umgeschmolzen sind oder einsehbar aus bestimmten Entscheidungen resultieren.

Damit erfolgt vorhersehbar eine Umstellung von Herkunft auf Zukunft und eine Umstellung von traditions- und routinebestimmten Entscheidungen auf zukunftsge- und bestimmte. Insofern Entscheiden ein Wählen unter Alternativen bedeutet, wird es schon darum höchstens befriedigende Lösungen geben, als das Leben mit der einmal getroffenen Entscheidung immer wieder, besonders dann, wenn das Leben mit der getroffenen nicht der Erwartung entspricht, die verschmähten Möglichkeiten ins Spiel bringt, von denen man zwar nicht weiß, ob sie nicht doch bessere Entscheidungen gewesen wären, die aber, als nicht verwirklichte, diese Hoffnung binden. Vielleicht ist es überspitzt zu sagen, daß jede kluge Entscheidung auf Dauer unklug wird. Angesichts schnell sich verändernder Umwelten und angesichts konkurrierender Zielsetzungen wird man dies indes in Rechnung stellen müssen – und damit die sicherheitsversprechende (erneute) Umstellung von der Zukunft auf Herkunft, vom Unsicheren auf das Bewährte. Deshalb gibt es ja, wie bereits erwähnt, keine Entscheidungen *aus dem Nichts*, sondern – wenn die bewährten Lösungen obsolet, die wegleitenden und entscheidungsleitenden Gewißheiten und Normen abgeschnitten werden (weil man sich dann nicht frei entscheiden kann) – Entscheidungen, die sich an der Zukunft orientieren. Und in diese hinein sind auch die Werte, die Normen, die Gewißheiten und Selbstverständlichkeiten, reflexiv ihres verbindlichen Charakters entzaubert, zu Fixsternen des Navigationssystems geworden, welches die Wegmarken der Zukunft bildet. Diese Zukunft hat, im Gleichschritt mit dem Abbau und der Zerstörung der überkommenen Gewißheiten und Selbstverständlichkeiten, gleichzeitig an Leuchtkraft gewonnen, eine Leuchtkraft, welche ihre Intensität gerade durch ihre Ungegenständlichkeit steigert und die überkommenen, bukolischen Paradiese überstrahlt.

Und insofern die kollektiven Träume und gesellschaftlich geteilten Utopien in einer individualisierten Gesellschaft gleichfalls individualisiert sind, denkt, sendet oder funkt das Individuum seine Möglichkeiten, seine Möglichkeits- und Ideal-Ichs in die Zukunft, scheucht sie in die Offenheit hinein, wie ein Jäger, der sein Wild selber erfindet und, auch wenn es halbtot ist, aufstachelt und davonjagt, um sich auf die Jagd nach ihm zu machen. Vielleicht kann man sagen, daß die überkommene Individualisierungsdebatte beim im Drehgewinde der Moderne gehärteten und wie eine Träne – plopp – herausfallenden Individuum stehenbleibt und diesem das Überindividuelle, Soziale, Traditionale, Institutionelle gegenüberstellt und je nach Kontext oder lebenszyklischer Situation einmal die Autonomie des Subjekts, ein andermal den Zwang der Institution in den Vordergrund rückt; und in ihren fortgeschrittensten Überlegungen die beiden Leitbegriffe in eine historisch oder lebenszyklisch gewendete, entropische *Theorie der Ozillation* gießt, wie sie schon Plessner vorgeschwebt ist.[10] Als exzentrisches Wesen ist der Mensch, so Plessner, zunächst nicht im Gleichgewicht, er ist ortlos, zeitlos, konstitutiv heimatlos, steht folglich im Nichts und muß sich das Gleichgewicht von Wollen und Müssen schaffen. Das kann er nur, wenn, Plessner zufolge, die Kultur, die seinem Schaffen entspringt, ein eigenes Gewicht bekommt, und dieses wiederum erhält sie nur, wenn sie sich von ihrer Herkunft lösen kann, so daß der Mensch nicht mehr als ihr Urheber erscheint. »Erhalten«, so Plessner, »die Ergebnisse menschlichen Tuns nicht das Eigengewicht und die Ablösbarkeit vom Prozeß ihrer Entstehung, so ist der letzte Sinn, die Herstellung des Gleichgewichts: die Existenz gleichsam in einer zweiten Natur, die Ruhelage in einer zweiten Naivität nicht erreicht. Der Mensch will heraus aus der unerträglichen Exzentrizität seines Wesens, er will die Hälftenhaftigkeit der eigenen Lebensform kompensieren, und das kann er nur mit Dingen erreichen, die schwer genug sind, um dem Gewicht seiner Existenz die Waage zu halten.«[11]

In diesen Überlegungen erscheinen nicht nur die Institutionen reflexiv aufgeweicht und zertrümmert, sondern auch das Individuum, das sich nun als *Engpaß* begreift, durch den Zeit und Geschichte hindurch müssen, das endlich sich aus den großen Karawanen herauslöst, in die es sich, auf einer gottverlassenen Erde, aus Angst hineingestellt hat.[12] Das Ich hat sich unbeobachtet von der Soziologie aufgelöst; die Kapsel, die das Individuum mit einer Schale umgibt und mehr oder weniger fest einhüllt, ist gesprengt, zersprungen, und dem empirischen Ich gegenüber locken nicht Institutionen, sondern seine eigenen, in die Zukunft gesandten oder geschleuderten Ichs, seine auf den von Gott geräumten Thron gesetzten Ichentwüfe, die locken und denen nun nachgejagt wird, um die Kluft zwischen Wirklichkeit und Möglichkeit individuell zu schließen. Insofern die Reflexion nicht auf ein Ich, nicht auf Identität, nicht auf ein festes, unteilbares Selbst stößt, sondern auf eine Zweiheit, Dreiheit, Vierheit, mithin auf Differenz und Differenzen, kann sich die Soziologie auf ein Dividuum eigentlich nach innen fortsetzen. »In der Identitätsreflexion kann das Individuum sich letztlich nur noch als Differenz zu sich selber fassen, im Sinne einer Selbsterfahrung, die sich sagt: ich bin, der ich bin, oder ebensogut: ich bin, der ich nicht bin.«[13] Der Kampf des Davidschen Individuums gegen Goliath, die Anstrengungen dieses »trolligen, schlauen und auch ein wenig tollpatschigen Sympathieträgers« (Ronald Hitzler) gegen die Institutionen verwandelt sich demzufolge in einen Kampf des Individuums *gegen sich und mit sich selber*, einen Kampf um Anerkennung in sich selber. Es, das Individuum, »bastelt ›irgendwie‹ relativ führungslos und weit unterhalb allen theoretischen Systematisierungsbedarfs seine Existenz zusammen«,[14] aber nicht mit irgendwelchen Regeln und nicht in irgendwelchen Rahmen, sondern um verzweifelt sich selbst sein zu wollen, wie es Kierkegaard in der *Krankheit zum Tode* nennt. Verzweiflung ist, so Kierkegaard, »eine Krankheit im Geist, im Selbst, und kann so ein Dreifaches sein: verzweifelt sich nicht bewußt sein, ein Selbst zu haben (...); verzweifelt nicht man selbst sein wollen; verzweifelt man selbst sein wollen.«[15] Die erste Form der Verzweiflung ist unwiederbringlich vorbei, die beiden letzteren sind die gleichen, nämlich Verzweiflungen an *Differenzen*; wer verzweifelt nicht sich selbst sein will, meint damit sein empirisches, sein gegenwärtiges, sein Wirklichkeits-Ich; wer hingegen verzweifelt sich selbst sein will, der meint sein ideales Sein oder sein Ich beziehungsweise eines seiner Möglichkeits-Ichs. Der in der Geschichte und in ihrer Deutung und nunmehr in der Soziologie selber mottende Kampf zwischen Individualisierung und »Kollektivisierung« ist demnach abgelöst von einem in die Individuen hineingetragenen Kampf zwischen wirklichen und möglichen Ichs.

Die Wandlungen moderner Gesellschaften würden, Hondrich zufolge, radikal falsch verstanden, wenn sie als Individualisierung beschrieben werden.[16] Sie seien immer, zugleich und gegenläufig, Individualisierung und Kollektivisierung. Kollektivisierung treibe Individualisierung hervor – und umgekehrt. Insofern wird die Wandlung nicht radikal falsch, sondern vielleicht einseitig gesehen, insofern sie *nur* als Individualisierungsvorgang begriffen wird. Aber Transformation moderner Gesellschaften wird auch radikal falsch verstanden, wenn sie als ewiger Kampf zwischen Individualisierungs- und Kollektivisierungsvorgängen angelegt und die Prozesse reflexiver Modernisierung, in denen die Institutionen, die Gewißheiten, die Selbstverständlichkeiten und Traditionen selber reflexiv entzaubert und optioniert werden, nicht so in Rechnung gestellt werden, daß nun Kampf Kampf zwischen Optionen bedeutet, von denen die Gewißheiten, die sich in Institutionen verdichten, genauso wie alle anderen Möglichkeiten, Leitlinien oder Gefäße des Handelns sind, für die oder gegen die man sich entscheiden kann. *Entscheiden kann!* Und darüber hinaus, weil der Mensch nun einmal nach vorne lebt, entwirft er neue utopische Gehalte, Ansprüche im neoindividualistischen Kleid: er erfindet und designt sich selbst. Der moderne, der individualisierte Mensch ist, so könnte man sagen, auch Knecht, nur daß er, gegenüber dem vormodernen Menschen, der den Herrn außer sich hat, den Herrn in sich trägt und nun sich von diesem lösen, sich nach der Freisetzung aus Natur, Kultur, Kollektiv, aus sich selbst freisetzen will. Das Klonen von Menschen ist die technisch-lineare Fortführung des Differenz- und Fortschrittgedankens im Sinne der Optionensteigerung und der Binnendifferenzierung.

Es mag sein, daß der Tod, in jedem Erlebnis gegenwärtig, das a priori jeglicher Erfahrung ist (Max Scheler) und so zu diesem Überschreiten der Gegenwart antreibt; die Existenz trägt den Tod im Schoß, wie eine Art Zeitbombe, die bei der Geburt entschärft wird. Man erinnert sich des buddhistischen Gleichnisses, daß bei der Geburt des Menschen ein Pfeil abgesandt wird, der uns sucht und der, wenn er uns erreicht, den Tod herbeiführt, und versteht den furchterregenden Gedanken, daß wir das Wild sein könnten, das Gott zu seinem Zeitvertreib jagt. Der Mensch ist todgeweiht, er kommt nicht davon, er stirbt, solange er existiert, deshalb wird auch der Tod selber zu einem letzten Entscheidungs- und Konvergenzpunkt des menschlichen Daseins;[17] ein ebenso grandioser wie tröstlicher Einfall, in dem der sterbende Mensch in jenem kurzen, vielleicht aber unendlich langen Augenblick, in dem er sich in einem lebensunfähigen Körper befindet, der mit Sauerstoffzufuhr und Atropin ruckartig für kurze Zeit wieder in Gang gesetzt werden kann, in dem sich also die Trennung der Seele vom Leib vollzogen hat, wo möglicherweise eine blitzartige Verbindung mit dem Leib nichterlebbare Wachheit und Intensität zeigt, wo er sich jagt und endgültig einholt, im Hineinsturz in den Tod eins wird mit sich und Gott; er stürzt in »unvorstellbarer Steilheit hinab in unabsehbare Tiefen, nur um dann, wie eine aufsteigende Welle, aufzutürmen und hineinzubranden in die ewige Vollendung«.[18]

Wenn die klassische Soziologie nichts mit diesen Selbstauseinandersetzungen, Dialogen, Entscheiden zu tun haben will, weil sie per definitionem dem Sozialen verpflichtet ist, den Haupt- und Staatsereignissen, den Karawanen und Kollektiven, über- oder umgeht sie die Binnendifferenzierung der Individuen, die sie an die ausdifferenzierte Gesellschaft anschlußfähig machen.[19] Es ist, wie schon Hermann Hesse beklagte, ein »wie es scheint, eingeborenes und völlig zwanghaft wirkendes Bedürfnis aller Menschen, daß jeder sein Ich als eine Einheit sich vorstelle. Mag dieser Wahn noch so oft, noch so schwer erschüttert werden, er heilt stets wieder zusammen.«[20] Der überkommenen Soziologie ist es ein geradezu zwanghaftes Bedürfnis, den Einzelnen in die Gesellschaft einzubinden, also nach außen. Wenn die eine, unteilbare Person, das Individuum, in Teilpersonen, Teilichs aufgespalten, also nach innen, ins intrapsychische System eingebunden wird, wie das die Modelle einer multiplen Psyche seit Sigmund Freud, C. G. Jung, Assagioli oder Rowan tun, wird sie Dividuum.[21] *Individuum* bleibt, Günter Anders zufolge, nur mehr als *numerische Individualität* übrig, die allerdings nun auch verspielt werde: »Der numerische Rest ist noch einmal ›dividiert‹, das Individuum in ein ›Divisum‹ verwandelt...«[22]

Es ist erstaunlich, Luhmann hätte gesagt unverzeihlich, in welchem Ausmaß diese universale, protosoziologische, apodiktische Selbstbewegung des Ich im Ich verlorengegangen ist. Vielleicht reicht die Introspektion nicht aus, um die dunklen und toten Winkel des eigenen Ich auszuleuchten! Vielleicht ist die Anstrengung einer methodischen Vergegenwärtigung der inneren Bewegung sogar ein untaugliches Mittel, um ihrer habhaft zu werden, vergleichbar einem lauten Hornstoß vor der Jagd, der das Wild verscheucht. Die Selbstreflexion stößt eben, so Luhmann, nicht auf Identität, sondern auf Differenz. Wenn sie in sich dringt, entzieht sie sich in ein Beobachtendes und etwas Beobachtetes, wenn das gedacht und niedergeschrieben wird, in ein erstes, zweites und drittes Ich und so fort. Und wenn die Selbstreflexion sich darum kümmert, warum sie sich selber zu beobachten sucht, so entdeckt sie ein Ich, das einem anderen Ich voraus ist, im Wollen, im Willen, sich zu überschreiten. Vielleicht ist der Kern des Seins, des Menschseins, der unwandelbar durch alle Zeiten und Kulturen bleibt, nämlich diese Spannung, dieses Ausgelegtsein auf anderes hin, dieses Fernweh, diese Entzweiung zwischen einem Sein und einem Himmel, zwischen der Existenz und der Essenz, zwischen dem Gegebenen und Aufgegebenem, besonders dann erlebbar, wenn Ich tut, was es modernitätsgemäß nicht tun darf: nämlich Abschied, Abstand nehmen von den Umständen, in Ignorierung der äußeren Welt, in, wie Lévinas sagt, *absoluter Ignoranz.*[23] Lévinas versucht am Beispiel Charlie Chaplins in *Goldrausch*, wo ein Schneesturm die Hütte in den Abgrund zu stürzen droht und wo Chaplin verzweifelt das Gleichgewicht seines Käfigs zu erhalten versucht, zu zeigen, daß er erst in dem Moment, wo er wie ein Physiker tastend auf dem Boden liegt, um die Gesetzmäßigkeiten dieses unregelmäßigen Wankens zu ergründen, sich auf die Welt einläßt und »denkt«.[24] Es ließe sich auch denken, daß das der Augenblick ist, wo man sich auf sich verläßt. Das Ich verfügt über ein Selbstbewußtsein, ohne eine Außenwelt, ohne sich als Teil dieses Außen zu begreifen, ohne sich in der Sprache zu verständigen und sich mit Kleidern zu behängen – alles kulturell, soziologisch und für das Marketing wichtige Dinge –, aber nicht, um den toten Winkel des Selbst, der doch gleichzeitig etwas Unhintergehbares und Fundamentales darstellt, zu ergründen. *Ergründen* ist vermutlich nicht das richtige Wort für die der inneren Ichbewegung angemessene Art des Zugangs, obwohl, wie bereits gesagt, diese Ichbewegung schon vom Schaukeln des Kleinkindes an unentwegt vorhanden ist. Merkwürdig, wie schnell sich in den modernen Menschenwissenschaften das Ich von den Verhältnissen absorbieren ließ und wie unentwegt und fast nur mehr vom Strandgut die Rede ist, aus dem sich das Ich seine kulturellen Hüllen zusammenbastelt, die dann, in sozialwissenschaftlichen Untersuchungen und in den statistischen Jahrbüchern, wie die toten Panzer von Insekten, unter Glasscheiben präpariert, ihr kühles Dasein fristen. Aber auch in seinen Objektivationen, in den kulturellen Hüllen und Gefäßen, wie immer ihr Ursprung vergessen wird (vergessen werden muß, um Eigengewicht zu erlangen), blickt der Mensch sich selber an.

Vielleicht läßt sich sagen, daß in unterschiedlichen Zeiten Unterschiedliches in den Vordergrund tritt und daß gerade der Verlust der Gewißheiten zur Ausschau nach neuen zwingt. Und vielleicht führt die Angst und Verzweiflung eines entbetteten, himmellosen, Gott verlustig gegangenen Individuums dazu, daß es sich nur mehr *en masse* wohl fühlt: »Wie man in der Wüste aus Furcht vor Räubern und wilden Tieren in großen Karawanen reisen muß, so haben die Individuen jetzt ein Grausen vor der Existenz, weil sie gottverlassen ist, nur in großen Betrieben wagen sie zu leben und klammern sich en masse aneinander, um doch etwas zu sein.«[25] Und, so Kierkegaard weiter: »Mitten in allem Jubel über unsere Zeit und über das neunzehnte Jahrhundert klingt der Ton einer heimlichen Verachtung des Menschseins hinein: mitten in der Wichtigkeit der Generation herrscht eine Verzweiflung über das Menschsein. Alles, alles will mit dabei sein, man will sich weltgeschichtlich in dem Totalen betrügen, keiner will ein einzelner existierender Mensch sein.«[26] Ganz dieser Diagnose entsprechend fällt die Therapie aus: sie ist grundsätzlich und prinzipiell nicht an sich selber, sondern am anderen, nicht an der Selbsterkenntnis, sondern an der Welterkenntnis und Weltverbesserung orientiert und interessiert. Und sie setzt zur Revolution der bestehenden Welt nicht auf den Einzelnen, sondern auf die Masse. Vielleicht ist es übertrieben zu sagen, daß, wie so oft, wenn ein Kranker die Stelle angeben muß, wo er leidet, »er auf die Verkehrte zeigt«.[27] Aber zumindest läßt sich sagen, daß die Gesellschaftswissenschaften auf die gleiche Stelle außerhalb und zwischen den Menschen zeigen und nicht auf den Menschen selber. Die Soziologie will, nicht nur in den wiederkehrenden Versuchen, die egologische Perspektive abzulegen, das Selbst loswerden (verzweifelt nicht sich selbst sein wollen – eine der Verzweiflungen Kierkegaards), sie will das Mitmenschsein und nicht das Selbstsein.

Aber indem sie es loswerden will, liefert sie sich einer endlosen Zahl anderer Entwürfe und Vorstellungen aus und strampelt sich verzweifelt ab in den Möglichkeiten, statt sich zurückzuwenden auf sich, um nicht nur die Möglichkeiten, sondern auch die Formen der Verzweiflung in der Selbstverfassung aufzuspüren. Max Scheler hat einmal geschrieben, der Weg zur Selbsterkenntnis führe über die Welterkenntnis. Man könnte mit gleichem Recht das Umgekehrte behaupten, nämlich daß die *Selbsterkenntnis der Weg zur Welterkenntnis* sei. Zahllos sind auch die kulturellen und religiösen Programme, die dafür stehen. Vielleicht tritt in den geschichtlichen Epochen jeweils eine der Erkenntnisweisen stärker hervor als die andere. Und vielleicht ist es auch die Aufgabe der Wissenschaft, ihr Gold nicht unbedingt dort zu suchen, wo man dieses zu finden glaubt. Wie dem im allgemeinen auch sei, es scheint Zeit, zu sich selbst zurückzukehren. Wer die Welt kennenlernen will, befragt sich, indem er sich selber befragt. Was der Mensch ist, hängt davon ab, welches Bild er sich von sich selbst macht. So mag sein Selbstbild zwischen Psychologie und Soziologie, zwischen Individualismus und Kollektivismus oszillieren. Aber vor dem je spezifischen Selbstbild liegt die unhintergehbare Sachlage, daß Mensch sich andauernd Selbstbilder, Masken, Hüllen verfertigt. Das *das* ist entscheidend. Daß der Mensch sich historisch und situativ unterschiedlich entwirft, ist selbstverständlich. Und daß in der Gegenwart der Zwang der Notwendigkeiten gebrochen ist und die Zukunft nicht mehr die Vergangenheit, sondern in einer merkwürdigen Art und Weise die Gegenwart bestimmt und daß das Ich sich deshalb andauernd entwerfen muß, damit das Subjekt nicht verschwindet, sondern gerade hervortritt, ist Modernität.

Teil III
Unruhig ist das Ich

Wladimir Barkow hat einen Zwillingsbruder in sich getragen, der, weil er nicht das Licht der Welt erblicken konnte, ihn, seinen Wirt, schließlich erdrosselt. Dreiunddreißig Zentimeter lang und mehr als sechs Kilogramm schwer, mit einer holzähnlichen, schuppenartigen Oberfläche versehen, gab es für ihn, je größer er wurde, keinen Ausweg. Daran sterben moderne Gesellschaften, wenn man die Geschichte Barkows als Gleichnis auffaßt, nicht. Sie sind Körper, die sich periodisch weiten und öffnen, ihr Inneres leeren und sich so freisetzen und unbeschwert nach vorne senden. Zwillingsbrüder und Zwillingsschwestern und alle weiteren Ich-Entdeckungen werden nach vorn projiziert und, wenn man sie nicht einholt, zerstört und neu konfiguriert. Aber auch diese Vorstellung zehrt von einer Hintergrundannahme: daß nämlich der Mensch *mehr* ist, als er ist, und deshalb mit sich hadert.

Aber wie immer dieser Zwist, diese Zerrissenheit gedeutet, gesehen, formuliert und in Handlungs-, Vermählungs-, Bekämpfungs- oder Loslassungsprogramme umgeleitet wird, ob dabei die Gegensätze von Oben und Unten, von Innen und Außen, von Subjekt und Objekt, von Leib und Seele, von Körper und Geist, von Leben und Bewußtsein oder von Existenz und Essenz vorrangig sind, und worin immer diese Zerrissenheit begründet wird, in der Leiblichkeit, im Bewußtsein der Leiblichkeit, in der Vorentschlossenheit des Menschen zur Oszillation zwischen dem, was ist, und dem, was sein könnte, oder aber im Abfall von Gott oder im Herausfall aus der Natur; und wie immer versucht worden ist, mit Substantiven wie *Selbst*, *Identität* oder mit Adjektiven wie *operativ*, *deontologisch*, *reflexiv*, *diskursiv* oder mittels Kampf die Kluft zwischen Wirklichkeit und Möglichkeit, zwischen Erfahrung und Vernunft, zwischen Existenz und Essenz, zwischen dem vorauseilenden und dem nachhastenden Ich zu schließen; und wie immer schließlich diese Auffassung metaphorisch verwendet und auf Institutionen und Gesellschaften übertragen wird, die Anstrengungen, die Zerrissenheit zu überwinden, haben an Schärfe und Geschwindigkeit zugenommen und sich modernitätsgemäß transformiert.

Während es prinzipiell auch die Möglichkeit eines Belassens der Kluft gibt und es nicht an philosophischen und religiösen Systemen mangelt, die die Erlösung in der Leerung und Ausräumung, im Ablegen und Freigeben des Begehrens und Wollens sehen, formt sich die Weltgesellschaft wie zu einem Keil, mit den hochentwickelten Gesellschaften als Speerspitze, um kollektiv, in einer globalen Anstrengung nach vorn zu stoßen, das Gefüge des Weltkerkers bis zur letzten verbleibenden Zelle zu sprengen, um die Möglichkeiten einzuholen und wie eine Ernte einzufahren. Der Mensch als exzentrisches Wesen, als *Deserteur des Seins* (Cioran) nicht im Gleichgewicht, »ortlos, zeitlos, im Nichts stehend«, wie schon von Plessner,[1] vor bald einem Jahrhundert geschrieben, ein unbefestigtes Wesen, eine, so noch einmal Cioran, *Episode*, *Abschweifung* und *Häresie* des Seins, ein *Rascheln* im Weltall, wie man Cotroneo folgend sagen könnte, versucht sich ein Gleichgewicht zu schaffen. Aber Gewicht sucht dieses exzentrische Wesen derzeit nicht in Gewißheitsansprüchen der Tradition, nicht in einer Kultur der Hingabe, nicht im Lassen, auch nicht in der Repetition, sondern dem Modernitätsprojekt gemäß in der *Invasion* und *Landnahme*, in der *Eroberung* und *Okkupation*. Der klassische Ausdruck für diesen Versuch ist *Konkupiszenz*, das Begehren, die Gier, nachdem die äußere Landnahme beendet, im Inneren fortzufahren, das Nichtich einzuholen, sich einzuverleiben um ganz zu werden, identisch mit sich selbst. Daß die Wirklichkeit in den Schatten der Möglichkeit zu liegen kommt, ist das Signum der Moderne; die neue Form der Ordnung »bricht sich Bahn, wenn der Verdacht aufkommt, die so unverbrüchlich und allumfassend scheinende Ordnung sei nur eine unter möglichen anderen«.[2] Die Welt will werden, was sie *eigentlich* ist, und wenn dieses Begehren erfüllt oder zum endlosen wird, tritt das Ich hervor und will ebenfalls werden, was es *eigentlich* ist. Die Welt wird zum Körper, der sich weitet, öffnet und sein Inneres nach außen stülpt. Und so auch die Menschen in ihren kleinen Geschichten. Im Einatmen wird uns unsere Existenz geschenkt, im Ausatmen folgt die Möglichkeit, Ziele zu verwirklichen und uns selbst zu schaffen. Beides ist nicht in einem möglich. Die Welt im Übergang zur Moderne hat lange Atem geholt, nun leidet sie unter Preßweh, alle sind schwanger.

Der Mensch steht, so heißt es, an der Spitze des Universums. Die bisherige Evolution hat ihn als letzten Sproß aus sich herausgetrieben und mit dieser plagenden Spannung versehen. Er schläft nicht mehr in sich. Herausgetrieben aus sich selbst, kann er in einer merkwürdigen Weise sich selber erleben, außer sich stellen, deshalb leiden, sich freuen, träumen, begehren und hoffen. Er ist wie aufgebrochen, nicht immer, aber derzeit besonders, wie in Erwartung: *ein Schiff wird kommen.* Er dringt in die Galaxis und das Innere des Gehirns vor, er kartographiert die Gene und exploriert den Mars. Die Möglichkeiten, sich zu verwirklichen, haben sich unabsehbar erweitert. Das moderne Menschsein beginnt, sobald Mensch sich nicht mehr als gegeben, sondern selbstaufgegeben erlebt und zur Selbstkorrektur greift, vom Herzen bis zum Taktgeber des Herzens. Immer neue Möglichkeiten werden herausgetrieben, die wiederum eingeholt und eingefangen werden wollen. Gelobt ist, was neue Zukünfte eröffnet. Nach der Freisetzung aus Natur und Kultur nun die Freisetzung aus der letztverbliebenen Heimat, dem Körper, dem Heimatkörper, der mitgeschleppten Rest-Natur. Nach der Entbettung aus dem Boden jene aus dem Körper und dem Blut. Aber nicht zum Zwecke des Leerwerdens, nicht als Loslassen, wie es in der taoistischen Meditationslehre heißt, wie immer der Anfang des Leidens das Begehren ist. Ganzwerden läßt sich nur in der Bewegung nach vorn, und es ist der Geist, der nach vorne zieht und strebt, während der Körper wie eine Last hinterhergezogen wird. »Zuerst wollte er mit dem unteren Teil seines Körpers aus dem Bett hinauskommen, aber dieser untere Teil, den er übrigens noch nicht gesehen hatte..., erwies sich als zu schwer beweglich...«[3]

Vergessen ist, daß die Quelle der Angst in der Zukunft liegt und daß, wer von der Zukunft, Milan Kundera zufolge, schreibt, befreit ist, nichts zu befürchten hat. Vergessen ist, daß der Tod keine Zeitbombe ist, die wir mit der Geburt in den Schoß gelegt bekommen, sondern eine Vollendung oder zumindest eine Weichenstellung, in der uns anderes entgegenweht. Vergessen ist, daß die Vorbestimmtheit zum Tode in den modernen Gesellschaften übersprungen wird mit der Idee einer die Gegenwart bestimmenden Zukunft. Vergessen ist oder unmöglich erscheint es, die Traditionen im Aussenden von Möglichkeiten neu zu erfinden und hart werden zu lassen – die Zeit ist zu schnell. Und vergessen ist schließlich die Verzeitlichung der Möglichkeiten in ein ganz anderes, über uns und nicht vor uns seiendes Reich, das nicht in dieser Welt und erst nach Vollendung des individuellen und des gesellschaftlichen Lebens erreichbar ist. Die Menschengattung und alle Individuen in ihr arbeiten sich vorwärts, entsenden sich, lassen schwärmen und eilen nach. »Man wirft sich hinaus, und man ist der, der wirft...« (Elfriede Jelinek). Die Entwicklungsromane der Menschheit, die besonders in der letzten Zeit, dieser Zeit der Mobilmachung, wieder gehäuft erscheinen, vermeinen an einer sukzessiven Abschaffung der Welt und Erschaffung des Himmels teilzunehmen. Die Welt ist wie ein Acker, der umgebrochen werden muß, damit die Umwandlung der Wirklichkeit in Möglichkeit geschieht.

Und umgebrochen, besser aufgebrochen werden muß auch der Mensch selber. Frei sein heißt, nicht frei vom Begehren, sondern frei zu Möglichkeiten sein; frei sein heißt, frei für sich sein und was nicht frei für sich ist, zu befreien; und frei sein heißt auch frei von dem sein, was die Freiheit beeinträchtigt; frei nicht nur von etwas sein, sondern von allem sein, auch vom eigenen Körper. Unruhig ist das Ich, wenn es sich betrachtet und wenn es, zurückgeworfen auf sich selbst, den inneren Abstand zwischen Können und Wollen ausmißt. Der Mensch ist frei geboren, aber überall liegt er in Ketten, so heißt es seit Rousseau. Endlos bereitet er sich für den Umzug vor. Es kommt zu jener *dritten* Freisetzung; nach der Freisetzung aus dem Kerker der äußeren Natur, der Freisetzung aus den kulturellen Vorgegebenheiten (die zu Fragen der Entscheidung werden) wird das endgültige, das Jahrtausendprojekt anvisiert, die Befreiung aus dem Kerker des Körpers. Dieser Entscheid gegen sich, diese Selbstverneinung, dieser leichte Entscheid gegen die Schwere des Körpers ist eine Folge der prinzipiellen Riskanz der Entscheidung angesichts von Wahlmöglichkeiten, die nicht alle gleichzeitig zu haben sind. Und insofern ja die Geschichte, jedenfalls das, was wir Fortschrittsgeschichte nennen, aus einer Folge von Entscheidungen über die Zukunft besteht, man aber gleichzeitig weiß, daß, je mehr man weiß, desto mehr man auch weiß, was man alles nicht weiß und übergehen muß, stellt sich Flucht- und Verdunkelungsgefahr ein.

Apokalypse ist dem Wortsinn nach *Enthüllung*. Die bisherige Apokalypse enthüllt Signale der Vollendung, Winke der Ewigkeit. In einer merkwürdigen Weise wird in der Gegenwart, mit ihren gesteigerten Entscheidungsnotwendigkeiten, die Zukunft nicht lichter, sondern dunkler. Und die Kluft zwischen Unvollendetem und Vollendung wird nicht kleiner, der Abstand nicht geringer, sondern erscheint in einer eigenartigen Weise immer gleich, wie wenn man eine zentralperspektivische Darstellung, in der sich die Perspektiven in einem Fluchtpunkt vereinen, in der räumlichen Wirklichkeit ausschreitet und bemerkt, wie sich der Fluchtpunkt im gleichen Maß entfernt, wie man sich ihm nähert. Was ist zu tun? Was soll das Selbst mit sich selbst? Was heißt jetzt Selbsterlösung? Sich selbst werden oder sich selbst loslassen? Oder aufs Motorrad? »Manchmal möchte ich am liebsten von mir wegfahren«, wäre der zeitgemäße Titel von Herta Müllers Roman *Heute wäre ich mir lieber nicht begegnet*.[4] Der über sein Motorrad gebeugte Mensch, der sich nur auf die gegenwärtige Sekunde seines Fluges konzentrieren kann, »klammert sich an ein sowohl von der Vergangenheit als auch von der Zukunft abgeschnittenes Fragment der Zeit..., er steht außerhalb der Zeit; anders gesagt, er befindet sich in einem Augenblick der Ekstase...«[5]

1. Leichtigkeit und Schwere des Seins

Es mag sein, daß unter einem bestimmten Blickwinkel die Steigerung der Möglichkeiten und das Verschwinden von Verbindlichkeiten das Sein leichter machen. Die damit einhergehende Entscheidungsnot macht das Sein aber auch schwerer. Es ist, wie wenn die Geschichte, sich öffnend und schließend, aus- und einatmend, sich manchmal für die Freiheit, manchmal für die Notwendigkeit entschließen würde. Insofern die große Geschichte die Summe der kleinen ist, drängen die Wünsche der kleinen Geschichten nach vorwärts, nach Öffnung, auch die große Geschichte. Die Schwere dieser Zeit beruht dann auf der Notwendigkeit von Entscheidungen. Der Mensch, als zur Freiheit vorentschlossenes Wesen, hat darum immer versucht, Zustände herbeizuführen, die nicht andauernd Entscheidungen abverlangen.

Die Philosophie vom Menschen als exzentrischem, offenem Wesen, die sich von Plessners Anthropologie über die moderne Rollentheorie bis hin zu den Annahmen eines multiplen Selbst und einer daraus resultierenden Multiphrenie hinzieht, erscheint als Spiegelung der christlichen Schöpfungslehre, derzufolge der Mensch nicht aus der Natur, sondern aus Gott herausgefallen ist.[1] In der auf Helmuth Plessner, Arnold Gehlen und Alfred Schütz zurückgehenden Menschenlehre, zumindest der daran anknüpfenden Soziologie, ist ein anthropologischer *Minimalkonsens* verborgen, demzufolge lediglich der, die oder das, was den Menschen zum Möglichkeiten erprobenden und vollziehenden Wesen gemacht hat, seinem Einfluß entzogen ist.

Bis hinein in die Handlungstheorie wird eine Zerrissenheit des Menschen zwischen Wunsch und Wirklichkeit angesetzt, die es zu überwinden gilt. Der Mensch als Vollzieher und Vollstrecker, als Terminator, als Werfer und Schütze, als, wie es Sloterdijk gedeutet hat, Lauftier, das sich, um zu überleben, zum Gegenangreifer wandelte[2] und dann Schläger und Töter von seinesgleichen, das ist er alles nicht erst im Action-Kino, sondern schon in der Bibel. Arnold Schwarzenegger, Sloterdijk zufolge die Endform des Schützen, die *Apotheose* des ballistischen Mannes, der in James Camerons Filmen den *Terminator* gibt, rückt vor als Synthese von *Achilles* und *Jesus*: »Vom ersten hat er die Montur, vom letzten das Tempo.« Der Terminator II erscheint gar als das »Medium Gottes, der Gesandte, der Mann in Mission..., eine angelische Maschine, einem Erzengel gleich, der vom Schwert auf zeitgemäßere Waffensysteme umgerüstet hat.«[3] Die Geschichte des Aufstehens und Nach-vorne-Wendens des Blickes, die Geschichte des damit verbundenen, gleichzeitigen und die Vollzieher und Vollstreckerfähigkeit wiederum mitbedingenden und mitverlangenden Verlustes natürlicher Bestimmungen und Instinkte ist bewegt und bewegend und eine Emanzipation vom Raubtier. »Raubtiere: im Versteck von Wäldern und Schluchten lauernde Nachttiere, die ihre Beute anspringen, zerfleischen und verzehren; mit entsprechender seelisch-physischer Ausrüstung: Verschlagenheit, Ausdauer, Angriffslust, gewaltigen Pranken und mächtigem Gebiß.«[4]

Der Herr der Erde ist ein Tagtier, herausgefallen aus den Wäldern und Schluchten, nomadisch herumtreibend und herumspähend. Den Säugetieren geht, außer den Primaten (Halbaffen, Affen und Menschen), das binokulare Sehen ab. Die Augen sind seitlich am Kopf eingesetzt, die Blickrichtungen gehen auseinander. Das stereoskopische Tiefensehen und damit die richtige Abstandsschätzung für das Werfen und Schießen, für die Abschüttelung und Verfolgung von Gegnern ist nur bei Parallelstellung der Augen möglich. Die seitliche Entwicklung der Gehirnkapsel wird begünstigt, und es bildet sich das Gehör aus. Der Gesichtssinn ist der anatomische Ausdruck des *Vorwärtsmenschen*, des Menschen als

Vollzieher und Vollstrecker. Sloterdijk schreibt: »Weil Menschen als Läufer, Werfer und Schläger dem direkten Druck tierischer Konkurrenten erfolgreich ausweichen, wird aus ihnen die Gattung, die den Kopf hebt, ins Feld schaut und vor Wachheit zittert.«[5] Die Freigebung der Augen für »luxurierende Blicke« in das stille Feld und der daraus resultierende *Wachheitsüberschuß*, der zum Träumen und Theoretisieren führt – eine schöne und poetische Vorstellung.

Aber treten wir einen Schritt zurück. Zunächst ist die Deutung eine evolutionäre Deutung und Variation der christlichen Bilder von der Stellung des Menschen in der Welt. Die schwindelerregende Stellung des Menschen im Weltall ist auch in ihm das Produkt eines jahrmilliardenlangen Werdens, gleichzeitig aber in seinem Leid auch eine Deutung der Trennung von Gott. Der Mensch als Werfer und Schütze ist zunächst Geworfener, er ist vorentschlossen, vorentschieden zum Menschsein als Werfer und schließlich Entwerfer seiner selbst. Nicht die Hinnahme des Leides und der Schäbigkeit der Welt ist deshalb christlich, sondern die Auflehnung gegen das Schicksal der Freiheit und der Begrenzung dieser Freiheit durch Leid und Leib. Dadurch kommt Leben in Bewegung, Verheißungen suchend bewegen sich Millionen und Milliarden vorwärts. So entfaltet sich das Leben an der Spitze auf ein anderes absolutes Leben hin, auf die Vereinigung mit Gott; das ganze Weltall bekommt diesen *Drall*. Das Leben hat insofern kosmische Bedeutung. Daß dafür die anatomische Ausstattung paßt, die Augen binokular sehen, das Gehirn seitlich entwickelt, der Mensch aufrecht geht, ins Feld schaut und vor Wachheit zittert, ist nicht der Grund des Drängens, Träumens, Begehrens, Hoffens und Vorwärtsstürmens des Menschen, sondern die anatomische Bestätigung und Grundlegung der christlichen Vorstellung, daß der Mensch ein Aufgebrochener, ein Gespaltener, ein *Raskolnikov* ist, der keine Ruhe findet in dem, was er hat, und dem, was er ist; am liebsten dort ist, wo er noch nicht ist; der sich stets in neue Zukünfte hinein projiziert, sich selbst immer vorweg; der sich selbst vor sich ist, sich niemals verwirklicht oder vollendet, sondern immer nur vorläufig, auch wenn er ruhevoll wie ein *Buddha* in sich ruht. In diesem Sinne sind auch Sehen und Spähen, das In-den-Blick-Fassen und Mit-den-Augen-Begehren tiefer im Bewußtsein fundiert als üblicherweise in der optozentrischen Sicht angenommen, ist noch dieses, folgen wir den gängigen anthropologischen

Erörterungen, nichts für sich, sondern immer Bewußtsein von etwas. »Es besteht nur, indem es seine Aufmerksamkeit auf ein Objekt, auf ein Ziel hin ausrichtet.«[6]

Die Verankerung des Vollstrecker- und Vollziehermenschen, des Werfers und des Schützen im intentionalen Bewußtsein, das sich intendierend auf Intendiertes richtet, das also offen, nicht mehr geschlossen und monadisch ist, das intendiert und transzendiert und »in der Bildsprache eher mit Pfeilen und Blickstrahlen zu vergleichen ist, die der Mensch nach »außen«, zum Teil auch nach »innen« schießt und wodurch »zugleich so etwas wie eine phänomenale Welt konstituiert wird«,[7] bringt infolgedessen die *conditio humana* vollends ins Transitorische, ins Erregte, ins Rutschen. Bewußtsein, aufgefaßt als Strahl und als Blitz, findet in seinem Lichtkegel etwas vor, worauf es trifft, aber dieses ist die Projektionsfläche der Hoffnungen, Wünsche, Träume, die der Mensch nun unausweichlich vollstrecken will. So wird das Bewußtsein als eine Art Zugpferd für das Handeln, Realisieren und Vollstrecken in eine anthropologische Grundkonzeption eingestellt, ein genaues Abbild, eine philosophische Transformation der christlichen Menschenkonzeption. Auch der Sinn des Handelns ist prospektiv; das Handeln wird wie eine ferngesteuerte Rakete vom Bewußtsein im Blick auf ein vorentworfenes Ziel gelenkt. Im Entwurf nimmt der Handelnde seinen künftigen Zustand vorweg, wägt seine Wünschbarkeit und Dringlichkeit ab und überlegt die zu ihm führenden Schritte. Die Terminologie der Philosophie der Intentionalität ist geradezu militärisch: »Der Sinn des im Vollzug begriffenen Handelns konstituiert sich in der Beziehung der Handlungsschritte zum Ziel. Die schon vollzogene, erfolgreiche oder fehlgeschlagene Handlung – aber auch schon die im Entwurf als abgeschlossen vorgestellte Handlung – kann…«[8]

Für Milan Kundera liegt, nach einer Deutung von Italo Calvino, die Schwere des Lebens in jedweder Form von Bedrängnis, im »dichten Netz von öffentlichen und privaten Zwängen«, das unser Dasein einschnürt.[9] Eine sonderbare Deutung. Stattet Kundera die Gegenwart mit Dingen aus, die normalerweise der Vergangenheit zugeschrieben werden? Hat uns nicht die Vergangenheit in Notwendigkeiten eingeschnürt, in religiöse und kulturelle Käfige, denen wir nach einer vielhundertjährigen Anstrengung nun zu entkommen glauben? Dennoch ist Kunderas Roman eine bittere Konstatierung der *unausweichlichen Schwere* des Lebens der Gegenwart. Dies, obwohl er schon auf der zweiten Seite, im ersten Abschnitt des ersten Teils bemerkt, wie leicht es eine Gegenwart hätte, die sich vom Gedanken, von der Lebens- und Weltauffassung einer ewigen Wiederkehr abwendet, von diesem geheimnisvollen und, wenn man an die Leiden und Qualen der Menschen und Menschheit denkt, auch gräßlichen Gedanken. Eine Gegenwart nämlich, die sich als etwas geschichtlich Gewordenes, Unterschiedliches gegenüber der Vergangenheit denkt (mit diesem Gedanken beginnt ja die Modernität) und die dazu eine Zukunft erfindet (eine leuchtende, flammende Zukunft, wie oben beschrieben). Diese hat mit der Vergangenheit leichtes Spiel, erscheint doch diese, Kundera zufolge, im mildernden Umstand der Vergänglichkeit. »Wie kann man verurteilen, was vergänglich ist?« Im Abendrot, so Kundera, »leuchtet alles im verführerischen Licht der Nostalgie, sogar die Guillotine«.[10] Kundera ertappt sich in merkwürdigen Anwandlungen, er blättert in einem Buch über Hitler, ist von manchen Photographien ergriffen und meint dazu: »Die Aussöhnung mit Hitler verrät eine tiefliegende moralische Perversion einer Welt, die wesentlich auf dem Nichtvorhandensein der Wiederkehr begründet ist, weil in einer solchen Welt alles von vornherein verziehen ist und folglich auch alles auf zynische Weise erlaubt.«[11]

Befreit also aus der Vorstellung der Ewigen Wiederkehr, die uns an die Ewigkeit nagelt wie Christus ans Kreuz und in der »auf jeder Geste die Schwere einer unerträglichen Verantwortung (lastet)«,[12] kann das Leben, unser Leben, unser geschichtliches, modernes, von einer Vergangenheit und einer Zukunft gerahmtes Leben in seiner »ganzen herrlichen Leichtigkeit« erscheinen. Andererseits allerdings bewirkt die Abwesenheit von Gewicht, »daß der Mensch leichter wird als Luft, daß er emporschwebt und sich von der Erde, vom irdischen Sein entfernt und daß er nur noch zur Hälfte wirklich ist und seine Bewegungen ebenso frei wie bedeutungslos sind«.[13] Nicht nur das, die Vergänglichkeit stattet das Böse und Verwerfliche, die Guillotine und die Konzentrationslager mit dem Schimmer des Nostalgischen und Unwiederholbaren, Einmaligen aus und begründet auf dem Nichtvorhandensein der Wiederkehr (auf diese ersetzende Geschichtlichkeit der menschlichen Existenz) die moralische Perversion der modernen Welt. Was soll man also wählen, fragt Kundera, das Schwere oder das Leichte, die Wiederholung oder die Geschichte?

Angesichts der Geschichtlichkeit des modernen Daseins definiert Kierkegaard in der *Krankheit zum Tode* zwei Formen der Verzweiflung, die Verzweiflung ob dem Fehlen an Möglichkeiten und die Verzweiflung ob dem Fehlen an Notwendigkeiten. »Ein Selbst, das keine Möglichkeiten hat, ist Verzweiflung; und ebenso ein Selbst, das keine Notwendigkeiten hat«.[14] Die Gegenwart ist nicht nur reich an Möglichkeiten, sondern *dehnt* und *dehnt* sich weiter. Das Selbst dehnt sich (durch die Befreiung von Neugierde-Verboten) in das Medium der Phantasie hinein, und dadurch zeigen sich, Kierkegaard zufolge, *unendliche Möglichkeiten*. Schon dieses Zeigen und das Wissen, daß man realisieren könnte, und wenn nicht heute, dann morgen, macht die Multioptionsgesellschaft aus. Deren modernste Realisierung sind die virtuellen Netzwerke, in denen phantastischste Gegebenheiten gespeichert sind und auf ihre Aneignung warten. Sie warten drohend, sie stehen wie kleine Prostituierte an den Datenautobahnen, fordernd, sie zu nehmen, sie zu öffnen, in sie einzudringen und ihre (im nachhinein meist lächerlichen) Geheimnisse zu entdecken. Das Selbst verzweifelt, weil die Möglichkeiten die Notwendigkeiten überrennen: »Überrennt ... die Möglichkeit die Notwendigkeit, so daß das Selbst in der Möglichkeit von sich wegläuft, so daß es kein Notwendiges hat, wohin es zurück soll, dann ist dies die Verzweiflung der Möglichkeit. Dieses Selbst wird eine abstrakte Möglichkeit, es strampelt sich müde in der Möglichkeit, aber es kommt nicht von der Stelle und auch nicht an eine Stelle, denn das Notwendige ist gerade die Stelle.«[15]

Das Notwendige, aus dem sich die Moderne in dieser gewaltigen, neuzeitlichen Anstrengung herauswindet, ist die Gußform der Vergangenheit, die so hart und fest sein kann, daß die Möglichkeiten gar keinen Raum und keine Zeit haben, aufzutreten und zu locken. Aber in luxurierenden Multioptionsgesellschaften sind die Prägeformen des Verhaltens nur noch als verstaubte und präparierte Formen in den Volkskundemuseen zu betrachten, Werkzeuge eines Formenkabinetts, die wir mit einer Mischung von Schaudern und Genuß, daß wir diese Tellereisen und Daumenschrauben nicht mehr nutzen, ansehen. Jeder Lebensbereich bietet genug Anschauung dafür, daß das Mögliche *wächst*, und damit auch die Notwendigkeit der Entscheidung *zunimmt*. Gewiß können Irritationen ob der vielen, ob der zu vielen Möglichkeiten auftauchen, und gewiß ist die Orientierungslosigkeit eine immer wieder sich aufdrängende Beschreibung unserer Zeit. Aber vielleicht beschreibt sie doch eher die Verluste als den Zugewinn der Möglichkeiten.

Dem verzweifelten Abstrampeln in Möglichkeiten gegenüber steht die entgegengesetzte Form der Verzweiflung: die Verzweiflung ob der Unmöglichkeit, Möglichkeiten zu haben. Diese Verzweiflung ist, da die Notwendigkeiten ja als Notwendigkeiten wahrgenommen werden, eigentlich auch eine Verzweiflung ob des Fehlens an Möglichkeiten. Das Maximum an Verzweiflung ist die Verzweiflung des Teufels, denn der Teufel ist »reiner Geist und insofern absolutes Bewußtsein und Durchsichtigkeit, es gibt im Teufel keine Dunkelheit, die als mildernde Entschuldigung dienen könnte«, und das Minimum an Verzweiflung ist ein Zustand, der in einer »Art Unschuld nicht einmal davon weiß, daß (Verzweiflung) Verzweiflung ist«.[16] Aus der Eingebundenheit in Gewißheiten, deren Gewißheitscharakter ja daher rührt, daß sie nicht als Notwendigkeiten erkannt und bekannt, sondern rituell, wie wenn es nichts anderes gäbe, wiederholt werden, rührt also keine Verzweiflung, und die Verzweiflung der Notwendigkeiten ist, streng genommen, eine Verzweiflung ob nicht realisierbarer Möglichkeiten. Wer in den Notwendigkeiten gefesselt ist, der erquickt sich aus lockendem Gefieder der Möglichkeiten. Aber er kann es nicht erhaschen. Jedes Begehren läßt ihn zutiefst verzweifeln, weil es Begehren bleibt. Das Fehlen der Möglichkeit bedeutet, so Kierkegaard, »daß einem alles notwendig geworden ist oder daß alles Trivialität geworden ist«.[17] Läßt sich die Möglichkeit denken, das Unmögliche aufzudecken, das Notwendige nicht als Gewisses und Selbstverständliches, sondern als Auferlegtes zu erleben?

2. Zeit der Entscheidung

Er muß und will und wird sich demnach sich selbst zuwenden, um sich umzurüsten und für den Umzug vorzubereiten. Auch die letztverbliebene Selbstverständlichkeit, daß die Geschichte eine vorwärtsstrebende Heilsgeschichte sei, in der der Mensch sich nicht treiben lassen dürfe, sondern diese entwerfend, auf ein Besseres hinaus denken und realisieren müsse, wie immer die Horizonte, Fluchtpunkten gleich, beim Hineinstoßen in diese zurückweichen und sich in immer gleich weiter Entfernung erneut aufbauen und in gedachten Fluchtpunkten enden, birgt die Herausforderung, sie persönlich zu verwirklichen. Das Selbst, auf das der aufgeklärte Mensch stößt, ist etwas, das dem vormodernen Menschen jedenfalls im Okzident in dieser starken Form unbekannt war und das es erst bis hin zu der Rede vom Individuum, vom Ich, vom Subjekt, zu benennen galt. Im Mittelalter lagen, wie es Jacob Burckhardt umschreibt, »die beiden Seiten des Bewußtseins – nach der Welt hin und nach dem Inneren des Menschen selbst – wie unter einem gemeinsamen Schleier träumend oder halbwach... In ganz Italien zuerst verweht dieser Schleier in die Lüfte; es erwacht eine objektive Betrachtung und Behandlung des Staates und der sämtlichen Dinge dieser Welt überhaupt, daneben aber erhebt sich mit voller Macht das Subjektive, der Mensch wird geistiges Individuum und erkennt sich als solches.«[1] Er erkennt sich als solches und muß sich selber in die Hand nehmen. Er wird selbstkontingent, lebt nicht mehr in seiner Vorgabe, sondern sieht und erfindet sich als Aufgabe. Seit die Zivilisation, so Gehlen, diesen Kurs genommen hat, experimentiert der Mensch »mit sich selbst an einer Stelle, an der er es noch nie tat«[2] Er experimentiert nicht nur, sondern projektiert ein irdisches Jenseits und erfindet Wege und Mittel, dieses zu erreichen. Nicht Dome und Gesänge sind die Sinnbilder der Moderne, sondern Maschinen und Politik, nicht sakraler Lärm, sondern Maschinenlärm. Die Welt wird sakramental erhöht, sie ist gehalten, christförmig (Angelus Silesius), Christus selbst zu werden, ihren niedrigen, verächtlichen Zustand, den Schatten der paradiesischen Zukunft, der auf sie fällt, zu überwinden. An ihrer *Transsubstantiation* wird seit der Reformation, in der die Hervorbringungskräfte entfesselt wurden und die Welt und das eigene Leben als Gestaltungsaufgabe gesehen wird, hart gearbeitet. Die Geschichte der Maschinen und Kriegsmaschinen und die Geschichte der politischen Ideen geben darüber Auskunft. In ihrem Inneren freilich sitzt der Mensch, der nicht mehr auf Hilfe von außen hofft, sondern sich selber helfen und die Transsubstantiation an sich selber vollziehen will. Im Messopfer wird die Verwandlung der Substanzen Brot und Wein in Leib und Blut Christi vollzogen. Im praktischen Tun wird die Verwandlung der Erde in ein Paradies vorangetrieben. In Bildungsprozessen wird die Mitwelt hochgehievt. In der Selbstreflexion, der Selbstzucht und -auseinandersetzung sucht der Mensch sich selber zu *verwandeln* und zu *erlösen*.

Aber nicht alle Wege führen zu Gott, nicht alle nach Rom und nicht alle in die irdische Exkulpierung, bestehe diese nun in der sich selbst erlösenden Vollendung oder in der unio mystica mit der Galaxis, im Aufgehen und Verschmelzen in dieser, der planetarischen Transsubstantiation oder in der Selbsterlösung. Eingespannt in einen gigantischen Basar von Möglichkeiten einerseits, aus den Selbstverständlichkeiten und Gewißheiten andererseits ausgespannt, findet sich der moderne Mensch wie in einem Vakuum, buchstäblich ausgerastet, in dem er entscheidend und gestaltend tätig werden muß. Die Entscheidung ist, so Carl Schmitt, »normativ gesehen, aus dem Nichts geboren«.[3] Gerade das ist sie aber nicht oder nur, wenn – merkwürdig genug bei Carl Schmitt – die Geschichte nicht als gerichtet gesehen wird. Die alten Normen sind verblaßt, aber die neuen leuchten um so stärker; Entscheidungen werden zudem, was sie heute so selbstverständlich sind: zu Vorwärtsentscheidungen. »Alle prägnanten Begriffe der modernen Staatslehre sind säkularisierte theologische Begriffe...«,[4] das gilt gewiß nicht nur für die Kompensation des theologischen Wunders durch den politischen Ausnahmezustand, sondern auch, ja vor allem für die Kompensationen gottgefälligen Tuns oder Lassens durch fortschrittsbeseeltes Handeln. Allerdings resultiert ja daraus die vielstöckige Multioptionsgesellschaft, ist der moderne Ausnahmezustand dadurch gegeben, daß es nicht um ein angsterfülltes »Entweder-oder« im Sinne Kierkegaards geht, sondern um ein »Entweder *und* oder«, um ein »Sowohl als auch«, um ein Entscheiden unter Unsicherheit und angesichts nicht zweier sondern unendlicher Möglichkeiten. Dieser Ausnahmezustand ist deshalb nicht Ausnahme, sondern alltäglicher, managerialer und auch politischer Normalfall. In Gewißheitsgesellschaften wird zugemutet, in Palastkulturen befohlen, in ökonomistischen gerechnet. »Wir«, so Heinz von Foerster, »können nur jene Fragen entscheiden, die prinzipiell unentscheidbar sind, »und deshalb und berechenbar deshalb nimmt das Ungewiße, das Unbestimmte, das Unberechenbare zu.«[5] Wenn mehr entschieden wird und entschieden werden muß und die Vergangenheit nicht mehr in die Zukunft hinein fließt, sondern über die Schaltstelle der Entscheidung verändert wird, wird auch die Zukunft ungewiß.

Zum Verlust der natürlichen Sicherheit und der kulturellen Gewißheiten muß noch etwas hinzukommen, um die Notwendigkeit (und Not!) der Entscheidung hervortreten zu lassen. Erst wenn ein Ziel, ein Sinn hervortritt, wenn der konjunktivische Existenzmodus hervortritt und dieses erreicht werden will, gilt es, Erfahrungen und Handlungsmöglichkeiten gegeneinander abzuwägen. Wer sein Leben an einem zukünftigen Leben, seine Orte an den Nichtorten, seine Wirklichkeiten an der Möglichkeit ausrichtet, der wird sich zu deren Gestaden nicht hinschwemmen lassen können. Er versucht, Entscheidungen über den besten und schnellsten Weg zu treffen, aber während des Entscheidens verändern sich die Karten, die Distanzen, die Wetterlagen, die Börsenkurse. Handeln setzt die Wahl aus sich ausschließenden Möglichkeiten voraus, und die beiden wesentlichen Möglichkeiten sind immer, das Bisherige zu wiederholen oder etwas anderes zu realisieren. Jeder Augenblick, wo nicht im letzteren Sinn Entscheidungen getroffen werden, ist ein verlorener Augenblick. Fortschritt heißt, bisher unbekannte Möglichkeiten Wirklichkeit werden zu lassen, wobei sich in der Neuzeit die Differenz zwischen Erfahrung und Erwartung zunehmend vergrößert.[6] Entscheidungstheorien und Rezepte, wie man zu einer guten Entscheidungsfindung komme, resultieren aus dieser Situation; sie sind Substitute verlorener Gewißheiten, was zu tun und zu lassen ist, um eine gute Entscheidung zu finden, nicht was zu entscheiden ist. Das ist mit dem Fortschrittsprojekt vorentschieden. Die Wissenschaften stellen eine Fülle von Entscheidungsverfahren und -methoden zur Verfügung: die sequentielle Morphologie, die Konfliktmorphologie, den Entscheidungsbau, die Prüf- und Checklisten, die Pro- und Kontra-Analyse, die Anwaltsmethode, das Scoring-Verfahren, die Nutzwertanalyse, die Polarprofilmethode, die Polaritätenprofiltechnik, die ABC-Analyse, das Bewertungsdelphi, den Paarvergleich, die Assessment-Verfahren, die Risikoanalyse, die Kosten-Nutzen-Analyse, mathematische Entscheidungsmodelle, oder Spencer Johnsons *Weg zur besten Entscheidung* (1993), der, irritiert ob des endlosen Stromes an Entscheidungstheorien, in seinem Generalplan auf Intuition setzt, und anderes mehr. Da es weder eine einzige und damit (nicht riskante) Entscheidungstheorie gibt, noch Gewißheiten, invariante Präferenzen, unter welchen Umständen welche zweifelsfrei zu den besten Resultaten führt, wiederholt sich die Zeit der Entscheidung auf der Metaebene: Man hat, bevor man sich entscheidet, zu entscheiden, welche Rezeptur, welches Verfahren, welches Navigationssystem man wählt. Nachdem Netguide (http://www.netguide.de), Yahoo! (http://www.yahoo.

com), Magellan (http://www.mckinley.com) durch Dutzende neuerer Such- und Navigationssysteme konkurrenziert werden, erobern Metasuchsysteme, die die besten Suchsysteme finden, den Markt und so weiter. Der Zeitpunkt ist abzusehen, daß, wer sich entscheiden will, sich zunächst mit der Ratgeberliteratur über Entscheidungstheorien und Ratgebern über Ratgeberliteratur über Entscheidungstheorien zu befassen hat.

Die Vermehrung der Möglichkeiten, zwischen denen man sich zu entscheiden hat, müßte zwar nicht zu jener Form der Verzweiflung führen, die Kierkegaard das *sich abstrampeln in Möglichkeiten* nennt. Man könnte ja gelassen den Gang der Dinge abwarten, ohne einzugreifen, das System systemgemäß reagieren lassen. Man könnte, offen für das Neue, die Dinge auf sich zukommen lassen, ohne kämpferisch entschlossen zu sein, mit den Möglichkeiten, auch denen *in sich*, fertig zu werden, indem man sich für eine entscheiden zu müssen meint. Auf der anderen Seite drängt die Gegenwart zur Entscheidung. Man hält die Unentschiedenheit nicht aus. So kann es nicht weitergehen, heißt es. Jetzt reichts! Wenn wir uns für die *Schwundform* des Entscheidens entscheiden, das heißt nicht entscheiden, bleiben wir sitzen. Wenn wir bezüglich der Welt, der Umwelt und der Mitwelt alles einfach weiterlaufen lassen, ist die Zerstörung die unvermeidliche Folge. Man nimmt also an, daß unsere Entscheidungen die Dinge zum Besseren wenden könnten und daß Nicht-Entscheiden zu einer Verschlechterung führt. Bei einer genaueren Betrachtung dieses Zwangs zu oder Hunger nach Entscheidungen und einer Ablehnung des Wartens, Sich-Geduldens und Bleibens kommt wieder die Hoffnung mit ins Spiel, die Geschichte sei eine Vorwärts- und Heilsgeschichte. Kierkegaard, der den Entscheidungsbegriff in die Ethik eingeführt hat, sieht den Menschen vorentschieden zur christlichen Heilswahrheit, für die man sich nicht entscheiden, die man nicht bekennen, sondern die man einfach bejahen muß, weil man auf sie vorentschlossen ist.

Nachdem die prinzipielle Lösung des Individuums (merkwürdig und etwas mißverständlich ist diese Rede vom Individuum, weil es ja in der Lösung erst zum Individuum wird!) »von den verrosteten Ketten der Zunft, des Geburtsstandes, der Kirche vollbracht war«, wurde diese Vorentschlossenheit, Simmel zufolge, zur christlichen Heilswahrheit abgelegt und sukzessive durch einen verweltlichten Futurismus und die entsprechende, nun menschengemachte Fortschrittsgeschichte ersetzt.[7] Mit Kant erfolgt die Erhebung des seine ständischen Kleider ablegenden Individuums zum autonomen Subjekt, zur Mündigkeit, zum Entscheider und Vollstrecker der Geschichte. Ernst Jünger hat ihn in die totale Mobilmachung der Moderne gestellt und ihn mit Fernfeuergeschützen und Kampfgeschwadern ausgerüstet, dem gemäßigten technischen Fortschrittsbataillon die Beschleunigungstechniken des Kommunismus, Nationalsozialismus und Faschismus zur Seite gestellt. Die totale Mobilmachung als Maßnahme des organisatorischen und kriegerischen Denkens ist »nur eine Andeutung jener höheren Mobilmachung des Geistes, die Auf- und Herrichtung des Körpers und der Zug von den Orten zu den Nicht-Orten der Zukunft«.[8]

Die neuere Soziologie tauscht die Rüstung mit einem friedlichen, einem emanzipatorischen Kleidchen aus, läßt den Menschen der Moderne damit in die Zukunft hochwandern und beschwört dadurch die Gefahren des Sturzes und des Verschwindens herauf.[9] Da der Weg zurück versperrt und die Gegenwart obsolet ist, hat die Jetztzeit angesichts der Tatsache von sechs, bald sieben, acht, neun, zehn Milliarden Menschen auf dem Planeten und angesichts der Tatsache einer Auspowerung der natürlichen Ressourcen und schließlich angesichts der Hoffnungen von drei Viertel der Weltbevölkerung, der Segnungen unserer Multioptionsgesellschaft nicht nur virtuell teilhaftig zu werden (die für ihre Orte Nicht-Orte darstellten), keine andere Wahl, als vorwärtszumachen. *Keine andere Wahl* – damit erscheint die alte Heilsgeschichte wieder, aus der Vertikalen in die Horizontale gewendet. Die alten Sicherheiten sind verschwunden, aber es scheint, als hätten wir eine neue gefunden. Unsere Entscheide tragen uns, wenn wir nur mündig und vernünftig entscheiden, von selbst in die Zukunft hinein.

Abgesehen davon, daß in der Tat *keine Wahl zu haben als zu wählen*, sofern uns die natürlichen Sicherheiten abgehen, ja daß wir, als aus der Natur Herausgefallene, gerade zur Offenheit und Freiheit verdammt sind, und diese Offenheit nicht von uns gewählt wurde, sondern *vorentschieden* ist, und abgesehen davon, daß eine Entscheidung keineswegs eine autonome, vernünftige Entscheidung sein muß, sondern daß sie auch irrational, gefühlsmäßig, nicht rational begründbar erfolgen kann, liegt die Schwere der vernünftigsten Entscheidung darin, daß sie, genau genommen und genau betrachtet, äußerst schwerwiegende Fragen aufwirft.

Ein anderer Ulrich, nämlich Ulrich Beck bemerkt in der *Risikogesellschaft* zu den analytischen Dimensionen der Individualisierung, daß man *Individuation* gerne als Personwerdung und Emanzipation verstehe. Daß dies zutreffen möge, vielleicht »aber auch das Gegenteil«.[10] Das Gegenteil? Das Gegenteil träfe zu, wenn die Einsicht einer nicht möglichen rationalen Entscheidung, die aufgrund unvollständiger Information, sich schnell ändernder Umstände zu einer Verabschiedung nicht des Fortschrittsgedankens, sondern des Gedankens der Emanzipation führen würde. Es sei denn, der Fortschritt würde in dem gesehen, was aus dem autonomen Handeln resultiert; Ungewißheit der Zukunft, aber Weiterung der Operationsräume.

Der Taoist, der ins Gebirge vorstößt, »dringt auch in sich selbst ein und erfährt jene Leichtigkeit des Seins, die ihn unwägbar macht«.[11] Italo Calvino, dessen erster Vorschlag für das nächste Jahrtausend *Leichtigkeit* heißt und der seine Tätigkeit als Romancier darin sieht, Gewichte von den Menschen, von den Städten und von den Himmelskörpern zu nehmen, stößt auf der Suche nach Beispielen auf Kunderas Buch mit dem merkwürdigen Titel *Die unerträgliche Leichtigkeit des Seins*.[12] Der Roman von Kundera führt uns – so Calvino – vor, »wie alles im Leben, das wir wählen und leicht schätzen, sehr bald seine unerträgliche Schwere und Gewichtigkeit an den Tag legt«.[13] Je mehr der Wahl und der Entscheidung überantwortet wird, desto schwerer das Sein. Das ist nur auf den ersten Blick verblüffend. Gewiß ist Handeln aus einer natürlichen und selbstverständlichen Sicherheit heraus leichter. Aber die unerträgliche Leichte und Schwere des Seins zugleich liegt nicht darin, daß mit der Zunahme entscheidungsoffener Spielräume und mit der Abnahme entscheidungsverschlossener das Leben als eine einzige Kette von Entscheidungen erscheint. Denn das *Wählen können* und ein Leben als *Kette von Entscheidungen* wird dem Leben in Gewißheiten und Notwendigkeiten vorgezogen; wer sich dafür entscheiden könnte, würde sich dafür entscheiden. Die Schwere liegt vielmehr darin, daß das Entscheiden-Können und das, wofür man sich entschieden hat, im Mittelpunkt steht und nicht das Ausgeschlossene, Verworfene, das Unerbittliche, wenn man neben dem Entscheiden das Mit-der-Entscheidung-Leben einbezieht. Jede Entscheidung schließt Möglichkeiten aus, muß ausschließen. Die Gegenwart besteht demnach aus Entscheidungen und versäumten Entscheidungen.

Eine selbstbestimmte Biographie hinterläßt ein Trümmerfeld von abgewiesenen Möglichkeiten. Je offener die Gesellschaft und je mehr Bereiche verhandelbar und entscheidbar werden, desto umfangreicher wird, wenn entschieden wird, das Reich des Nichtgewählten. Das Wesen und die Schwere der Entscheidung enthüllen sich aber erst nach der Entscheidung. Diese, als Entscheidung für einen Gegenstand, für einen Weg, eine Sache, einen Wert oder einen Menschen, ist zwar etwas Punktuelles, aber nachher habe man damit zu leben.

Die Verlängerung der offenen Gesellschaft in ihre Realisierung hinein und das Nachvollziehen der nach einer Entscheidung, nach einer Wahl auftretenden Probleme führt erst vor Augen, was leichthin der *Preis der Freiheit* genannt wird. Dieser besteht, kurz gesagt, darin, daß jede Entscheidung, wie Milan Kundera es sagt, so leicht sie auch gefallen ist, mit der Zeit unerträglich schwer wird. Man entscheidet sich, an einem schönen Herbstmorgen, nach der Lektüre von Italo Calvinos *Vorschlägen für das nächste Jahrtausend*, die man abends, nach dem rührenden und irgendwie altmodischen Kriminalfilm mit dem Titel *Die einzige Zeugin*,[14] in dem eine Blinde einen Mord an einem korrupten Polizisten miterlebt, noch mit ins Schlafzimmer genommen hat, um ein bißchen darin zu verweilen, doch noch Kundera zu lesen, den man, weil damals alle ihn lasen, nicht gelesen hat, und weil sich Calvino mit diesem schönen Buch mit seinem schönen Titel beschäftigt. Also weiter mit Calvino.

3. Schwere der Entscheidung

Calvino bemerkt, sich rechtfertigend, daß, als er anfing zu schreiben, der »kategorische Imperativ jedes jungen Schriftstellers die Pflicht (war), seine eigene Zeit darzustellen«.[1] Bald indes wurde er sich bewußt, daß »zwischen Fakten des Lebens, die ... Rohstoff hätten sein sollen, und der raschen und treffsicheren Beweglichkeit«, die er sich für sein Schreiben wünschte, »eine Kluft lag, deren Überwindung ... immer mehr Kraft kostete.«[2] Die Fakten des Lebens wiegen schwer, wie leicht die Entscheidung immer fällt. Aber nicht jede Handlung erfordert eine Entscheidung, wie auch nicht jede Entscheidung ihre Realisierung erfordert. Die Durchführung dessen, wofür man sich entschieden hat, kostet immer mehr Kraft als die Ausführung eines Befehls oder die Repetition einer Gewißheit. Und letztlich entscheidet man sich immer für ein Bild, ein Ich von sich. Für die Selbstbestimmung kann man sich leicht entscheiden, aber das Selbstentschiedene ist schwerer zu ertragen als Fremdbestimmung, die lange nicht der Entscheidung überantwortet war. Je selbstbestimmender und ungezwungener, desto riskanter, nicht zuletzt für die, die aufs ungezwungene Entscheiden selber pochen. Es kann sehr wohl eintreffen, daß sich früher oder später niemand für sie entscheidet. Das ist die bestürzendste Kehrseite der Wahlfreiheit.[3] Aber schon jede Entscheidung, die man selber trifft, führt in unbekanntes Land. Die Entscheidung, Kinder zu haben, führt dazu, daß einem, wie die Eltern zueinander sagen, »nichts erspart« bleibt. Aber erst, wenn man sich für sie entscheidet! Wenn man sich entschieden hätte, keine Kinder zu wollen, und keine gehabt hätte, dann wäre beim abendlichen Alleinsein, beim Blick auf die hellen und leuchtenden Gesichter der Patenkinder der Schmerz über die gefallene Entscheidung derselbe. Die Schwere der Entscheidung liegt auch dabei im Schmerz ihrer suboptimalen Ausführung und im Wissen, daß die eigene Entscheidung eine Entscheidung gegen alle anderen möglichen Entscheidungen war und sie die Kontingenz der Welt steigert. *Das Produkt entspricht nie dem Prospekt.* Das ist, neben der kraftkostenden Durchführung von Entscheidungen, die zweite Schwere. Es kommt immer unweigerlich anders als projektiert, weil das Herbeidenken und Herausbringen dessen, was kommen soll, immer auch etwas bewegt und auslöst, was man nicht gedacht, nicht gewollt, nicht berücksichtigt hat.

Alexander Koyré führt den Übergang von der alten zur neuen Weltsicht auf zwei fundamentale und eng verbundene Vorgänge zurück, auf die Zerstörung des Kosmos und die Geometrisierung des Raums, d. h. auf die Vorstellung von der Welt als eines »endlichen und wohlgeordneten Ganzen, in welchem die räumliche Struktur eine Hierarchie der Vollkommenheit und der Werte verkörperte, durch die eines grenzenlosen oder sogar unendlichen Universums...«[4] Nun erfolgt ein *dritter* Vorgang: die Zerstörung der Vorstellung eines kompakten Ich. Das grenzenlose und unendliche Universum, das nicht nur von Koyré zur Kennzeichnung der modernen Welt verwandt wird, ist zunächst statisch oder geodätisch. Aber »Himmelssphäre an Himmelssphäre legte sich um die Welt, und selbst als die Weltblase wuchs und schwoll, bevor sie

platzte und in dem sie umgebenden Raum aufging«.[5] Und das
Mögliche bläht sich ins Unendliche, und das Universum ist letztendlich ein *gigantisches Ich*.

Dieses Unendliche wird, muß in jeder anstehenden Entscheidung auf Endliches reduziert werden, am Schluß auf ein paar
Alternativen, denn wir leben ja nicht von der Anschauung der
Unendlichkeit, sondern von der Realisierung eng begrenzter
Möglichkeiten. Der Mensch in der Moderne muß sich andauernd
selber definieren und neu entwerfen, und je vielfältiger die Möglichkeiten sind, desto schwerer ist seine Aufgabe – wenn gleichzeitig die handlungsleitenden Gewißheiten abhanden gekommen
sind. Der Mensch ist Projekt und arbeitet am Umzug. Die Projek-
tierung fordert ihm Entscheidungen ab, und mit den entschiedenen und realisierten Projekten muß man leben, auch wenn man
weiß, daß Entscheidungen revidierbar sind.

Risiken sind eine unvermeidbare Komponente des Entscheidens (und nicht erst großtechnologischer Projekte). Die Riskanz
der Entscheidung ist nicht zu umgehen und kommt in der Gegenwart deutlicher als je zum Vorschein. Man kennt die Zukunft nicht
besser, seit Räume und Menschen über Informationsnetze zusammenwachsen. Es ist paradox: Je mehr entschieden werden muß
und nicht mehr berechnet werden kann, desto unsicherer wird die
Zukunft. Ihre seltsame Anziehungskraft rührt vielleicht aus dieser
Schwärze. Jede Wahl impliziert unabsehbare, um den Erdball sich
geschwind fortpflanzende Konsequenzen. Wenn der Chaostheo-
rie zufolge der Flügelschlag eines Schmetterlings am Amazonas
Wochen später zu einem Orkan führen kann und die Veränderung
von nur einem Elektron am Ende des Kosmos langfristig zu einer
anderen kosmischen Entwicklung führt, sind die Auswirkungen
von Entscheidungen gigantisch. Sogar der Versuch, den Bereich
rationalen und erwartungssicheren Handelns durch die Einbindung von mehr Entscheidungsträgern und durch die Veröffentlichung der Entscheide auszuweiten, zeitigt kontraintuitive Ergebnisse, weil Reaktionen und Folgeentscheide von immer mehr
Menschen zu antizipieren sind. Alles ist (nicht nur Toyota zufolge) möglich, nichts ist unmöglich, aber nur bis zu einem Punkt,
wo nicht mehr alles möglich ist, also bis zum Entscheid, weil mit
ihm mehr Möglichkeiten ausgeschlossen als geschaffen werden.
Insofern sich die Modernisierung im Zusammenspiel von Kontingenzerhöhung und Enttraditionalisierung dadurch auszeichnet,

daß immer mehr Lebensbereiche und Lebenswelten der Entscheidung überantwortet und sozial freigegeben werden, nimmt der Bereich des risikoträchtigen Verhaltens andauernd zu. Je mehr Vorgaben zu Aufgaben werden, desto riskanter das Leben. Wenn die Eheschließung sich von einer ständisch vorgegebenen oder einer durch die Eltern arrangierten Ehe zu einer modernen Neigungs- und Liebesehe wandelt, also sozial freigegeben wird, und die Heiratsmärkte sich, wie das heute zweifellos der Fall ist, globalisieren, wird die Ehe riskant und taucht das Scheitern der Beziehung als Risiko auf, das nun vorweg bedacht sein will. Das gilt ebensogut für die Berufswahl, die, seitdem sie Wahl geworden ist, prinzipiell riskant wird; um so riskanter, je weniger die Zukunft voraussehbar und je schneller sich aufgrund anderer Entscheidungen und Prozesse die Berufswelt verändert. So entstehen, nicht nur was die Berufe betrifft, *Geisterbahnhöfe* (Ulrich Beck), in denen man Züge sucht, die nicht mehr fahren. In kaskadenartigen Innovationszyklen eilt die Praxis der Theorie voraus; der Wissensvorsprung der Ausbilder, je schneller eine Innovation breitenwirksam wird, gegenüber den Auszubildenden schwindet rasch, und dieser bildet Hufschmiede aus, wenn es längst keine Pferde mehr gibt.[6]

Zahllos sind die Beispiele dafür, daß vieles, was sich früher »von selbst ergab«, d. h. in Gewißheiten und Selbstverständlichkeiten eingebettet war, heute entscheidungsabhängig geworden ist, und sich zudem die Anzahl der Entscheidungsmöglichkeiten, der Alternativen (siehe Heiratsmärkte), ins Unermeßliche erhöht hat. Die Hoffnung, daß durch mehr Forschung und mehr Wissen und mehr technische Entscheidungshilfen Riskanz vermindert würde, ist deshalb trügerisch. »Je mehr man weiß, desto mehr weiß man, was man nicht weiß, und desto eher bildet sich ein Risikobewußtsein aus.«[7] Und: »Je rationaler man kalkuliert und je komplexer man die Kalkulation anlegt, desto mehr Facetten kommen in den Blick, in bezug auf die Zukunftsungewißheit...«[8] So ist die *Risikogesellschaft* nicht nur das Ergebnis einer neuartigen Wahrnehmung von Folgen technischer Innovationen, sie ist vielmehr schon im Ausbau der Forschungsmöglichkeiten und des Wissens selbst angelegt.

Freilich gibt es, neben der *vorentschlossenen Notwendigkeit* zur Freiheit, vieles, was man nicht, vielleicht noch nicht entscheiden kann. Wir haben, sowenig wie die Leser dieses Absatzes, nicht entschieden zu leben, zu sein, das haben unsere Eltern getan und diese noch nicht einmal so sicher. Wir können, wie jedefrau und jedermann, auch nicht darüber entscheiden, nicht zu sterben. Der Tod läßt sich hinausschieben, beschleunigen oder geradewegs herbeiführen. Aber nicht stoppen. Die Last des Nichtentscheidbaren ist übrigens nicht immer schwerer als die Schwere der Entscheidung: Gerade wenn man an den Tod denkt, denkt man, angesichts des endlosen Fortschritts, angesichts des in das Unendliche hineingestellten Lebens, angesichts des Bewußtseins, nur den winzigsten Teil dessen erhascht zu haben, an das Verpaßte und Versäumte. Schon der Tod von Nächsten, des Vaters oder von lieben Anverwandten, bringt das mit ihnen Versäumte des Lebens zum Lodern. Die »Trauer, die mich überkam, galt nicht ihnen«, so Botho Strauss, denn »sie kannte ich kaum, die Trauer galt dem Versäumten, das meine Kindheit und Jugend mit gähnender Leere umgeben hatte. Die Trauer galt der Erkenntnis eines gänzlich mißglückten Versuchs von Zusammenleben..., die Trauer galt dem Zuspät, das uns Geschwister am Grab überlagerte...«[9] Die Schwere der Entscheidung liegt immer auch darin, daß, wenn das Entschiedene die Erwartungen nicht erfüllt, was ja in einer dynamischen Betrachtung erwartet werden muß (das einzige, was mit Sicherheit erwartet werden kann), dies möglicherweise an den Umständen, die sich verändert haben, möglicherweise an der Sache oder der Person, die die Erwartungen nicht erfüllt hat, liegt; möglicherweise aber auch an den eigenen Versäumnissen. Wie Schatten tauchen sie auf, alle Fehler, Lügen, uneingehaltenen Versprechungen, Vorspiegelungen. Nicht nur die nichtgewählten Möglichkeiten bilden jenes Schattenreich von Toten, das, wie auf der Lauer liegend, beim geringfügigsten Anlaß aufwacht und, das ist der richtige Ausdruck, hochklappt, wie eine Reihe von Zähnen, sondern auch die Versäumnisse in der Pflege, in der Liebe, in der Zuneigung.

Daraus erwächst wiederum, was Italo Calvino als *zweiten* Vorschlag, der für das nächste Jahrtausend bleibt, notiert, nämlich *Quickless*. Das zunehmende Auseinanderklaffen zwischen der Notwendigkeit quicker Entscheidungen einerseits und der Zunahme der Entscheidungsmöglichkeiten andererseits führt in eine Zeitschere. Die Uhren, die uns in zunehmender Massierung die Zeiten anzeigen, vermehren sich parallel zur Zunahme der Möglichkeiten, zwischen denen man sich in nützlicher Frist entscheiden soll. *Not quick enough*, wie Mischa, der Chauffeur des Jägers im Westsibirischen Tiefland bedauert! Die moderne Gesellschaft versteht sich als eine Zeit der Entscheidung, für die wir freilich immer weniger Zeit haben. Immer, wenn auch beim Essen nur unter Schmerzen, sind in der modernen Gesellschaft die Entscheidungen revidierbar. Es ist zwar möglich, zumindest besteht eine gewisse Hoffnung, daß falsche Entscheidungen nicht wiederholt werden. Aber stehen die Entscheidungen, die anstehen, zum Beispiel wenn man sich scheiden ließ, um eine Entscheidung zu korrigieren, nicht wieder unter dem gleichen kalten Stern wie alle anderen vorherigen Entscheidungen? »Nie habe ich besser verstanden, was es bedeutet hat, an deiner Seite zu leben, zu kämpfen, zu reifen, zu leiden, zu lernen, als gerade jetzt, da dies alles unwiderruflich vorüber ist«, ist mir in Erinnerung geblieben aus einem Abschiedsbrief.[10] Was ist unwiderruflich vorüber? Ist nicht alles revidierbar? Es mangelt nicht an Beispielen, wo Entscheidungen korrigiert worden sind. Elizabeth Taylor und Richard Burton wurden dreimal geschieden und haben erneut einander geheiratet... »Ich werde«, so die imaginäre Schreiberin weiter, »meine Leidenschaft, meine Irrtümer und meine Niederlagen zu ertragen wissen. Aber sie werden mich nicht mehr formen können, sie werden mich nicht mehr in die Angst und Ungewißheit, in die Schmerzen und die Hingabe hineintreiben, wie es doch geschah..., als ich jeden Tag mich bewähren mußte, um gegen diese ernste Übermacht zu bestehen. Darunter habe ich viel gelitten. Darunter aber ist auch die Stärke herangewachsen, die es mir eines Tages erlaubte, gebot, unabweislich machte, meinen Weg von dem Deinen zu lösen.«[11]

Meinen Weg von dem Deinen zu lösen? Lösen und binden und lösen – das geschieht nicht nur in bezug auf die Partnerschaften in der modernen Gesellschaft in beschleunigter Folge. Alles strebt dem Grenzwert der Eintagsfliege zu. Aber warum? Was treibt? Was führt zu diesen Ereignisketten von Liebe und Haß, von Anziehung und Ablehnung? Was führt dazu, daß Paare, die einander liebten, miteinander schliefen, Kinder hatten, sich in verbissenen Prozessen gegenüberstehen und verbittert, verbraucht und ruiniert öffentlich ihre Entscheidung füreinander zurücknehmen? Es ist eine besondere Form der Vertröstung auf die Zukunft, der Zukunftsgläubigkeit. Es ist die irgendwie unauslöschbare, auf die Zweisamkeit projizierte Hoffnung auf die bessere Zukunft. Und es ist die Unmöglichkeit, den eigenen Weg vom Weg der Geschichte, wie er uns seit der jüdischen Eschatologie vorgeschrieben ist, zu lösen. Alles steht zur Entscheidung. Der Himmel hängt voller Optionen. Ausgenommen vom Entscheiden sind Geschichtsbild und Geschichtsverständnis, das diesen blauen, azurblauen Himmel über uns hin gezaubert und uns alle zu Dürstenden gemacht hat.

Aber wenn diese Entscheidung vorentschlossen ist, kann sie selber nicht neu entschieden werden? Für nicht wenige und keineswegs nur für die Apokalyptiker ist mit der Dominanz des einen Entwicklungspfades, des Pfades des Vorwärts nämlich, dem sich alle Entscheidungsmodi und Techniken zu subordinieren haben, der Weg des Todes gewählt. Der *Telos* ist nicht der Himmel auf Erden, sondern der Tod der Erde und der Menschheit in und mit ihr. Aus eschatologischen Betrachtungen, so Heintel, und fügen wir hinzu, ökologischen Überlegungen, ist es vielleicht doch ziemlich sicher. »Wird Entscheidung in dieser einlinigen Weise unter die Dominanz des tätigen Willens gestellt, unter seine ›scheidende Macht‹, dann muß die Entwicklung letal ausgehen.«[12] Es empfehlen sich andere Wege, Auswege aus den Dilemmata des Entscheidens: Man wendet sich sich selber und seiner ganz persönlichen Selbsterrettung zu. Aus dem Gefühl einer universellen Machtlosigkeit gegenüber der Politik verschwendet man sich nicht mehr an Weltrettungsversuche. Man ändert das, was man einzig zu ändern können vermeint: sich selbst.

4. Ich-Erregung und Selbsterlösung

Die Schwere des Seins hat immer dazu geführt, daß man dieses abstreifen wollte. Vielleicht ist, wie Morris Berman annimmt, der atomare Holocaust, in dem alles verglüht, in Wirklichkeit die wissenschaftliche Vision eines Utopia, in dem der Weltgeist endgültig vom Schmutzigen, vom Abfall befreit wird.[1] Und möglicherweise ist die Domestizierung wilder Tiere, wie die Kolonialisierung, ein Zeichen einer *heimlichen Ausrottungspolitik:* gegen das Wilde, Unorganisierte, Schmutzige. Vielleicht ist es das heimliche Ziel des Selbst, die Spuren des Wilden überall auszulöschen, auch an sich selber, bis das abgetrennte, reine und erhabene Selbst in einer reinen, toten und völlig vorhersehbaren Welt regiert. Ein absolutes Ich versucht, das andere entweder zu vereinnahmen, zu unterwerfen und zu erniedrigen oder beiseite zu schieben und zu vernichten, auch in sich selbst. Selbstalchemie! Die alchemistischen Prozeduren sind getrieben von Erlösungsvorstellungen: Reinigung, Lösung, Zersetzung, Destillation, Sublimation, Trocknung und Verfestigung: damit läßt sich aus Metallen und Erzen der goldene Kern herausschmelzen. Die Alchemie gründet in der himmellosen kopernikanischen Erde und stellt, Jacob Taubes zufolge, »die Bemühung des Menschen als Erlöser dar, der die im Stoffe schlafende und harrende Weltseele erlöst«.[2] Freisetzung, Herauslösung, Sublimation und anschließende Versuche der Härtung und Festigung sowie entsprechende Prozeduren lassen sich in den Identitätsvorstellungen der Neuzeit abgewandelt auffinden. Die Erlösungsvorstellungen der großen Religionen haben die Befreiung von Schuld und die Errettung vom Tode in den Mittelpunkt gestellt. Auch diese Vorstellungen sind weiter wirksam, obschon in impliziter Art, wie in den mit dem Klonen verbundenen heimlichen Hoffnungen auf Selbstrepetition oder in den Vorstellungen der Science Fiction, mittels Teletransportation sich durch den Raum zu *beamen* und sich auf anderen Planeten zu materialisieren.

Im Mittelpunkt der christlichen Erlösungsvorstellung steht ein göttlicher Heilsbringer, ein *Messias*. Erlösung verbindet sich häufig mit dem Selbstopfer dieses Heilsbringers, der stirbt und wiederaufersteht. Stirbt und wiederaufersteht – das bleibt, aber ohne den göttlichen Heilsbringer. Das Opfer muß, wie auch die Auferstehung, vom Selbst geleistet werden. Die Vorstellungen von einer Weltgeschichte als Heilsgeschichte wird in eine *Selbsterlösungsgeschichte* verwandelt. Die christliche Auferstehungsvorstellung sieht nicht nur die Unsterblichkeit der Seele vor, sondern die Auferstehung des ganzen Menschen mit Seele und Leib. »Er wird alle Tränen abwischen von ihren Augen und der Tod wird nicht mehr sein« (Off. 21,4). Die Auferstehung des ganzen Menschen und sein Eingehen in Gott kehren in der modernen Vorstellung der Ich-Vereinigung, der *unio mystica mit sich selbst,* wieder. Die nachkantianische Vereinigungsphilosophie wird egologisch, zur Ich-Vereinigungsvorstellung. Das sich selbst in seinen Anstrengungen und seiner Verzweiflung beobachtende Ich setzt sich nach seiner Ausbettung aus geschichtlichen und gesellschaftlichen Lagen selber frei und verwandelt die Spannung zwischen einer Existenz und einer Essenz, zwischen dem, was ist, und dem, was sein könnte, in die Differenz zwischen einem Wirklichkeits-Ich und in die Zukunft entworfenen und geworfenen Möglichkeits-Ich.

Die zeitgemäße Erlösungsvorstellung ist die Wiederzusammenfügung der auseinandergesprengten Ichs, die in den Stürmen der Moderne herumrollen, nachdem sie wie Kegelkugeln auf eine Bahn, die endlos in der Zukunft sich verliert, geschleudert worden sind. Die Schweizer Söldner sollen in den Kirchen Oberitaliens mit den Gebeinen der Reliquien gekegelt und deren Schädel als Kugeln verwendet haben. Hochkulturen kommen, Peter Sloterdijk zufolge, in ihre heiße Phase, wenn den Individuen »kein Außenhalt mehr ihr Maß zeigt – wenn keine ›vormundschaftliche Natur‹ ihre Lebensfunktion spontan regiert«.[3] Aber nicht nur Selbsterkenntnis und Selbstreflexion werden von diesem Moment an zu großen Themen, sondern auch oder eher Selbstverwirklichungs- und Selbstrealisierungsängste und -wüte. Wenn der Außenhalt fehlt, will er gefunden werden; wenn nur mehr die ausgesandten Ichs *außen* sind, sind sie in den Anstrengungen der Ichverwirklichung und der Ichjagd einzuheimsen. War es Gotthardt Güntert, der geschrieben hat, daß die Moderne achthaben müsse, daß sie in der Hitze der Seinsreflexion nicht verbrenne? Die Reflexion, die sich wie ein Bohrer in sich hineinschraubt, wird, je weniger sie findet und je weiter die Selbstvereinigung in der Ferne sich verliert, sich um so glühender um sich drehen. Und die Versuche der Selbstrealisierung werden, im gleichen Maße, wie sich die Selbstentwürfe entfernen und im Loch der Zukunft verschwinden, verzweifelter. »In der Ferne verlieren sich die Boote, und die Anteilnahme, mit der man ihnen nachsieht, nimmt zu mit ihrem Verschwinden« (Albert Camus).

Die ursprüngliche Bedeutung von *Existieren* meint *heraustehen* und *herausragen*. Das Individuum ragt gleichsam aus der Geschichte in die Moderne, die beschleunigt ihrer Selbstverwirklichung entgegentreibt. Man bleibt aufrecht, um den Mystiker Dag Hammerskjöld zu paraphrasieren, solange die Peitsche, wie bei einem Kreisel, pfeift. Der Kreisel, das Selbst dreht sich so schnell, daß es wie zu glühen beginnt. In dieser endlosen, sich selbst beschleunigenden Vorwärtsbewegung ist der Weg von der Selbsterlösung zum Selbstvergessenwollen nur noch fingerbreit. Selbsterlösung und Selbstvergessen unterscheiden sich in ihrer vorausgesetzten existentiellen Lage. Erlösung ist die Antwort auf den Zwiespalt zwischen dem, was ist, und dem, was noch ist, auf die Qual der Doppeltheit. Erlösung bedeutet Verwirklichung und Erfüllung, Erreichung der Potentialität. Erlösung wird in der Gegenwart, sei das Individuum entbettet und das Ich ausgepackt, personalistisch verstanden. Nicht die Welt rotiert schneller in einem Prozeß der göttlichen Selbstverwirklichung, indem die Menschen Manifestationen des Möglichen sind, sondern die Menschen wollen, auf sich selber zurückgeworfen, sich selber erlösen, indem sie frenetisch der Zukunft, der Essenz zuströmen. Vielleicht ist die strenge Vorwärtsbewegung der milliardenfachen Ichs, des die individuellen Ichs zusammenfassenden, geschichtlichen Subjekts und ihr Hineinstürmen und -strömen in die erträumte Zukunft, wie er sich als sogenannter Strukturwandel unter Ächzen vollzieht, insgesamt ekstatisch. Und möglicherweise ist die Gegenwart insgesamt *excessiv ekstatisch*, in Fahrt auf einem als Fahr- oder Flugzeug verstandenen Globus.

Die Selbsterlösungsvorstellungen entstammen religiösen Quellen, auch wenn man es ihnen nicht ansieht. Die Frauen, die Christus das Geleit zum Grab gegeben hatten, kamen am ersten Tag der Woche mit den Spezereien, die sie zubereitet hatten, zu seinem Grab. Die Evangelien berichten, daß der Stein weggewälzt und der Leib Christi nicht mehr da war. Der Leib ist in den Erscheinungen Christi von den zwei Jüngern, sechzig Stadien entfernt von Jerusalem, gleichzeitig da und nicht da; die Schranken der Leiblichkeit bestehen nicht, er erscheint, geht neben den Jüngern her, entschwindet, dringt in dem Menschen verschlossene Räume vor. Sein Anblick war wie ein Blitz und sein Gewand weiß wie Schnee (Matthäus 28,2). Eine neue Gestalt in einer neuen Seinsweise tritt auf, für die die Schranken des Raumes und der Zeit gefallen sind. In der Offenbarung des Johannes wird der Menschensohn geschildert: »Sein Haupt und seine Haare waren leuchtend hell wie schneeweiße Wolle, seine Augen wie eine Feuerflamme. Seine Füße glichen glänzendem Erz, als wären sie im Ofen zum Glühen gebracht, und seine Stimme war wie das Rauschen vieler Wasser. In seiner Rechten hielt er sieben Sterne und aus seinem Munde ging ein scharfes, zweischneidiges Schwert hervor, und sein Anblick war, als ob die Sonne strahlte in ihrer Kraft« (Off. 1, 14-16). Christus wird zu einem *planetarischen Körper*, der die Raum- und Zeitbegrenzungen ablegt. Der Leib wird *allkosmisch*, er breitet sich im Universum aus. Nicht Befreiung vom Leib, sondern Befreiung des Leibes.

Vorbei sind zwar die Zeiten, in denen das Mögliche als Verlorenes gedeutet wird. Alle Essenz ist in die Zukunft geworfen und darüber hinaus personalisiert, als persönlich, als individuell erreichbar gesetzt. Eine für Jedefrau und Jedermann gültige Vom-Tellerwäscher-zum-Millionär-Geschichte, die in eine konstante, verzweifelte Aktivität mündet, wie wenn man sich vor dem Ertrinken in Sicherheit bringen müßte. Die Auferstehung wird zur Selbstauferstehung; *wir* sind Christus, falten das Schweißtuch selber zusammen, schieben den Stein vor der Grabstätte selber weg und heben uns in den Himmel. Die Selbstauferstehung ist begleitet von Offenbarungserlebnissen, das Sakrament der Zukunft wird allen Völkern dieser Erde gezeigt. Das Selbstvergessen resultiert seinerseits aus der Verzweiflung über das Endlose dieses Strebens. Verzweiflung ermüdet in der Repetition der Differenz zwischen Existenz und Essenz, zwischen Wirklichem und Möglichem, die sich dergestalt zeigt, sobald etwas Mögliches erreicht ist, dieses zum Wirklichen wird und der Möglichkeitshorizont wieder in weite Ferne rückt und lockt.

Selbstvergessen will sich selber vergessen. Es will dem Schmerz des Daseins entronnen werden, indem man sich selber entrinnt. Aber was heißt entrinnen? Wer Zahnweh hat, läßt sich die Zähne ziehen; ohne Zähne kein Zahnweh. Der Geist versucht den Körper loszuwerden, ohne Körper kein Bauchweh. Das neuzeitliche Subjekt entsteht durch eine Differenz, indem es eine Grenze zwischen sich und der Welt zieht und dieser (der Welt) daraufhin, um sich zu erheben, den Körper zuschlägt. Umgekehrte Versuche, den Geist abzuschalten, führen in die Zonen des Selbstvergessens. Einer Erzählung von Jorge Luis Borges zufolge erniedrigt und tötet der Asket das Fleisch zur höheren Ehre Gottes, wohingegen Judas dasselbe mit dem Geist tut: »Er entsagte der Ehre, dem Guten, dem Frieden, dem Himmelreich, so wie andere aus geringerem Heldenmut der fleischlichen Lust entsagen.«[4] In der Anmerkung wird ein gewisser Borelius genannt, der die spöttische Frage stellt: »Warum entsagte er nicht dem Entsagen? Warum nicht dem Entsagen des Entsagens?«[5] Vielleicht sind die beiden Möglichkeiten, von denen eine *Selbsterlösung* und eine *Selbstvergessen* genannt sind, die gleichen. Vielleicht sind Schauseite und Kehrseite einer Münze vor Gott gleich.[6] Jedenfalls sind

Selbsterlösung und Selbstzerstörung die beiden personalen Reaktionsweisen auf die verzehrende Hitze der Moderne. Sie sind nicht immer leicht zu trennen; wie die Selbsterlösung etwa in der Askese der Selbstzerstörung nahekommen kann, kann die Selbstzerstörung als den Tod herausfordernde und suchende Heldentat (etwa das solitäre Durchqueren von Wüsten oder Eismeeren) gesehen werden.

Das Selbstvergessenwollen resultiert wie die Selbsterlösungsvorstellung aus dem Bewußtsein der Kluft zwischen dem, was ist, und dem, was noch nicht ist; aber diese Kluft läßt sich nicht so einfach schließen oder überspringen, wie es die personalen Erlösungstheorien der Jetztzeit vorsehen. Deshalb sucht man Trost im Vergessen, und vergessen läßt sich die Kluft, die sich ja auch im Selbst, im Ich, in der Trennung, im Dualismus von Geist und Körper abbildet, in Operationen, in denen die Gegensätze sich auflösen, der Dualismus dahinschmilzt, man nicht außer sich gerät, sondern sich gleichsam in sich verliert. Der über sein Motorrad gebeugte und in hohem Tempo dahinbrausende Mensch kann sich nur auf die gegenwärtige Sekunde seines Fluges konzentrieren; er ist der Zeit entrissen, er steht außerhalb der Zeit, er ragt in den Fahrtwind, er ragt heraus aus der Essenz. Denn das Mögliche ist derzeit das Essentielle und die Existenz das Herausstehen aus der Potentialität, der Verlust des wahren Seins. Der Motorradfahrer Kunderas befindet sich in einem Augenblick der Ekstase: »In diesem Zustand weiß er nichts von seinem Alter, nichts von seiner Frau, nichts von seinen Kindern, nichts von seinen Sorgen, und er hat keine Angst...«[7] Die Geschwindigkeit ist die Form der Ekstase, mit der die technische Revolution den Menschen beschenkt hat.

Vielleicht ist die technische Form der Ekstase der körperzentrierten überlegen, weil in jener, wie etwa beim Laufen, der Läufer in seinem Körper anwesend ist, er sein Gewicht spürt. Vielleicht ist auch die älteste Ekstase, die sexuelle, die orgiastische Identifikation mit jemand anderem, das Sich-selbst-Verlieren im Orgasmus, der technisch herbeigeführten unterlegen, weil sie gleichzeitig ein Augenblick höchster Panik ist, ist doch die Trennung zwischen mir und dem, was mit mir geschieht, aufgehoben. Von katholischen Autoritäten wird die kataleptische Trance als ein Hauptmerkmal der *unio mystica*, der mystischen Vereinigung, angesehen. Nach Pater Poulain geschieht das elfte Kennzeichen mystischer Vereinigung, die Auswirkungen auf den Körper, auf vier Arten: »1 Die Sinne reagieren nicht mehr oder vermitteln nur eine ganz unklare Empfindung. Je nachdem die Tätigkeit der Sinne vollständig oder fast vollständig aufhört, unterscheidet man vollständige oder unvollständige Ekstasen. 2 Meistens sind die Glieder unbeweglich... Das Atmen hat fast aufgehört... Die Lebenswärme scheint zu verschwinden. Die Kälte fängt bei den äußeren Gliedern an.«[8]

Das Selbstvergessenwollen bedeutet die Kluft vergessen wollen. Denn diese ist ein anderer Ausdruck für den Riß zwischen Wirklichem und Möglichem, der sich durch alle Menschen hindurchzieht. Selbstvergessenwollen hat deshalb zwei Möglichkeiten: Vernichtung der Gegenwart oder der Zukunft, die Abspaltung des empirischen Ich oder des Möglichkeits-Ich, die Trennung von Erfahrung und Vernunft. Die unüberbrückbare, gedeutete Kluft wird weggewischt, weggezaubert, es erfolgt eine Art Verlust der Gegenwart oder der Zukunft. So wird die Kluft zwischen Wirklichkeits-Ich und Möglichkeits-Ich *unüberbrückbar*. Das Ich verleugnet die Essenz oder die Existenz, es konzentriert sich, wie der Existentialismus, auf das Gegenwarts-Ich oder, wie der Essentialismus, auf das Möglichkeits-Ich. Das empirische oder Wirklichkeits-Ich wird Abfall, wenn die Essenz in den Vordergrund tritt, oder die Essenz wird ein unerreichbarer Mythos, wenn die Existenz gefangennimmt. Während die Selbsterlösung sich durch Einfangen des Möglichkeits-Ich mit sich selbst vereinen und sich damit erlösen will, will das ob der endlosen Anstrengung verzweifelnde Ich seine Gespaltenheit nicht überwinden, sondern aus sich herausgehen, außer sich sein, die Bekämpfung und Abtötung des Körpers besiegeln.

5. Ich-Verlust, Cyberselbst

Das Ich ist nie allein, es ist Doppel-Ich, und das Doppel-Ich hälftet sich weiter. Wie sich selbst vergessen, wenn das Selbst kein Selbst, sondern etwas Gespaltenes, Fließendes ist? Könnte man sagen, daß das Ich immer fest oder mit einem oder mehreren anderen Ich zusammengeschnürt und zusammengepreßt ist und darum wie Notsignale andere Ichs freisetzt, ähnlich einem Kind, das am Brunnen sitzt und Seifenblasen in den Himmel pustet? Ist doch das aufspringende und nach den schwebenden und in allen Farben schillernden Blasen haschende Kind ein beliebtes Motiv der romantischen Malerei, eine liebenswerte Idylle, wo das Kind kindlich mit sich selber spielt und spielerisch seine eigenen freigesetzten Ichs vernichtet. »Das beschenkte Kind steht fiebernd auf dem Balkon und schaut den Seifenblasen nach, die es aus der kleinen Schlaufe vor seinem Mund in den Himmel bläst...«[1] Spiel hat immer etwas Selbstvergessenes, und vielleicht lernen Kinder im Spiel mit ihren eigenen Produkten, seien es nun Seifenblasen oder Ausscheidungen, sich selber kennen und beherrschen. Die überkommenen Idyllen und Utopien waren jeweils Gegenbilder zur Gegenwart, Erwartungen einer wunderbaren Wende der Geschichte, ein an die Stelle der Kriege tretender ewiger Friede, immerwährende Sattheit, restlos befriedigte Gelüste, Unsterblichkeit. Die entsprechenden Vorstellungen ruhen auf den überkommenen, irdischen Koordinaten: aber statt begrenzter Orte unendliche Nicht-Orte, statt Alterung ewige Jugend, anstelle von Krieg Liebe – Nächstenliebe. Was sind die Gegenbilder einer nicht mehr auf den alten Koordinatensystemen aufruhenden Wirklichkeit? Einer Wirklichkeit, die nicht erneut verwendet werden will, um sich einzubetten? Wo sind die Gegenwelten eines entbetteten Ich, das sich auf sich selber zurückgezogen und sich selber seiner letzten Decke beraubt hat? Das sucht und sucht und nicht viel mehr findet als eine merkwürdige Unruhe, das Sausen und Brausen einer Gedankenfabrik, das Oktoberfest oder den Reichstag. Vielleicht bemüht es sich um Notwendigkeiten, Verpflichtungen. Vielleicht ordnet es sich erneut in Prozessionen ein und fühlt sich wohl in Marschordnungen. *Es lebe die Marschmusik!* Vielleicht verharrt er, der letzte Mensch, auch als Endzustand der Evolution, Sloterdijk zufolge, in Andacht vor sich selber. Und vielleicht könnte man die aktuellen Ich-Religionen für ein Echo der *devotio moderna*, der deutschen Mystik aus dem 14. und 15. Jahrhundert halten.[2] Die ekstatische, selbstgenießende Existenz, in der der Einzelne »als Endverbraucher seiner Lebenschance über die Boulevards schlendert, in seinem Appartement hockt, bei Mineralwasser und Ecstasy und seine Augen in einem permanenten Bilderkarneval spazierenführt«,[3] ist indes nicht nur eine prekäre, sondern auch eine ausnehmend verständliche Existenz. In ihr wird vermutlich weniger der religiöse Monastizismus parodiert («Was aus dem Alleinsein mit Gott zu lernen war, das wird heute übertragen auf das großstädtische Alleinsein mit einem möbilierten Nichts...«[4]) als die Selbstvergessenheit, jedenfalls in einer denkmöglichen Variante. Das entbettete und sozial-erkaltete Ich lädt sich gleichsam elektrisch auf, um zu entschweben. Auch der Monastizismus des letzten Menschen ist – in diesem Sinne – eine Idylle der Selbstvergessenheit.

Zurück zur Ichentdeckung. Wie »durchlitt (ich) die Wahrheit, als ich mich dort erblickte, denn... (ich) suchte zuallererst nach mir selbst«, erinnert sich Fernando Pessoa jenes Tages, wo er, etwas verspätet sein *Office* erreichend, einen der Handelsreisenden über schwarzglänzende Blätter gebeugt sah, in denen er erschrocken die ersten Abzüge jener Aufnahme erkannte, die tags zuvor vom Firmenpersonal gemacht worden waren. Und wie man, Pessoa zufolge, mit Recht vermuten darf, suchte er zuallererst sich selbst.[5] Wir alle suchen nicht nur auf Photographien immer zuallererst uns selbst. Auch jene, die das Selbstische, die Selbstbezogenheit oder das Ichbezogene der Gegenwart anprangern, prangern sich selber an. Für Fernando Pessoa endet die Selbstsuche mit Schrecken. Nie habe er sich seine körperliche Präsenz »besonders nobel« vorgestellt, aber auch noch nie als »so null und nichtig« wie im Vergleich mit den anderen wohlvertrauten Gesichtern. »Wer bin ich«, klagt Pessoa, »daß ich so sein kann«?[6]

Wir sind nun einmal nicht so, wie wir sind oder zu sein wünschen. Der Beispiele gibt es übergenug. Bei selbstausgelösten Aufnahmen in Photoautomaten sehen wir mit Spannung dem Auswurf entgegen, weil uns die Differenz zwischen dem Selbstbild und dem photographischen Bild erwartet. Verwendet in Paß, Identitätskarte oder Bewerbung wird, was dem eigenen Wunschbild am nächsten kommt. Alle suchen immer zuerst sich selbst, nicht nur auf Gruppenaufnahmen. *Nachdem man der Heiligenbilder verlustig gegangen ist, stellt man Abzüge von sich selber her.* Wessen Abzüge in den Medien zirkulieren, ist übrigens prominent. Die technischen Möglichkeiten der Selbstbespiegelung haben diesen Prozeß beschleunigt. Die Prominenz ist die Elite des Medienzeitalters und der Ichsorge. Aber jede Selbstaufmerksamkeit nimmt denselben Verlauf; auf sich selber aufmerksam gemacht, sucht man sich selber und geniert sich gleichzeitig seiner selbst. Wie sehe ich da aus! Was für ein unmögliches Bild! Daß man sich täglich im Spiegel beobachtet, läßt sich, wenn alles spiegelt, schwerlich vermeiden.

Möglicherweise sind Schrift und Spiegel (und nicht die Beichte!) die entscheidenden Errungenschaften auf dem Weg zur Selbstfindung.[7] Auch und korrelierend zum Selbstverlust frischt man sich vor dem Spiegel selbst auf und wohnt mit einer gewissen Verwunderung der eigenen Selbstverwandlung bei. Das Zahnfleisch schrumpft. Die Zähne werden entbettet. Die Haut wird faltiger. Die Haarpracht spärlicher, usf. Weder auf den Photographien noch gar, wenn man sich selber hört (etwa auf einer Tonbandaufnahme oder in der Sendung »Der Rede wert«), kann man sich verbessern. Man sieht und hört sich mit einem gewissen Schrecken. Bin ich das? Das bin doch nicht ich! Konnte ich so etwas sagen! Ich erkenne meine eigene Stimme nicht! Bin ich mich? Oder nicht? Es gibt etwas Unerbittliches in uns, das uns selbst an uns selber mißt, das sind wieder wir selber. Daraus resultiert der endlose Prozeß der Selbstvorwürfe und des Schämens über sich selber. Was man immer tut, es ist begleitet vom Gedanken, ob es anders nicht besser gewesen wäre, wohl wissend, daß, wenn das andere gewählt worden wäre, der gleiche Gedanke wiederum auftauchte. Und so ist, was man tut, sagt, fühlt, begleitet von einem Chor von inneren Stimmen. Roland Barthes hat es am Gefühl der Eifersucht verdeutlicht: »Wenn ich eifersüchtig bin, dann leide ich gleich vierfach: Erstens, weil ich eifersüchtig bin; dann, weil ich mich selbst dafür tadle, eifersüchtig zu sein; dann, weil ich befürchte, daß meine Eifersucht nichts ausrichtet bei der Person, derentwegen ich eifersüchtig bin; und schließlich ärgere ich mich darüber, weil ich von einem Klischee überwältigt werde«.[8] Tausend Beispiele fallen ein; man kann nicht alles sein, man wählt sich bei allem, was man tut, irgendwie selbst, die verschmähten Ich-Möglichkeiten kommentieren.

Entsprechend der Vielzahl von Möglichkeiten stellt die Moderne auch eine Vielzahl von Möglichkeiten und Techniken des Selbstvergessens und der Selbstflucht parat. Nur die Techniken sind neu, die Motive alt, immerwährend. Eine ordentliche Welt ist eine Welt, in der man weiß, daß alles, auch das Neue, auf das Alte hinausläuft; insofern ist die moderne Welt ordentlich und unordentlich zugleich. Und insofern die Dualität des Menschen als anthropologisches Minimum gesetzt ist, sind vermutlich die Techniken einer Überwindung dieser Dualität doch wieder ähnlich. Überwindung der Trennung durch Trennen oder Verschmelzen. Man könnte sagen, daß die Dualismen, die wir antreffen, sei es in den Wissenschaften, sei es in den Religionen, Außenverlagerungen einer internen Dualität, Spiegelungen eines kulturinvarianten Risses im Innern des Menschen sind. Vielleicht würde man zu weit gehen, über die Gegensätze von Gott und Mensch und Himmel und Erde hinaus, von Welt und Theorie, von Wirklichkeit und Traum, die Dualismen unter diesem Blickwinkel zu sehen. Der Gegensatz zwischen Geist und Körper könnte noch eher so verstanden werden; jedenfalls wenn man die überkommenen Techniken des Selbstvergessens vergegenwärtigt: Selbsterlösungspraktiken, damit erreichbare Lösung vom Körper und geistige Verzückungszustände, aber auch Selbsterlösungspraktiken durch körperzentrierte Exerzitien, stoff- und nichtstoffgebundene Süchte, die Selbstverschmelzungs- und Vereinigungshoffnungen in *Flow* und in der Selbstbeschleunigung.

Gegenüber diesen überkommenen Paradiesen und Schlaraffenländern, die irdische Glückseligkeiten ins Maximale steigern, erscheinen die zeitgemäßen Verzückungs- und Entrückungssysteme einschließlich ihrer *heiligen* Orte fremd, und deren Deutung fällt den Sportjournalen, die sich damit befassen, eher schwer: Geschwindigkeit, freier Fall, ultimative Beschleunigung, *Bungee-Jumping*. Als zeitgemäße Formen der *Levitation*, der Selbstflucht und der Selbstverschmelzung sind deren Orte eigentlich Nicht-Orte: Bahnen, Schleifen, Bewegungen und Beschleunigungen. In den Asklepiostempeln von *Epidaurus, Pergamon* und *Kos* wurden in der vorchristlichen Zeit Kranke geheilt; heilige Schreine, Quellen, Grotten schaffen die Gegebenheiten für die *participation mystique*. In Galaxis-Bahnen und anderen Beschleunigungsmaschinen, aber auch in den Techno-Höhlen und Rap-Fabriken finden sich die frischen Zonen zeitgemäßer Ekstasen und Verzückungen. Nicht Schamanen, Hypnotiseure oder spiritistische Meister versetzen Gläubige in andere Zustände, sondern *Frequenzen, Phonstärken, Beats, Sprechgesänge, Gleitschienen, Terminals, Motorengeräusche, Autobahnen, Flugzeugstarts, Raketen*. Sie bilden die Peripherie für Selbsttechniken des Selbstvergessens.

So entwickelt jede Epoche ihre eigene Form des Umgangs mit dem menschengemäßen und ihm zu allen Zeiten und in allen Kulturen innewohnenden Dualismus. Wie manchmal die Welterkenntnis der Selbsterkenntnis dient, und manchmal die Selbsterkenntnis eher der Welterkenntnis, setzt die Erlösungsvorstellung an der Welt oder am Selbst an. Sich selbst erlösen! Rezepte differenzieren nach Diagnosen, was man als Krankheit des Selbst, als der Selbstverwirklichung Entgegenstehendes identifiziert. Ob Dualismus oder eine Vielheit von konkurrierenden Ichvorstellungen, die daraus resultierende Vorstellung von Reinheit und Erlösung kann auch auf Einfacheres hinauslaufen: auf Nicht-sich-Hineinziehenlassen, Möglichkeiten nicht beachten, Nicht-Entscheiden, Aufschiebungsmanöver, Moratorien.

Der Konflikt kann verschleppt oder nicht beachtet werden. Die allgemeine Verunsicherung führt zu allgemeiner Müdigkeit. Nicht das Entschiedene, Scharfe, Konsequente, Gläubige wird gewählt. Nicht das, was jemandem, der Erlösung erwartet, Erlösung bringt. Die scharfen und schneidenden Lösungen beruhen entweder auf einer Vorstellung von Trennung von Ichs wie von Engeln und Teufeln, wovon die einen aufsteigen, die andern fallen. Man stellt sich Floyd vor, den siamesischen Zwilling aus Vladimir Nabokovs *Szenen aus dem Leben eines Doppelungeheuers*, der durch ein fleischiges Knorpelband mit Lloyd verbunden ist, wie bei ihm die Fesseln »plötzlich wegschmolzen und ich mich leicht fühlte und nackt«.[9] Und leicht und nackt über den Zaun klettert, einen Zaun, »auf dem die gebleichten Schädel von Haustieren steckten« – und zum Strand hinuntergeht, sich von Felsblock zu Felsblock hüpfen sieht, leicht und schwerelos, in die glitzernde See taucht; dem armen, humpelnden, von ihm selbst verlassenenen, hoffnungslos an einen humpelnden Zwillingsbruder gefesselten Lloyd begegnet und ihm seinen demütigen Rücken klopft; genau so frank und frei scheint heutzutage, jedenfalls nach der Meinung der Medienpriester, der Mensch sich über den körperschweren und erdenschweren Zaun nach oben hieven zu können, um frei von sich selbst in einer technischen Noosphäre zu flottieren. Die elektronischen Medien erzeugen jene Universalität des Bewußtseins, von der Teilhard de Chardin noch geträumt hat und die Stephen Hawking, wenn er auffährt auf die Bühne, beispielhaft realisiert; sie vereinen die Menschen nicht mit sich selber, sondern trennen sie von sich und integrieren sie in einer Art kosmischen Harmonie. Und korrelativ dazu eine »rasche Erhöhung« der psychischen Temperatur der Erde. Eine menschliche Flut, die im Tüll der weltumspannenden elektrischen Systeme knistert und Reibungswärme entwickelt, die »unwiderstehlich emporträgt mit der ganzen Kraft eines Sternes, der sich zusammenzieht«. Ein religiöses Experiment, eine Massenlevitation, »cyberdelische Visionen von einer ortlosen, knoten- und netzabhängigen Sakralität, ein himmlischer, die Erde und Welt umspannender Bräutigam.«[10]

Aber wie sich selber vergessen, wenn doch das Selbst kein Selbst, das Ich etwas Fließendes und Gespaltenes, etwas Doppeltes oder Vielfaches ist? Welches Selbst, welches Ich soll dann vergessen, abgespalten und welches verzückt werden? Gewiß kann man wieder, dem Leitfaden der überkommenen Dualismen folgend, Geist und Körper oder Seele und Leib als Ansatzpunkt der Trennung und Verzückung nehmen: Verzückungszustände des Körpers oder der Seele; und gewiß ließen sich die Annahme, daß das Ich zwischen einem Möglichkeits-Ich und einem empirischen Ich oszilliert, und die daraus folgende Irritation und Unruhe durch Beschleunigungsversuche auf der Jagd des einen nach dem anderen, wie ein Flugzeug, das eine selber abgefeuerte Rakete in der Luft überholt, abschwächen.

Jede Epoche bringt nicht nur ihre eigene zeitgemäße Abwandlung des Dualismus hervor, sondern auch ihre zeitgemäße Vorstellung von dessen Überwindung. Jede Epoche versucht, Vorstellungen von Ganzheit, Reinheit und Unberührbarkeit zu bewahren. Der epochenspezifische Ausdruck für das Reine, Ganze, ganz Andere der Vormoderne, des Zeitalters der großen Monotheismen, war die Gottvorstellung: unbefleckt, ganz in Deckung mit sich selber, ich bin, der ich bin. Gott nimmt die Gläubigen, nachdem er sie um die Erde gejagt hat, in sich auf, er bringt sie mit sich in Deckung, wenn die Trompete erschallt. Die neueste Abwandlung des Dualismus zwischen Wirklichkeit und Möglichkeit und gleichzeitig die neueste Etablierung eines Systems der Reinheit ist epochengemäß genuin-technischer Natur, ein *kybernetischer Garten Eden*. Seit die elektronischen Medien und Computernetze in die Lebenswelt eindringen, verändern sich die Wirklichkeits- und Möglichkeitsbegriffe in Mysterienkulte der Technik. Jede Epoche, so müßte man es vielleicht formulieren, entwickelt ihre Form des Umgangs mit der sich im Außen spiegelnden Ich-Dualität – die Dualität aber bleibt. Theresa von Avila, die sich mitsamt ihrem Körper vor aller Augen in Verzückung erhob, levitierte und über die Gläubigen hinwegschwebte, ist beispielgebend für alle möglichen Vorstellungen einer von der Dualität zwischen der Schwere und der Leichtigkeit, des Befleckten und des Reinen, des Himmels und der Erde, des Körpers und der Seele ausgehenden Himmelfahrt.

Die neuesten Formen der Himmelfahrt bedienen sich neuester Techniken – sie machen auf ihre Art die Entwicklung vom Fußmarsch über die Droschke zum *Jet* und zum *Beamen* mit. Eines der erhabensten Bilder ist nach wie vor der Start einer Raumfähre. Heute levitieren die Astronauten mit einer Geschwindigkeit und einer Kraft, die die Anziehungskraft der Erde überwindet, und es scheint, als erreichte die Computer- und Cyberkultur eine alles Bisherige sprengende Geschwindigkeit. Die elektronischen Medien verstricken in eine unfaßbare und spannungsgeladene Welt der Gleichgültigkeit, in die man sich per Mausklick einheben kann. *Cyber-Eucharistie*: die Auflösung des Körpers in Digitalsäure! Und während diese Zeilen geschrieben werden, haben sich fünfzig Millionen das brautkleidchenweiße Digitalhemdchen übergestülpt und machen sich auf, jenen imaginären Raum zu durchqueren, der allein im Inneren des Computers existiert und sich wie ein Fetisch durch Berühren aktivieren läßt; und der die massenhafte Levitation in eine andere Welt, in autonome Zonen, in Cyberspielen, OBEs (out-of-body experience) ermöglicht; ohne zu träumen und ohne als Jetpilot bei hohen Geschwindigkeiten das Gefühl zu haben, neben dem Flugzeug zu fliegen und in die eigene Pilotenkanzel zu sehen. Auf elektronischem Weg körperlos werden: das ist die zeitgemäße Art der Levitation.

Schon Robert Musil hat die geheime, auf eine Art technische Transsubstantiation hoffende Religiosität der Industriegesellschaft zu beschreiben versucht; er notierte: »Wenn es die Verwirklichung von Urträumen ist, fliegen zu können und mit den Fischen zu reisen, sich unter den Leibern von Bergriesen durchzubohren, mit göttlichen Geschwindigkeiten Botschaften zu senden, das Unsichtbare und Ferne zu sehen und sprechen zu hören, sich in wundertätigen Genesungsschlaf versetzen zu lassen, mit lebenden Augen erblicken zu können, wie man zwanzig Jahre nach seinem Tod aussehen wird, in flimmernden Nächten tausend Dinge über und unter dieser Welt zu wissen, die früher niemand gewußt hat, wenn Licht, Wärme, Kraft, Genuß, Bequemlichkeit Urträume der Menschheit sind – dann ist die heutige Forschung nicht nur Wissenschaft, sondern, nein, Zauber; eine Zeremonie von höchster Herzens- und Hirnkraft, vor der Gott eine Falte seines Mantels nach der anderen öffnet, eine Religion, deren Dogmatik von der harten, mutigen, beweglichen, messerkühlen und -scharfen Denklehre der Mathematik durchdrungen und getragen wird.«[11] Nicht nur die Naturwissenschaft hat ein religiöses Fundament, sondern jede Wissenschaft, jede Philosophie, jedes Denken, alles. Wie man nicht nicht kommunizieren kann, kann man *nicht nicht* religiös sein.

Cyberpunk im *Cyberspace*: Ausdruck eines Lebensgefühls, in dem sich die Ohnmacht angesichts der Gewalt und des sozialen Niedergangs durch neue Erlebnismöglichkeiten mittels einer direkten Schaltung zwischen menschlichem Gehirn und elektronischen Systemen, so geht die Hoffnung, überwinden läßt. Keineswegs nur eine Untergattung der Science-Fiction, Literatur, sondern Entrückungsmöglichkeit, sei es als Videospiel oder als ausgeklügeltes Softwarepaket, mittels der man sich nicht nur eine andere Identität anziehen und eine parallele Identität im Netz aufziehen kann, sondern mittels der sich auch eigene Geschöpfe, wie die *Norns*, schaffen, erziehen und agieren lassen.[12] Eine Parallelwelt voller Freuden, aber auch voller Gefahren. Tamagotchihühnchen und neuerdings -hündchen (die Sony-Corporation hat, wie man hört, zwei Jahre an deren Entwicklung gearbeitet!) für Erwachsene und gelangweilte Beamte.[13]

Hermes, der Gott der Kommunikation und Information, löst, so sagt man, Prometheus ab. Hermes, der Sohn des Zeus und der Maya, ist der Schelm unter den Göttern, klug, heimlich, schnell; der Gott der Wanderer, Kaufleute und Diebe und der Erfinder der Leier. Bill Gates ist wohl der Schelm unter den modernen Göttern.[14] Seine Vorstellung, die großen Kunstwerke der Welt über Projektionsmaschinen maßstabsgetreu an die Wände zu werfen, ist eine naive Variation der sauberkeitsfanatischen Anstrengung der Levitiker, ihre unreine Körperlichkeit loszuwerden. Der häusliche Cyberhimmel, in dem die ganze Einrichtung gebeamt wird, das wäre der erste Schritt zum satellitengebeamten Himmel auf Erden.

Gewiß ist gegenüber der *Epochenmanie der Intellektuellen* größte Vorsicht angebracht. Eine ordentliche Welt ist, wie gesagt, eine Welt, in der man weiß, daß alles, auch das Neue, auf das Alte hinausläuft. Und ebenso gewiß ist es, daß der Mensch »die im Koordinatensystem seines Leibes verankerte aktuelle Situation« zwar vergessen kann, aber nie völlig, nie auf Dauer, für immer.[15] Vielleicht läßt sich sagen – so lange er, der Mensch, der medialen Vermittlungen im Koordinatensystem seines Leibes teilhaftig wird. Wenn er dieses abwerfen, abschalten könnte, ihm, wie es die Futuristik plant, den Geist entziehen könnte, ähnlich einem Gerät, das man dem Futteral entnimmt, dann wäre eine Veränderung der Welterfahrung und Weltsicht eingeleitet, die alle überkommenen, erkenntnistheoretischen Konzepte hinfällig machen würde.

Von den zwei in der Literatur diskutierten Möglichkeiten scheint zwar keine besonders geeignet, dies zu leisten. Der Transfer des Geistes in einen Computer, die Überführung des Ich in eine Teleexistenz ist, aufgrund der Tatsache, daß der Computer selbst komplex genug sein müßte, um den Geist vollständig aufzunehmen, wohl für immer unmöglich. Die zweite Möglichkeit, der sukzessiv *prothetische* Mensch, der mittels Transplantationschirurgie auch im Gehirn durch elektronische Chips verwirklicht werden könnte und so seines weichen Säugetierleibes entwachsen würde, ist vielleicht realistischer, obwohl die Existenz von Bewußtsein und Geist eher eine Frage der Neurochemie zu sein scheint als der Neuroelektrik.[16]

Je realistischer das Mediale wird, je besser und authentischer Wirklichkeiten (etwa in Flugsimulatoren) designt sind, desto größer wird die Verwechslungsgefahr. Die Membrane zwischen Simulations- und wirklicher Welt reißt. Während *Sancho Panza* den Übergang von einer Weltsicht, die vom Phantastischen, vom Irrationalen, vom Spirituellen geprägt war, zur modernen tatsachenheischenden Wirklichkeitssicht markiert, bezeichnet die Simulationsindustrie vielleicht den Übergang zu einer mimetisch-phantastischen Weltsicht, vielleicht sogar zu einer Umkehrung, wie sie García Marquez in *Hundert Jahre Einsamkeit* schildert, wo die Einwohner Macondos die übernatürlichen Dinge als tatsächliche akzeptieren, aber mit Überraschung auf das Banale reagieren. In Macondo ist nicht nur das Phantastische banal, sondern, auch eine Art Chiasmus, das Banale phantastisch.

Der alte Dualismus zwischen schäbiger Wirklichkeit und einer reinen Noosphäre, einer Region der Unreinheit und einer Region des Geistes, wechselt vielleicht die Vorzeichen: die Techniken der Simulation stellen die traditionelle Differenz zwischen Realem und Imaginärem, zwischen Sein und Schein selbst in Frage. Die technischen Simulationswelten schlagen die Mythen und Riten der letzten barfußlaufenden Gemeinschaften, wie dies Stephen Wright im Roman *Aufbruch in die Nacht* auf den Spuren von Joseph Conrads *Herz der Finsternis* darstellt: »Mit ernster, zeremonieller Geste, die priesterlich und theatralisch zugleich war, entfernte der

Chief ein schwarzgoldenes Tuch, um ein hölzernes Gestell zu enthüllen, in dem ein Sony Trinithron mit 26 Zoll-Bildschirm und ein Philips-Videorecorder steckten (...). Dann zog er mit großem, zeremoniellem Aufwand aus einer Ledertasche auf dem Regal unterhalb der Geräte eine einzelne Videocassette... Die Menge verstummte, der Fernseher flackerte auf. Die Kamera bewegte sich, ein Motion-Shot, sie fuhr in einer verzerrenden Nahaufnahme an den ominösen Biegungen und Kurven eines halbdunklen Halbreliefs entlang und streichelte geradezu zärtlich über die gewundenen Formen der – waren es irgendwelche Buchstaben, der Titel des Films? – oder war es, ja, oh mein Gott – das Fledermauszeichen... Sie saßen mitten in einem Pekit-Langhaus mitten in einer Steinzeitsiedlung mitten in einem äquatorialen Regenwald mitten im mythischen Borneo inmitten eines Stammes ehemaliger Kopfjäger und sahen sich *Batman* auf Video an.«[17] Die Verwechslung von Wirklichkeit und Möglichkeit passiert nicht nur Kindern, die die Lebenswelt mit einem Gangsterspiel verwechseln. Die Welt als Schein und die Simulationswelt als Sein – viele große Kinder denken wie die Mystiker des Mittelalters. Oder wie Balavat sagt: »In jene Kälte eisigen Verstehens, in der das Blut gerinnt, die Skrupel fallen, weil man begreift, wohin das Leben führt, und wo bewußten Vorgriffs Macht anheim uns stellt, den Tod sich selbst, gar anderen zu bringen, in jene Kälte also und ins eisige Schweigen des nackten Seins und der Alleinsamkeit, kam unerwartet und aus heiterem Himmel der allen wohlbekannte Batman angeflogen...«[18]

Der elektronische Posthumanismus hat die Vorstellung, aus den biologischen, kulturellen und planetarischen Fesseln auszubrechen, um in die Hi-Fi-Traumwelt der Teleexistenz zu gelangen, der Computer als Jakobsleiter, der Bediener als Gottesdiener damit beschäftigt, sich zu heben. *Mirrorshades* nennt sich eine Anthologie des Cyberpunk: Mirrorshades sind getönte Spiegelbrillen, die dem einzelnen gleichermaßen die ungestörte Sicht auf die Welt erlauben, wie sie ihn vor den Blicken der anderen bewahren: eine Solitär-Welt im Spiegelschatten.[19] Die »überwältigende Einzigartigkeit eines unmenschlichen Zustandes«, die Ekstase, in der man aufhört, Mensch zu sein, und über, wie man es Eliade folgend sagen könnte, eine rituelle Leiter zum Himmel aufsteigt, läßt sich indes nicht nur durch gemächliche, selbstversunkene Aufstiege oder durch Einschalten des Geräts erreichen, sondern auch durch Beschleunigung und Erreichen einer Höchstgeschwindigkeit.

6. Beschleunigung, Ekstase

Blicken wir noch einmal zurück: Die Ungewißheit über die Grundlagen unserer Kultur treibt uns, Baudrillard zufolge, zu einer »schwindelerregenden Übersteigerung formaler Qualitäten und somit zur Form der Ekstase«.[1] So wie man in Ungewißheiten verzweifelt, könnte man Kierkegaard paraphrasierend sagen, kann man auch in vorgegebenen Gewißheiten verzweifeln und verzweifelt versuchen, sich aus diesen herauszuarbeiten. Insofern hat sich das, was unter Ekstase verstanden werden kann, nicht verändert, wohl aber deren Motiv. Das Wort stammt aus dem Griechischen und meint sinngemäß *außer sich sein*. Immer wieder wird die Ekstase umschrieben als Auflösung der Grenzen, als ozeanisches Ich, in das etwas hineinbricht und hineinströmt oder das sich auflöst und entleert. »Eines Tages stand Narziß am Wasser und betrachtete sein Antlitz, das sich darin spiegelte. Niemals zuvor hatte er sich selbst gesehen. Er geriet darüber in Verzückung. Und nun blicken wir durch die Linsen von Bildsatelliten. Wieder sehen wir das Wasser. Und wieder – ... aber was sind ›wir selbst‹?«[2]

Die Ekstase als Außer-sich-Sein ist, so die überkommene Beschäftigung mit ihr, ein Traum- und Trance-Zustand, nicht nur ein durch und durch religiöses Phänomen, das in einer Art Berufung, sei sie nun spontan (Auserwähltheit) oder durch erbliche Übertragung erfolgt. Der Ekstatiker als ein von der religiösen Gemeinschaft abgesonderter Experte verfügt über Techniken, die dem einfachen Gläubigen eine *unio mystica* mit einem höheren Wesen veranschaulichen. Milan Kunderas Ekstatiker auf dem donnernd dahinbrausenden Motorrad ist von anderem Zuschnitt, und zeitgemäß wird unterdessen von der Ekstase im Internet gesprochen, in dem nicht auf dem Motorrad, sondern mit Mausklicken um die Welt geeilt wird. Allen Formen der Ekstase ist das Außer-sich-Sein gemeinsam, ein Verlassen einer festen oder letzten Basis, einer Plattform, von der aus ein ekstatisches Ich startet. Man könnte vielleicht außerdem sagen, daß die Ekstase als Außer-sich-Sein keine Expertentätigkeit mehr ist, die speziell unterwiesen, geübt und gekonnt sein muß. Während sich in vormodernen Zeiten die Identitäten, sofern von solchen überhaupt geredet werden konnte, in Auseinandersetzung mit der Umwelt, mit Raum und Zeit und Sozialität herausbildeten, entsteht die zeitgemäße Identität in der Auseinandersetzung mit sich selbst. Selbsterfahrung, Selbstbildung und Selbsterlösung sind Erziehungsideale seit dem modernen, von der Aufklärung, von Kant und Rousseau geprägten Persönlichkeitsideal, demzufolge sich das Individuum Zug um Zug aus räumlichen, sozialen und kulturellen Bindungen herausgearbeitet hat und Ich wird und sich als solches erkennt. Und dementsprechend ist Ekstase heute Selbstekstase.

Noch einmal: Verlust der Gewißheiten und Steigerung der Handlungsmöglichkeiten bilden die Matrix für die moderne Verflüssigung des Ich. Vielleicht ließe sich sagen, daß es erneut wird, was es in der pränatalen Phase schon einmal war: *ozeanisch, intrauterin, schwebend*, ohne Innen und Außen, eins mit einer wohltuenden Flüssigkeit. Die Vorstellung befriedigt und beruhigt, daß die Erde mitsamt ihrer Atmosphäre, ihren Ozeanen, ihren Kontinenten einen gigantischen Organismus darstellt und der Mensch mit seinen Organen mit einem ihn einbettenden, riesenhaften Organismus wie verknüpft erscheint; wo das Ich nicht länger von seiner Haut eingeschlossen wäre und Meer und Wind, Sand und Erde als gefühllose Glieder des Körpers erfahrbar wären; und wo die Landschaften Teile einer *planetarischen Anatomie* repräsentieren: ein Gedanke, der die Geschichte in der Ichfindung, der Auflösung des Ich, enden läßt.[3] Die *unio mystica*, die in den überkommenen Vorstellungen von Ekstase ersehnt wird, schmachtet nach einer Vereinigung mit ihr, mit ihm. Der Motorradfahrer ist der Kontinuität der Zeit entrissen, er steht außerhalb der Zeit, er weiß nichts von seinen Sorgen, er hat keine Angst, wenn er losfährt, denn die Quelle der Angst liegt in der Zukunft, so Kundera; aber die Angst ist zugleich anziehend, die Vereinigung mit etwas Großem, Übermächtigen.

In der Tierwelt ist Schnelligkeit eine Folge des Schreckens und der Gefahr; die Geschwindigkeit ist Folge von Angst vor Verfolgern oder einer dunklen Gefahr. Die zeitgemäße Beschleunigung und Geschwindigkeit resultiert vielleicht auch aus Angst vor dem Tod, dem man durch immer geschwinderes Umarbeiten der Wirklichkeiten in Möglichkeiten zu entgehen sucht. Merkwürdig, je schneller man in die Zukunft hineinprescht, desto schneller nähert man sich dem Tod, denn, wo anders wartet er als in der Zukunft! Im Buch *Kohelet* findet sich die Botschaft, daß alles seine Zeit habe. Die Erhöhung der Geschwindigkeiten, bis hin zu den ekstatischen Geschwindigkeitsräuschen, sind Wachstumskurven der Angst, die erst in reißenden Geschwindigkeiten, in denen man mitgerissen von ihrer Gewalt vollständig selbstbeschäftigt ist, verloren wird. Nichts mehr hat Zeit, schon Überblättern schafft manchmal einen leichten Rausch. In die Zukunft »steigt man nicht mehr auf, man fällt«, wie Paul Virillo feststellt, und in vielen Weltgegenden ahmen Tausende den Sturz der Engel im *Bungee-Springen* nach, um in Simulationen des allerletzten Augenblicks ein sinnleeres Ende zu vergessen.[4]

Der freie Fall, der sich heute im Bungee-Springen und Hochgeschwindigkeitsliften üben läßt, hat zum Neben- oder Hauptergebnis ein Sich-Verlieren, ein Resultat, das sich in den Ekstasen der Geschwindigkeit ebenfalls einstellt. Verloren wird das Möglichkeits-Ich, es wird in der ekstatischen Konzentration auf sich selbst abgestoßen, die Ekstase ist eine Körpererfahrung, und sie kann sich auch einstellen im Stroboskopgewitter, im Bildersturm im Kino oder im ekstatischen Gerede. Dem ekstatischen Fall und körperhaften Rausch gegenüber bietet sich eine andere Trennungsmöglichkeit an, die des Geistes oder der Seele vom Körper. »...wollte mit dem unteren Teil seines Körpers aus dem Bett hinaus kommen, aber dieser untere Teil, den er übrigens noch nicht gesehen hatte, erwies sich als zu schwer beweglich; es ging so langsam...«[5] Also durchtrennt man sich und steigt, wie im Buddhismus gesagt wird, vom *Fleisch-Rad*, steigt nach dem Absteigen hinauf- und himmelwärts, versucht sein empirisches Ich hinter, besser, unter sich zu lassen. Man wird nicht nur, wie die Astronauten, wenn sie sich im All bewegen, schwerelos, sondern läßt den Körper wie eine Verpuppung auf der Erde zurück.

Die höchsten Formen der mystischen Vereinigung geschehen nach überkommenen katholischen Auffassungen dann, wenn der Körper unbeweglich ist, oder wie die heilige Theresia von Avila behauptet, »wenn er völlig dahinschwindet, wenn die Türen der Sinne völlig gegen ihren Willen verschlossen sind«,[6] und von Ekstatikern wie auch von Berichtenden hören wir ungewöhnliche Schilderungen einer unerklärlichen Unbeweglichkeit und Starrheit. »Zwanzig Männer konnten sie nicht bewegen, und, wenngleich das eine Übertreibung sein mag, erklärten eine große

Anzahl von Zeugen, die bei ihrem Seligsprechungsprozeß Zeugnis ablegten, daß sie oft versucht hätten, ihre Glieder zu beugen oder sie zu brechen, oder ihr etwas aus der Hand zu nehmen, jedoch nicht dazu imstande waren«, wird über Orsola Benincasa berichtet.[7]

Starrheit ist auch Kennzeichen der Missile. Flugkörper sind metallisch und der »in eine automobile Kiste verfrachtete Passagier vollzieht, begierig nach einem metallischen Körper und von ihm begehrt, die Urpaarung nach«, oder aber er wird missil, metallisch und starr. Starr sind die *Cyborgs* der ersten Generation: stählerne Roboter, erinnerlich im T-800. Der Körper wird selbst das Gleit- und Transportmittel für das Fernweh, der Körper antwortet dem unruhigen Herz, indem er nicht Nest, sondern *Futteral*, Behälter wird; ein klopfendes Herz, wie die abends verkehrenden, mit Hochwattanlagen ausgerüsteten GTI's, die nachts – pochend – in Hüllen aus Stahl und Glas die Städte durchpflügen. Fahren als spektakuläre Form von *Amnesie*! Der Ekstatiker der Moderne ist ein sich selber lenkendes Geschoß, so mit sich selber beschäftigt, daß er keine Angst hat, keine Zeit, um Angst zu haben, keine Differenz verspürend zwischen sich und sich, zwischen einem Wirklichkeits- und einem Möglichkeitsich, nicht eines auf dem andern reitend, wie das Ich auf dem Es, oder das Über-Ich auf dem Ich, sondern zusammengeschaltet, im Fahrtwind wie ineinandergepreßt.

In der Ekstase verschwindet das doppelte, das vervielfältigte Ich; keine Ablenkung ist möglich, alle Ichs haben genug zu tun, sich aneinanderklammernd in der Spur zu halten. Konflikte verblassen, Ichs verschmelzen. Der Individualverkehr als Selbstentzückung, die Produktion von 250 Tausend Automobilen weltweit täglich liefert den Nachschub an Vehikeln der Ekstase. Die erhöhten Geschwindigkeiten steigern diese: *Fahren ist seliger denn laufen* (Nissan). Der Passagier ist wie nicht mehr von dieser Welt, und fern ist ihm die Tatsache, daß alle fünfzig Minuten ein Mensch auf der Autobahn stirbt. Was sich hier abspielt, erleben die Kinder auf der jahrmärktlichen Schleuderbahn, die Erwachsenen, Ernst Jünger zufolge, in der *totalen Mobilmachung*. Der von seiner Schnelligkeit mitgerissene Passagier ist ein »gleichzeitig erhabener und entführter Toter zu Pferd«,[8] einer Marmorklippe gleich, aufragend starr. Das ursprünglich feindliche Paar bildet einen Körper; die Glieder unbeweglich, das Atmen hat fast aufgehört, die Lebenswärme scheint zu verschwinden; die Kälte fängt bei den äußeren Gliedern an.[9]

Fluchtgeschwindigkeit ist eine Geschwindigkeit, die ein Körper benötigt, um die Anziehungskraft eines anderen Körpers zu überwinden. Um *ultimative* Geschwindigkeiten zu erreichen, in denen der Körper schwerelos wird und das Ziel aller Levitation technisch erreicht ist, muß sich dieser vorerst noch in stählerne, feste Kammern begeben, in das Automobil, die Bahnabteile, in das Flugzeug; in Gefährte, in denen die Ekstase schwerlich erreicht wird, außer vielleicht in den Startgeschwindigkeiten und -beschleunigungen. Aber vielleicht würden diese auch von nicht so gehärteten, unverkleideten Körpern ausgehalten, ornithoider Gattungsumbau zum Passagier hin oder her. So sind die in Leder geschnürten Motorradfahrer, wie die auf den Laufstegen der Mode hergezeigten, geschmeidig ausschreitenden Puppen, die verbliebenen Boten einer vergangenen Welt der Ekstase.

Die Geschwindigkeit ist, Virillo zufolge, praktizierter Nihilismus, die »Niederlage der Welt als Boden, Entfernung, Materie.«[10] Vielleicht könnte man, entgegen Virillo, die Geschwindigkeit gerade als *ekstatische Materialisierung* deuten: Geist geht infolge der Anstrengungen des Körpers, sich im Fahrtwind zu halten, in Materie auf, verschmilzt, macht sich steif. Fluchtgeschwindigkeit ist nicht nur die Geschwindigkeit, die ein Körper benötigt, um die Anziehungskraft eines anderen Körpers zu überwinden, sondern um sich mit dem eigenen Körper so zu verbinden, daß keine Differenz mehr spürbar ist. Die Ungewißheit über die Gegenwart und das Leuchten der Zukunft treiben an.

»Blutrot die Segel, schwarz der Mast«, der fliegende Holländer, Melmoth der Wanderer, der ewige Jude, Ahasver, ein Motiv seit der neuzeitlichen Epochenwende, seit sich die Zukunft zur eigentlichen, zur essentiellen Zeit auflädt; ein Motiv, das sich um die Jahrhundertwende breitenwirksam in den Wanderliedern ausprägt und wachsende Gruppen über die Feldwege und, in den folgenden Jahrzehnten, über die Landstraßen zu kriegerischen Auseinandersetzungen um Zukünfte treibt! So drängt der Mensch vorwärts, wird geschwinder, setzt sich in Kapseln, steuert Gefährte. Die moderne Bewegungselite der Autobahnfahrer verwandelt sich in ihren metallischen Gehäusen in angstlose und dennoch sich selber auf höchstem Aufmerksamkeitsgrad haltende Systeme.

Genau genommen ist die Bewegung, in die der moderne Mensch hineingerät, in eine andere eingebettet, in der er sich, *oszillierend* zwischen einem Hier und Jetzt, seit er Mensch geworden ist, *wiegt*. Die totale oder, wie es bei Sloterdijk heißt, panische Mobilmachung der Moderne findet im über sein Motorrad gebeugten Mann eine wunderlich-kindliche Entsprechung. Der *Jet-Man* von Roland Barthes, ein posthumaner Pilot, mit Helm und glänzendem Anti-Schwerkraftanzug, in dem ihn selbst seine Mutter nicht wiedererkennen würde, zeigt die fortgeschrittene Generation einer *Jet-Menschheit* an, die enthaltsam und in sich gekehrt, eingesperrt in die asexuelle Uniform, das Fleisch abtötet und die Schwerkraft überwindet. Aber im Unterschied zur Moderne, die sich als eine, wie es Louis Dumont umschreibt, »gigantische Anstrengung begreifen läßt, den Abgrund, der ursprünglich zwischen der Vernunft und der Erfahrung lag, zu verringern«,[11] in der also Geschwindigkeit ein Mittel ist, um das, was noch nicht ist, zu erreichen, fallen in der ekstatischen Beschleunigung Mittel und Ziel zusammen und gewähren für kurze Zeit Erlösung.

»Du fährst und fährst, und im selben Maße, wie du dich von dem Punkt, den du soeben passiert hast, entfernst, näherst du dich ihm.«[12] Befreit von den Notwendigkeiten der Vergangenheit, die uns wie eine gallertartige Masse nur äußerst verlangsamte (*slow motion*) Bewegungen gestattet, aber auch befreit von der Begehrlichkeit nach immer neuen Möglichkeiten, die uns eine fortschrittsbeseelte Zukunft vorspiegelt, stellt sich ein Zustand äußerster Konzentration ein – bei gleichzeitigem Unbeteiligtsein. Man wird, indem man Nichts und Alles zugleich ist. Die Orte und die Nicht-Orte, die Gegenwart und die Zukunft, die Wirklichkeiten und die Möglichkeiten sind vergessen. Während die einen überkommene Mysterienkulte, eine *Nullierung* (eine transzendentale Reduktion im Sinne Husserls), abseits des Tagesgeschehens an ungestörten Orten (sogar im Lehnstuhl) vollziehen wollen, werden die Glättung des Körpers und der Stillstand des Geistes vom Motorradfahrer gerade im dröhnenden Lärm und bei hoher Geschwindigkeit erreicht. Mitgerissen von der Gewalt der Geschwindigkeit, bewegen wir uns nirgendwohin und geben uns mit der Aufgabe der Zukunft zugunsten der Leere der Geschwindigkeit zufrieden. In Zukunft wird jede menschliche Aktivität, wer weiß, so beschleunigt werden wie der Körper auf dem Rennrad, wo der Fahrer zuerst die Beschleunigung beherrschen und die Maschine in der Spur halten muß. Es wird möglicherweise nicht mehr darum gehen, die Landschaft zu bewundern, sondern einzig darum, ihre Bildschirme, ihre Skalen, die Steuerung ihrer interaktiven Bahn zu überwachen.

Vielleicht könnte man, in Anlehnung an die Differenzierung der Riten in hermetische, mystische und orphische, die zeitgemäßen Geschwindigkeitsekstasen als *orphische* deuten, in denen die Verzückungszustände weder, wie bei den hermetischen, mit dem Verstand, noch wie bei den mystischen, solitär und in äußerster Askese und Einsamkeit durchgeführt, sondern rasend, frenetisch und tumultuös vollzogen werden. Nicht die Selbst-Erkennung, nicht *Erkenne dich selbst* steht über dem Portal der Schleusen in die andere Welt, sondern *Vergiß dich selbst*. Im Technotaumel, in der maximalen Beschleunigung von Transrapidzügen, in den den Körper in die Schwerelosigkeit katapultierenden Space-Bahnen, in den Lüften, in denen der freie Fall simuliert wird, wird das zweite, das plagende, foppende, fordernde, herrschsüchtige Ich vergessen, es verliert sich in der vollen Konzentration auf das Jetzt, die Gegenwart, wo kein Rückblick und kein Vorblick möglich ist, ähnlich wie beim Gefühl der Übelkeit, wo die ganze Welt entschwindet ob der Konzentration auf sich selbst. Es entfällt die Frage der Entzweiung und Vereinigung, Ich ist Ich, nur mehr Wirklichkeits-Ich.

Blicken wir zurück: Theresa von Avila hat sich ob ihrer Verzückungszustände, die in Levitationen übergingen, geschämt. Sie wußte, daß sie damit ihren Mitschwestern fremd wurde. In diesem Moment schien »nichts mehr den Körper zu beleben, ihre Seele wurde überwältigt und in steilem Flug davongetragen. Ihr Leib lag wie tot da, so daß sich seine natürliche Wärme verflüchtigte und er sich nicht mehr rühren konnte, die Augen schlossen sich oder sahen nichts mehr, auch wenn sie offen blieben.«[13] Hat sie sich geschämt ob ihrer Weltabwendung? Daß sie sich mit etwas ganz anderem zu vereinen suchte als mit sich selber? Bernini hat *Die Verzückung der Heiligen Theresa* in *S. Maria della Vittoria* zu Rom in Marmor nachgeschaffen und die Verschmelzung der Heiligen mit Gott dargestellt. Theresa selber beschreibt diese in ihrer Begegnung mit dem Engel mit »einem langen, goldenen Pfeil, und an der Spitze des Eisens schien ein wenig Feuer zu sein. Es kam mir vor, als durchbohrte er mit dem Pfeil einige Male mein Herz bis aufs Innerste, und wenn er ihn wieder herauszog, so war es mir, als zöge er diesen innersten Herzteil wieder heraus... Der Schmerz dieser Verwundung war so groß, daß er mir die erwähnten Klageseufzer auspreßte; aber auch die Wonne, welche dieser ungemeine Schmerz verursachte, war so überschwenglich, daß ich unmöglich von ihm frei zu werden verlangen, noch mit etwas Geringerem mich begnügen konnte als mit Gott.«[14] In der Weltabwendung verlieren sich Selbst und Ich.

Das himmlische Bewußtsein erscheint heute, in der restaurativen Moderne, in anderer Form wieder. Die Levitation erfolgt nicht öffentlich, sondern privat, schweigend, allein. Schweigend kann man sich der Welt entfernen und öffnen auf anderes hin. Das *Fliehe die Menschen* ist das Zentrum der Apotaxis schon der absichtsvoll schweigenden Mönche.[15] Die Auslöschung der irdischen Geschichte, des welthaften Geredes läßt sich in der schweigenden Einsamkeit bewerkstelligen. Eine Wache ist, wie das sechste Kapitel der *Regula Sancta Benedicti* anweist, vor den Mund zu stellen. Schweigen bedeutet nicht nur, daß, wie Guardini sagt, die innere Fülle aufsteige, sondern daß Er, Gott, sich erheben kann, Er in der Stille vernehmbar wird: »Da heißt es aushalten, vorangehen, weitersuchen.«[16] Oder aber in der Bewegung, der Beschleunigung, der schnellen Fahrt, in der jeglicher Kontakt mit der überkommenen Realität und mit dem Anderen abhanden geht. Verschmelzungsträume kommen nicht mehr mit Gott, sondern *metabolisch*. Gesucht wird nicht in sich, sondern auf dem Bildschirm; keine *devotio postmoderna* als Andacht des Einzelnen vor sich selbst, wie Sloterdijk sie im *Letzten Menschen* der Jetztzeit zu finden glaubt.[1]

7. Ich-Wiederholung

Italo Calvino widmet die erste Vorlesung *Sechs Vorschläge für das nächste Jahrtausend* dem Gegensatz von Leichtigkeit und Schwere und vertritt dabei die Rechte der Leichtigkeit.[1] Er vermerkt, daß Kunderas Roman *Die unerträgliche Leichtigkeit des Seins* in Wahrheit eine bittere Konstatierung der unausweichlichen Schwere des Lebens sei, weil alles, was ansonsten das moderne Leben leicht und beschwingt macht, nämlich die Freiheit, sich für dies oder jenes entscheiden, dies tun oder jenes lassen zu können, in Tat und Wahrheit unerträglich schwer sei. Man kann nicht nur, sondern muß die moderne Gesellschaft, in der der Himmel nicht voller Geigen, sondern voller Optionen, voller Anwartschaften, voller Schalter hängt, die man betätigen kann oder auch nicht und die deshalb im Vergleich zu vormodernen Gesellschaften mit festen Traditionen und Riten auf den ersten Blick mit ungeheuren Vorteilen, eben leicht, offen, tausendwegig und transparent erscheint, in ihrer Schwere sehen. Diese beruht darin, daß man andauernd *entscheiden* und – vor allem – die Entscheidung verantworten und die Last der Realisierung des Durchziehens tragen muß. Vermutlich meint Kundera das, wenn er von der *Unerträglichkeit* des Seins spricht. Nichtsdestotrotz ist Milan Kundera die zur modernen, vorwärtseilenden Gesellschaft querliegende Vorstellung einer Welt der ewigen Wiederkehr gleichfalls unerträglich schwer; auf jeder Geste, so Kundera, lastet nämlich »die Schwere einer unerträglichen Verantwortung«.[2]

Vor diesem Hintergrundleben erscheine unser modernes Leben in seiner »ganzen herrlichen Leichtigkeit«.[3] An dieser Stelle fällt erneut das merkwürdig dunkle und auch angstvoll geschwätzige Buch von Kierkegaard mit dem Titel *Die Wiederholung* ein, in dem in der Wiederholung, darum dieser Titel, ein Ausweg aus der Verzweiflung des gespaltenen Menschen gesucht wird.[4] Es erscheint gleichentags wie *Furcht und Zittern* (1801), allerdings unter einem Pseudonym. Zunächst beschreibt Kierkegard das Wesen der Wiederholung in Form von Gleichnissen. Sie hat nicht die Unruhe der Hoffnung, so kann man das in unsere Worte übersetzen, hängt nicht am Tropf der Zukunft, kommt nicht in den Schatten eines Futurs zu liegen, das immer unendlich viel besser ist. Die Wiederholung trägt auch nicht die Wehmut der Erinnerung mit sich, einer Erinnerung von all dem, das verloren, verschlissen, zerstört oder tot ist. Man bewegt sich vielmehr in der *seligen* Sicherheit des Augenblicks. »Die Hoffnung«, so verdeutlicht Kierkegaard diese Vorstellung am Beispiel eines Kleides, ist »ein neues Kleidungsstück, steif und glatt und glänzend, man hat es jedoch nie angehabt und weiß daher nicht, wie es einen kleiden wird und wie es sitzt. Die Erinnerung ist ein abgelegtes Kleidungsstück, das, so schön es auch ist, doch nicht paßt, da man aus ihm herausgewachsen ist. Die Wiederholung ist ein unzerschleißbares Kleid, das fest und doch zart anschließt, weder drückt noch schlottert.«[5] Kierkegaard wiederholt diese Behauptung an so vielen Beispielen, daß es fast zuviel wird, besonders wenn noch nach Schmetterlingen laufende Knaben und spinnende alte Frauen herangezogen werden, um das *Glück der Wiederholung* zu beweisen (und Kierkegaard sich selber bemüßigt fühlt, dem Leser mitzuteilen, daß er beständig wiederholen müsse und »es Anlaß der Wiederholung« sei, daß er all dies sage).[6]

Bis zu diesem Punkt scheint es, als widerspräche Kierkegaards These Kunderas Vorstellung von der unerträglichen Schwere eines Entscheidungen abverlangenden Seins und zeige den heilsversprechenden Ausweg aus der Last der Geschichte und der uneinholbaren Hoffnung der Zukunft. Verzweiflung rührt ja nach Kierkegaard gerade daher, daß die Zukunft sich öffnet und öffnet, daß die Möglichkeit dem Selbst immer größer und größer erscheine und mehr und mehr möglich und parallel immer weniger wirklich ist.[7] Kierkegaard definiert das Selbst zwar so, daß der Mensch seine Welt und sich selbst transzendieren könne, eigentlich müsse und daß er im Transzendieren sich gleichsam vorauslaufe und sich wiege zwischen der erlebten Wirklichkeit und den gedachten, erwünschten, phantasierten oder erträumten Möglichkeiten.[8] Kierkegaard zufolge ist das Selbst eine *Synthese* von Endlichkeit und Unendlichkeit, es ist ebenso möglich wie notwendig. Insofern es selbst ist, »ist es notwendig, und insofern es selbst werden soll, ist es eine Möglichkeit«.[9] Die Verzweiflung kann zwar auch aus dem Fehlen der Möglichkeit rühren, und wer würde, im Blick auf die Zustände in der dritten und vierten Welt, die für uns – über das Fernsehen möglich –, für zwei Drittel der Weltbevölkerung aber bitterste Wirklichkeit sind, dies bezweifeln!

Verzweiflung rührt einfach daher, daß sie dem Selbst, wie Kierkegaard es nennt, keine Seite, keine der beiden Möglichkeiten zu wählen gestattet, sondern dieses in die Notwendigkeit von Notwendigkeiten oder in die Notwendigkeit von Möglichkeiten einspannt. Überrennt die Möglichkeit die Notwendigkeit und rennt das Selbst von sich weg – und in die Möglichkeiten hinein, ohne das Gewicht von Notwendigkeiten zu spüren, in die es sich zurückfallen lassen kann –, dann ist dies die Verzweiflung der Möglichkeit, die zur Notwendigkeit wird und recht eigentlich eine Nötigung darstellt. Das Selbst strampelt sich in der Möglichkeit müde, sagen wir ruhig, zu Tode: »Die Möglichkeit scheint dem Selbst größer und größer; mehr und mehr wird möglich, weil nichts wirklich wird. Zum Schluß ist es, als wäre alles möglich;

aber eben dies ist der Fall, wenn der Abgrund das Selbst geschluckt hat.«[10]

Überall überrennt heute die Möglichkeit die Wirklichkeit. Diese Verzweiflung resultiert zwar aus dem Fehlen der Notwendigkeit, wie Kierkegaard bemerkt, aber der Operationsraum an Möglichkeiten nötigt zum Entscheiden und zum *Vorwärts*. Die moderne Gesellschaft ist eine *Möglichkeitsgesellschaft* und impliziert eine strenge Vorwärtsorientierung. Handle so, daß neue Möglichkeiten entstehen, der immer wieder zitierte Imperativ von Foersters ist der *Weltimperativ*. Eingezwängt in die Endlichkeit, ohne Baldachin über dem Kopf, die Notwendigkeiten abwehrend und ihnen entwachsend, hat der abendländische Mensch, den christlichen Futurismus als Baustoff nutzend, zur Mobilmachung aufgerufen. In dieser Bewegung befinden wir uns jetzt, und die Mobilmachung ist *total* und *universal*. Ob mit der Wiederholung des Immergleichen etwas gewonnen ist, weil sie eigentlich unmöglich ist, insofern jede Wiederholung genaugenommen nur der Versuch einer Wiederholung ist, wie es Kierkegaard ja auch erwähnt, ja in der Wiederholung eine Sache verstärkt, oder sich abschwächt, aber auch, weil sich der Illusion des Fortschrittes oder der Apologie der Vergangenheit nicht mit einem Willensakt entsagen läßt, das wäre ja wiederum Seinsvergessenheit in einem potenzierten Sinn, nämlich eine, die das dem Sein innewohnende, es konstituierende, antreibende und gleichzeitig lähmende Moment der Seinsvergessenheit selber vergißt.

So stellt sich nicht nur die Frage, ob das Fortschreiten, wie es uns das moderne, im christlichen Futurismus gründende Fortschrittsprojekt, das uns letztlich aufgegeben, man kann sagen aufgehalst wurde, selber, seit sich die Ziele entmaterialisiert und verflüchtigt haben, *sinnlos* wird. Wenn das Ziel des Fortschritts leer gähnt und darin zu kulminieren scheint, Bedingungen zu schaffen, unter denen ein immer neuer Fortschritt möglich sein soll, also in endloser Wiederholung endet, und eine Art endloses *Ende der Geschichte* darstellt, wird dann das Vorwärts nicht zur Repetition, ein endloses Kreisen? Wenn der Bedeutungsgehalt des Fortschritts auf der stetigen Multiplikation dessen basiert, was ohnehin da ist, wäre dann die Glückseligkeit der Wiederholung eigentlich *mitten unter uns!*

Aber vielleicht ist die Repetition des Fortschritts als ein endloses Wiederbeginnen und sich neu Aufraffen auch das genaue Gegenteil des Verständnisses Kierkegaards. Für Kierkegaard sind Erinnerung und Wiederholung dieselbe Bewegung. Während aber die Erinnerung dessen, was gewesen ist, nach rückwärts wiederholt, erinnert die Wiederholung nach vorwärts: das endlose Ausgreifen in die Zukunft, die endlose Neuschöpfung im Angesicht ihrer augenblicklichen Überholung und das Wissen, daß die Bestimmung jeder neuen Entdeckung, jeder technischen Innovation, jeder neuen Weltauffassung darin liegt, erneut und endlos überboten zu werden. Der Fortschritt geht in einer zukunftsbeseelten und erlösungsorientierten Gesellschaft ins Unendliche und kann deshalb nie ein Ende finden. Ganz anders, so schon Max Weber, das Kunstwerk, das erfüllt ist und nie überboten werden kann, denn Erfüllung wird *nie überboten*; es wird nie veralten, der Einzelne kann seine Bedeutsamkeit für sich persönlich verschieden beurteilen, aber niemand wird von einem Werk, das wirklich im künstlerischen Sinne *Erfüllung* ist, jemals sagen können, daß es durch ein anderes, das ebenfalls *Erfüllung* ist, *überholt* sei.[11]

Kierkegaard meint mit Glück zwar Erfüllung und mit Wiederholung die Wiederholung einer erinnerten Erfüllung. Es mag weit hergeholt erscheinen, aber vielleicht könnte man nicht nur neuere Musikgattungen unter diesem Titel abwandeln, sondern auch ältere, wie das Lied, und in ihm weniger die Worte als die Wiederholung, den *Refrain*. In diesem Sinne sind leidvolle Kirchenlieder für den, der sie in der Kirche immer wiederholt hat, jedesmal von neuem eine Quelle schmerzlicher Verzückung: »Oh Haupt voll Blut und Wunden«; »Tauet, Himmel, den Gerechten«; »Es kommt ein Schiff geladen...«; »Oh, Heiland reiß die Himmel auf«; »Wunderschön prächtige, hohe und mächtige, liebreich holdselige himmlische Frau...« In diesem Sinne bleiben auch Schlager nie vergessen: »Cindy, oh Cindy (Margot Eskens, 1957); »Am Tag als der Regen kam« (Dalida, 1959); »Ein Schiff wird kommen« (Melina Mercouri, 1960), »Marmor, Stein und Eisen bricht« (Drafi Deutscher, 1965); »Mama« (Heintje, 1967); »Blue Bayou« (Paola, 1972); »Du« (Peter Maffay, 1970); und viele andere, tief beruhigende, das Operettenlied eigentlich volkstümlich weiterführende (»Der weiße Mond von Maratonga«), aber die Wiederholung perfektionierende, ganz und gar künstliche Gesänge. »Tiritomba« (Margot Eskens) – die Wiederholung von Vokalen, Wörtern, Strophen, der Refrain! Vielleicht ist die Dummheit Starrsinn, auf Widerholung bedacht. Vielleicht sind Schlager dümmlich, dauernde

Wiederholungen, eigensinniges Beharren auf einem Motiv, Breittreten ihrer Einfälle, Bewegung im Kreis, beschränkte Abwandlung des einmal Erfaßten, Pathos und Heftigkeit statt geistiger Erleuchtung: ohne unbescheiden zu sein, könnte sich die Dummheit darauf berufen, daß dies auch ihre Lieblingseigenheiten sind.[12] Vielleicht macht Dummheit glücklich, und läßt sich dieser Zustand durch Wiederholungen, durch die *selige Repetition* des Immergleichen am einfachsten erreichen.

Vielleicht könnte man einige neuere Musikgattungen unter diesem Titel abwandeln, nicht nur die schwergewichtigen, repetitiven und feierlich prozessierenden Symphonien von Komponisten wie Gorecki oder Pärt, deren außerordentlicher Erfolg fragen läßt, was sie eigentlich demonstrieren, und ob es nicht strenge prozessierende Repetitionen sind, Anklänge an Liturgie und Messe. Auch die modernen und modernsten Varianten der Pop-Musik wie Hip-Hop, Techno usf., verfügen und nutzen die Wiederholung. Von den digitalen Dienern des DJ als Recycling-Maschinen vergangener Melodien bis hin zum Rave, in dem der Körper zum sich auf höchster Lautstärke wiederholenden Beat und Baß sich stampfend wiederholend selbstbewegt, vermeint man Ausdrucksformen einer sich selbst erfüllenden Wiederholung zu sehen.

Vermutlich liegt die Erfüllung auch darin, daß, anders als bei der Levitation oder Ekstase, die Möglichkeiten des Körpers eingehend erforscht und extensiv eingesetzt werden. Einer taoistischen Weisheit zufolge ist aktive Meditation der stillen hundert-, ja tausendmillionenmal überlegen.[13] Zur Repetition der Synthesizer, der Rhythmusmaschinen und der Sampler, mit deren Hilfe man aufnehmen, schneiden, verändern und Schleifen laufen lassen kann, ist der körperliche Einsatz existentiell und essentiell. Gewiß, der Körper wiederholt sich auch in seinen einfachsten Bewegungen: wäre eine seiner Bewegungen gänzlich neu und nicht in großen Teilen eine Wiederholung, würde man sich den Arm, den Finger oder den Kopf auskugeln. *Beim Gehen wiederholt man sich gehend.* Gehen ist eine Erinnerung nach *vorwärts*, die erst in der Erinnerung, wenn Gehen zur reinen Wiederholung wird, nämlich als erinnerndes Gehen, intensives Glück mit sich bringt, das der Berggänger ebenso kennt wie der Marathonläufer. Die Wiederholung ist eine Erinnerung nach vorn, so könnte man, Kierkegaard ergänzend, sagen, welche die Erinnerung ausführt, realisiert, unter Einsatz des Körpers.

Wer ein Musikinstrument spielt, weiß um die Notwendigkeit der körperlichen Involviertheit; die Erinnerung an ein schönes Konzert, an ein Musikstück, an eine Aufführung, an *Angela Haering* kann, muß aber nicht glücklich machen. Eine Erinnerung als Wiederholung nach rückwärts kann tief beschämen, etwa die Erinnerung an unliebsame Zwischenfälle, peinliche Erlebnisse und Begebenheiten, mißglückte Vorstellungen. William Gaddis behandelt in seinem ersten, den Titel *Recognition* tragenden Roman das Erkennen und Wiedererkennen.[14] Sein Protagonist, der Kunstfälscher Wyatt, kommt zur Einsicht, daß nur Gott Originalität zusteht, und findet einen Fluchtweg in der Imitation, im *Kopieren* alter Meister. Das gibt ihm die Möglichkeit, Kunstwerke zu schaffen, die *vollendeter* sind als ihre Originale: »Still the copies continued to perfection, that perfection to which only counterfeit can attain, reproducing every aspect of inadequacy, every belmish on Perfection in the Original.«[15] Vielleicht hat das Kopieren von Unzulänglichkeiten oder von Mißgeschicken eher den Zweck der Befreiung und entspricht der Wiederholung in der Psychoanalyse, in der in einer regressiven, wiederholenden Bewußtseinsbewegung frühkindliche Traumen *abreagiert* werden. Das Kopieren von Unzulänglichkeiten, deren Wiederbelebung, befreit vielleicht, aber macht nicht glücklich. Kierkegaard meint anderes. Es geht nicht um die Sache (Zu- oder Unzulänglichkeit), sondern um die Bewegung; die Wiederholung ist etwas Rituelles, und zum Ritual gehört eine genau vorgeschriebene (besser vorbewegte) Folge von Bewegungen, in die der Körper und keineswegs nur der Geist involviert ist.

Die Bewegung der Wiederholung schließt die hemmungslose Ausgelassenheit ebenso aus wie das Erstarren und Verstummen. Sie managt das Ausgelassene, Exzessive, führt es in Sukzession über, bringt es in eine angemessene Folge. Im Mysterium *verbinden* und *verschmelzen* sich unterschiedliche Seinsweisen oder diese verkörpernde Wesen. Insofern die Wiederholung Körper und Geist verbindet (im Gegensatz zu Levitation und Ekstase) und diese Verbindung rituell gestaltet, hat die Wiederholung auch etwas Mystisches: »BEAT IM KOPF, TAUSEND KOERPER, der Schritt dahinein plötzlich so leicht, so einfach, so wunderschön, aber ich warte, es gibt einen wunderbaren, perfekten Moment, den mußt du schaffen, dann teilt sich die Menge, Sonntagvormittag.«[16] Die neue Musik stellt Gefäße für die Wiederholung bereit, ein Elektrizitätswerk, das zur Wiederbelebung verpflichtet: »Einklang, alles ein Klang, wichtigstes Elektrizitätswerk der Hauptstadt, verankert im Boden, schwarze Eisenträger, dazwischen jetzt Inseln aufsteigend: Podeste durchsetzen die Tanzfläche, darauf Leute. Dort, auf diesen Podesten – von dort oben tanzen, Zeit, die sich entwickelt wie ein Lebewesen, das dort oben tanzt, völlig gelöst,... neben ihm die Lichtmischerin.«[17]

Vielleicht erschließen sich von den zeitgemäßen Formen der Wiederholung auch ältere und alte Weisen der Repetition. *Montecassino*, am Südausläufer der Abruzzen gelegene Benediktiner-Abtei über Santo Cassino, im Jahre 529 von Benedict von Nursia gegründet und Mutterkloster der Benediktiner und des ganzen abendländischen Mönchstums, ist nicht nur wegen der lautlos vollzogenen Befreiung Mussolinis durch deutsche Kampfflieger im Zweiten Weltkrieg von Interesse. Die Abtei wurde dreimal zerstört und immer wieder aufgebaut, unter Repetition der alten Formen, aber größer und prächtiger bis zum Wiederaufbau in der Mitte dieses Jahrhunderts, nach der vollständigen und filmisch dokumentierten Zerstörung im Zweiten Weltkrieg, als genaue Kopie. *Als Kopie!* Kopien, die vollendeter sind als die Werke der Meister, weil sie auch deren immer vorhandene Unzulänglichkeiten kopieren und, vielleicht müßte man es so auslegen, weil das Kopieren die Bewegung der Repetition in einer vollendeten Weise einschließt, insofern das Vorbild nicht im Gedächtnis oder von der gespeicherten Bewegung, sondern vor Augen ist und deshalb millimetergenau wiederholt wird. Nichts Eigenes stört diese Bewegung der Wiederholung, und es könnte sein, der eigentliche und tiefe Zweck der Riten bestünde darin, daß in der Aufmerksamkeit auf die genaue Wiederholung alles Eigene ausgespart und verdeckt werden kann, und man vollkommen verschmelzen kann mit etwas anderem.

»Noch vom Mühen am Schraubstock und Baugerüst betäubt, noch von Furcht und Hoffnung des Ringens ums tägliche Brot und um Wohlstand, vom Kampf ums Dasein erhitzt, sollen ihre Seelen teilnehmen am unblutigen Opfer, in dem Christus, der Hohepriester selbst blutiges Opfer am Kreuz erneuert, sollen sich mit ihm vereinen... sollen hintreten zum Altar, um im Gebet die wirre Welt vergessend, sich vorzubereiten...«;[18] ist das, was in all den verstaubten Büchern zur christlichen Liturgie steht, nicht auch eine altmodische Beschreibung moderner und modernster Phänomene? Zum Ritual gehören Requisiten, Prozessionen, Lesungen, Rezitationen, Litaneien, Altäre, Haltungen, Gesten, und vor allem Wiederholungen, um das Sich-Abstrampeln in Notwendigkeiten und das Verzweifeln in Möglichkeiten zu vergessen. Die Benediktinerregel schreibt seit dem 6. Jahrhundert einen genauen, von Andachten und Gebeten unterbrochenen Tagesablauf vor. Ihre Wiederholung über eineinhalbtausend Jahre, weltweit in allen Abteien und Klöstern der Benediktiner, läßt dies nicht ein Glücksgefühl aufkommen, dessen wir nicht mehr inne werden? Beruht nicht auf der identischen, weltweiten, immerwährenden und gleichbleibenden Wiederholung des *Messeritus* die Kraft der großen Religionen? Alle Tage bis ans Ende der Zeiten (Matth. 28, 20)? In der Messe verflüchtigen sich, wie Chevrot schreibt, *Zeit und Raum*, und wir »stehen im ewigen ›Heute‹ Gottes. Unsere Messe ist ja die gleiche wie diejenige, die in der Hütte unserer Brüder, der Eskimo, oder unter der Tropensonne Ugandas gefeiert wird. Vom gesamten Erdenrund aus gesehen, beginnt immer eine Messe, sobald eine andere beendigt ist: Dreihunderttausend Messen ungefähr reihen sich während der sechsundachtzig Tausend Sekunden, die den vierundzwanzig Stunden des Tages entsprechen, aneinander an.«[19] Und: »Heute brechen wir das Brot wie der Heilige Johannes mit Maria ... Wir bekennen denselben Glauben, den die heiligen Märtyrer unter ihren Folterinstrumenten bekannten. Wir genießen dieselbe ›Eucharistie‹, aus der sie die Kraft schöpften, ihren Leib zu opfern und ihr Blut zu vergießen, aus Liebe zu Christus, der seinen Leib für uns wie für sie hingegeben, sein Blut für uns wie für sie vergossen hat. Unser Vater im Himmel hört unser Gebet zu gleicher Zeit wie das ihrige, zu gleicher Zeit wie das der Christen, die uns eines Tages ablösen werden ... Wenn wir längst fast alle von diesem Schauplatz verschwunden sein werden, wird vielleicht eines der jetzt unter uns weilenden Kinder ein ehrwürdiger Priestergreis mit gebleichtem Haupte sein, der vor Christen, die jetzt noch gar nicht geboren sind, das gleiche Hochamt präsidieren wird, das wir heute gesungen haben ... Das ›Amen‹ kommender Geschlechter wird fortklingen als Echo des unsrigen.«[20]

Insofern ist es keineswegs nur das Schweigen, die *Apotaxis*, welche Flucht aus der Welt und vor den Menschen ermöglicht (*patriam et parentes reliquere* – wie die Kurzformel im Mittelalter lautete). Die in der Apotaxis vielleicht erreichbaren *de-kontaminierten* Zonen der Transzendenzzuwendung, die das Verlassen der sozial konstituierten Welt ermöglichen sollen,[21] werden sie paradoxerweise gerade im rituellen Aufgehen in der Sozialwelt, im Verschwinden in ihr, im gemeinsamen ekstatischen Eintauchen in ihre Riten und Klänge erreicht? In diesem Sinne driften zwar (brennende Bilder!) einzelne Anachoreten aus den Askesegemeinschaften und christlichen Gemeinden ab, verschwinden in die Wüste oder entsteigen auf die Säule, verwandeln sich aber in der Folge zu thematischen Zentren religiöser Kommunikation, zu Partikeln, an denen sich Flocken verdichten und zu harten glänzenden Kristallen werden, und immer mehr Apotaktiker ziehen den Ausgezogenen nach in ihre Nähe und *imitieren* die Imitatoren Christi.[22] In Riten gelingt ein vollkommenes Eintauchen und Versinken in eine Natur- und Körperwelt, die im Verschwinden und Aufgehen in ihr selber verschwindet; in sie verlieren sich Welt, Verwandtschaft, Sichtbares und Vergängliches.

8. Selbstinzest

Individualisierung als Vereinzelung individualisiert und vereinzelt auch die moderne Glücksvorstellung. Die Geschichte strebt nicht einer letzten, sondern tausend individualisierten Glücksvorstellungen zu. Aus der dunklen finalen Verheißung werden im modernen Weltbild unendlich viele Pfade und Bilder, die glitzern und glimmen.[1] Die Verheißung der Zukunft, bezogen auf das Ich, heißt Ichverwirklichung, Identität, *Idem*. Differenzminderung, das Zentralproblem aller internationalen Organisationen, Differenzminderung im Weltmaßstab wird zum *individuellen* Problem. Nicht Differenz zwischen Individuen, zwischen Geschlechtern, zwischen Gruppen, Schichten, Klassen, Kulturen, Gesellschaften soll gemildert, sondern Differenzen in uns wollen gemindert, vielleicht zugeschüttet werden. Das moderne Individuum will Identität, und was könnte das anderes bedeuten als identisch mit sich selber sein. So dringt man in sich und will sich. Das Individuum als unteilbares Eins verspricht Glück. Wenn Individuum noch nicht ist, muß es werden. Gesetzt den Fall, dieses Programm, unter welchen Titeln es auch immer läuft, unter Selbsterfahrung, Selbstverwirklichung oder Identitätspolitik, sei prinzipiell unerfüllbar, führt es, ob man es nicht weiß oder spürt, zur Verzweiflung. Ichjagd setzt eine Entzweiung *voraus*, die, so Kierkegaard, in unterschiedlicher Weise geheilt werden will: indem man sich will oder indem man sich nicht will.²

Verzweifelt nicht sich selbst sein wollen hat die gleiche Voraussetzung wie verzweifelt sich selbst sein wollen. Eine Art Desintegration des Ich und die verzweifelte Ausschau des Selbst nach seinen versprengten Schäfchen oder die ob der endlosen Jagd und Suche verzweifelte Verneinung und Verleugnung durch Selbstzerstreuung, Selbstteilung und *Selbstabtreibung*.³ Gemeinsam ist beiden Formen der Verzweiflung die Vorstellung, man könne und müsse sich selbst entweder auf ein einziges Selbst, seine Teilichs, in eine Art Ichheit, in etwas Kompaktes, Festes zusammenziehen und so *ganz* werden in der Integration oder scheinganz als Teil, als Fragment mittels der Abspaltung, Verdrängung und Abtreibung der Plageichs. *Selbst*, *Ich*, *Geist*, wie die Begriffe, die kognitive Operationen über die innere Wildnis ermöglichen, auch immer heißen, bilden keine Einheit, sind geteilt, liegen diesen Operationen voraus; Operationen, die in ihrer Vielfalt diese Teilung und Fragmentierung bestätigen. Gewiß ist diese Vorstellung kulturell bearbeitet worden, und zweifellos ist die letzte Ich-Kristallisation, das *neuzeitliche* Individuum, angesichts der Evolution eine verhältnismäßig junge Entwicklung. Ob die Menschen, wie es Julian Haynes behauptet, die längste Zeit ihrer Geschichte ohne Bewußtsein ausgekommen seien und ein solches ein erstes Mal 640 bis 540 vor Christi Geburt, ein zweites Mal um 1500 hervorgestoßen sei, bleibe dahingestellt.⁴ Mit dem Aufkommen der Ichbeschreibungen und Autobiographien ab dem 15. Jahrhundert, ablesbar an den bunt aufschießenden Prozeduren der Selbstdarstellung und den Techniken der Selbstthematisierung (wie der Beichte und der methodischen Lebensführung in den Klöstern), drängt sich mit dem Bewußtsein zugleich das Bewußtsein einer fundamentalen Ichspaltung in den Vordergrund und etabliert sich die moderne Vorstellung von Identität als einer lebendigen Leibes erreichbaren innerweltlichen Ganzheit.

Menschen neigen nicht von Natur aus dazu, sich über ihr Leben Rechenschaft abzulegen!⁵ Das gespaltene Selbst ist in der geforderten christlichen Selbstthematisierung, in der gewissenserforschenden, zur Christenpflicht gemachten Befassung mit sich selbst als ein Resultat des Sündenfalls und des Abfalls von Gott interpretiert, in dessen Reich man am Ende der Welt wieder zurückkehrt. Eine neue Stufe der Selbstvergewisserung und Selbsterforschung wird in dem Moment erreicht, in dem sich »der Schwerpunkt der Sündenanalyse von den äußeren Akten auf Intentionen verschiebt und wo Verantworung nicht nur für das Tun, sondern auch für das Erleben übernommen werden muß«.[6] Es kommt zu einer gesteigerten Aufmerksamkeit auf Absichten, auch unausgeführte (ganz zu schweigen von Störungen). Eine nicht im gleichen Maße wie die moderne Gesellschaft vorwärtsdrängende und vorwärtsorientierte Kultur muß die Absichten und Intentionen, die Exploration der Möglichkeiten prinzipiell unterbinden, sonst unterminiert sie sich selber, und mit sich den vergangenheitsorientierten, an Vorgaben festhaltenden, sich rituell reproduzierenden Zustand. Von dem Zeitpunkt an, wo Intentionen und Phantasien freigegeben werden und der Geist wie ein Astronaut seine inneren Räume exploriert, beginnt die Gesellschaft, wie ein aus den Vertäuungen gelöster Ballon wegzugleiten. Und die Menschen in solch modernen, aus ihren Halteseilen und Vorgaben gerissenen und sich selber entfesselnden Gesellschaften denken und phantasieren millionenfach nach vorn, expolieren ihre Möglichkeiten und versuchen, ihre Träume und Wünsche auch in der Vormoderne sündhaft zu realisieren.

Das entfesselte und geteilte Selbst der Moderne hat sich nicht nur selbst zu designen und zu managen, sondern auch selbst zu verwirklichen und zu erlösen; *Unio Mystica mit sich selbst.* Nun sind Ichwerdung und Ichstärke ein pädagogisches Problem. Das Idem, die Identität, die Ichverwirklichung wird zur innerweltlichen Aufgabe, zur Aufforderung, wie Dostojewskij im *Dunkel der Großstadt* klagt, an sich zu nagen: »... innerlich, heimlich ... in mir zu bohren, wie mit Zähnen an mir zu nagen, mir mein eigenes Blut auszusaugen, mich zu zerfasern, zu foltern ...«[7] Es boomen Selbstverwirklichungskurse, und die Mühseligen und Beladenen, die nicht so recht vorankommen, hören Selbstverwirklichungskassetten und glühen in Selbsterregungsversuchen. Daß das Ich bei genügender Anstrengung mehr sich selbst sein könnte, beinhaltet die Vorstellung einer gelingenden Ichjagd, einer möglichen Verschmelzung der fragmentierten Ichs in einer Ichheit, einem erhabenen Selbstbewußtsein, einer Identität, um die zu überwindende Trennung zu umschreiben und zu kommunizieren. Zu diesem Zwecke muß man sich selber niederringen, sich sich einzuverleiben versuchen, sich auffressen, verzehren.

Vielleicht ist es eine bizarre Vorstellung, von einer therapeutisch und gesellschaftlich verlangten Selbstpaarung oder gar einem *Selbstinzest* zu reden, ist doch Inzest als gewaltsame Einverleibung der blutsverwandten Kinder oder Geschwister, denen man sich so nahe fühlt und gleichzeitig so fern, eine der am stärksten und heftigsten tabuisierten Handlungen. Gilles de Retz hat im 15. Jahrhundert, obwohl Pair de France und Mitstreiter von Jeanne d'Arc, Hunderte von Kleinkindern und Säuglingen geraubt und, so will es die Geschichte, verzehrt; und noch die *Kindlifresser*-Gestalten (wie auf dem Kindlifresser-Brunnen in Bern) sollen Warnungen vor pädophilen Lustmördern darstellen, »...mit den Zähnen an mir zu nagen...« Aber Inzest steht auch für eine Form des *metaphorischen Kannibalismus*: das Auffressen des Eigenen, »...mir mein eigenes Blut auszusaugen...«[8] Der griechische Gott *Kronos* frißt seine eigenen Kinder auf und erbricht und gebiert sie wieder. In der Selbstverwirklichung fängt man die eigenen entlaufenen Kinder (hundertsiebenundvierzig, wie bei Liz Bijnsdorp!) ein und verzehrt sie, und zurück bleiben, wie bei de Retz, Berge von kleinen Knochen und Knöchelchen.

Die Identitätskonzepte, die im großen und ganzen eine gelingende Selbstverwirklichung, eine gelingende Integration oder eine Art gelingende Übereinkunft der individuellen Gespaltenheit annehmen, sind keineswegs als gewaltsame Akte einer Selbsterlösung durch Selbstverzehr angelegt. Das Ich betreibt eine auf sich selbst gerichtete Identität als Integrationspolitik. Nicht Einverleibung, sondern Integration. Das Aufspähen, Jagen und Erlegen der abgespaltenen und, von der Jägerwarte aus gesehen, flüchtenden Teilichs hat eine vormoderne Parallele in den Auferstehungsvorstellungen des Konzils von Trient und den Überlegungen zur Gegenwart Gottes in der Eucharistie. Im 12. Jahrhundert nahm Mönch Guibert von Nogent Anstoß an der Praxis, die Körper der Heiligen zu zerteilen und die Teile an unterschiedlichen Orten aufzubewahren.[9] Der auferstandene Leib Christi ist Guibert zufolge das Paradigma unserer eigenen Auferstehung. Die unversehrte Auferstehung ist durch die Praktiken der Verstümmelung und Verstreuung der heiligen Gebeine (im Reliquienkult) erschwert. Erlösung und Wiederauferstehung verhießen Ganzheit, Zusammenfügung, Überwindung und Vereinigung. Die mittelalterliche Diskussion um die Auferstehung des Leibes nimmt sich wie eine Vorwegnahme der zeitgenössischen Diskussion um die Auferstehung der modernen Seele oder Identität aus. Die Vorstellungen über Hirnverpflanzungen, *interstellares Beamen* und *Teletransportation* von Körpern auf andere Planeten (eine Fortbewegungsart aus der *Star-Trek*-Fernsehserie) sind deren zeitgenössische Spiegelungen, wie auch die Debatten um die personale Identität nach frühkindlichen Traumen und Verstümmelungen und die über Therapien allenfalls erreichbaren Möglichkeiten einer personalen Auferstehung.

Die in den Arbeiten über das Selbst herumirrenden, gespalteten Persönlichkeiten ähneln den im drastischen Bild von Signorelli in Orvieto (1499-1504) dargestellten, verzweifelt sich mit Hilfe von über den Gräberfeldern kreisenden Engeln zusammensuchenden, sich für die Auferstehung parat machenden und ihre Skelette mit Fleisch bekleidenden Auferstehenden für das *Jüngste Gericht*. Es mag der Fall sein, daß wir, wie nie zuvor, mit Entscheidungen über Herz- und möglicherweise bald Gehirntransplantationen beschäftigt sind und sich zum Beispiel bei der Pflege von Alzheimer-Patienten die Frage stellt, ob ich mein Körper bin und unter welchen Umständen. Präsident Clinton hat kürzlich das Jahrzehnt des Gehirns ausgerufen. Vom 16. bis zum 22. 3. des Jahres 1998 wurde die Schweizer Bevölkerung mit einer *Woche des Gehirns* für die Gehirnforschung sensibilisiert (http:/www. unizh. ch/neurobio). Jedenfalls sind wir durch die Preisgabe einer kosmischen Partitur, die Verwandlung der Vorgaben in Aufgaben, der Gewißheiten in Wissen, dem gewollten Gedächtnisverlust wie auch durch die strenge Zukunftsorientierung unerbittlich mit der Fragmentierung des Ich, des Selbst, der Seele konfrontiert. Was Caroline Walker Bynum bezüglich Gehirntransplantationen und ähnlichem sagt, nämlich, daß wir »noch genau so weit entfernt von definitiven Antworten (sind) wie die mittelalterlichen Theologen, die sich mit Auferstehung und Nabelschnur und Fingernagel beschäftigt haben«, das gilt zweifellos auch für die modernen Überlegungen zu den fragmentierten und sich wiedervereinigenden Ich.[10] »Ich fühlte sie nur so wimmeln in mir... Ich wußte, daß sie mein ganzes Leben lang in mir nur so wimmelten und mich baten, sie hinauszulassen, aber ich ließ sie nicht...«[11] Im verzweifelten Sich-selbst-sein-Wollen wird auch zu verzweifelten Mitteln gegriffen. In der *Eucharistie* der heiligen Messe ist nach dem Laterankonzil (1215) die Verwandlung des Brotes in den Leib und die Verwandlung von Wein in das Blut Christi zum Dogma erklärt, aber an die Wandlungsvollmacht des Priesters und dessen Werk gebunden worden.

Mit dem Zweiten Vatikanischen Konzil (1963) sind die Gläubigen zu einer Art Mitpriester erhoben und sind alle an der Transsubstantiation, der Verwandlung, beteiligt worden (was derzeit in den neuesten Hirtenbriefen wieder rückgängig gemacht wird). Der Altar wurde von der Apsis ins Zentrum der Kirche gerückt, so daß der zelebrierende Priester nicht mehr mit dem Rücken zur Gemeinde steht, sondern dieser sein Antlitz zuwenden muß. Mit dem Verdunkeln und Verdämmern der Vorstellungen von göttlichen Gewalten und mit dem Rückzug der Priester tritt an die Stelle der geheimnisvollen, priesterlich vollzogenen Wandlungen die Selbsteucharistie und Selbstverwandlung. Und an die Stelle der Kommunion tritt eine Art Selbstverzehr – nicht nur aus hygienischen Gründen fresse ich mir selbst aus der Hand. *Selbsterlösung als Selbstverzehr*! »Ach, wie pfleg' ich oft mit Tränen, Mich nach diesem Mahl zu sehnen!«[12]

Wenn alle Selbsterlösungsvorstellungen die Zerrissenheit zwischen einem Innen und Außen, einer Existenz und einer Essenz, einem Leib und einer Seele oder – als Quintessenz der überkommenen Spaltungen – die Differenz zwischen einem gesetzten und einem sich setzenden, einem aus empirischen und einem konjunktivistischen, einem Wirklichkeits- und einem Möglichkeitsich annehmen, dann wird eine Lösung der Spannung und damit eine Auflösung dieses Selbst- und Welträtsels denkbar, die das Heil sucht in Zuständen und Handlungen, welche die Trennung und Zerrissenheit weder aufweisen noch voraussetzen. Gibt es nicht die selbstlose Liebe gegenüber anderen; vielleicht auch gegenüber sich selbst? Eine Zuneigung, die nicht aus Pflicht handelt, die nicht die Trennung zwischen sich und anderen zu überwinden sucht, sondern die als mitleidende Entäußerung ist, einfach ist?

Die in diesem Sinne, wie es Lévinas nennt, nicht ego-, sondern altrozentrische Aktivität, will sie nicht verzweifelt nicht sich selbst sein?[13] Das Sein, das sich seiner eigenen Seinsbedingungen entledigt, ist Lévinas zufolge die Vorbedingung wahrer Liebe und Humanität. Aber führt die Selbstlosigkeit, die Leerung in eine erfüllte Beziehung, zu anderen? Steht sie nicht *außerhalb* anthropologischer Kategorien, zu nichts verurteilt, zu nichts vorentschlossen, nur aufnehmend, sich pflanzlich-vegetalisch im Sinne Bergsons vollsaugend? In einer merkwürdigen, nicht gewollten und nicht erzwungenen, nicht disziplinierten und nicht selbstdisziplinierten, eben selbstlosen Aktivität verliert man sich und verliert sich im anderen. Selbstlose Selbstliebe als Selbsterlösung durch Selbstverlust im Anderen? Ursprünglicher Zusammenfall also auch nicht mit sich, ein paradiesischer Zustand, uneigennützige Sozialität, Liebe ohne Begehrlichkeit und ohne Pflicht, Sein als Sein, ohne die Beunruhigung der kleinen und der großen Geschichte, ohne das Wissen um Gegenwart und Zukunft und schon gar nicht als rationales, sich selber noch in der Liebe Vorteile verschaffendes Verhalten. Ist wahre Liebe sich selbst opfernde Liebe, der es nicht darauf ankommt, ob sie erwidert wird, die im Endeffekt auch liebt, wer einen haßt?

Im Gedanken an das christliche Liebesgebot, das im Gebot der Nächstenliebe, die, wenn sie sich den Armen und Schwachen zuwendet, der Mutterliebe überlegen ist, seinen einzigartigen Ausdruck findet, stellt sich die Frage nach solcher Lösung ein. Aber ist nicht auch sie begründet in einer Norm, die sich aus der erlösenden Tat Gottes, der Befreiung aus Ägypten, ergibt und rechtfertigt, wie auch die Gottesliebe selbst, die, insofern ja Gott verborgen ist, selbstlos sein muß? Die einprägsame Formel aus dem Alten Testament *Du sollst deinen Nächsten lieben wie dich selbst* (3 Mo 19,18) klingt als Verpflichtung, die davon ausgeht, daß man sich selber liebt. Ist also die Selbstliebe etwas Gegebenes, Verpflichtendes, die der Fremdliebe vorausgehen muß? Sind Selbstachtung und Selbstakzeptanz Durchgangsstationen zur Fremdakzeptanz? Oder hängt Selbstliebe mit der Selbsthingabe Jesu am Kreuz zusammen, als Vollendung seines liebenden Handelns, durch das er wie in alle Menschlein schlüpft oder verschluckt wird, und resultiert daraus vielleicht jene in der Kommunion immer wieder wiederholte *Selbsteucharistie* des »Ich lebe; doch nicht ich, sondern Christus lebt in mir« (Gal 2,20)?

Liebe als ursprüngliche, nicht verpflichtete und schon gar nicht erzwungene Beziehung läßt sich zwar immer wieder in einem staunenswerten Ausmaß beobachten. Aber ist solche Liebe nicht eine Selbstaufgabe, die schwerlich Gegenliebe finden kann? Das Ich wird nicht, wie bei Martin Buber, am Du, sondern es verliert sich *im andern*.[14] Das Subjekt verschwindet im Objekt, vielleicht im Kollektiv. Das Mysterium der Andersartigkeit, von dem Lévinas spricht (das absolut Andere ist der Andere), tritt kompensatorisch an die Stelle des ganz Anderen, des Erhabenen, des Göttlichen. Die alte Differenz taucht in neuem Gewand auf, auf dem leeren Thron Gottes strahlt nun das Antlitz des Anderen. Gott ist in der Neuzeit vom Thron gestoßen, aber der Thron blieb unbeschädigt. Er funkelt unwiderstehlich, er ist *Leerstelle*, ein *Missing Link*, das innerweltlich endlos variiert und umbesetzt wird.[15] Gott ist vom Thron gestoßen, und der Thron wird frei für Eroberer, die sich ihren Mitmenschen als Götter geben.

Die Zeit dieser Fremdgötter ist offenbar abgelaufen, nun kommt die Zeit der *Eigengötter*. Alle entsenden ihre Möglichkeitsichs (und manchmal ihre schlechten Gewissens) auf die leeren Throne. Dort residieren sie als Statthalter, bis ihr anderes Ich ankommt und sie sich selber besteigen, sich selber zu penetrieren und zu erlösen. Aber Raskolnikow kann *nie* eins werden. Nie kann er sagen *Ego sum qui sum*. Der Mensch ist Nichtich, Nochnichtich, und er wird es, wenn es keine Fremderlösung gibt, immer bleiben. Die Identität liegt stets in der Zukunft und nicht in der Gegenwart. Identität als ein vollendetes, seiner Ichs sicheres und gleichwohl immer gleich weit entferntes Ideal läßt das Ich häufig genug ermatten. Die Selbsterlösung endet in der Selbstbespiegelung, im Narzißmus, wo man selbstverliebt in sich versinkt.

Die Ichjagd, als endloser Selbstentwurf und Selbstversuch, die eigenen Entwürfe wieder einzuholen, erschlafft ob der Anstrengung der Einverleibung. Die Welt ist Spiegel-Ich, das Ich sieht überall nur mehr sich, schwimmt wie in seiner eigenen Lösung, bildet sich seine interne *Ich-Plazenta* aus, man generiert seinen eigenen *Mind-tank*, und es stellt sich ein zeitweise ozeanisches Gefühl ein, das das pränatale, intrauterine Gleichgewicht wiederholt. Zum Schicksal des modernen Narziß, der die Welt mit seinen Ichs überflutet, sie zu einem Spiegel von sich selbst macht, gibt es noch keine adäquate Mythologie. Der alte Narziß, die überkommene Figur der griechischen Mythologie, von Freud schon als Vorbild für sein Lehrstück erkoren, verliebt sich hoffnungslos in sich selbst. Tiresias, der Prophet der Zukunft, sagt ihm, daß er gut leben könne, so lange er sich selber nicht erkenne. Narziß weist als schöner Jüngling alle Bewerberinnen und Bewerber hochnäsig zurück. Die Göttin Nemesis erhörte daraufhin das Gebet eines verschmähten Bewunderers, Narziß möge selber einmal unerwiderte Liebe erfahren. Wie Narziß aus einer Bergquelle trinkt, erblickt er sein eigenes Spiegelbild, sein einziges, in das er sich hoffnungslos verliebt. Unfähig, sich von sich selbst zu lösen, verhungert Narziß an der Quelle – sich selber im Spiegel sehend. Der zeitgemäße, seine Ichs anstrebende Narziß erblickt seine ihn plagenden Spiegelbilder überall. Es blinkt nur noch in Spiegeln.

»Eines zu sein mit Allem, was lebt, in seliger Selbstvergessenheit wiederzukehren ins All der Natur... Eines zu sein mit Allem, was lebt!«[16] Die Klage Hyperions gegenüber Bellarmin über die verlorene Einheit wird im Zuge der Entbettungsmanöver des aufklärerischen Geistes neu variiert. Einssein als Wort für das Glücklichsein bleibt. Eine gottbezogene Menschheit will konvergieren und sein in Gott. »Verloren ins weite Blau, blick ich oft hinauf an den Aether und hinein ins heilige Meer, und mir ist, als öffnet' ein verwandter Geist mir die Arme, als löste der Schmerz der Einsamkeit sich auf ins Leben der Gottheit.«[17] Als Herausgefallener aus der Natur will er, wenn Gott verloren ist, in sie zurück. Einssein mit ihr, hineinfallen in sie. Als seiner zweiten Heimat, der Kultur, Entfremdeter, sucht er verzweifelt, die verlorenen Gewißheiten und Selbstverständlichkeiten, die Rituale und Zeremonien, in denen das Handeln gewiß ist, zum Leben zu erwecken. Nach der Emanzipation des sich selbst verantwortenden Subjekts aus den sozialen Netzen und Gemeinschaften, aus Verwandtschaft und Familie tritt die Sehnsucht nach Sozialität und Gemeinschaft, nach *Ligaturen* und Liebe auf. Und schließlich, nach dem Verlust der eigenen Identität, der Fragmentierung und Aufsplitterung des Ich, will das Ich nur sich selbst finden und sich selbst verwirklichen. Und findet es sich nicht – und es findet sich nicht –, treibt es sich ab. Oder es anerkennt sich.

Jede Epoche hat das in ihr angelegte Prinzip zur Geltung zu bringen. Es scheint, als lebten wir in einer Epoche der Ichbebrütung. Seit sich ein Subjekt aus der Natur, aus der Kultur und aus der Gemeinschaft herausgeschraubt hat, seit das Ich das Haupt erhebt, erlebt es sich, weil es sich selber freisetzt, als endlos unglücklich und will sich, in Ermangelung von etwas anderem, mit sich vereinen. Es kann sich nicht in die alte Einheit zurückbegeben: verschmelzen mit dem Anderen, den kulturellen Gewißheiten, einer überkommenen Moral. Daraus hat es sich Zug um Zug, Drehung um Drehung, ja gerade herausgearbeitet und herausgewunden. Muß das Eschaton heute Einheit, Individuum, Identität, Eins heißen, oder wäre es denkbar, daß die Anerkennung der eigenen Gespaltenheit und Fragmentierung Erlösung bringt? Erlösung vom über uns verhängten Erlösungszwang?

Exkurs 3:
Differenzakzeptanz als Ich-Akzeptanz

Eine neue Ordnung bricht sich Bahn, wenn die alte im Lichte anderer Möglichkeiten als nur mehr eine unter mehreren erscheint. Erst diese Auslegung des Gegebenen läßt Zeit und Geschichte entstehen. Geschichte definiert die zeitliche Distanz zwischen Gegebenem und Möglichem. Und eine persönliche Geschichte existiert dann, wenn das eigene Leben als etwas gesehen wird, was auch anders hätte werden oder sein können. Wenn das Mögliche, wie es der Wortsinn meint, als Möglichkeit erlebt wird, öffnet sich die gegebene Ordnung nicht nur auf die Zukunft hin. Zukunft wird zum Problem. Triumphiert, wie im christlichen Futurismus, das Mögliche prinzipiell über das Gegebene und ist die Geschichte nicht mehr eine von Gott veranstaltete Heilsgeschichte, in der die Welt und die Menschen in ihr vorwärtsgetrieben werden, so schlägt diese Auffassung nach dem Tode Gottes auf die Menschen zurück. Von anderen und von sich selber getrieben, sucht der Mensch der Moderne seine eigene Geschichte als individuelle Heilsgeschichte zu deuten und sich selber zu erlösen. In gleicher Weise, wie die neue Ordnung eine grundlegende Distanz zwischen der gegebenen und der möglichen Ordnung voraussetzt, setzt die Vorstellung einer Ichjagd die *Spaltung* des Ich in ein wirkliches und ein mögliches voraus, ein wirkliches Ich, das auch anders sein könnte, und ein künftiges Ich, das in der Zukunft ruht und seiner Realisierung und Verwirklichung harrt. Sowohl Selbstverzehr als auch Selbstverwirklichung, sowohl Selbstabtrieb als auch Identität setzen diese Spaltung des Ich voraus. Aber die Spaltung oder der Riß wird als Unordnung, als Krankheit und mithin als etwas zu Behebendes gesehen. Ichverwirklichung will eine (alte) Ordnung in der Zukunft wiederher- und sicherstellen. Das Ich und alle seine Umschreibungen und semantischen Ausprägungen spiegeln die verlorene kosmische Heilsgeschichte. Das gegebene Ich wird als wandelbar angesehen, der Wandel braucht Zeit, die Zeit wird Biographie, die wiederum einer individualisierten Heilsgeschichte folgen soll und im Rückblick, wie immer das Leben verlaufen ist, auch in eine solche, in eine Hagiographie, umgedeutet wird. Aber ließe sich diese Spannung nicht anders bearbeiten? Und gibt die individualisierte Heilsgeschichte nicht eine neualte Lösung vor?

Die *Epiphanie* des Ich ist, blicken wir zurück, das Ergebnis einer mehrfachen Freisetzung. Nachdem Platon und Aristoteles in ihrem philosophischen Vokabular ohne ein *Ich* auskommen, rückt Descartes mit seinem *Cogito* die erste Person ins Zentrum der Welt. Und Pascal schleudert ihm den Satz vom *moi haïssable* entgegen. In der Aufklärung fühlte man sich an eine Art Weihnachten erinnert: Nicht das Christkind lag in der Wiege, sondern ein *leuchtendes*, *grüßendes* und *segnendes Ich*, zu dem zuerst die philosophische, dann die ganze Welt herbeiströmte, um es zu bewundern und zu empfangen. Die Schwalbe sucht ein freundliches Land im Winter, und es »läuft das Wild umher in der Hitze des Tages und seine Augen suchen den Quell.«[1] Nun schien man es zu sehen, das neue Heilige (Hegel), um das sich am *Selbst* orientierte Unternehmen unter den Titeln der Existenz (Kierkegaard), der Praxis (Marx), des Lebens (Nietzsche) oder der Therapeutik (Freud) zusammenfanden.[2]

Aber wie die Eigendynamik des Wissens in der Selbstreflexion die Philosophie, um ein Bild der Romantik aufzugreifen, um den Verstand bringt, bringt sich die Selbstreflexion um das Selbst, das Ich um das Ich. Schon bei der ersten Kniebeuge vor sich wird dieses unruhig, teilt sich, zerspringt, und während man das Ich zu empfangen sucht, beginnt ein anderes Ich an der Ichempfängnis zu zweifeln und ein drittes im Zweifeln alsgleich das Ende des Glaubens und der Gewißheiten zu befürchten. Es schien gelungen, in sich selbst einzutauchen, plötzlich befand man sich in sich selbst, aufmerksam und gespannt. Aber was wurde schlußendlich entdeckt? Das Ich als »kleine, verletzliche, sehr verhuschte Bewußtseins-Gestalt«, in einem »gewaltigen Speicher« hockend und zirpend, der so »verwirrend und verwinkelt ist, daß es zu verschwinden droht«.[3]

Endlos sind die Beispiele dieser Verdoppelung, Verdreifachung, Vervielfachung auch in der Geschichte der Ichentdeckung, und endlos und, wie zu zeigen sein wird, auch fruchtlos und immergleich die Beschwörungen der Einheit und Einzigkeit, einer Einswerdung, einer Verschmelzung, einer Union, einer Unio mystica, einer *Konvergenz* der weggeglittenen Ichs in einer erhabenen und strahlenden in sich ruhenden, kreisförmigen oder kugeligen Ichheit. Und endlos sind literarische und philosophische *Dungeons*, in denen in Dichtung und Philosophie spielerisch Ichs erzeugt sind, die gegeneinander anzutreten hatten, um sich im anderen zu erkennen. »Flehend nah wie das Gesicht von Hunden, aber immer wieder weggedreht...«[4] Heute wären Kant, Fichte, Hölderlin, Hegel mit ihren Untersuchungen on line, würden strampeln im *philosophischen Intranet*, in dem ihre Zweit-, Dritt-, Viert-Identitäten als Gespenster zirkulierten. Robert Walser würde seine Mikrogramme ins Internet einspeisen und weiter und weiter an Texten wie dem folgenden schreiben:

»Ich war ja im übrigen selbst diejenige, die mit mir sprach. Ich saß und stand gleichzeitig, schwieg und sprach und bildete zwei Personen mit der lediglich meinen und eigenen. Als wenn man nicht mit der denkbar größten Leichtigkeit und verblüffendsten Geschwindigkeit von dem Platz, den man einnimmt, aufstehen und stehend mit demjenigen sprechen könnte, der man vor einem Augenblick war und nicht mehr ist und dennoch blieb, da man sich ja in der Phantasie sieht, die das Leben bereichert und von der ich Gebrauch mache, so oft ich will oder kann oder mag, die mich aus dem Gleichgewicht bringt und es immer wieder herstellt, die die fortwährende Bewegtheit ist, um deretwillen ich immer und nie zu weit gehe, die mich vervielfältigt oder wenigstens hie und da verdoppelt wie beispielsweise heute, die seltsam ist und vergnüglich und zu tun gibt und daher verjüngt und töricht macht, damit man das Vergnügtsein lebendig erfahre, es nicht allzu selbstverständlich, mithin zu einsam sei.«[5]

Heerscharen, so Matthias Horx, von Ich-Suchern sind heutzutage unterwegs und nehmen an jenem *Selbstfindungs-Marathon* teil, operativ ausgreifend und entropisch orientiert, dessen Kurs und Richtung eine metaphysisch und therapeutisch operierende Ichphilosophie und Ichpsychologie bestimmt und ausgesteckt haben – und erwarten über die Selbsterkenntnis Ichidentität und Selbsterlösung. Ein *Ichgerangel* von Benennungen, Problemanzeigen, Phantomen, von den Zweifeln Descartes' über die englischen Empiriker und Rationalisten, den amerikanischen Pragmatismus und die europäische Phänomenologie, wo das Ich gleichzeitig fließt und sich verbirgt, wie Wechselstrom bald vom Subjekt zum Objekt, bald vom Objekt zum Subjekt, oder, dem Sloterdijkschen Ersatz dieser Begriffe zufolge: von der Kugel zur Blase oder der Blase zur Kugel.[6]

Aber resultiert aus der Unfaßbarkeit und Fragmentierung des Ich zwangsläufig die Inklusionsaufgabe? Erinnert sei eine Stelle Arnold Gehlens, wo er mutmaßt, daß, seit die Zivilisation diesen

Kurs genommen habe, der Mensch mit sich selbst an einer Stelle experimentiere, »an der er es noch nie tat. Indem er versucht, sich ganz dem Joch der Umstände zu entziehen, liefert er sich an etwas aus, das er noch zu wenig kennt und wovon er die Meinung des frivolsten Optimismus hat: das ist er selbst.«[7] Muß das Ich sich ausliefern oder sich auf sich selbst und in sich selbst zurückziehen (wie eine Schildkröte, die ihre Beine einzieht) und die Anfechtungen der nach außen drängenden Ichs abweisen? Weiht es sich der Idee der Verschmelzung, wie *Theresa von Avila* in ihren Vereinigungsversuchen mit einem fernen Gott? Soll man, buddhistisches Gedankengut aufnehmend, den Weg der Auslöschung des Ich durch das Loslassen vom Begehren beschreiten? *Wu Wei*?[8] Oder ist das Ich verurteilt, sich selber zu inkarnieren, eine Ganzheit, eine Ichheit zu werden, in der wie in einer Kapsel alle auseinanderstrebenden Ichs inkludiert, vernetzt und zusammengeschlossen, zusammengepreßt werden?

Keine Lösung ist von Dauer, alles Erreichte ist vergänglich, das Leben läuft unerbittlich einem Ende entgegen. Die Geschichte des Ich und seiner Metaphern und Metonymien, seiner Kostümierungen und Verjüngungen spiegelt die Kämpfe der individuellen Geschichte und umgekehrt. Wer über die apokalyptische Selbsterregung, über das Weltende, ans eigene Ende denkt, an die kleine persönliche Geschichte in der großen Weltgeschichte, will ein Ende in Glück. Eine selige, der Differenzen in sich ledige Glückseligkeit und Ganzheit.

Fährt der Mensch besser, auch besser in die Zukunft, wenn er sich mit seinem dunklen, unfaßbaren Schatten, seinem Nicht- oder Nochnicht-Ich arrangiert und anfreundet? Könnten Ich und Nichtich in eine Art Tauschverhältnis treten und hin- und herwechseln »zwischen dem wiedergefundenen Ich und einem künftigen, das nicht mehr das alte sein kann«?[9] Leben als Lebenlassen? Wäre solche Selbstbefreundung, Selbstbeachtung und Selbstachtung Voraussetzung für die Annahme der Mitwelt, überhaupt der Welt, die Selbstanerkennung (auch als Sich-Loslassen) die notwendige Vorbedingung der Anerkennung des anderen wie die Selbsterkenntnis der Weg zur Welterkenntnis? Aber wo liegt bei dieser Möglichkeit wieder die Grenze zur Selbstgenügsamkeit? Wo zur Selbstüberhöhung und Selbstvergötterung, zum unbeherrschten Gewährenlassen aller Ichregungen?

Ein Streifzug durch die Riesenreiche der Bewußtseins-Philosophie ähnelt einer sausenden Fahrt durch zerstörte und restaurierte Städte und Dörfer, auf Wegen und Straßen, die gesäumt sind von den Resten verschollener philosophischer Gebäude, von weggeworfenen Kostümen, verbrauchten Werkzeugen. Jede Verjüngung ist tausendfach in Frage gezogen, überkritzelt und übermalt. Die Innenwelten des Menschen sind unterschiedlich verkammert, vollgestopft und vollgestellt mit wechselnden Ich-Möblierungen, Vielheiten von Ichs, die alle aufeinander aufpassen (ohne das Zentral- oder Über-Ich), und noch immer ist man mit wachsendem Eifer dabei, Einrichtungsgegenstände auf Einrichtungsgegenstände zu türmen. Seit die Zivilisation den Weg nach Innen genommen hat, so noch einmal Arnold Gehlen, experimentiert der Mensch mit sich selbst. Aber der Mensch hat immer experimentiert, immer, zu allen Zeiten mit den gleichen Hoffnungen und dem gleichen Ziel. Nämlich, um zu einem, *zu irgendeinem* Abschluß zu gelangen, zu etwas Ganzem und Endgültigem, einer endgültigen Ordnung, einer endgültigen Nomenklatur, einem endgültigen Wissen, einem schlußendlichen, transzendentalen Ich. *Homo absconditus*. Die Geschichte der europäischen Metaphysik erscheint als ein immer wieder erneuerter Versuch, etwas Letztes zu finden, einen Schleier zu lüften, unter dem das Geheimnis verborgen ist, außen oder innen oder im Verhältnis von außen und innen, oben oder unten.

Was aber ist zu tun angesichts eines Ich, dessen man nicht habhaft wird, weil es in eine manchmal gleichgültige, manchmal fordernde Vielheit zerfallen ist; angesichts einer Identität, die man nicht einfach herstellen kann; angesichts eines Individuums, das zwar unteilbar im Sinne von einzigartig ist, aber geteilt und zersprungen im Inneren? Was tun, wenn das Ich, nachdem die Weiten und Tiefen der Außenwelt ergründet, allenthalben auf sich zurückverwiesen wird, dieses jedoch nicht zu finden ist, trotz starrköpfigen Versuchen, an einem glimmenden Docht im Innern festzuhalten, nur verstreute Bruchstücke, Kammern, aus denen heraus es klagt und zirpt? Das *Erkenne dich Selbst*, wie es im delphischen Orakel kategorisch gefordert wird, erweist sich immer wieder als unlösbare Aufgabe, die, wenn man sie zu lösen versucht, zu den immer gleichen vorläufigen Resultaten und Enttäuschungen ob der nicht erreichbaren Letztgewißheit führt. »Es ist merkwürdig, wie lange die Menschen an die bodenlose Tiefe eines Sees zu glauben pflegen, ohne sich die Mühe zu machen, ihn zu messen.«[10] Das Ataraxie-Ideal des Stoizismus, die mystischen Verfahren, die Selbsterlösungsvorstellungen durch Selbstvergessen, Ekstase, Beschleunigungen und Repetitionen sind aus der Verzweiflung geborene Ichfluchten, verzweifeltes Nicht-sich-selbst-sein-Wollen ob der vergeblichen Versuche, sich selbst sein zu wollen. Der Mystiker als enttäuschter Liebhaber endgültiger Erkenntnis, die Ichflucht als Inversion der Ichsucht!

Auf der Suche nach einem Weg, der den beiden Verzweiflungen Kierkegaards, *Verzweifelt-sich-selbst-sein-wollen* oder *Verzweifelt-sich-nicht-selbst-sein-wollen*, entgeht, verirrt und verheddert man sich in theologischen, philosophischen und literarischen Erörterungen und Bildern, so daß es scheint, als böte das Verirren und Verheddern selbst Erlösung: »...marschieren vom Dorf ab mit einem sechsundfünfzig Pfund schweren Gewicht und einer Wagenladung Meßschnur – und konnten doch den Grund nicht finden; denn während das Gewicht längst auf dem Grunde ruhte, ließen sie die Schnur hinunter in dem vergeblichen Versuch, ihre wirklich bodenlose Befähigung zu Wunderglauben zu ergründen.«[11]

Also keine Möglichkeit in der Erlösung, der Verneinung des vorwärtsstrebenden Willens zum Glück? Kein fester Grund? Ließe sich also in der Entscheidung für das eigene Entschiedensein zu einem Zwischen-Wesen, zu einem gespaltenen Dasein eine lebenspraktische Beruhigung finden? Wenn die Ursache des Leidens jenes blinde und hungrige Streben nach Glück ist, ist dann das wahre Glück, weil sich der Hunger nie stillen läßt, nicht die Überwindung des Glücksstrebens, die glück- und leidlose Schau, sondern seine Anerkennung? Vom zwölfjährigen Schopenhauer überliefert sind folgende, im philosophischen Kinderkopf hängengebliebene Zeilen: »Wir reisten den 16. Juli 12 Uhr von Hamburg ab, und kamen bey ziemlich trübem Wetter, nach ein paar Stunden im Zollenspyker an, um uns da über die Elbe setzen zu lassen; indessen daß die Fähre kam, ließen wir uns im Gespräch mit einer armen blinden Frau ein, welche gar keine Idee von Tag und Nacht hatte. Da wir nach der Ursache ihrer Blindheit fragten erzählte sie uns, daß man sie eine halbe Stunde weit zur Taufe getragen habe, wobei ihr die Augen erfroren sind. Obgleich sie stockblind ist, sind ihr alle Wege bekannt, u. sie kann sich alles was sie bedarf selber hohlen. Ich bedauerte die arme Frau, bewunderte aber die flegmatische Ruhe womit sie ihr Leid erträgt; sie hatte das Vergnügen ein Christ zu seyn theuer erkaufen müssen!«[12]

Die Überwindung des Glückswillens, so die Lehre, verlangt, da sich dieser auf ein Objekt richtet, die *Abkehr* vom Objekt. Alles Dasein ist, wenn es begehrt, Leiden, denn alles Begehrte muß man wieder loslassen.[13] Die Blindheit ist Mittel, um von Augenlust niemals verführt zu werden. Aber es bleibt der nicht nur die *Augen* antreibende fundamentale Wille zum Glück, die grenzenlose Sehnsucht, eine allgemeine, sich in die Lebens- und Erfahrungsbereiche erstreckende Begierde, Trieb, Libido, Heimweh. Glück ist, wie Schopenhauer selber sagt, *Augenblicksglück*.[14] Es ist, wenn erreicht, auch schon verloren. Es hat keinen Ort und keine Zeit. Wenn Sein prinzipiell unglückliches Sein ist, der Mensch der Jäger seines Glücks (»Jedes ein Jäger und Jedes gejagt... bis die Rinde des Planeten bricht«), ist die Erlösung nicht Selbsterlösung, sondern Selbsttötung, wie Schopenhauer es nannte. Diese wird, ihm zufolge, in der Blickwendung nach oben, also in der Abwendung von der Horizontalen, erreicht. In Schopenhauers Bergbesteigungen (des Chapeau bei Chamonix, des Pilatus in der Innerschweiz und der Schneekoppe im Riesengebirge) findet er eine Ahnung des die Welt übersteigenden Glückszustandes: unten glühende Hitze, oben die Kälte der Erkenntnis, unten die Animalität der aneinandergeketteten Menschen, oben das einsame, selbstvergessene Schauen.

Die Schopenhauersche Höhenmystik sucht einen Zustand der transzendentalen Immanenz, des Glücks ohne Glückswillen und auch einen Himmel ohne einen Gott; »... es gibt eine überirdische Höhe ohne Himmel, es gibt die göttliche Ekstase ohne Gott: die Ekstase der reinen Erkenntnis ist möglich; der Wille kann sich gegen sich selbst kehren; er verbrennt sich an sich selbst und wird ganz und gar zum Auge: Er ist nicht mehr, er sieht nur noch.«[15] Er sieht die Welt als Jammertal, aber von oben, wie ein Zuschauer, in der Kälte der Reflexion: »Hier im Gebiet der ruhigen Überlegung erscheint ihm kalt, farblos und für den Augenblick fremd, was ihn dort ganz besitzt und heftig bewegt: Hier ist er bloßer Zuschauer und Beobachter. In diesem Zurückziehen in die Reflexion gleicht er einem Schauspieler, der seine Scene gespielt hat und bis er wieder auftreten muß, unter den Zuschauern Platz nimmt, von wo aus er, was immer auch vorgehen möge, und wäre es die Vorbereitung zu seinem Tode (im Stück), gelassen ansieht, darauf aber wieder hingeht und thut und leidet wie er muß.«[16]

Die Welt als Jammertal, gelassener Heroismus, gepaart mit Pessimismus, das Jammertal Jammertal sein zu lassen, es zu lassen, wie es ist, mag eine Devise gegen den modernen Machbarkeits- und Erzeugungswahn sein, der in der Postmoderne ins Innere eingekehrt ist, die Seele ausstaffiert, mit Ichs möbliert und nun, im Zeichen der verschärften Moderne, sich erfindet und täglich neu designt. In den Weiten dieser vergeblichen Anstrengungen wird die Melancholie geboren, ihre »Parteigänger sind Virtuosen des Verlustes, die nichts mehr zu verlieren haben«,[17] oder wie Lenau dichtet: »Ich will nicht länger töricht haschen / Nach trüber Fluten hellen Schaum, Hab aus den Augen mir gewaschen / Mit Tränen scharf den letzten Traum«.[18] Gelassener Heroismus, wie ihn auch Max Weber und Ernst Jünger priesen, ist das der Weisheit letzter Schluß?[19] Gäbe es einen postheroischen Umgang mit der Differenz?

Die drei Phasen der Genese des Selbstbewußtseins, die auch Phasen der Wechselwirkung zwischen Selbst und Welt darstellen, lassen sich in jedem philosophischen Lehrbuch nachlesen. Das Bewußtwerden der eigenen Existenz, das sich angesichts der Endlosigkeit der Welt unvermeidlich in die Erkenntnis der eigenen Unzulänglichkeit und Nichtigkeit verwandelt, führt zum Rückgang auf sich selbst, zum begehrenden, sich selber jagenden, sich selbst verzweifelt wollenden Selbstbewußtsein. Im erkennenden Selbstbewußtsein tritt indes erst die Beziehung zum anderen ins Bewußtsein, durch die die Besonderheit des eigenen Ich deutlich wird. Im allgemeinen Selbstbewußtsein schließlich werden sich die je besonderen Selbste ihrer Gemeinsamkeiten bewußt, allgemeiner Prinzipien der Familie, des Vaterlandes, des Staates, der Liebe, der Ehre usf.

Auch Hegel zufolge ist der Mensch ein Unvollendeter, der an seiner Vollendung arbeiten muß, die erlösende Vollendung anstrebt und in dieser Arbeit gleichzeitig die Weltgeschichte vorwärtstreibt. Die Vernuft arbeitet an der Überwindung der Differenzen; Vernunft herrscht dort, wo Differenzen überschritten und in einer Art Totalität aufgehoben werden. Ein Integral, etwas Leuchtendes und Strahlendes erhebt sich über der Hegelschen, aber auch der Husserlschen oder Descartschen Vernunftposition. »Warum bewegt mein Herz so der Rücken dieses großen, zufällig vorüberschreitenden Jägers?«[20] Die Totalität, das Integral, der bedrohliche Rücken des zufällig vorbeischreitenden Jägers und die Verzweiflung des Menschen, klein, allein, gejagt vielleicht vom großen Jäger, verzweifelt bemüht, sich selber zu erreichen, entweder durch Anerkennung des anderen oder durch Anerkennung von sich selbst – das bleiben die großen Fragen der zeitgenössischen Philosophie. Sie stehen selber unter der Herrschaft des *Integrals,* sie spiegeln die lebensweltliche Ichsuche und Ichjagd im Spiegel ihrer bewußtseinsphilosophischen Auslotungen, wollen auf ihre Art das Letzte und Endgültige, eine Letztlösung, hinken ihren eigenen Ansprüchen nach und suchen die Widersprüche in den Konzeptionen des anderen. Auch sie kämpfen ihren Kampf um Anerkennung – solange nicht anerkannt ist, daß der Kampf um Anerkennung ein endloser ist, und es keine letztgültige, integrale, leuchtende, alle bisherigen Positionen verschlingende Position gibt. Gesucht wäre, gesucht ist eine Theorie der Unnahbarkeit, der Inkommensurabilität, des Loslassens.

Gleiches gilt vielleicht für das Selbst, für das Ich, für das Individuum. Das Ich ist für vieles verantwortlich, aber nicht für die eigene Freiheit, nicht für die eigene Verantwortlichkeit. Mag die Gesellschaft *Menschenwerk* sein,[21] das Ich mit seinem Streben und Sehnen ist es nicht, und damit erfährt die Rede vom »Menschenwerk« eine andere Tönung. Daß das Ich frei ist und sich freisetzt und somit andauernd in eine Differenz, in einen Konflikt zu sich selber und den übernommenen und selbstgeschaffenen Bindungen gerät, ist nicht frei gewählt, sondern vorentschieden und vorentschlossen, und diese Vorentschlossenheit *pulst* in allem Menschenwerk. Das ist die alles überdauernde Wahrheit. Wahrheit als das, was nicht, nie rückgängig zu machen, was überhaupt nicht zu machen ist. Wahr ist das Unabänderliche, und daß wir uns ändern wollen, ist unabänderlich. Die transzendentale Entscheidung, die sich gegen die Freiheit, gegen die Vorentschlossenheit zur Freiheit entscheidet, hat diese Vorentschlossenheit selber zur Voraussetzung.

Wer erlöst? Was hilft dem frierenden Herz? Ein Gott, die Kirche, die Anderen, die Psychologie, die Ratgeberliteratur, die Volkshochschule? Der Selbsterlösungsgedanke hat etwas Trotziges und Kindliches. Er zieht das Ich angesichts der endlosen Anstrengungen auf sich selbst zurück. Wenn der Zustand, von dem Erlösung erhofft wird, die Gespaltenheit des Selbst ist, die innere

Zerrissenheit, das immer mehr Wollen, das Ausgespanntsein auf etwas Anderes, Größeres hin, die Unruhe, das Leben in einer Selbstaufholbewegung, dann bedeutet Erlösung auch hier etwas Totales: *entweder* die *selige Verewigung in sich*, der *Selbstinzest*, oder die *Verdammnis zum ewigen Wanderer*, der sich im Zuge der Selbstausbettung nicht erlöst, sondern selbst verliert. Die Selbstverewigung zerstört im Grunde die Voraussetzung des Erlösungswillens, sie endet in etwas Unmenschlichem, sie bringt einen absoluten und totalen Stillstand, eine unerbittliche und strahlende, in sich ruhende Ruhe. Die Selbsterlösungsvorstellung beinhaltet auch die Vorstellung der Konkupiszenz, nicht die Vereinigung mit jenem anderen Ich, das vom Ich freigesetzt oder ihm als Gott vorgesetzt ist, sondern die Vergewaltigung, die Ausbeutung und Unterwerfung des Anderen in sich.

Vielleicht bräuchte man für diesen Gedanken besser die Worte *Versöhnung* und *Selbstversöhnung*. Diese beinhalten die *Annahme* und *Akzeptanz* des eigenen Begehrens, des Vorwärtswollens, des Erlösungswillens und seine Mäßigung. Akzeptanz der eigenen Exzentrizität als Annahme (und Loslassen!) von sich selber als zwischen Wirklichkeit und Möglichkeit oszillierendes Wesen, als Akzeptanz der prinzipiellen und existentiellen Entfremdung. Statt der Menschwerdung Christi und der über die Selbsterlösung erreichbaren Gottwerdung des Menschen: Menschwerdung des Menschen! Menschwerdung Christi bedeutet Teilnahme und Teilhabe an der existentiellen Zweideutigkeit des Lebens und wird kundgegeben in der Verlassenheit am Kreuz. Der Mensch ist wie gekreuzigt in einer Selbstverfassung, die er weder selber gewollt hat, noch von der er sich lösen kann. Auch wenn seine Gespaltenheit und sein daraus resultierendes Wollen seinem Zugriff entzogen ist und sein Streben nach Erlösung ein endloses Narrenspiel der Hoffnung, erfreut von kleinen Augenblicken des Glücks und des Vergessens, so gibt es die Hoffnung auf eine, vielleicht könnte man es so ausdrücken, kleine oder *schwache* Erlösung in der Selbstanerkennung. Anerkennung als Selbst-Anerkennung des Willens zur Erlösung, Anerkennung als Anerkennung des Immerwährenden ohne Anerkennung einer Erlösung. Vielleicht und provisorisch: Erlösung von der Erlösungsvorstellung. Damit gerät man in die Nähe dessen, was man etwas umständlich als Bewältigung von sich selbst bezeichnen könnte,[22] eine Selbstbezüglichkeit, die sich achtet und im Zaume hält. Es ist mit der Selbstakzeptanz wie mit der Liebe als dem Gefühl, »das Getrenntes lustvoll vereint und doch weiß, daß wir letztlich allein bleiben müssen«.[23] Der Tod Gottes verlangte die Auferstehung eines sich selbst überantworteten und sich selbst befehlenden Menschen.[24] Der Tod Gottes ist auch der Tod eines übermenschlichen *Du sollst*. An seine Stelle tritt ein Wille, der keineswegs, wie Nietzsche sagt, lieber das Nichts will, als nicht will, sondern der will, ohne immer zu wollen. Um der Anerkennung seines Wollens nicht zu erliegen, könnte es sein, daß das, was man heute Glück, Zufriedenheit, vielleicht sogar Luxus nennen könnte, das ist, was man nicht muß, und gleichzeitig das, was man nicht will. Was einem zufällt, ohne Müssen und ohne Begehren.

Nachwort: Im Unabhängigkeitsjahrhundert

I.

Blicken wir zurück. Die Geschichte der Moderne läßt sich auslegen als eine Geschichte der Selbstfreisetzung des Menschen aus göttlicher Vorsehung und kulturellen Gewißheiten, aber auch und parallel als Geschichte der Rückwendung des Menschen auf sich selbst. In der christlichen Vorgeschichte der Moderne muß das erlösende und glückverheißende Andere, nach dem der Mensch, seit er Mensch ist, immerzu strebt, das Nicht- oder Nochnichtich, außerweltlich, in Himmeln und ewigen Reichen, in Utopien und anderen Nicht-Orten realisiert werden. Die nach dem religiösen Blackout notwendige innerweltliche Erlösung ist in der außerweltlichen mitangelegt. Sie resultiert aus christlichem Futurismus, ihr leuchtender Nicht-Ort ist die Zukunft der Welt in der Welt. In der dieser ersten Moderne folgenden *zweiten Moderne* ist, nach einem kurzen, reflexiven, *Postmoderne* genannten Zwischenspiel, die erste eigentlich lediglich verschärft und nach dem Zusammenbruch der sozialistischen Großreiche globalisiert worden. Alles, von der alltäglichen Lebensführung bis zu den erwerbswirtschaftlichen Notwendigkeiten, gerät in den Sog einer *militärisch operativen, neoorthodoxen* Erfüllungsvorstellung, halte sich diese nun mehr an die Freiheit oder das Glück oder erblicke sie diese, nachdem die alten Bipolaritäten zusammengebrochen sind, im globalen Ausgriff, in der Kulmination einer grenzen- und differenzlosen Weltgesellschaft.

Aber auch diese zweite, dem *Globalismus* anhängende Moderne ist wie entkräftet. Der Fortschritt erscheint endlos, die Zukunft ein schwarzes, saugendes Loch, die Erlösung als Differenzminderung zwischen Gesellschaften und den Menschen in ihr immer gleich weit, manchmal trotz Differenzminderungshoffnungen sogar weiter als je entfernt.[1] Die universellen, innerweltlichen Heilsversprechungen brechen angesichts der Weltdesaster zusammen. Je end- und resultatloser die operativen Aktionen sich darstellen, desto heftiger tritt das *entropische,* Gleichgewicht und Ganzheit suchende Moment in den Vordergrund. Je zweifelhafter sich die materielle Auf- und Nachrüstung der Welt darstellt, desto energischer tritt die *spirituelle* hervor. Und je reicher das Angebot konkurrierender Weltmöglichkeiten, desto leuchtender zeigen sich *Ich* und *Ichselbst*.[2] Die *dritte Moderne* ist deshalb eine *Icherweckungsbewegung*. Sie wendet sich auf sich selbst zurück. *Selbst, Individuum, Identität und Ich* als eine Art heilige Summenformel, in der die Zeit sich beschreibt und beschwört, treten in den Vordergrund, die Erlösungsvorstellung wird *innerlich*. Geläutert und gereinigt werden muß ein Ich, das sich näherkommen will: purgativ, illuminativ und vereint in und mit sich. ». . . ruhelos ist unser Herz, bis daß es seine Ruhe hat in Dir«, so hat Augustinus im ersten Buch seiner *Bekenntnisse* gefleht. Heute, in der dritten Moderne, deren wirkliche Welt die innere ist, ruft das Herz sich selber an: Unruhig ist unser Herz, bis es ruhet in uns, in mir.

Vorbereitet durch das Christentum, in dem die antike Zweiheit von Welt und Mensch zur Dreiheit von Welt, Menschheit und einem Gott wird, der strahlend sich erhebt, tritt in der Aufklärung, den Part Gottes gleichsam übernehmend, in einer Art Spiegelung des religiösen Monotheismus, der Mensch auf dem Wege zur Selbsterschaffung und Selbsterlösung zunächst als *Schöpfer* und *Creator* hervor, dann in der Abwendung von einer verkehrten und immer wieder mißlingenden Schöpfung als *Ich*. Im Herz-Jesu-Kult deutet Jesus auf sein strahlendes und gleichzeitig durchbohrtes Herz, das die Gebote Gottes in sich trägt und dem Menschen von innen heraus den Weg weist (5 Mo 30,14; Ps 37,31; 40,9; Jer 31,31). Die Aufklärung protegiert im Selbst und im Selbstbewußtsein ein neues, gereinigtes, purgiertes Ich, das vorher träumend und wie eingeschläfert war, nun erwacht, sich wie ein irdisches Gestirn vor die Sonnen der Gemeinschaft der Nation, der Weltgesellschaft schiebt und wie ein verborgener Goldklumpen hergezeigt werden will. Es erhebt sich, wie Jakob Burckhardt schreibt, »mit voller Wucht«; wird geistiges Individuum und »erkennt sich als solches«.[3] Es ist, wie wenn der alte Dualismus und sein Ersatz durch den Trinitarismus ebenfalls irdisch gespiegelt, in der Icherweckungsbewegung und in der Selbstbetrachtung des Ich wiederholt würden.

Als Selbst und Selbstbewußtsein erlebt es eine unvergleichliche Karriere. Es saugt alles Leben aus der sozialen und natürlichen Welt in sich hinein und findet sich einer geschwollenen Zecke gleich in einer leblosen Welt.[4] Im Sich-beugen-über-sich-selbst erblickt das aus der Festigkeit der vormodernen Verhältnisse herausgebrochene Ich sich indes nicht als das, was einem Jahrtausend vorschwebt, findet sich das kompakte, strahlende, in sich ruhende, unteilbare Individuum nicht als vollgesogene und geschwollene, sondern als *implodierte, geplatzte,* sich andauernd vollsaugende und auseinanderplatzende Frucht wieder. Wer ist dieses Es, das sich beobachtet; wer ist dieses Ich, das sich zu finden versucht? Es ist sich, so könnte man alle Beschreibungsversuche zusammenfassen, *zu wenig,* sich nicht genug, um die Hoffnungen, die in es gesetzt wurden und werden, zu erfüllen. Statt Präsenz erneut *Absenz* und statt Ruhe *Jagd*. Schreiend läuft es hinter dem selbst ausgeworfenen Köder her. »...man ist der, der wirft, und die Schnur mit dem Köder, die geworfen ist, aber, im beworfensein, denjenigen vergisst, der man selber ist und der die Ernte endlich einbringen möchte«.[5] Auch die semantischen Operationen, Verjüngungen und Kostümierungen mit dem und des Ich in der Literatur und in der Wissenschaft haben immer zwar die Farbe und die Disziplinen gewechselt, sind aber nie zu einem Ende gekommen. Die metaphysische Anstrengung, mehr zu finden, ein *Etwas* dahinter oder darunter, ist geblieben. In der Laudate 117 sangen wir Kinder: »Es ist das Herz der Herzen, das an dem Kreuzesstamm, in bittern Todesschmerzen einst brach dem Opferlamm«, und in 116: »O Herz für mich gebrochen aus übergroßer Huld, von einer Lanz durchstochen, ob meiner Sündenschuld.« Das erwachte Ich findet sich nicht allein in sich, sondern auch *außer* sich. Es setzt sich als Selbst, setzt sich aus, wird alsbald zur Zweiheit und sucht und jagt sich im Gegenüber und läuft schreiend ihm nach. In der Anstrengung, sich zu finden, wird es wieder zum Ich, das sich begehrt. Wie fest es sich auch will, es erlebt und reflektiert sich als etwas Fließendes, Oszillierendes, Huschendes, Zirpendes, Raschelndes. Etwas kleines Zartes nistet und wird wie flügge. Es iteriert und vervielfältigt sich, ein innerer Baum voller Strichvögel, die ausfliegen und gelegentlich zurückkommen. Eine innere Mongolei. Wer schaut sich an im Spiegel, wer ist der oder die, die sich anschaut? »Du drehtest mich um zu mir selbst hin, Du zogst mich hinter meinem Rücken hervor, wo ich mich hingelegt hatte, weil ich mir nicht ins Gesicht sehen wollte, und stelltest mich vor mich hin«, beschreibt Augustinus die Mühen seiner ersten Selbstbegegnung,[6] Heute ist jede Handtasche mit einem Spiegel ausgerüstet, und daß man die modernen Zeiten mit multipler Identität bestehen muß, gilt nicht nur für Internetspiele. Nichtich, Doppelich und multiples Ich erheben ihre Stimmen, Zwillinge und Mehrfachmenschen ziehen in die Philosophie, die Literatur, in die Seelenlehren und Psychologie, in die Denkmaschinen und ins Internet ein. »Du bist viele«, »Ich bin viele«, »Die 147 Personen, die ich bin«, »Die Familie in mir«. Das Individuum löst sich auf, ein *Ichschwarm*, ein *mittelpunktloses Netz*.

Gleichzeitig wird die Frage und die Suche nach Identität noch dringlicher. Die höchste Steigerungsform hat diese Vorstellung im Menschengottessohn erhalten, in der dieser sich zum Menschen macht, aber Gott bleibt und weiterhin von sich sagt: *Ich bin der ich bin*. Das will sagen identisch, gesichts- und geschichtslos, totale Präsenz, totale Vergangenheit, totale Zukunft, total anders, totale Person, trotz Menschengottessohn. »Mein Angesicht kannst du nicht sehen, denn kein Mensch wird leben, der mich sieht...« (Exodus 33,20). Je nach Seelenlehre spielen Wirklichkeitsich oder Möglichkeitsich, das existentielle oder das essentielle Ich die tragende Melodie. Und je nach Energetik mutiert die alte Zweiheit zur Dreiheit, Vierheit oder Vielheit, zu einer *inneren Familie*, einer internen Organisation, einem *Ichbetrieb* und erfolgt die Annahme eines herrscherlichen, eines huldvollen oder eines moralischen Überich. Oder aber wird das Ich zu einem Ich aller Ichs, zu einer Ichheit erweitert, das Autorität über die Streithähne zu errichten versucht. Und je nach Disziplin ist vom Selbst und vom Selbstbewußtsein, vom Ich und Überich oder vom Gehirn und seinen Zuständen die Rede.

Die gefundenen und erfundenen Ich-Namen sind Antworten auf die Frage nach Identität, die zu ähnlich ausufernden Kontroversen führt wie der mittelalterliche Streit um die Auferstehung des Leibes. Die Frage nach der Identität ist eine Folge der Undeterminiertheit, der gestiegenen Kontingenz, das Resultat freien Schwebens. *Identität:* »Name für den gesuchten Fluchtweg aus der Unsicherheit«.[7] So wie in der joachimitischen Theologie das trinitarische Wesen Gottes historisiert gedeutet wird, so daß in unterschiedlichen Zeiten jeweils eine der drei göttlichen Personen erscheint,[8] tritt in der Gegenwart das Ichselbst, das *Ichich* in unterschiedlichen Kostümen und Ausstattungen hervor und wird zur sich selbst entwerfenden, sich nachhetzenden, sich im Überich oder als Selbst beherrschenden Identität, das heißt sich selbst verlangenden Ich. Das Unabhängigkeitsjahrhundert ist das Jahrhundert der Jagd nach dem Ich. Solange Gott die höchste Steigerung des Ich verkörpert, will er erreicht werden. Selbst in Kulturen, wo der Lebensweg nicht, wie es die christliche Ausdeutung annimmt, in einer Weltgeschichte unumkehrbar einer Heilung, einem Ende zustrebt, auf eine Konvergenz hinstrebt, wo dem Menschenkind ein letztes Geheimnis enthüllt wird, ein tiefstes Sein entgegenströmt, in kulturellen Bearbeitungen des Menschseins also, wo mit Zyklen, Reinkarnationen, wiederkehrenden und nicht einsinnigen Verläufen operiert wird, herrscht ungeduldiges Suchen, Wollen, Begehren. Begehren ist, Buddhas Lehre zufolge, wie auch die Liebe, Grund des Leidens, aber nur, wenn dahinter eine Theorie der *unio*, der Verschmelzung, steht. Darum: *Wu Wei*. Darum statt Selbsterlösung auch immer wieder die Versuche, sich selber los zu werden: Erlösung *vom* Selbst. Aber unter diesen wie gerade unter den Bedingungen der Hölle wird der Traum vom Glück behauptet, immer wieder neu geträumt, von keinem *Et in arcadia ego* zurückgehalten. Wie wären denn sonst Wissenschaft, Kunst, die Philosophie, überhaupt wir uns in unseren endlosen Anstrengungen und ungewissen Enden verstehbar?[9]

Die großen Philosophen haben, nach einem Diktum von Bergson, in ihrem Leben nur eine Idee gehabt und eine Sache gesagt und ihr ganzes Leben dasselbe Buch geschrieben. Wäre es vermessen oder unpassend zu behaupten, daß auch die kleinen Philosophen und wir Alltagsphilosophen immerzu die gleiche Idee verfolgt, die gleiche Anstrengung unternommen und immerfort das gleiche gesucht hätten? Etwas dahinter? Etwas darunter? Etwas Festes, einen Sitz, ein *Zentrum*? Ein Kissen, um das müde Haupt zu betten? Ein Gral? Außerweltlich, innerweltlich? Vielleicht in sich! Könnte man vielleicht sogar und darüber hinaus sagen: Der Mensch, seit es ihn gibt und seit wir seine Spuren und sein Suchen kennen, sucht immer dieselbe Sache, und diese Sache ist wieder dieselbe, die die Philosophie in ihrer einzigen Idee befragt und behandelt und die Wissenschaften in ihren Unternehmungen suchen, nämlich *Gewißheit* über etwas Verborgenes, Verschwundenes und sich den Anstrengungen Entziehendes. Und könnte man schließlich nicht sagen, daß diese Suche nach Gewißheit, wenn sie vom Suchen außerhalb enttäuscht ist, immer wieder bei sich selber anlangt und die letzte Gewißheit in sich und mit sich sucht? ». . . suchen immer nur uns«.[10] Und wäre es vermessen zu behaupten, daß die einzige Wahrheit, auf die man immer wieder stößt, diese Suche ist?

Vielleicht durchläuft das Ich stets den gleichen Weg, von außen nach innen und von innen wieder nach außen, und sind die Kulturen Wegmarken des Laufens. Bevor das Ich bei sich selber anlangt, sucht es *außen:* in der Natur, am Firmament, in himmlischen Räumen und Zeiten. Und wenn es bei sich selber angelangt ist, stöbert es *in sich,* im Gehirn, in den Kammern des Bewußtseins, im limbischen System. Der innere Monolog oder Dialog tritt nicht erst bei Joyce oder Proust auf. Vielleicht ist er mit ihnen in die Literatur eingekehrt. Alle religiösen Techniken der Selbstvergegenwärtigung und Selbstausräumung: Yoga, Zen, Christliche Meditation, Ananda, Marga, pflegen diese Übung. Solange die Suche nach Gewißheit zum gleichen Resultat und jede Selbstanwendung wieder zum gleichen Resultat führt, so wie das Wurzelziehen, auf das eigene Ergebnis angewendet, immer den Wert 1 ergibt, und zwar unabhängig, mit welchem Wert man beginnt, solange mit anderen Worten Gott und hinter Gott wieder Gott, wie häufig man immer hinter Gott zurückgehen will, gefunden wird, so lange nehmen die Welt und das Suchen in ihr einen gelassenen Verlauf, denn alle Wege und Umwege führen, so steht geschrieben, zu Gott. Aus dem Verzicht auf gläubige Offenbarungsgewißheit und mit dem Verzicht auf das Erkennenwollen eines verborgenen Gottes, des *Deus absconditus,* mit der Annahme also, daß die Welt von Gott verlassen, eine gottverlassene Welt sei, resultiert die innerweltliche Suche und richten sich die Anstrengungen auf die Welt, die Welt des Menschen, den Menschen und seine Möglichkeiten, die Welt und sich selbst zu erkennen und, vor allem, sich zur Gewißheit zu bringen: *Homo absconditus.* Damit setzt ein anderes Begehren ein, ein Suchen in sich und eine Suche nach sich, und die Selbstanwendung führt zu einer anderen Rekursivität, zu einem anderen Wert, einem Potential, das die Erzeugung unendlich vieler Werte und unendlicher Ichs ermöglicht. Die Theologie der Neuzeit ist Teleologie; nicht Ursprung und Herkunft: sondern die Zukunft verleiht den Geschehnissen der Gegenwart (und Vergangenheit) ihren Sinn. Die Gegenwart ist unterwegs in eine Welt, die sich irgendwie und irgendwann findet. Wer hat uns, klagt Rilke in den *Duineser Elegien,* »so umgedreht, daß wir, was wir auch tun, in jener Haltung sind von einem, welcher fortgeht?«[11]

Setzen wir noch einmal an: Daß der Mensch zittert, oszilliert zwischen einem *Hier* und einem *Dort,* einem *Jetzt* und einem *Bald* ist gegeben, entschieden. Daß er das Dort, das Bald, ein Alleswird-gut erreichen will, wie immer dieses sich verhüllt und entzweit, daß er operativ sein, operieren will, ist sein einziges Schicksal, seine einzige Wahrheit. Die philosophische Anthropologie hat den Menschen immer wieder als das Wesen definiert, das *dazwischen*, noch nicht ist. Die Dominanz der Außenwelt macht es zu einem Noch-nicht-dort-Wesen; die räumlichen Dispositive rükken in den Vordergrund: Entropismus. Raum und Bewegung werden die Zentralkategorien, in denen das Maß des Menschseins verborgen ist: Fortschritt wird zur Bewegung im Raum. Wie zivile und militärische Flugkörper durch ihre Reichweite definiert und in ihrem Potential eingeschätzt werden, werden Ideologien, Glaubensbekenntnisse, Technologien, aber auch Nationen, Gruppen in ihnen und die Individuen selber nach der Reichweite der Stimme oder schlicht nach zurückgelegten Kilometern oder Meilen beurteilt. »Ich bin bestellt« beginnt Herta Müllers Roman mit dem Titel *Heute wäre ich mir lieber nicht begegnet*.[12] Die Bestellung zur Zukunft beherrscht aller Leben. Das Ich, seiner Herkunftsschleppe ledig, wird frei für die Zukunft.

Jede Gesellschaft hat ihr Maß, durch das sie festlegt, was zählt. Der marschierende Körper, der unter Strapazen ins unwegsame Gelände vordringt, dieses Zeitalter, das mit Mönchen und Pilgern begonnen, durch die ambulante Herrschaft des Reisekönigtums geordnet und durch die Kolonialmächte bezahlt worden ist, das Zeitalter der reisenden, wandernden und marschierenden Körper hat erst begonnen. Die Wirtschaftskraft von Regionen und Nationen wird an ihren grenzüberschreitenden Exporten gemessen. Das Potential von Wirtschaftsführern bemißt sich an ihrem internationalen Erfolg, die Bekanntheit von Politikern an ihrer *Beinarbeit*. Johannes Paul II., der messianische Gegenwartspapst, ist ein die Heilige Stadt fliehender Pilger geblieben, der seinen Leib um die Welt auf Pilgerreise schickt.[13] Die Verkündung eines transitorischen Zeitalters vor der Jahrtausendwende, gepaart mit dem Aufstieg der neuen chinesischen Mandarine, den Auslandschinesen, zur virtuellen Weltmacht von morgen, fordert eine neue Beweglichkeit, die Beweglichkeit nicht nur des Körpers, nicht nur des Geistes, sondern auch des Ichs ein. Die marschierenden Körper sind die Wirtskörper beweglicher, flexibler Ichs und einer *ortlos-online,* in virtuellen Räumen sich aufhaltenden, navigierenden Intelligenz. Die Suche nach Gewißheit ist in eine strenge Vorwärtsbewegung umgeleitet, eine mimetische Rivalität, ein Begehren, sich selbst einem erhabenen Zukunftsselbst anzugleichen, möglicherweise fehlgeleitet, jedenfalls nicht suspendiert, sondern operativ in die Zukunft gewendet. Nicht mehr das Ende einer gottverlassenen Welt wird angestrebt, sondern das Ende einer gottverlassenen Gegenwart; und nicht mehr der Himmel ist das Ziel, zu dem wir auffahren, sondern der Himmel auf Erden, zu dem wir hinfahren, ein *Ichhimmel*, ein Himmel mit einem strahlenden *Ich bin der ich bin*. Frisch und konzentriert müssen die Arbeitenden nach vorne und die Ichsuchenden nach innen blicken.

Im gleichen Zug aber, wie eine immerfrische Zukunft die vorweggesandten Ichs verschluckt, diese in einem hellglänzenden Horizont verschwinden und im gleichen Maße, in dem der vorwärtsstrebende Mensch mit den Hinterbeinen gleichsam abgehoben ist, aber mit den Vorderbeinen noch keinen Halt findet, begibt sich das Ich enttäuscht zu sich selber zurück, blickt konzentriert nach innen, nicht um in Anbetung vor sich zu verharren, sondern um sich, auch ein Ende der Geschichte, mit sich selber zu vereinen. Die Epiphanie wird *Egophanie* (Eric Voegelin). Die Utopien schlüpfen ins Innere, werden zu *Intopien. Unruhig ist das Herz, bis es ruhet in mir.* Aber der angestrengteste Blick nach innen, die unerbittlichste Selbstvergewisserung führt schon im Ansatz und in der allereinfachsten Selbstbegegnung zur Begegnung mit der Multiplizität, zur Begegnung eines Ich mit sich. Das Ich will selbst werden, und in diesem Begehren bleibt es Ich. Wer sich verstehen will, versteht immer sich selbst in dem, was er verstehen will, mit. Innere und äußere Welt werden zum Tummelplatz von Ichs. Das Ich trifft auf sich, auf die innere Multioptionsgesellschaft, die gleichzeitig außen ist. Das Ichichich spiegelt das Außen, wie das Außen das Ich-ichich spiegelt. Die Philosophen der Neuzeit inszenieren ihre Ichs auf der philosophischen Schaubühne, ein Karneval von Ichgestalten, und die Computerkids legen ihre Zweit-, Dritt- und Viertidentitäten in den Computerspielen und im Internet ab. Und wiederholen wir: Das Ich, nicht erst das zeitgenössische, lebt immer ein Doppelleben. Der Mensch ist ein Zwitter. Stets ist Ich mehr oder weniger sich, war immer Nicht- oder Zwischen-Ich, zwischen Land und Meer, Himmel und Erde, lebte immer *dazwischen*. Dieser Zwischenmensch ist kein lachender Dritter,[14] sondern erster Mensch, »sich selbst unklar«.[15] Das moderne Ich lebt zwischen sich und sich, mehr noch: Das Ich oder Selbst ist, wenn es sich über sich beugt, nicht verdoppelt, sondern verdreifacht, vervierfacht, verzehnfacht, *verhundertfacht*.

Aber die Ichs sind nicht in alle Himmelsrichtungen verstreut, sondern in eine (das ist das Neue!) gehetzt und winken und locken dort. Vornübergebeugt erwarten die Zurückgebliebenen wie Läufer vor dem Start den Startschuß, in der Haltung der aus der Gegenwart Fortgehenden, Fortfliehenden. Die westliche Sammlung ist Weltflucht nach vorn. Die Moderne zwingt den Blick des Selbst aus der Innenwendung nach vorn. Das Ich wirft und entwirft sich unablässig in die Zukunft, die alten Ichs werden abgestoßen und ausgeschieden, der Wunsch tritt auf, sich selber loszuwerden, verzweifelt sich nicht sein wollen. Nicht anders, sondern anders und *besser* hat man zu werden. Das altüberkommene Mich, als Stempel der Herkunft, der Tradition, der Familie, des eigenen sozialen Verbandes, ist als eine die Fortschrittsbewegung störende Last – eine zu schwere Schleppe – abgeworfen, abgeschnitten. Ungebunden wirft und entwirft es sich nämlich in die Zukunft. Wenn es keine Möglichkeiten mehr sieht, sich mit sich selbst abzufinden, sich mit sich zu vermählen, versucht es dadurch zu bestehen, daß es sich aufzehrt (Selbstinzest), oder lebt getrennt wie ein siamesischer Zwilling, dem man den anderen operativ entfernt hat und der nun in der Zukunft sitzt und lockt und lockt, wenn man sich ihm nähert, sich immer gleichweit entfernt, wie wenn man den Fluchtpunkt der Zentralperspektive mit den Füßen zu erlaufen versucht. Das Ich hält es bei sich nicht aus, weil es sich, apokalyptisch erregt, hinaufgearbeitet hat auf den höchsten Punkt der Gegenwart; wie Fliegen, die, gezwungen von den tödlichen Sporen des Fliegenpilzes, einen höchsten Punkt zu erreichen suchen, um dort, im Verenden, ihre Plagegeister abzuschleudern. Selbsterlösung durch Lösung vom Selbst.

Die ganze Welt will sich, schreibt Cioran, in einem beschleunigten und irrsinnigen Rhythmus bewegen, als »rücke die Apokalypse immer näher heran«.[16] Entsprechend wachsen die Anstrengungen des Ich, mit einer Armada von Ichs sich dieser entgegenzustemmen und sie zurückzuschieben, wie wenn die in die Zukunft geschleuderten Möglichkeits-Ichs aufzuhalten wären oder aber, um *ganz* und *kompakt, vereint mit sich,* die Endzeit zu bestehen. Diese Moderne, die in der Dritten Moderne, in der verschärften Hochmoderne, ihre vorläufig letzte Gestalt erhalten hat, ist auch die Geburtsstunde, besser das Geburtsjahrhundert der Menschenwissenschaften, die die Bewegung, Freisetzung mitgemacht haben oder mitmachen sollten. Im Drehgewinde der Moderne wird ein Selbst geschmiedet, ein Subjekt gehärtet, ein unteilbares Individuum entbettet, das sich allerdings alsgleich entpuppt, die Flügel aufklappt, *Ich wird* und sich nach vorne schwingt. Das Individuum bleibt ein Phantom, das Subjekt ein Name für ein verlorenes Zentrum, *Identität* ein Futur. So dauert die Jagd nach sich in sich. Damit gerät das Ich außer sich. Das Himmlische verliert sich, das Verborgene versteckt sich in der Welt, und dort entdecken Philosophie, Anthropologie und Soziologie, daß es keine Letztgewißheit gibt und kein granitenes Individuum, daß der Mensch, in Gemeinschaft oder Gegnerschaft mit anderen, diese Ungewißheit kompensierende Gewißheiten zu schaffen, herzustellen oder, wie es moderner heißt, zu konstruieren sucht. Nun werden Stuben errichtet und Betten gezimmert, Langzeitmöbel und Futterale für das freigesetzte Ich: Fabriken, Familien. Aus diesen heraus werden endlos neue Möglichkeiten entworfen und erprobt, in der Lebenswirklichkeit und in den Wissenschaften. Das Ich wird aus- und wieder eingepackt, dazwischen kurz, wie ein Phantom, hervorschnellend auf der Geisterbahn, erscheint ein *Selbst*, man entdeckt die Familie in sich, und trotz Unabhängigkeitsjahrhundert kommen große Übungen zum Ich, wie *Ich und die Welt* von Walter Schulz, zum lapidaren Schluß: »Das Ich ist nicht festzustellen.«[17] Oder wie Sherry Turkle zum einzigen Resultat: »Ich bin viele.« Und schon wird der Philosophie von der Gehirnforschung und der Neurobiologie das ermüdet liegengelassene Thema, wie einem Hund, dessen Zähne nicht mehr zupacken, der Knochen entrissen. Und alles beginnt von vorn: die Hoffnung auf Letzterklärung, das Leib-Seele-Problem, die Frage, wer uns mit Selbstbewußtsein ausgestattet hat.

In einer ersten Zusammenfassung: Auf dem Höhepunkt der Bewegung auf die leuchtende Zukunft hin, der Versetzung der Gegenwart in den Status des Transitorischen, schien diese Moderne, es ist noch nicht lange her, im Zuge der in Natur und Gesellschaft durch den Fortschritt ausgelösten Turbulenzen für kurze Zeit selbstreflexiv zu werden, sich ihrer Doppelnatur zu vergewissern und in eine Art besinnlich-melancholischen postmodernen Zustand hineinzugleiten. Dieser, ausgezeichnet durch Vielfalt: Leben und leben lassen, Verblassen von Vergangenheit und Zukunft, Rückzug der asketischen Ideale, Erlebnisgesellschaft, Jenseits von links und rechts, Konzentration auf die Gegenwart; gezeichnet auch durch Erschöpfung und Ermüdung ob des Strampelns in den immer neuen Möglichkeiten, *Chillout!,* die sich anstelle der Notwendigkeiten gesetzt haben, vermochte indes die fortschrittsfreudige und fortschrittswütige Moderne nur kurz aufzuhalten und zu irritieren. Wenn aber die einzige Gewißheit des Menschen die ist, daß er, weil vorentworfen zur Möglichkeit und vorentschlossen zur Freiheit, weltoffen ist, operativ, entropisch, transzendentalistisch, wenn seine Wahrheit die Freiheit ist, er somit keine letzte Gewißheit als diese unermeßliche Ungewißheit hat? Könnte der Mensch sich dieser Vorentscheidung in der Selbstreflexion vergewissern und sie hintergehen oder rückgängig machen?

Die *transzendentale Wendung* zur über, vor oder hinter uns getroffenenen und mit uns veranstalteten Vorentscheidung (es wäre übertriebene Ironie, diese als einen weltgeschichtlichen Zufall anzusehen), nämlich zur Gewißheit, daß es nichts Letztgewisses gibt und der Mensch das endlos Möglichkeiten generierende Wesen ist, wohl wissend, daß die Endlosigkeit eingebaut ist, hätte dann Abschied zu nehmen vom Menschen als Möglichkeitstier und könnte – unter den unendlichen Möglichkeiten – die Möglichkeit ergreifen, vom Operativen abzusehen, die Möglichkeiten zu verneinen und abzulassen vom Jagen. Doch ist das, etwa als Schopenhauersche Verneinung des Willens zum Wollen, philosophische Spielerei. Denn die Transzendentalphilosophie, die nach den Bedingungen der Möglichkeit der Freiheit fragt, muß selber diese voraussetzen, um über sie zu schreiben. Die Transzendentalpoesie stellt, Friedrich Schlegel zufolge, *in jeder ihrer Bewegungen sich selbst dar.* Die transzendentale Wendung zur Vorentscheidung setzt diese Vorentscheidung voraus und kann sich deshalb dieser selbst nur zuwenden, weil sie es paradoxerweise kann. Tut sie das, so wird deutlich, daß der Mensch sich nicht einfach zu dem macht, was er ist. Wer, noch einmal mit Rilke, hat uns »umgedreht, daß wir, was wir auch tun, in jener Haltung sind von einem, welcher fortgeht?«[18] Aber was ist, ist wohl nicht einfach das Ergebnis einer, wie es Rorty zu suggerieren scheint, kontingenten, historischen Situation. Gewiß hat sich weder Europa, noch eine Kultur, noch der Einzelne zu seiner Freiheit entschieden.[19] Zufall war es wohl auch nicht, daß dieses Paradigma im *christlichen* Abendland entstand oder eher dieses dort vorbereitet wurde. Denn das Christentum hat mit dem Erlösungsgedanken diese Vorwärtsbewegung ausgelöst. Der Mensch und das, was er macht, ist bis zu einem gewissen Grad unmachbar, vorentschieden. Seine exzentrische Positionsform, nämlich daß er in der Lage ist, besser in die Lage versetzt ist, Distanz zu sich selber zu halten, zeigt ihm, daß er, schon wenn er an sich selber heruntersieht, mehr ist, als er ist, daß er das Mehr-sein-Können nicht nur selbst verantwortet. Das Mehr-sein-Können bleibt an ein Mehrwollen gebunden. Die egologische Transzendentalphilosophie, die tief im Ich ein transzendentales Ich vermerkt, dessen man durch die Reduktion der empirischen Ich, durch seine Rekonstruktion innewerden könne, versucht sich demgegenüber innerweltlich zu vollenden. Das Ich ist gleichsam der Fluchtpunkt einer zentralperspektivischen Philosophie, die sich nicht den Horizonten der Lebenswelt aussetzt. Auf die Frage: *Wer bist Du?* antwortet Gott, der verborgene: *Ich bin, der ich bin.*

In der Transzendentalegologie nimmt ein Ur-Ego das Versteck im Dornbusch ein. In der Geschichte der Soziologie, der Sozialphilosophie und der Philosophie hat dieser Schwebezustand, diese ontologische Unsicherheit immer neue Deutungen und Gewichtungen erhalten. Eine der ältesten ist die Aufspannung des Menschen zwischen Natur und Geist, die neueste jene zwischen Sein und Schein. Dazwischen liegen mehr oder weniger kunstvolle und mehr oder weniger lebensnahe Auslegungen: Variationen von Individuum und Gesellschaft, die Rollentheorie, die Rede von Vorder- und Hinterbühne, die postmodernen Theorien der Maske und des Verschwindens, das Theorem vom doppelten Menschen und unzählige literarische Versuche: Don Quichotte, Rodion Raskolnikow, dessen Name schon das *Gespaltene* bedeutet, Ulrich, der Mann ohne Eigenschaften (außer seiner Hingezogenheit zu Agathe); Yolanda als Dalida, Versuche, die Selbstundurchsichtigkeit in immer neuen Anläufen aufzuhellen. Manchmal wird die Gebundenheit, manchmal die Offenheit betont, manchmal das Spannungsfeld in Richtung ontologische Sicherheit und Zucht, manchmal in Richtung der endgültigen und unkorrigierbaren Kontingenz hin aufgelöst. Manchmal wird nach dem kulturellen Waldsterben die Wiederaufforstung von Pflichtmotiven angemahnt oder werden die alten prozeduralen Tugenden der Rücksicht und des Maßes bemüht. Dazwischen liegen Vorstellungen, die ein Gleichgewicht zwischen Vorgaben und Aufgaben, zwischen Fixierung und Freisetzung, zwischen Pflichten und Möglichkeiten, zwischen Obligationen und Optionen vorschreiben wollen. Im ontologischen Nirgendwo muß der Mensch sich an irgend etwas halten, irgendwo abstützen können: »Als exzentrisches Wesen nicht im Gleichgewicht, ortlos, zeitlos, im Nichts stehend, konstitutiv heimatlos, muß er ›etwas werden‹ und sich das Gleichgewicht schaffen«.[20]

Der gleichsam ewige Menschen-Auftrag, nämlich die Herstellung eines *Gleichgewichts* zwischen Fixierung und Freisetzung, diese zeitgemäß ökonomische Vorstellung drängt zur Frage, woher ein solches Gegengewicht zur Leichtigkeit des Möglichkeitsseins denn genommen werden könnte. Welches sind die Dinge, die »schwer genug sind, um das Gewicht (s)einer Existenz in der Waage zu halten«?[21] Atomkraftwerke? Großorganisationen? Institutionen? Tugenden? Oder finden sich Außenhalt, Gewicht und Waage, ein zweites Vaterland, mit Heimat, Orten, ontologischer Verwurzelung in der eigenen, vorgegebenen, in seinen Möglichkeiten beschränkten und beschränkenden Natur? In der zweiten Natur, der Kultur? Oder in der eigenen Natur? Im Nest des Körpers? Und wie ließe sich dieses Ich denken? Als Waage zwischen einem Unterich und einem Oberich, zwischen denen ein Überich das Gewicht, wenn die Balance nicht mehr gegeben ist, verschiebt? Als Ichheit? Was hieße es, den Unterschied von *zentrischer* und *exzentrischer* Positionalität, zwischen festem Instinktrest und freigesetzter Neugierde und Lust am Streunen zu verankern in einem das flüchtige Ich bettenden und beruhigenden Zwischenraum?

Endlos sind die Versuche der philosophischen Anthropologie,[22] die Zwischenräume zwischen Instinktgebundenheit und Instinktfreiheit zu füllen, zu wattieren, und ungezählt die Befürchtungen, eine Betonung der Instinktfreiheit führe zur Verwahrlosung oder die Betonung der Instinktreste und -stümpfe zeitige eine hoffnungslose, repetitive Gemeinschaft. Übertragen auf die Ichfrage könnte die Befürchtung lauten, daß ein ungebunden flottierendes und vagabundierendes Ich ohne Rückhalt sich in den Weiten der Zukunft verliert, das Ich als vom Mutterschiff abgeschnittener Astronaut, Ichfragmente, die im schwerelosen All wirbeln; aber auch, daß eine vollständige Rückbindung und Einbindung des Ich jegliche Bewegung abtötet. In der Rückwendung von den Möglichkeiten zum Körpernest, der letzten Heimat, die der Geist heute deutlicher als je mit den avanciertesten Techniken der Virtualisierung und der Robotik verlassen und abstoßen will, kommt dem Ichgewicht des zur Offenheit und Freiheit vorentschiedenen Menschen keinerlei Bedeutung mehr zu. »Mit dem Ausbau der Motorik verschwindet der bergende Raum.«[23] Vielleicht ist dieser

Bestandteil des Menschen verborgener als der schweifende, sich in immer neuen Möglichkeiten erprobende Geist, vielleicht ist es an der Zeit, ihn als einen anderen Ausdruck des Restes zu heben. Man könnte diesen Teil in einem naiven Dualismus Körper nennen oder Leib, vielleicht, an Barkow denkend, *Wirt*.

Im Unterschied zur vorentschlossenen Weltoffenheit des Geistes, die zur Gewißheit führt, daß es keine Letztgewißheit geben kann, ist der Körper vorentschlossen zur Begrenzung, zur Geschlossenheit, zur Endlichkeit. Der Körper lebt und demonstriert seine Bestimmung zum Ende, wie immer ihn der Geist überflügelt. Und wie immer man ihn maskiert, trimmt und stählt, er begrenzt und bedingt; er trägt alles Menschenmögliche, auch den Pesthauch des Todes mit sich. Und wie immer Kunst und Magie Ewigkeit in der Zeit zu binden versuchen, und auch wenn weder alle möglichen Möglichkeiten entdeckt noch alle entdeckten Möglichkeiten verwirklicht werden – die Möglichkeit der Reflexion und die damit unbelehrbar verbundene Hoffnung auf eine reflexive Moderne, die sich ihrer eigenen Grenzen vergewissert, ist zwar herzensgut, aber im Vorentschluß zur Freiheit angelegt, als Möglichkeit, und zwar als Möglichkeit, die – weil sie eine Möglichkeit unter anderen Möglichkeiten darstellt – herzensgut naiv ist. Denn die reflexive Moderne untergräbt sich, da von ihr ja im Konjunktiv und im Modus des Wünschbaren die Rede ist, sie also eine prinzipiell wählbare Entscheidung bedeutet, selber und vergrößert den Abstand zwischen Erfahrung und Erwartung erneut. So rückt die Entscheidung wieder in die Leerzelle zwischen Wirklichkeit und Möglichkeit, zwischen Schwere und Leichtigkeit ein.

Aber diese ist wiederum prinzipiell riskant, das Risiko ist der unerbittliche Begleiter der Möglichkeitsgesellschaft und darüber hinaus eine ungewohnte Deutung von Risiko, die Bedingung der Möglichkeit von Freiheit. Kontingenz ermöglicht Freiheit, *Kassandra macht unfrei.* Insofern gibt es in der Tat nicht vermehrt *posttraditionale* Entscheidungen, sondern *postrationale,* das heißt Entscheidungen unter beschränkter oder gar keiner Rationalität. Das gilt für jede Entscheidung, auch für jene für eine reflexive Moderne. Statt Sand im Getriebe der Vorwärtsbewegung werden Selbstkonfrontation, Selbstreflexion, Selbstentzauberung die endlos iterierten Antriebsmittel einer erneuten Modernisierung, einer *dritten,* die erste aufnehmenden und *verschärfenden,* die zweite *überspringenden* Moderne.[24] Begrenzungsversuche sind zurückgestellt. Hie und da erscheinen noch Manifeste über die Übernutzung der Erde oder die Ethik. Gleichzeitig werden schnellere Gangarten zur Bewältigung der Weltprobleme angemahnt. Die Lösung aller Probleme wird weiterhin, wie es der ersten Moderne entspricht, in der Vorwärtsbewegung gesucht. Alles macht sich reisefertig. Die Welt selbst durchpflügt die Galaxis. Rückwärtsbewegungen und Wiederholungen sind modernitätsgemäß tabu. Kelche und Taufbecken, aus denen es über Sünden und Wunden rinnt, lagern in Katalogen und Auktionshäusern. Wer sich dem Vorwärts nicht anschließt, wird auf Vordermann gebracht. Der homo duplex will sein unsicheres Oszillieren in der resoluten Entscheidung für die Zukunft beenden. Das *Eschaton* leuchtet. Alles wird von einem besseren Ende her gedacht. Die Gegenwart fließt aus der Zukunft. Nichts als Möglichkeit will der Mensch deshalb werden. Hitzeräume, Kraftmaschinen, Fitnesspools sind, wie auch Rampen, Flughäfen und Bahnhöfe die liebsten Orte oder eigentlich Nicht-Orte bzw. Transiträume von den Orten zu den Nicht-Orten. Die virtuellen Welten im Äther, in denen sich die fortschrittlichen Teile der Weltbevölkerung (die sich in *on-line-* und *off-line-people* aufteilt) aufhalten und ihre eigenen Kleinbahnhöfe unterhalten, verlangen nicht nur Nicht-Orte, sondern den Passagier. Aber kann und muß er das werden?

II.

Und blicken wir jetzt nicht mehr nur zurück, sondern in uns *nach vorn!* Wie es sein muß! Jeder Mensch, keineswegs nur der moderne, verbirgt einen *Zwilling* in sich, lebt immer, das ist seine Wahrheit, zwei Menschen; vielleicht diesen und jenen, diesen, der ist, und jenen, der noch nicht ist; der, der will und damit immer schon sich voraus ist oder sich nicht will. Insofern der Mensch immer auch ist, was er war, und nicht nur, was er sein und werden möchte, ist er auch nicht nur ein Spiegel einer fortschrittsbeseelten Welt, in der Erfahrungsraum und Erwartungshorizont auseinandertreten und in der er sich nach dem Absenken der Himmelsleiter auf die Erde und deren Überarbeitung in einen Laufsteg selbst vervollkommnen und erlösen muß, sondern ist die Welt ihrerseits Spiegel, Abbild einer ihm eh und je innewohnenden Spannung.

Kulturen und Zeiten unterscheiden sich, ließe sich sagen, danach, wie sie mit dieser Spannung, mit den Zwillingsbrüdern oder -schwestern umgehen, wie sie deren Verhältnis umschreiben, definieren und einrichten. Die christlich-abendländische Bearbeitung ist operativ, entropisch und metaphysisch-transzendentalistisch auch in der säkularisierten Form. Sie verlangt eine Entscheidung. Diese Bearbeitung und damit auch der *Mythos vom doppelten Menschen*, wie man diese göttliche oder naturgegebene, jedenfalls schicksalshafte Vorentschiedenheit zur Unbestimmtheit oder Freiheit zu Unrecht nennt, denn ein Mythos ist das nun gerade nicht, sondern allermassivste Wirklichkeit, erscheint heute, so könnte man meinen, in einer unkomplizierten, überhaupt nicht phantastischen, vielleicht *letzten* und *endgültigen* Form wieder. Er wird von der Fortschrittsvorstellung selber erfaßt und koppelt die Idee der Selbsterlösung, Selbstoperation und Selbstvollendung an diese. Die Entscheidung für sich ist diese Entscheidung. Die Immanentisierung Gottes endet im Ich, in der Ichvergottung, und die Erlösungsvorstellung im Selbsterlösungswillen, in einem inneren Messianismus. Das Ich begibt sich auf innere Feldzüge, sucht und steigert sich und versucht, die Spannung im schnellen Fortschreiten von dem, was war und ist, zu verringern, sucht innerweltliche Vollendung, *Selbsterlösung.*

Insofern der Mensch immer auch ist, was er noch nicht ist, und je mehr er seine Anstrengung auf die Herstellung dessen richtet, was er noch nicht ist, desto schneller vergißt er, was er schon ist, wie er geworden ist und was er war. Er verliert Gewicht, tunt sich, wird Projektil und Subjektil in einem. Seit der Aufklärung ist es dem Menschen aufgetragen, in den Spiegel zu schauen und zu versuchen, das, was er sieht, mit Hilfe anderer, die alle ihn und sich selbst betrachten, zu definieren. Seitdem experimentiert der Mensch mit sich selber und poliert den Spiegel und schaut und schaut in ihn in der Hoffnung, sich selber endgültig und unüberholbar zu sehen, sich in einem Hauch mit sich zu vereinen: »Was ich begehr' ist an mir! (...). Jetzt sterben vereint in einem Hauch wir beide.«[25] Und seitdem operiert und schneidet er sich für den Aufbruch und Abflug zu. Die alte Metaphysik und die alten Heilsversprechen halten ihn gefangen und zwingen ihn auf Kurs. *Vorwärts.* Vergessen ist, daß er möglicherweise nie in einer Bestimmung, in einem Los aufgehen und nie an ein Ende des Polierens gelangen könnte. Aber wenn etwas vorentschieden, vorentschlossen ist, dann, daß wir nur die eine Bestimmung, nur das eine Los kennen, keines endgültig auf uns nehmen zu müssen.

Die Namen für das Ich sind Varianten dieser invarianten Grundbegebenheit. So schafft nicht nur das Internet neue Möglichkeiten, zwischen Identitäten zu *switchen*. Die derzeit neurobiologisch ausgerichtete Bewußtseinsforschung erfindet immer neue Scharen sonderbarer Gesellen und Umschreibungen. In immer neue Kammern wird geleuchtet, und überall wimmelt es. Auf immer neuen Kampfplätzen und immer neuen Entdeckungsreisen wird an der Auflösung des Rätsels aller Rätsel gearbeitet, nämlich weshalb der Mensch unaufhörlich an der Lösung von Rätseln arbeitet, von denen er nicht weiß, ob sie überhaupt je lösbar sein werden.[26] Damit ist ein Weg beschritten, der, technisch gewendet, in die Selbstaufhebung führt, etwa wenn der Traummensch der Zukunft seinen Körper loswerden will. Wenn er sich, Karamasoffsch ausgedrückt, vom *sodomitischen Ideal* löst und das *madonnische* an seine Stelle rückt. Es könnte freilich auch sein, daß der Kampf zwischen den zwei Menschen nicht, noch nicht entschieden ist und gerade die Vorentschlossenheit zur Freiheit auch deren *Begrenzung* impliziert. Und es könnte schließlich sein, daß, wie Emile Cioran behauptet, *er*, der Mensch, wenn er, »anstatt mit allen Kräften danach zu streben, sich wiederzufinden, seinem Selbst, seinem zeitlosen Urgrund zu begegnen..., seine Fähigkeiten von der Außenwelt abgewendet und diese Energie nach innen gekehrt hätte, es ihm gelungen wäre, sein Heil auf gesicherten Boden zu stellen«.[27] Nach innen gekehrt! Aber wie denn, wenn nicht um sich zu finden? Um sich zu leeren oder sich sich selbst zu unterwerfen? Um sich loszulassen, im Sinne der taoistischen Lebenskunst des *Wu wei*, oder um sich zu beherrschen?[28]

Jedenfalls ist es evident und mit jeder Form von Empirie zweifelsfrei herauszuarbeiten, daß der Mensch, nachdem er sich im Spiegel gesehen hat, aus sich ausgeflogen ist und sich mit ungeheurer, verschwenderischer und rücksichtsloser Energie der Außenwelt zugewendet hat. Je weniger in einer globalisierten, komplexen, dynamischen Welt das Außen veränderbar erscheint, desto mehr wandte und wendet er sich dem *Inneren* zu, der Vervollkommnung seines Ich. Heimkehr als *Einkehr*. Im Spiegel entdeckt er sein Nichtich und erhöht seine Selbstreflexivität und widmet sich innerweltlicher und innerer, privater und subjektiver Selbstvervollkommnung und Selbsterlösung. Insofern er dieses nicht findet, sucht sich Ich dort, wo es sich hingesendet, hinentworfen, hingejagt hat, dort, dort weit weg, *dort vorne*. Dies wiederum erfordert eine Selbstkonstruktion, die geschmeidig, elastisch und anpassungsfähig zu sein hat, um sich in die Außenwelt zu katapultieren. Versteckt und verborgen wird die nicht fortschrittstaugliche Seite, gepealt, gecastet und geschminkt, für den innerweltlichen Laufsteg zugerichtet. Mensch macht sich schön für seinen neuen verborgenen Gott, für sich selber, für den *inneren Messias*. Kein *Wu wei*, sondern Begehren, *unio* mit sich selbst. Die geheime Entelechie, die die ältere Anthropologie und Sozialphilosophie der Evolution des Menschen unterstellt, nämlich daß er jenen anderen Teil, den er von sich selber herstellt und den er ablöst von sich als ein im Gleichgewicht sich befindliches Wesen, »ortlos, zeitlos im Nichts stehend, konstitutiv heimatlos«,[29] durch ein Gleichgewicht sichern müsse und dieses in einer Art zweiten Natur als Ruhelage in einer zweiten Naivität zu erreichen habe, ist, angesichts der Turbulenzen der Moderne, ihren überbordenden Bewegungen und unbeherrschbaren Zyklen, angesichts auch der phantastischen Entwicklungen der Technik, wie zurückgedrängt und zugunsten jenes Menschen entschieden, der nicht nur mehr ist, als er ist, sondern seine ganze Kraft dem Erreichen des Mehrs und dem Verbergen des *Ist* widmet. So tritt ein Teil strahlend als Hagiographie, als Heiligenmaskierung hervor und versinkt der andere, die erlebte Biographie, im Dunkeln.

Der Traum der Selbsterlösung! Im selben Augenblick, wo der Mensch sich anschickt, die Erde zu verlassen, sich parasitär auf nichtorganischen Gastkörpern einzunisten versucht und in gewaltigen Netzwerken virtuelle Seinsmöglichkeiten aufbaut, wo er darüber hinaus streng an der Ersetzung, Abschaffung, ja Abstoßung seines fleischlichen Säugetierleibes, seiner *Wetware,* arbeitet, geraten seine existentiellen, seine daseinsontologischen Bestimmungen, geraten Haut und Haar außer Sicht. Um so fröhlicher, entspannter und unbeschwerter operieren die beweglichen und geistigen Anteile. Statt an der Wölfin, wie weiland Romulus und Remus, Milch zu saugen, saugen sie am Manna des Internets. Digitale Städte im *Cyberspace* mit schrankenloser Kommunikation; elektronische Räume, die in Lichtgeschwindigkeit durchmessen werden; flottierende Parallelwelten mit selbstgewählten Identitäten. Weist so nicht alles nach oben? Wird nicht ein Menschenwesen möglich, das sich des Irdischen in einem Weltenbrand, einem globalen Potlach entledigt, das die eigene Artenbarriere überwindet; ein *ichloses Exemplar von unmenschlicher, himmlischer Höhe, in reiner Exzentrizität*, die nicht mehr unerträglich ist, weil sie nichts mehr zu sehen bekommt, ohne Verlangen nach einem Gleichgewicht, einem Verlangen, das es ermüdet und das ihm unstillbar erscheint. Frei und offen für das Virtuelle. In dem es sich löst aus allen Umfeldern und aus sich selbst, erreicht es vielleicht ein ontologisches *Nirgendwo*, indem es sich vollends verflüchtigt, weil es sich, seiner Exzentrizität verlustig gegangen, nicht mehr spürt.

Aber gäbe es nicht, statt die Exzentrizität zu überwinden, einen Ort, der es ruhiger werden ließe? Muß das Ich *endlos* begehren, sich mit sich zu verschmelzen, wiederzuvereinigen oder sich zu reinigen und zu leeren, sich von sich zu trennen, um so etwas wie eine ich- oder *selbstlose* Heimstatt zu erlangen? Wo für ein ›wirkliches‹ Ich gar kein Raum mehr bleibt? Sind Verschmelzung, Selbstinzest und Trennung, Selbstabtrieb die verbleibenden Möglichkeiten? Ein Himmel mit einem purgierten Ich aller Ichs, und Höllen mit abgetrennten, schmorenden Körperhüllen in einem Weltpotlach? Oder ist vielleicht die Daseinsform des modernen Menschen die exzentrische, mit ihrer Unbeständigkeit und Unberechenbarkeit? Muß er und wird er früher oder später, ermattet in operativen, entropischen und metaphysischen Programmen, eine Theorie der *Inkommensurabilität*, eine Poetik der Selbstfremdheit und *Unnahbarkeit* entwickeln? Eine Theorie des *Loslassens,* der *Ausschaltung* des Begehrens, als Quelle des Leidens, eine Ersetzung des Ich durch Es! Wer nichts Liebes hat, der hat kein Leiden, und wer nicht Ich sagt, den trifft keine Schuld. Außer sich bei sich? Wie der sichtbare Teil des Eisberges von einem weit größeren, unter Wasser verborgenen Teil aufrecht gehalten wird und wie die Seetauglichkeit und Manövrierfähigkeit eines Schiffes vom Ausmaß und der Beschaffenheit des nicht sichtbaren Kiels abhängt, hängt eine realistische Einschätzung solcher Selbstbeweglichkeit von der Eigen-Deutung der sozialontologischen Verfassung und vom Grad der Bewußtheit ab. In den Spiegel schauen bedeutet, sich über die Reling zu beugen. Wenn das Schiff nicht mehr steuerbar ist, bringt er es an Land und hebt es aus dem Wasser. Und treibt ein Boot kieloben in der See, hat der Seefahrer nur mit den sichtbaren und beweglichen Teilen des Bootes manövriert, seine Unterfläche nicht beachtet oder gänzlich vergessen.

Vielleicht ist es übertrieben zu sagen, der Mensch der Moderne treibe kieloben. Verläßt er doch die Erde und stößt in himmlische Räume vor. Lilly Nielitz hat mir den ersten Reiseführer zum Mond (Vorbereitung, Anreise, Leben) zugesandt.[30] Um schnell zu werden und das operative Programm zu erfüllen, arbeitet er zielstrebig an der Abschaffung des Kiels. Mit dem Ausbau der Motorik wird das Bergende abgestoßen. Ansaugen ans Netz und driften auf Flüssen der Informationsgesellschaft. *Surfen ohne Kiel und Schwert.* Leicht werden wie Luft, levitieren und sich entfernen von sich und der irdischen Welt. Im *Veteran Affairs Medical Center* in New York läßt man an den Rollstuhl gefesselte Invalide ihrer Behinderung durch *Virtual-Reality-Spiele* entkommen. Am Schreibtisch können die an ihre Körper wie an Rollstühle gefesselten Menschen *on line* sein, fahren, schweben und ihrer irdischen Behinderung für ein paar Stunden im digitalen Nirvana entgehen.[31] *Einschalten, Hochladen, Abfahren,* die Kapitelüberschrift eines Buches suggeriert die Elektro-Lift-Version der Evolution, eine in Technik gefaßte menschliche Flut, »die uns unwiderstehlich emporträgt mit der ganzen Kraft eines Sternes, der sich zusammenzieht«,[32] während sich gleichzeitig eine leuchtende Noosphäre ausdehnt; eine sakrale Sphäre, die nicht mehr wie die überkommene Spiritualität an bestimmte Orte, heilige Räume, Kirchenschiffe, Klöster gebunden, sondern, insofern Knoten die virtuellen Versionen von geographischen Orten sind, knotenabhängig wird.

Die *spirituelle* Dimension der neuen Fluchtwelten, deren neueste und euphorisch diskutierte Evokation die Cyberwelten sind, bricht freilich bei Anzeichen von Schmerz oder Angst oder Notdurft unvermittelt zusammen. Die Ankündigung einer posthumanen Himmelfahrt, der Traum von Software ohne Hardware ist ein ewiger, den zwischen Wirklichkeit und Möglichkeit oszillierenden Menschen hartnäckig begleitender, aber vielleicht eben nur so lange, als er gefangen im Körper, im Kerker, ist. Die informationstechnische Amputation des Körpers, seine Auflösung im digitalen Säurebad, entfernt gleichzeitig das Gefühl für das Gefühl der Verzückung. Vielleicht wacht der auf Maschinen geladene Geist auf und entdeckt, daß etwas bei der Übertragung verloren gegangen ist. »Er will schreien und seiner Verzweiflung Luft machen, aber da ist nichts, womit er hätte schreien können.«[33] So läuft, wie es sein muß, eine ordentliche Welt, auch in ihren neuesten Emanationen auf das alte hinaus.

Schwer zu sagen, was not tut. Sich einfach abfinden damit, daß nichts gewiß, die Zukunft eine Täuschung und das Ich eine Bewegung oder, wie Walter Schulz meint, eine Problemanzeige ist, indem ein Ich dem anderen vorausläuft, das man nie einholt, wäre das nicht ein Ende dessen, was den Menschen und seine kulturellen Variationen auszeichnet? Nämlich daß er nicht ist, nicht bleiben will, was er ist, sondern träumt, hofft, leidet und deshalb begehrend, rastlos und unruhig ist. Und daß das, was er nicht verändern kann und wozu er vorentschlossen ist, das Wahre, das einzig Wahre ist und er deshalb diese Wahrheit in die lebenskünstliche Forderung transformiert: nicht nur, nach dem Tode Gottes nicht zu müssen, sondern abzusehen vom Wollen. Der heimkehrende Odysseus findet einen Fortgehenden. Aber was soll ein Mensch in die Zukunft hineinprojizieren, wenn er seine eigenen Projektionen nicht einholt oder, sobald er sie erreicht, ergreift und wieder dem verzehrenden Licht der Möglichkeiten aussetzt? Wenn das menschliche Sein immer ein Sich-vorweg-Sein ist, was nutzt es dann, sich als Von-sich-selbst-Vorweggenommener zu begreifen? Denn Mensch, Subjekt, Ich, man kann ja das Träumen nicht einfach aufgeben und sich als verwirklicht betrachten. Es nutzt nichts, mit einem Taschenspielertrick zu sagen, daß man nicht verwirklicht sei, und daß und weil das immer so bleibe, dies die tiefste und letzte Verwirklichung sei. Die Theorie der Unnahbarkeit, der bewegende, hohe Rücken des Jägers, der sich entfernt – läßt verzweifeln. Irgendwie bleibt das Gefühl, daß sich die Gegenwart auf eine Zukunft hin *zuspitzt* und das Ich unruhiger *denn je* ist. Eingetaucht in einen Sturm von Prognosen und Prophezeiungen, duckt es sich gleichsam vor ihr und hofft, fasziniert von der himmlischen Leere, nicht hineingerissen und verschlungen zu werden. Gleichzeitig ist aber die Herkunft entschwunden, nur noch kulturelle Hardware; geölte Tastaturen und staunenswerte Gehäuse säumen die Geschichte. Weder gibt es die überkommenen festen Gefäße, noch lassen sich Traditionen, wie das gelegentlich leicht gesagt wird, einfach erfinden und wiederaufforsten.

Das Ich ist eine Entdeckung, die noch nicht lange zurückliegt, und die Härtung und Ausfällung des Ich erfolgt mit der Zerschlagung der Notwendigkeiten, und seine Freisetzung bedingt das Abschneiden der sozialen Schleppe. Ausgespannt auf etwas anderes hin, strampelt es sich in den vorausgeworfenen Möglichkeiten ab. »Uns überfüllts. Wir ordnens. Es zerfällt. Wir ordnens wieder und zerfallen selbst.«[34] Der explosionsartigen Entfaltung der Multioptionsgesellschaft kann es nicht mehr folgen, wie immer es sich zerteilt, aufstückelt, Multimind, Multiuser, Schwarmdenker wird. Die Energie ermattet. *Müde bin ich geh zur Ruh...* Was anfänglich wie ein Aufbruch ins Land Kanaa aussah, wird zu einer Flucht in die Zukunft, in der die Sendboten der Hoffnung immer gleich weit weg logieren. Wenn Paulus vom Himmel, der vormodernen Zukunft, sagt: »Was kein Auge gesehen und kein Ohr gehört, was in keines Menschen Herz gedrungen ist, hat Gott denen bereitet, die ihn lieben«, sagt in der modernen Gegenwart die Zukunft von der Zukunft.

Die Welt, die Gesellschaft, das Ich: So, wie sie sind, entstehen sie durch Trennungen, durch die Schnitte zwischen Gott und Mensch, Körper und Geist, Existenz und Essenz. Und damit auch die Abgründe, deren Überbrückung und Überwindung das Agens aller Kulturen ist und daraus die Plagen und Freuden im Umgang mit sozialen und nichtsozialen Welten und die Auseinandersetzung von sich selbst mit sich resultieren. Die Moderne ist im Versuch, den Abgrund zwischen Erfahrung und Vernunft zu verringern und die anderen Abgründe, wie jenen zwischen Gott und Mensch, zu ignorieren, lediglich eine kulturspezifische Ausformung des Brückenschlagens, der Einkehr in Konvergenz, der Suche nach Transzendenz, nach einem *kristallinen, transzendentalen, geheimnisvoll strahlenden Ich*, als mit sich *selbst identisches Individuum*, seiner letzten Steigerungsform, dem *Ich aller Ichs*. Die Sehnsucht nach Identität, nach dem Einen, nach der Vereinigung, nach Gewißheit endet in der Letztgewißheit einer Sehnsucht. Erbarmen wir uns unser! Da sich das gewünschte Ich nicht findet, da es vorweg, ausgelagert in andere Ichs, ausgesandt in ferne Welten ist und von dort wie ein Lockvogel immerfort zirpt, geht es weiter. Und man weiß, daß es weiter geht, man richtet sich auf *endlose* Anstrengungen ein. Auf endlose...

Der Tod Gottes hat, Nietzsche zufolge, über den Nihilismus den Weg zur Wiederentdeckung der Welt geöffnet, in der dann freilich ein unbekannter Gott zunächst als Du, dann als Ich hauste, mit dem das gleiche wie mit dem verlorenen Gott getan, versucht, gespielt wurde, sofern er einen nicht selber jagt. Gott, Welt, Ich: Ewige Reiche und innere Paradiese, *stop and go!* So bleibt am Schluß wieder dieses *immer wieder*. Der letzte Mensch ist weder der verächtlichste Mensch Nietzsches noch seine letzte Steigerungsform von unmenschlicher, himmlischer Höhe, sondern der, der akzeptiert, daß er Mensch und nicht Gott ist, und diesen nie erreicht. Der letzte Mensch trifft am Ende seiner Wanderungen auf sich selber, und es ist überhaupt nicht so, daß ihm dies etwas Neues ist. Seit, ja *seit* die Zivilisation diesen Kurs, weg von Gott und den Glaubensgewißheiten, genommen hat, experimentiert der Mensch, sich selbst zu wissen versuchend, mit sich. Indem er versucht, sich gänzlich dem Joch der Umstände zu entziehen, liefert er sich an etwas aus, »das er noch zu wenig kennt« und wovon er die Meinungen des »frivolsten Optimismus« hat, nämlich an sich selbst.[35] Er hat das Selbstexperiment in der Vormoderne und hie und dort im Altertum, in fernen Kulturen und Zeiten nur gelegentlich suspendiert, sich selbst tranchiert und auch die Welt und den weggeschnittenen Teil, statt ihn mit sich zu konfrontieren, in Gott, der Natur, der Heimat, den Umständen, dem Anderen, im Du plaziert. Die Pein der Schlaflosigkeit, in der Nacht um Nacht die Augenblicke gezählt werden und man allein bleibt und sich das innere Drama »zum wesentlichsten der Geschichte ausweitet und diese Geschichte weder irgend eine Bedeutung hat noch überhaupt existiert, wenn die verheerendsten Feuersbrünste in euch emporlodern – und euer Dasein einsam und verloren in der Welt erscheint, die nur erschaffen wurde, um an eurer Agonie zu zehren?«,[36] diese Pein ist mit Sicherheit keine zivilisationsspezifische.

Immer traf und trifft der Mensch auf sich selbst, immer hat er versucht, mit sich selbst klarzukommen, immer hat er diesen Konflikt mit sich kulturell bearbeitet. Manchmal hat er einen Unglückstag, manchmal einen Feiertag daraus gemacht, manchmal wurde daraus eine Gott-, manchmal eine Sinnsuche, immer hat er irgendwelche Auswege gefunden, aber immer hat sich der Ausweg auch früher oder später *erschöpft*. Erschöpft hat sich die Hoffnung, ganz zu werden mit anderen, der Heimat, der Gemeinschaft, der Gesellschaft, einem Staat, einer Welt, der Natur oder mit Gott. Der Mensch ist aus solchen Sicherheiten herausgefallen, ohne Zuhause, fremd, ein Findling unter Findlingen. So blieb ihm das Ich, das Sich-selbst, und so hat er seine Anstrengungen nach innen, auf sich, auf sich selbst gerichtet, um sich selber inne zu werden, sich selber zu *erfinden* und in sich Platz zu finden für sich. *Inneninnenpolitik!*

Aber *diese Differenz*, die Differenz zu sich selber, ist nun so *prinzipiell*, dem menschlichen Wesen so *unüberholbar inhärent*, daß er die Differenz zu sich weniger als alle anderen Differenzen aufheben kann, wie immer er sich selber will oder sich selber an sich berauscht. Und diese Differenz in uns ist im Unterschied zu allen anderen Differenzen, die aus der ersten und inneren resultieren, nicht kulturell bearbeitet, nicht unter dem Druck bestimmter Umstände und Verhältnisse entstanden, nicht herleitbar oder rückführbar auf andere Bedürfnisse, so daß die Erlösungsformel *Differenzakzeptanz* nicht zu voraussehbaren Schwierigkeiten führt.[37] So rufen nicht die auf der Sonnenseite Stehenden den auf der Schattenseite Darbenden diese Formel zu, sondern Sonne und Schatten, Glück und Unglück sind gleichzeitig anwesend. Wir rufen in uns zur Differenzakzeptanz auf. Wir werden unsere eigenen Kritiker. Wir verhandeln mit uns und lassen uns unseren Dissens. Versöhnung, nicht Erlösung! Wer sich verachtet, kann andere nicht achten. Wer andere verachtet, verachtet sich selbst. Nie wird der Mensch, was er sein möchte. Auch nicht auf dem Umweg über eine Sache, über andere und was der Umwege mehr sind, um sich zu bekommen. Immer ist er, im Sinne Thomas Bernhards, ein *Einerseits-andererseits*.[38] Eine ichlose, unmenschliche, himmlische Höhe errreicht der Mensch, solange er Mensch ist, nicht. Das operative Streben wie die transzendentale Sentimentalität sind Folgen unerfüllter Identitätsphantasien. Pindars »*Werde der du bist*« kann nicht bedeuten, das, was man ist, mit dem, was man nicht oder noch nicht ist, in einem Ichich zu verschmelzen! Er bleibt Postich, sich vorweg und sich jagend, mit sich kollidierend. Da helfen auch die Sachen nicht, die er zu seinen macht. Die Erkenntnis des Menschen als eines Differenzwesens führt zur Anerkennung eines Abgrundes im eigenen Selbst und zur Beachtung und Achtung dieses anderen. Und die Anerkennung, daß etwas außerhalb ist, führt auch zur Anerkennung, daß bei anderen ebenfalls immer etwas außer ihnen ist. Und die Anerkennung, daß etwas außer uns allen ist, führt zur Anerkennung eines himmlischen oder erkenntnistheoretischen Jenseits, das unter wechselnden Vorzeichen und in wechselnden Disziplinen erscheint und wieder verschwindet. Als außerirdischer Himmel, als irdisches Schlaraffenland, als Utopie, als Intopie, als Jenseits, als Jenseits im Diesseits.

Die Anerkennung der eigenen Gespaltenheit, das prinzipielle Durchdrungensein von einem weder personal noch gesellschaftlich herleitbaren Streben ist gerade Voraussetzung einer Gemeinschaft mit anderen, die weder süß-himmlisch noch animalisch-vegetativ ist, sondern ihre Größe in der Anerkennung des Unerreichbaren findet. Nie verschmelzen zu können und gerade darin das Gemeinsame zu sehen und zu anerkennen. Weder mit sich noch mit anderen. Vielleicht ist das zuviel verlangt. Es ist zu vermuten, daß die freigesetzten Ichs sich, wie oft in der bisherigen Geschichte, statt im Unerreichbaren zu oszillieren, sich, wenn der eine Pol, die Zukunft, nicht mehr zieht, sich der, besser *einer* Vergangenheit zuwenden, und statt Aufgaben Vorgaben, statt Freiheit Bindungen, statt Wissen Gewißheiten, statt Kontingenz Gemeinschaft, statt Konstruktion Ontologie fordern. Und in deren Gefolge wird sich anstelle einer produktiven Spannung eine Zweiheit (oder Vielheit) herausbilden, deren eine Seite als ab- und deren andere Seite als aufsteigendes Reich gedeutet werden. Wenn die Zukunft versagt, wird die Vergangenheit notorisch. Die großen Perioden der Unruhe in der Weltgeschichte waren zukunftsorientiert und *diastolisch*, von Dehnungen und Weiterungen gekennzeichnet, in ihren extremen Ausprägungen exzessiv, sich weitend und lärmend. Exzessiv, sich weitend und lärmend stellt sich der vorwärtsschreitende, unser Teil der Menschheit dar. Vielleicht ist es Zeit, nach einem Gewicht für die Möglichkeiten Ausschau zu halten. Vielleicht muß sich der fliegende Atem der in die Zukunft hineinrasenden Gegenwart pneumatisieren, den bulimischen Zuständen gleichermaßen zu entgehen versuchen wie dem anorektischen Ideal. Vielleicht! Selbstwach sich selbst zu erkennen und zu werden, was man ist, nämlich nicht und nie mit sich im Reinen, identisch mit sich als nicht sich, zu leben versuchen mit einer Krankheit, von der es keine Heilung gibt, weder durch Einbiegung in die Laufbahn desjenigen, der verlauten ließ, er sei, der er sei, noch in die eines veralteten und überholten, aber mit sich einigen tierischen Geschöpfes, zu Leben also mit einer Krankheit, die darum, weil es keine Heilung gibt, keine Krankheit ist, nämlich mit der Wahrheit, daß wir wollen, ohne zu wollen, und daß wir uns nicht erlösen können davon, weder im Aufgehen in der Gesellschaft und in Anderen, noch in der Vereinigung mit uns selbst.

III.

Jede Epoche entwickelt ihre eigene Form des Umgangs mit anderen und sich selbst, manchmal steht das Du, manchmal das Ich im Vordergrund. Manchmal auch, wie derzeit, die Welt, das Universum, die Galaxis und entsprechende Welt- und Weltraumprobleme. Die abendländische Menschenwissenschaft, insbesondere die Soziologie, entwickelt nach dem Tode Gottes Abstandsverminderungsverfahren zwischen Ich und Du und fällt mit Beschreibungs- und Entzifferungsversuchen des Miteinanders und Gegeneinanders zusammen. Sie stellt, wie blind geworden in der selbstgegebenen Aufgabe, das Ich in innerweltliche Bezüge einzubetten, dieses als *Restgröße* nach Abzug alles Gesellschaftlichen zurück. Wenn es, wie in der Individualisierungsdebatte, in den Vordergrund tritt, kocht die Gesellschaftswissenschaft. Identität, sofern von ihr die Rede ist, erhebt sich höchstens im Konjunktiv oder verbleibt allenfalls als identitätspräsentierende Ultrakurzgeschichte, als soziohistorisches Apriori, wie sie sich im Curriculum vitae niederschlägt, im Deskriptiven. Geburt, Name, Wohnort, Nationalität, Gewicht, Größe, Augenfarbe, Beruf; Kartierung, mehr ein kümmerlicher Abriß, Passiervoraussetzung in einer Massengesellschaft, wo nicht mehr jeder jeden kennt und darüber hinaus, bis in die Geschlechtlichkeit hinein, mehr und mehr austauschbar wird.[39]

Die Identität als winziges Kosmion, als Passion, als Anstrengung, als Ichbekümmerung und Selbstsorge, als Biographie wiederum wird gelesen als persönliche, individuelle, singuläre, einzigartige und damit fachfremde Erzählung. Soziologie wird etwas erst, wenn Andere ins Spiel kommen. Man kann vielleicht sagen, daß es dem Ich, wie immer es sich seit der Aufklärung in den Vordergrund geschoben hat, in der Soziologie trotz Subjektorientierung und trotz Biographieforschung und trotz boomenden Selbstvergegenwärtigungen und Selbstbeschreibungen ziemlich schlecht ergangen ist.[40] Die Auffassung des Individuums als einer einzigartigen, sich selbst reorganisierenden Soldateska von Möglichkeiten, als Netz von Verzweigungen wird der Soziologie indes früher oder später, nicht nur mit der Transformation der Sozialforschung in eine multiple, ein neues Betätigungsfeld eröffnen: die *innenmenschlichen Zwischenmenschlickeiten*. Und dieses Feld ermöglicht erst eine radikale Subpolitik als Innen-Innen-Politik. Aber ist man gleichwohl, auch in der Selbstsuche und Selbstrechtfertigung, indem man sie öffentlich macht, nicht dennoch unterwegs zu dem oder den Anderen? Rechtfertigt man sich, wenn man sich vor sich selber rechtfertigt, nicht auch vor anderen, um zu demonstrieren, daß das, was man ist, nicht nur von einem selber ist? Die Kunst, es nicht gewesen zu sein, gibt sich selber auf und entläßt das Ich aus der Selbstverantwortung. Dann werden die anderen belangt, oder die Gesellschaft oder die Geschichte. Aber wie, ja wie erfolgt ein Übergang, der nicht einfach die Anderen schuldig macht? Wie wird Ich *Du*?

Für Lévinas ist die »Reduktion des Anderen auf dasselbe« *die* Verfehlung des europäischen Geistes.[41] Vielleicht tun wir diesem großen Verfechter eines absoluten, durch das Antlitz anderer herausgeforderten Altruismus Unrecht, aber die Reduktion des Anderen auf das, was man selber ist *und nicht ist*, also gerade auf das und dasselbe anthropologische Minimum, ermöglicht den Übergang zum bislang Unberühr- und Unnahbaren.[42] Sie bedeutet nicht, daß das Andere zugerichtet, einverleibt, enthüllt und gedemütigt werden muß, und sie bedeutet auch nicht, daß ich mich, um entgegen- und nahezukommen, zu erniedrigen hätte. Nicht daß Andere auch eine Geburt, einen Wohnort, eine Augenfarbe haben, ist gemeint, und nicht die Frage, wie oder was einer ist, steht im Vordergrund, sondern die Frage, was bei allen Differenzen *allen bleibt*. Und das kann nur das *Unverfügbare* sein, das, was vorentschieden ist, allen innewohnt und zur Identitätsfrage oder zur Hoffnung auf eine irgendwie geartete Indentität führt. Aber auch die Brücke zum Anderen bildet. Und dieses Unverfügbare, Vorgegebene und Vorentschlossene ist das anthropologische Apriori, daß der Mensch mehr ist, als er ist.

Die Ich-Jagd und auch das Ablassen davon kann erst auf dem Boden dieser Differenz erfolgen. Das historische Existenzmaximum, das unsere erste, zweite und dritte Moderne zu erreichen sucht, ist lediglich eine kulturspezifische Bearbeitung der Differenz, die die Gegenwart ausfüllt, aber im nächsten Jahrtausend, in der Zukunft, planetarisch oder plazentarisch geschlossen werden will. Insofern ist die Reduktion des Anderen auf dasselbe, auf eine gemeinsame Lage der Differenz, des Mitgefühls, vielleicht der Angst, Not oder Verzweiflung angelegt. Aber gleichzeitig bildet sich dadurch so etwas wie eine *transversale Empathie*, eine Identität im Nicht-Identischen. Gutes Leben ist nur mit anderen möglich, das sagt sich so leicht,[43] aber ein gutes Leben muß man auch mit sich führen. Ohne diese Ko-Existenz mit sich selbst ist ein gutes Leben mit anderen zumindest gefährdet. Die Überwindung eines endlosen, die ökologischen und kulturellen Ressourcen auszehrenden Fortschrittsprojektes mit dem Ziel einer künftigen globalistischen und unitaristischen Weltgesellschaft, hat sie nicht die *innere Differenzanerkennung* zur Voraussetzung? Gewinnt die Koexistenz im gemeinsamen anthropologischen Apriori jene *emphatische* Tiefenlage, die Unterschiede, Pluralität, Kontingenz an der Oberfläche zuläßt und die transversale Vernunft an eine transversale »Identität« bindet?[44] Die, so könnte man es simpel ausdrücken, Anerkennung der eigenen Vorentschiedenheit zu einer endlosen Anstrengung? Weil, wie Manfred Sommer es ausdrückt, Identität »nicht etwas ist, das man hat oder nicht hat, sondern das immer... bevorsteht«[45], läßt auch die Vorentschiedenheit aller anderen in ihren jeweiligen Anstrengungen anerkennen, und diese Frequenzübereinstimmung schafft Interferenz.

Aber nicht nur Verzweiflung rührt daraus, daß der Mensch nicht ist oder nicht mehr ist oder noch nicht ist, was er ist. Er ist zwar, wie man es mit einer alten Terminologie nennen könnte, sich selbst entfremdet, hoffnungslos. Aber diese *Hopelessness* erfordert weder Selbsttilgung noch Selbstverwirklichung, weder Sprünge in den Glauben noch Revolten, weder Levitationen und Ekstasen in ein ozeanisches oder allmächtiges oder unendliches oder uterocephales oder nabulöses Ich. Sie erfüllt, weil sie in der Tiefe der Nichtidentität identisch mit Anderen macht, mit jener Zuversicht und Gelassenheit, welche die Lebenskunst anmahnt. Mit Zuversicht auch, daß Identität und Gemeinsamkeit nicht nicht, aber nur unvollständig gelingt, und mit der Gelassenheit, einem prinzipiellen Scheitern vielleicht sogar heiter entgegenzusehen.

Wie immer die Verzweiflung sich gibt, als Verzweiflung in Notwendigkeiten oder verzweifeltes sich Abstrampeln in Möglichkeiten, als Verzweiflung an der Empfindlichkeit des Daseins oder als Verzweiflung an der Unendlichkeit des Verlangens, sie verweist auf die letzte menschengemäße Gemeinsamkeit, auf jene (in den Worten des Großinquisitors in Dostojewskijs *Legende vom Großinquisitor*) »furchtbare Gabe«, die die Menschen in Verwirrung und Qual zurückläßt, auf den Zustand der Freiheit.[46] Dieses für einen Inquisitor teuflische, für den Gefangenen erstrebenswerte und für den Freien selbstverständliche Potential ist allen implantiert, wie ein Chip, der sich aufgelöst hat und dennoch weiterwirkt. Es ist der Ausdruck jener Wahrheit, die als einzige Bestand hat: der Wahrheit, daß der Mensch nicht ist, was er ist, daß er einen Lebensüberschuß aushalten muß, daß er von allem *zuviel* hat, nicht nur zuviel Schmerz, sondern zu viele Möglichkeiten.[47] Wie immer diese Wahrheit ausgedrückt wird, als Gabe oder als Aufgabe, als Vorentschiedenheit oder als Entscheidungszwang, als existentielles Faktum oder als Exzentrizität und multiple Identität, sie ist das, was, bei aller unterschiedlichen kulturellen Bearbeitung, allein verbindet.

Die Anerkennung der inneren Differenz und Gespaltenheit ist modernitätsgemäß nicht eine entzweite christliche Subjektivität, die seinem im Sündenfall verlorenen, unbefleckten und unwissenden Ich nachtrauert und sich selber anklagend gegenübertritt. Das Ich will nicht nur sich steigern. Es versucht, das *ist* Moderne aus dem anthropologischen Minimum ein *Existenzmaximum* zu machen. Sprünge in den Glauben wie bei Kierkegaard sind, nach der Verweltlichung des christlichen Futurismus, keine erfolgversprechenden Auswege mehr. Und das Ab- und Hineintauchen in eine innere plazentaartige Zweieinigkeit, in eine mikroskopische Blase, eine fötale Sphäre, wie gerade wieder empfohlen, wirkt befremdlich altmodisch.[48] Auch das bloße Dasein oder das Schweben und Oszillieren in der Absurdität der Seinsverfassung und die paradoxe Hinnahme der Existenz als ruheverheißende Transzendenz läßt sich vielleicht im Alter hinnehmen.[49] Enttraditionalisierung und Pluralisierung haben das Herkunftsich geschwächt *und* das Möglichkeitsich entfesselt und das Gegenwartsich für das Operieren in den ungeheuren Räumen der Innerlichkeit gerüstet und getunt, und nun will es dahin. Weltveränderung erfolgt auf dem Boden des Verdachts, daß die gegebene, unverbrüchliche, gewisse Ordnung nur mehr als eine unter möglichen erscheint. Selbstveränderung erfolgt, wenn man sich selber anders vorstellen kann oder muß. Die Sprengung der inneren Möglichkeiten ist geradezu die Vorbedingung der Sprengung der äußeren Notwendigkeiten.

Ob die äußere Pluralität eine innere freisetzt oder umgekehrt die Ablösung und Herauslösung der Individuen aus überkommenen Lebenszusammenhängen ihre Innerlichkeit ausdifferenziert, bereichert und auflädt, ist unterschiedlich lesbar. Es gibt keinen Paradigmenwechsel, nur Korrekturen. Das Pendel schwingt – immer noch – ins Äußere. Ob erste, zweite oder dritte Moderne, die Welt splittert, ist in Stücken, die Temperatur erhöht sich. Wir befinden uns in dem Zustand von »Wanderern, die lange Zeit über einen gefrorenen See marschieren, dessen Spiegel sich bei verändernder Temperatur in große Schollen aufzulösen beginnt.«[50] Die Stücke und Splitter der Welt und ihre verlorene Einheit, die Globalität, die Weltheimat und Weltheilsgeschichte sind die das

Welttheater beherrschenden und die Tagesschauer einlullenden Themen. Damit lenkt man sich pausenlos ab vom Ich. Wir sind uns unheimlich, weil wir uns kein Heim geben, sondern in die Welt hinaus explodieren. Und meinen, es sei schon noch Zeit, irgendwann bei sich selber anzukommen und festzumachen. Das Problem der persönlichen Identität bestand deshalb überkommenerweise, seit der Himmel – in den Worten von Max Weber – leergefegt und das kosmische Dach zerfetzt ist, darin, eine Identität zu konstruieren und sie einigermaßen fest und stabil zu halten. In ihrer extremen Ausformung beinhaltet sie die Usurpation göttlicher Vollkommenheit, um sich selbst zu erlösen.[51]

Das postmoderne Ich, das *Postich,* findet sich, laut Zygmunt Bauman umgekehrt vor der Aufgabe, eine Festlegung zu vermeiden und sich die Optionen offenzuhalten.[52] Und modernitätsgemäß beschreibt sich das Ich als Netz von Möglichkeiten, in das es einströmt. Das Ich ist weder fest noch konsistent. Weder besteht die »absolute Auszeichnung einer Existenzmöglichkeit noch eine Äquidistanz zu allen Existenzmöglichkeiten, sondern es gibt größere und kleinere Affinitäten, eine fließende Gemengelage und Wechselwirtschaft zwischen unterschiedlichen Identitäten.«[53] Als »Cross-cutting-identities« (Daniel Bell) oder als »Patchwork-Identitäten« (Heiner Keupp), die sich austarieren, akkomodieren und gleichsam transversal in den Verkehr mit anderen einregeln, ist das, was das Ich ist, auf eine zu technische Ebene des Verkehrs geschoben. Die transversale Vernunft »regelt« den Umgang mit Anderen. So wird er zwar leichter, aber auch schwerer, weil sich Intersubjektivität im Sinne von Empathie schwerlich einstellt. Jede Begegnung führt schmerzlich vor Augen, wie schwierig es ist, Mitgefühl zu erzwingen. Wer versucht, sich selber wie einen inneren Gott vor anderen zu enthüllen, an sich zu schaben wie an einem Kebab, sich zu *outen* und wie ein Herz Jesu herzuzeigen, wird insbesondere dann, wenn jene, denen man begegnet, dies ebenfalls tun, auf Konfrontationskurs gehen müssen. Das sich aufspreizende Heteronome muß nun entweder vereinnahmt oder erniedrigt oder vernichtet werden. Ein sich absolut setzendes Ich will sich auch selbst nicht begegnen. Es steht aufrecht, wie ein Kreisel, von der eigenen Peitsche getrieben.

Jede Begegnung ist, dies vor Augen, deshalb auch Selbstbegegnung, Selbstbewährung und Selbstentwicklung.[54] Das Ich ist, könnte man sagen, eine *Passion,* eine Leidensgeschichte und eine

Leidenschaft, wie auch das Verhältnis zu anderen. Und die Weltgeschichte ist in vielen ihrer Geschichten, in der Literatur, in der Philosophie, in der Religion, eine Geschichte der Leidensansagen und Leidensgeschichten nicht nur von Beziehungen und Verhältnissen, sondern von Ich-Begegnungen. Vielleicht sind die großen sozialen Bewegungen seine Passionschoreographien. Natürlich nicht ausschließlich. Die Passion birgt die Aufgabe, die eigene Geschichte nicht nur zu erleiden, sondern sie zu gestalten, sich in ihr zu bewähren, zu entwickeln und umzuschreiben. Das Ich muß andauernd seine eigene Kohärenz erzeugen. Verzweifelt in der Verzweiflung stehenbleiben ist kein Ausweg. Man muß sich mit sich selber ins Benehmen setzen, sich »in Ordnung bringen« (Richard Rorty). Sich »weiten« (Wilhelm Schmid), sich selber neu erfinden und zusammensetzen! Gar »Selbst-Design« und »Selbst-Fashioning« (Norbert Bolz)!

Aber trifft man in solchen Beschreibungsversuchen nicht auch wieder auf etwas Unbedingtes, Erhabenes, Verborgenes, Eigentliches und Letztes? Das nicht einmal, sondern immer wieder Selbsterlösungsversuche durchläuft und durchprobt und irgendwie dennoch identisch bleibt? Nein. Wenn es überhaupt so etwas wie ein Überich, eine Einheit der Ichs, ein Subjekt mit Subsubjekten oder ein Hyperich gibt, dann ist es das Ich, das über sich hinaus will. Insofern heißt existieren *transzendieren*. Das Ich läßt sich davon nicht abbringen. Auch Weltflucht und Weltsucht sind Ausdruck dieses Willens. Dieses Wollen ist keineswegs reduzierbar auf Überlebenswillen. Dieser wohnt auch dem Tier inne. Aber der Mensch ist ein metaphysisches Tier. Er will immer und allzeit und unerbittlich mehr als bloßes Überleben. Er leidet an einem Lebensüberschuß, an zu viel Schmerz, zu viel Empfindung, zu viel Bewußtsein, an epistemologischer Überlastung.[55] Das ist das anthropologische Apriori. Dieses anthropologische Minimum paart sich heute mit einem soziohistorischen Maximum an Optionen, in dem auch das individuelle Existenzmaximum möglich erscheint und unter dem Banner von Markt und Demokratie versprochen wird. Endlos sich selber überschreiten, sich erlösen, die innewohnende Sehnsucht stillen, Glück, Sinn, wie die großen Worte heißen. Nach außen und nach innen! Was demgegenüber anzunehmen und zu wissen ist, daß dieses Wollen unüberholbar, unkorrigierbar und unverneinbar ist. Das Wissen um das Wollen bedeutet nicht die Ergebenheit in ein Schicksal. Man setzt sich lediglich mit sich selber ins Benehmen. Das Wissen um dieses Wollen muß gepaart sein mit dem Wissen um die Unmöglichkeit, Erlösung, auch Selbsterlösung, zu erreichen.

Ist das nicht dennoch die Selbsterlösungsformel der dritten oder vierten Moderne? Sie ist es. Aber sie rückt nicht die Erlösung, sondern das *Erlöstseinwollen* in den Vordergrund. Sie erlaubt ein Sich-Lösen von Göttlichkeitszumutungen, ob sie nun als Welt, als Gesellschaft, als Gemeinschaft, als Europa, als Nation durch sich oder andere einem zufallen. Und sie sieht sich in bescheidener Weise als *schwaches* Subjekt, als Ichheit mit verschiedenen Ichanteilen, die anzuerkennen, auszutarieren und neu zusammenzufügen sind.[56] Vielleicht ist der Begriff »Intersubjektivität« ein essentialistischer Euphemismus und die Rede vom »Übergang« unterkühlt-technisch.[57] Aber ob der Hinblick nun mimetisch, in der Begegnung von Angesicht zu Angesicht, oder mimetisch distanziert, durch Aufgabenteilung, erfolgt, er benötigt, auch wenn es schwer ist, das zu denken, kein Zentrum, keine nebulöse Hyperinstanz, nur die Anerkennung der inneren Differenz. Diese ist das Einzige, was verallgemeinerungsfähig, invariant, transversal und damit wahr ist. Aus ihr resultieren der Vorwärtsdrang und die Vorstellung, dieses Dort beinhalte die Erlösung. Ob dieses Dort ein himmlischer Himmel, ein kolossaler gesellschaftlicher Körper, ein warmer gemeinschaftlicher Leib, eine brüderliche Kleingruppe, ein flüchtiges Netzwerk, ein einzelnes Gegenüber oder ein sich selbst verglühendes, einsames Ich ist, die Einsicht, daß man, in welche Himmel auch immer, nicht oder nur für Augenblicke eingeht, ist die Einsicht in eine metaphysische Anstrengung, die, auch wenn sie nicht erfüllt werden kann, als metaphysische Anstrengung bleibt und bleibt.

In einer *Welt in Stücken* (Clifford Geertz), wo durcheinander Kirchenglocken, Technorhythmen, Gotteslästerungen, Gesänge von Minaretten, Aufforderungen zur Tugend und zur Untugend und Sünde erschallen; in dieser modernen, ihre Möglichkeiten erst aufblitzen lassenden Multioptionsgesellschaft sind Anstrengungen, die andere Anstrengungen bekämpfen und vernichten wollen, gegenüber dem Gedanken, daß metaphysische Anstrengungen menscheneigen sind, verfehlt. Die Multioptionsgesellschaft formt einen multiplen Menschen aus, einen vorläufig *letzten*, der um Anstrengungen der Letztgültigkeit weiß, aber auch um deren Gefahren, nämlich die Unempfindlichkeit für die vergeblichen Anstrengungen und Leiden anderer. Im sich »verlieren, besser vergeuden können«, muß man sich, Elfriede Jelinek zufolge, aber »erst einmal haben.«[58] Wer nichts aus sich gemacht hat, kann sich weder von sich trennen noch sich akzeptieren. Es mag sein, daß im Unabhängigkeitsjahrhundert der Weg zu sich über die anderen zu führen hatte, getreu den gesellschaftswissenschaftlichen und ethischen Devisen. Mit dem nächsten Jahrtausend beginnt erneut der Versuch, Unabhängigkeit Unabhängigkeit werden zu lassen. Nämlich Unabhängigkeit von sich als Freiheit von der Selbstvergottung. Innen-Innenpolitik! Das langsame Hineintauchen in sich führt zur Anerkennung eines prekären Selbstverhältnisses, weg vom Ich als heiliger Reliquie, leuchtendem Gral, individueller, irgendwie zu packender Identität, und läßt einen offenen Kosmos aufleuchten. Um diesen zu sehen, muß man sich ausräuchern aus der inneren Festung. Leer werden, um offen zu werden. Denn wer sich haben will, verzweifelt sich selbst sein will, sich jagt und jagt, wird man früher oder später bemerken, daß man sich sowenig besitzen kann wie andere. Eine fundamentale Besitzlosigkeit als geteiltes Schicksal. Selbstgewißheit als prinzipielle Ichungewißheit. Das ist der einfache Leitfaden der Selbstübersetzung in andere, der, ein schwaches Wort dafür, *Intersubjektivität* ermöglicht.

Anmerkungen

Anmerkungen Einleitung

1 *Die Krankheit zum Tode*, Reinbek 1962, S. 13.
2 Vgl. A. J. Dunning, *Herztransplantationen*, in: ders., *Extreme*, Frankfurt am Main 1991, S. 42-60.
3 Unveröffentlichtes MS, abgedruckt in Peter Utz, Robert Walsers Ohralität, in: *Neue Zürcher Zeitung*, 25./26. Okt. 1997, S. 68.
4 Vilém Flusser, Verbündelung oder Vernetzung, in: Stefan Bollmann (Hg.), *Kursbuch neue Medien*, Mannheim 1995, S. 15-24, S. 18.
5 Max Horkheimer, Theodor W. Adorno, *Dialektik der Aufklärung*, Frankfurt am Main 1969, S. 40.
6 Alle Menschen- und Sozialwissenschaften befassen sich mit dem Ich, sie sind selber ein Ausdruck einer Aufspaltung in Ichzuständigkeiten und entsprechende Beschreibungen, deren Beziehungen und Inhalte nicht vorab definiert werden, sondern sich entwickeln: ein Navigationssystem, das sich im Navigieren aufbaut. Vgl. dazu: Hans-Georg Brose, Bruno Hildebrand (Hg.), *Vom Ende der Individualisierung zur Individualität ohne Ende*, Opladen 1988, S. 91-107, S. 91.
7 Walter Benjamin, *Über Literatur*, Frankfurt am Main 1969, S. 34.
8 Christus außerhalb bringt keinen Nutzen, so der Titel des 133. Parodoxons von Sebastian Franck (*Paradoxa*, Berlin 1995 (2. Aufl.), vgl. ders.: *Paradoxa*, Berlin 1995 (2. Aufl.). Und Erasmus schreibt, ebenfalls um 1500: »Du glaubst, es sei das Größte, daß du zu Hause ein Stück des Kreuzes besitzt. Doch das ist nichts im Vergleich dazu, daß du das Geheimnis des Kreuzes in dir trägst«. Vgl. zum göttlichen Ich Alois M. Haas, *Mystik als Aussage. Erfahrungs-, Denk- und Redeformen christlicher Mystik*, Frankfurt am Main 1997, S. 310ff.
9 Peter Fuchs, *Von der Beobachtung des Unbeobachtbaren: Ist Mystik ein Fall von Inkommunikabilität?*, in: Niklas Luhmann, Peter Fuchs (Hg.), *Reden und Schweigen*, Frankfurt am Main 1989, S. 70-101, S. 77.
10 Michel Montaigne, *Essais*, zit. in Wolfgang Welsch, *Vernunft*, Frankfurt am Main 1995, S. 838.
11 Vgl. Alan W. Watts, *Zen-Buddhismus*. Reinbek 1961.
12 Vgl. Jean-François Lyotard, zit. nach Shuhei Hosokawa, *Der Walkman Effekt*, in: Karlheinz Barck u. a. (Hg.), *Aisthesis*, Leipzig 1990, S. 229-252, S. 230.
13 »Es sind noch 27 Alterspersonen übriggeblieben, alle anderen sind im Laufe der letzten vier Jahre integriert worden.« So Liz Bijnsdorf in »*Die 147 Personen, die ich bin*, Stuttgart 1996, S. 295.
14 Hamburg 1952, S. 16.
15 Vgl. Bernhard Waldenfels, *Das umstrittene Ich. Ichloses und ichhaftes Bewusstsein bei A. Gurwitsch und A. Schütz*, in: Richard Grathoff, Bernhard Waldenfels (Hg.), *Sozialität und Intersubjektivität*, München 1983, S. 15-31, S. 27.
16 Vgl. die klassischen Arbeiten zur philosophischen Anthropologie von Max Scheler, Helmuth Plessner und Arnold Gehlen.

17 Vgl. Georg Kohler, *Die Melancholie des Detektivs*, Wien 1994. Zur Destruktion der übernommenen Geschichtsmetaphysik vgl. Bernd Giesen, *Entzauberte Soziologie oder: Abschied von der klassischen Gesellschaftstheorie*, in: Wolfgang Zapf (Hg.), *Die Modernisierung moderner Gesellschaften*, Frankfurt am Main, New York 1991, S. 770-784.
18 Gottfried Benn, *Das moderne Ich*, in: *Essays, Reden, Vorträge*, Wiesbaden, München 1959, S. 7-23; Roberto Cotroneo, *Die verlorene Partitur*, Frankfurt am Main 1998, S. 256
19 Vgl. Manfred Frank (Hg.), *Selbstbewußtseinstheorien von Fichte bis Sartre*, Frankfurt am Main 1991.
20 Friedrich Hölderlin, *Gedichte*, mit einem Nachwort von Konrad Nussbächer, Stuttgart 1995.
21 In Anlehnung an Claude Simon, *Georgica*, Reinbek 1992, S. 34.
22 Rainer Maria Rilke, *Duineser Elegien*, in: ders., *Gedichte*, Stuttgart 1992, S. 202.
23 Vgl. zum Bild der »inneren Familie« Richard C. Schwartz, *Systemische Therapie mit der inneren Familie*, München 1997; Jan Rowan, *Subpersonalities: the people inside us*, London: Routledge 1990.
24 Novalis, *Heinrich von Ofterdingen*, Paralipomena, Stuttgart 1978, S. 181.
25 Vgl. Hans-Georg Soeffner, *Auslegung des Alltags – Der Alltag der Auslegung*, Frankfurt am Main 1989, S. 7f.
26 Jean Baudrillard, *Das perfekte Verbrechen*, München 1996.
27 Sören Kierkegaard, *Die Wiederholung*, Reinbek 1962.
28 Milan Kundera, *Die Langsamkeit*, München, Wien 1995, S. 5f.
29 »Es brennen die Bilder, ihr unerschöpflicher beschirmter Traum«. Gottfried Benn, *Doppelleben*, in: *Vermischte Schriften*, Wiesbaden, München 1961, S. 67-171, S. 133.
30 *Der Mensch im Körper im Nest*, MS. Berlin 1996.
31 Im Sinne eines individualisierten Feminismus. Während die überkommene feministische Theorie »sich ihrer Politik bewußt ist, einer Politik, die auf Anerkennung der Tatsache ausgerichtet ist, daß das Weibliche ein ebenso wesentlicher Bestandteil des Menschlichen ist wie das Männliche...«, läse man lieber »...die auf Anerkennung der Tatsache ausgerichtet ist, daß das Weibliche ein ebenso wesentlicher Bestandteil des Männlichen ist wie das Männliche...«; vgl. dazu Frances E. Mascia Lees u. a., *Die postmoderne Wende in der Anthropologie: Vorbehalte aus feministischer Sicht*, in: Gabriele Rippl (Hg.), *Unbeschreiblich weiblich. Texte zur feministischen Anthropologie*, Frankfurt am Main 1993, S. 209-243, S. 209; ferner Susanne Benedek, Adolphe Binder, *Von tanzenden Kleidern und sprechenden Leibern. Crossdressing als Auflösung der Geschlechterpolarität*, Fulda 1996; Daniela Heisig, *Anima*, Olten 1996: Wie im Altern sich die Geschlechter angleichen, Schnurrbart bei Frauen, Brustwarzen bei Männern, weicht eine alt werdende Gesellschaft überkommene Grenzen auf und prämiert Crossdressing.
32 *Sechs Vorschläge für das nächste Jahrtausend*, München, Wien 1992, S. 142.
33 Luigi Pirandello, *Mattia Pascal*, Zürich 1995.
34 Vgl. ders., Sechs Personen suchen einen Autor, Gesammelte Werke, Bd. 6, Berlin 1997, S. 185.

Anmerkungen Teil I, Einleitung

1 *Betrachtungen über die Grundlagen der Philosophie*, Zweite Betrachtung. Abhandlung über die Methode des richtigen Vernunftgebrauchs und der wissenschaftlichen Wahrheitsforschung. (4. Abschnitt).
2 Gilbert Ryle, *Der Begriff des Geistes*, Stuttgart 1969, S. 266.
3 Vgl. Jacob Taubes, *Abendländische Eschatologie*, München 1991, S. 125 ff.
4 »Wie so oft in Märchen und Volkssage von einem Ritter erzählt wird, dessen Blick plötzlich auf einen seltenen Vogel fällt, hinter welchem er andauernd herläuft, wobei es im Anfang aussieht, als wäre er ihm ganz nahe – aber dann fliegt er wieder weg, bis es auf diese Weise Nacht geworden und der Ritter von den Seinen ganz entfernt ist, ohne daß er den Weg in der Wüste, in der er sich jetzt befindet, sehen kann; so ist es mit der Möglichkeit des Wunsches. Anstatt die Möglichkeit in die Wirklichkeit zurückzunehmen, läuft er der Möglichkeit nach – und zuletzt kann er nicht zu sich selbst zurückfinden.« Sören Kierkegaard, *Die Krankheit zum Tode*, Reinbek 1962, S. 36.
5 *Jenseits von Links und Rechts* von Anthony Giddens (Frankfurt am Main 1997) ist selber ein Beispiel für die fortschrittsimmanente Zukunftsorientierung und nicht für jene »obsessive Fixierung auf Zuendegehendes« (S. 12), die Giddens beklagt.
6 Nach einem Bild für die Modernisierung, das von Anthony Giddens (*Konsequenzen der Moderne*, Frankfurt am Main 1995) verwendet wird.
7 Carsten Schütz, *Trekkie Mania. Das ultimative Logbuch für Star-Trek-Fans*, Düsseldorf 1997.

Anmerkungen Teil I, Kap. 1

1 Jorge Luis Borges, *Die Theologen*, in: ders., *Labyrinthe*, München 1959, S. 31-41, S. 36 f.
2 Fjodor M. Dostojewskij, *Der Doppelgänger*, München, 1920
3 Per Olof Enquist, *Gestürzter Engel*, München, Wien 1987, S. 99 ff.
4 Ebd., S. 43 f.
5 Ebd., S. 44.
6 Hamburg 1952, S. 899-909.
7 *Lebensweg eines Intellektualisten*, a. a. O., S. 133. Vgl. auch, gerade erschienen, Kap. 6: Seelenraumteiler, Engel-Zwillinge-Doppelgänger in Peter Sloterdijk, *Sphären I. Blasen*. S. 419 ff. Es beginnt nicht mit Barkows Tod, sondern seiner Geburt: »Alle Geburten sind Zwillingsgeburten.«
8 Vgl. Rudolf Bubner, *Christologie und Evolution*, Stuttgart 1985, S. 88 ff.
9 *Genesis* 4, 1-16.
10 *Genesis* 4, 8.
11 a. a. O., S. 904.
12 Ebd., S. 909.
13 Erich Kästner, *Das doppelte Lottchen*, Zürich 1949, S. 48.
14 Emile Cioran, *Der Absturz in die Zeit*, Stuttgart 1980, S. 19.
15 a. a. O., S. 150.
16 Vgl. Manfred Frank, *Ist Subjektivität ein »Unding«?*, in: Sibylle Krämer (Hg.), *Bewußtsein*, Frankfurt am Main 1996, S. 66-91, S. 76.
17 Mary Douglas, *Ritual, Tabu und Körpersymbolik*, Frankfurt am Main 1974.

18 *Doppelleben*, a. a. O., S. 140.
19 Georg Simmel, *Das Individuum und die Freiheit*, Berlin 1984.
20 Winfried Menninghaus, *Lärm und Schweigen*, in: *Merkur* 6 (1996), S. 469-480, S. 469.
21 *Sur le Nihilisme*, in: *Simulacres et Simulation*, Paris 1981, S. 234.
22 Vgl. die Beiträge von Schmitz, Mayer, Lenzen und Keupp in Annette Barkhaus u. a., *Identität, Leiblichkeit, Normativität*, Frankfurt am Main 1996.
23 Vgl. Lionel Trilling, *The opposing Self*, London, Secker & Warburg, 1986; vgl. auch Helmar Schramm, *Karneval des Denkens*, Berlin 1996.
24 Vgl. Felix Philipp Ingold, *Schulden und Schuld bei F. M. Dostojewskij*, MS, St. Gallen 1972.
25 »Am Radio höre ich, beim Kochen, eine historische Aufnahme von Mozarts »Exsultate, jubilate«; das Hintergrundrauschen ist kaum zu unterscheiden vom Gebrutzel in der Bratpfanne, doch... darüber wölbt sich, herrlich, die Musik«. Felix Philipp Ingold, *Freie Hand*, München, Wien 1996, S. 156.
26 Peter Sloterdijk, *Weltfremdheit*, Frankfurt am Main 1993, S. 104 ff.

Anmerkungen Teil I, Kap. 2

1 *Doppelleben*, a. a. O., S. 65.
2 Vgl. Georges Bataille, *Leben/Tod*, in: Claudia Gehrke (Hg.), *Ich habe einen Körper*, München 1981, S. 21-23, S. 21; Susanne Lückemann, *Die Nachahmung der Gesellschaft*, in: Jörg Huber, Martin Heller, *Konturen des Unentschiedenen*, Basel, Frankfurt am Main 1997, S. 79-99, S. 96.
3 Friedrich Nietzsche, *Das sogenannte »Ich«*, in: ders., *Morgenröte*, Zweites Buch, S. 115-148.
4 *Die fröhliche Wissenschaft*, § 343.
5 Wie er Ulrich, den Protagonisten von Robert Musils *Der Mann ohne Eigenschaften*, a. a. O., S. 25 ff., überkommt, nachdem er von einer Bande von Schlägern bewußtlos geschlagen wurde.
6 Vgl. Carl Schmitt, *Land und Meer*, Köln-Lövenich 1981, S. 16.
7 Friedrich Hölderlin, *Hyperion*, Zweiter Band, Stuttgart 1995, S. 125.
8 Niklas Luhmann, *Die Sinnform Religion*, in: *Soziale Systeme*, Zeitschrift für soziologische Theorie, 1 (1996), S. 3-35.
9 Max Weber, *Wissenschaft als Beruf*, in: ders., *Schriften zur Wissenschaftslehre* (hg. von Michael Sukale), Stuttgart 1991, S. 237 ff.
10 Vgl. dazu Michael Sukale, *Vom Sinn des Endlosen*, MS, Mogan 1995.
11 Leonardo Benevolo, *Fixierte Unendlichkeit*, Frankfurt a. M., New York 1993, S. 17, Stuttgart 1981.
12 Paul Virillo, *Fluchtgeschwindigkeit*, München 1996, S. 10.
13 Johann Gottlieb Fichte, *Die Bestimmung des Menschen*, Stuttgart 1981, Zweites Buch.

Anmerkungen Teil I, Kap. 3

1 Michael Winter, *Ende eines Traums. Blick zurück auf das utopische Zeitalter*, Stuttgart 1993, S. 330.

2 Zygmunt Bauman, *Gewalt – modern und postmodern*, in: Max Miller, Hans-Georg Soeffner (Hg.), *Modernität und Barbarei*, Frankfurt am Main 1996, S. 36-68, S. 36.
3 Vgl. Paul Tillich, *Systematische Theologie*, Bd. II, Stuttgart 1958.
4 Louis Dumont, *Individualismus. Zur Ideologie der Moderne*, Frankfurt am Main, New York 1991.
5 *Der Mann ohne Eigenschaften*, a. a. O., S. 840.
6 Reto Hänny, *Flug*, Frankfurt am Main 1985.
7 Jeffrey Edelman, *Trekkie Mania*, Düsseldorf 1997.
8 *Die Wiederholung*, Reinbek 1961, S. 45.
9 Milan Kundera, *Unsterblichkeit*, 1990, S. 10.
10 Vgl. zum Fahrt-Motiv Manfred Frank, *Die unendliche Fahrt*, Frankfurt am Main 1979.
11 Friedrich Nietzsche, *Vom Nutzen und Nachteil der Historie für das Leben*, 1874.
12 Ebd., S. 71.
13 Erster Band, Stuttgart 1995, S. 25.
14 In: Victor Hugo, *Die Weltlegende*, Berlin, 1980.
15 Manfred Frank, *Die unendliche Fahrt*, a. a. O., S. 10.
16 Georg Heym, *Der fliegende Holländer*, 1911.
17 Charles Robert Masurin, *Melmoth der Wanderer*, München 1969.

Anmerkungen Teil I, Kap. 4

1 Novalis, *Hymnen an die Nacht*, Stuttgart 1978, S. 16.
2 Vgl. Gianni Vattimo, *Das Ende der Moderne*, Stuttgart, 1990, S. 180.
3 »Es heißt sich ein Buch für freie Geister: Fast jeder Satz darin drückt einen Sieg aus – ich habe mich mit demselben vom Unzugehörigen in meiner Natur frei gemacht. Unzugehörig ist mir der Idealismus: der Titel sagt: wo ihr ideale Dinge seht, sehe ich – Menschliches, ach nur Allzumenschliches!« Werke in 4 Bänden. Erlangen, o. J. Bd. III, S. 125.
4 München, Wien 1986, S. 27f.
5 Vgl. dazu Shmuel N. Eisenstadt, *Barbarei und Moderne*, in: Max Miller, Hans-Georg Soeffner (Hg.), *Modernität und Barbarei*, a. a. O., S. 96-118.
6 Merkwürdig, daß Rorty annimmt, der amerikanische Pragmatismus, und zwar die klassische wie die neopragmatische Variante, überwinde mit dem Verweis auf die Zukunft den europäischen Essentialismus! Daß die Rechtfertigung der Gegenwart in der Zukunft liegt, verzeitlicht den Essentialismus und Dualismus, der davon ausgeht, daß es hinter den Erscheinungen so etwas wie ein Wesen, eine wahre Wirklichkeit oder was auch immer, gebe. Wenn die Erlösung in der Zukunft liegt, dann glaubten auch die Pragmatisten an ein eigentliches Sosein der Dinge – freilich nicht in der Gegenwart, sondern in der Zukunft (vgl. Richard Rorty, 1994, S. 15ff.). Auch wenn Dewey, der Ziehvater des amerikanischen Pragmatismus, sich mit der Behauptung zufriedengibt, die Gegenwart sei ein Übergangsstadium auf dem Weg zu etwas, »das unvorstellbar viel besser sein könne, falls wir Glück haben« (ebd., S. 20), und auch wenn Dewey, wie er nicht von der Erlösung, auch nicht von der Lösung von Problemen sprechen will, sondern von deren Überwindung, so entwindet er sich essentialistischem Erlösungsdenken nicht.

7 Vgl. Hermann Friedmann, *Wissenschaft und Symbol*, München 1949, S. 78 ff.
8 *Von Tränen und Heiligen*, Frankfurt am Main 1988, S. 19.
9 Zygmunt Bauman, *Moderne und Ambivalenz*, Hamburg, 1992, S. 20 f.
10 *Der Baum des Lebens*, in: Emile Cioran, *Der Absturz in die Zeit*, S. 7-27.
11 *Das Prinzip Hoffnung*, 3 Bände, Frankfurt am Main 1959.
12 Dirk Baecker, *Postheroisches Management*, Berlin 1994, S. 11.
13 Ebd.
14 Louis Dumont, *Individualismus. Zur Ideologie der Moderne*, a. a. O.

Anmerkungen Teil I, Kap. 5

1 Vgl. Thomas H. Macho, *Rückfall in die Zukunft*, in: Frithjof Hagen, Hermann Schwengel (Hg.), *Wer inszeniert das Leben?*, Frankfurt am Main 1996, S. 43-55, S. 50.
2 Vgl. dazu Vintila Ivanceanu, Josef Schweikhardt, *ZeroKörper. Der abgeschaffte Mensch*, a. a. O.
3 Albert Camus, *Die Boote*, in: Margarethe Smith (Hg.), *Traumwelten*, Hamburg, S. 7-15.
4 Eric Voegelin, *Die neue Wissenschaft der Politik*, München 1959.
5 Karl Otto Hondrich, *Wie werden wir die sozialen Zwänge los? Zur Dialektik von Individualisierung*, in: *Merkur*, 51. Jg., Heft 4, S. 283-293, S. 284
6 Vgl. dazu Joachim Fest, *Die schwierige Freiheit*, Berlin 1980.
7 Isaia Berlin, *Freiheit. Vier Versuche*, Berlin 1995, S. 197 ff.
8 Victor Leontovitsch, *Das Wesen des Liberalismus*, in: Lothar Gall (Hg.), *Liberalismus*, Königstein/Ts. 1985, S. 37-54, S. 39.
9 Bern 1993, S. 31.
10 *Die schwierige Freiheit. Über die offene Flanke der offenen Gesellschaft*, Berlin 1993, S. 31.
11 Emile Cioran, *Der Absturz der Zeit*, Stuttgart 1980, S. 149.
12 Ebd., S. 4.
13 Reinhold Messner, *Arena der Einsamkeit*, Frankfurt am Main, Berlin, Wien 1981.

Anmerkungen Teil I, Kap. 6

1 Norman Ohler, *Frequenzen*, in: *Rowohlts Literatur Magazin 37*, Juni 1996, S. 23-30, S. S. 23.
2 Elfriede Jelinek, *Die Kinder der Toten*, Reinbek 1995, S. 44.
3 Marko Lehanka, *Alle Toten 14*, in: *Rowohlts Literatur Magazin 37*, Juni 1996, S. 96-100, S. 98.
4 Zit. in William H. Gass, *Der Tod des Autors*, in: ders., *Wie man aus Wörkern eine Welt macht*, Salzburg und Wien 1995, S. 129-167, S. 130.
5 *Tod des Subjekts als Ekstase der Subjektivität*, in: Robert Weinmann u. a. (Hg.), *Postmoderne – globale Differenz*, Frankfurt am Main 1991, S. 307-317, S. 311.
6 Vgl. auch Felix Philipp Ingold, *Das Buch*, in: Karlheinz Barck u. a. (Hg.), *Aisthesis. Wahrnehmung heute oder Perspektiven einer anderen Ästhetik*,

Leipzig 1990, S. 289-295; vgl. auch ders., *Autorschaft und Management. Eine poetologische Skizze*, Stuttgart 1993.
7 Ebd., S. 291.
8 Und immer braust sie bei Elfriede Jelinek *(Die Kinder der Toten*, a. a. O.) zu Tal.
9 Vgl. Stefan Breuer, *Die Gesellschaft des Verschwindens. Von der Selbstzerstörung der technischen Zivilisation*, Hamburg 1992, S. 138.
10 Vgl. Ernst Jünger, *Die Totale Mobilmachung*, in: *Essays I*, Stuttgart 1960, S. 123-149; Panajotis Kondylis, *Planetarische Politik nach dem Kalten Krieg*, Berlin 1992.
11 Vgl. schon Günter Anders, *Die Antiquiertheit des Menschen. Über die Seele im Zeitalter der zweiten technischen Revolution*, München 1956, S. 111.

Anmerkungen Teil I, Kap. 7

1 Jacob Taubes, *Abendländische Eschatologie*, a. a. O., S. 125; vgl. auch Norbert Bolz, *Selbsterlösung*, in: Norbert Bolz, Willem van Reijen (Hg.), *Heilsversprechen*, München 1998, S. 209-221.
2 Herbert J. Wimmer (1998), *Zufuss*, in: Elfriede Jelinek, Brigitte Landes (Hg.), *Jelineks Wahl*, München, S. 320-323, S. 321.
3 *Klein-Ich*, in: *Merkur 6* (1997), S. 510-524, S. 510.
4 Ebd.
5 Vgl. Thomas Ziehe, *Pubertät und Narzißmus*, Frankfurt am Main 1975; Dorion Sagan, *Was Narziß sah: Das ozeanische ›Ich‹*, in: John Brockmann (Hg.), *Neue Realität*, München 1990, S. 148-167, S. 165.
6 Vgl. Ian Hacking, *Multiple Persönlichkeit. Zur Geschichte der Seele in der Moderne*, München, Wien 1996.
7 Vgl. Manfred Frank (Hg.), *Selbstbewußtseinstheorien von Fichte bis Sartre*, a. a. O., S. 7.
8 *Der Untertan*, München 1964, S. 64.
9 Jacques Derrida, *Die Schrift und die Differenz*, Frankfurt am Main 1972, S. 422ff.
10 Sherry Turkle, *Leben im Netz. Identität in Zeiten des Internet*, Reinbek 1997.
11 Vgl. zur Entwicklung dieser Annahmen Richard C. Schwartz, *Systemische Therapie mit der inneren Familie*, a. a. O., S. 27ff.
12 Michael Gazzaniga, *The Social Brain*, New York: Basic Books 1985.
13 *The Society of Mind*, New York: Simon & Schuster 1986; Zygmunt Bauman, *Flaneure, Spieler und Touristen*, a. a. O., S. 133; Wilhelm Schmid, *Philosophie der Lebenskunst*, Frankfurt am Main 1998, S. 255.
14 Vgl. dazu etwa Georg Herbert Mead, *Das »Ich« und das »ICH«*, in: ders., *Geist, Identität und Gesellschaft*, Frankfurt am Main 1968; William James, *Das Selbst*, in: ders., *Psychologie*, Kap. XII.
15 So Ulrich Schnabel, Andreas Sentker, *Wie kommt die Welt in den Kopf?*, a. a. O., S. 12.
16 Vgl. den Überblick von Klaus Daniel, *Theorien der Subjektivität*. Frankfurt am Main/New York 1981; instruktiv auch Heiko Ernst, *Psychotrends. Das Ich im 21. Jahrhundert*, München 1996.
17 Platon, *Das Gastmahl*.

18 Vgl. Jacques Derrida, *Zweiundfünfzig Aphorismen für eine Vorrede*, in: Papadakis, Andreas (Hg.), *Dekonstruktivismus: eine Anthologie*, Stuttgart 1989.
19 Ebd.
20 Reinhard Jirgl, *Hundsnächte*, a. a. O., S. 512.
21 Arthur Schopenhauer, *Die Welt als Wille und Vorstellung. Bd. I*, S. 49, zit. in Zirfas, S. 387.
22 *Theologische Frühschriften*. Zürich 1962, S. 487.
23 *Meditationes de prima philosophia*. Hamburg 1977, S. 45 f.
24 Vgl. Leszek Kolakowski, *Die Suche nach der verlorenen Gewißheit*, Stuttgart, Berlin, Köln, Mainz 1977.
25 G. W. F. Hegel, *Phänomenologie des Geistes*, in: Werke, Bd. 3, Frankfurt am Main 1970, S. 174.
26 Peter Sloterdijk, *Selbstversuch*, a. a. O.
27 Vgl. z. B. J. Ogilvy, *Many Dimensional Man. Decentralizing Self, Society and the Sacred*, New York 1977; dazu Igor S. Kon, *Die Entdeckung des Ichs*, Köln 1983, S. 198 ff.; zur Proteus-Metaphorik vgl. Ronald Hitzler, *Der moderne Proteus*.
28 Ders., *Multimind. Die Dezentralisierung des Geistes*, in: *gdi-impuls* 4, 1992, S. 11-22. *The Mytable Self. A. Self-Concept for Social Change*, Sage 1977.
29 Vgl. Kenneth Gergen, *Die Übervölkerung des Ichs*, in: *gdi-impuls*. 4/1992, S. 3-11, S. 7; ders.: *The Saturated Self. Dilemmas of Identity in Contemporary Life*, New York 1991.
30 *Saturated Self*. a. a. O.
J. Beahrs, *Unity and Multiplicity*, New York: Brunner, Mazel 1982; Alexander Crabtree, *Multiple Man: Explorations in Possession and Multiple Personality*, Toronto: Collins 1985.
31 Vgl. Ian Hacking, *Multiple Persönlichkeit*, a. a. O., S. 29 f.
32 Ebd., S. 221 f.
33 *mysterium mortis*, a. a. O., S. 13 f.
34 Augustinus, *Bekenntnisse*, a. a. O., S. 2.
35 »In Wirklichkeit aber ist kein Ich, auch nicht das naivste, eine Einheit, sondern eine höchst vielfältige Welt, ein kleiner Sternenhimmel, ein Chaos von Formen, von Stufen und Zuständen, von Erbschaften und Möglichkeiten.« Hermann Hesse, *Der Steppenwolf*, in: Gesammelte Werke, Bd. 7, Frankfurt am Main 1970, S. 242; »...in seinem Bewußtsein glaubt jeder ein ›Eins‹ zu sein, und dabei ist er doch ein ›Vieles‹. Gemäß allen Seinsmöglichkeiten, die in uns sind: bald ein mit diesem – bald mit jenem – immer verschieden!« Luigi Pirandello, *Sechs Personen suchen einen Autor*, Berlin 1925, S. 68 f.; vgl. natürlich auch das in der russischen Literatur von Gogol (*Der Mantel*) oder Dostojewskij (*Der Doppelgänger*) bis zu Nabokov (*Szenen aus dem Leben eines Doppelungeheuers*) auftretende Zwillingsmotiv. Peter Sloterdijk widmet ein Kapitel seines eben erschienenen Buches *Sphären I* (1998) ebenfalls Zwillingen und Doppelgängern (S. 419 ff.).
36 Zygmunt Bauman, a. a. O., 1994, S. 246
37 Stuttgart 1957, S. 9.
38 »man behauptet, ich hätte versehentlich in mir einen anderen erwischt, der seither gegen mich manipuliert, mein arzt aber konnte schließlich das gegenteil bezeugen, ja mehr noch, er schwieg; da das leben sich an mich gewöhnt hatte, erschien ich auch weiterhin in vielen Gestalten, die einander in

bitterer knechtschaft hielten. unter heuchlerischen beziehungen gewährten wir zwar offiziell besuch, gleichzeitig aber jagten wir uns. von zeit zu zeit hielten wir ein, um uns zu erinnern. versunkene bilder deckten hochgeklappte umgebungen, sehnsüchte trieben, und an den boden geklammert gaben wir auf«. Aus: Anselm Glück, *Toter winkel, blinder fleck*, Graz, Wien 1996, S. 228.
39 Innsbruck 1996.
40 Claude Lévi-Strauss, *Mythos und Bedeutung*, Frankfurt am Main 1980, S. 15.
41 Man erinnert sich einer Stelle Arnold Gehlens: »Seit die Zivilisation diesen Kurs genommen hat, experimentiert der Mensch mit sich selbst an einer Stelle, an der er es noch nie tat. Indem er versucht, sich ganz dem Joch der Umstände zu entziehen, liefert er sich an etwas aus, das er noch zu wenig kennt und wovon er die Meinung des frivolsten Optimismus hat: das ist er selbst.« (Das Bild des Menschen im Lichte der modernen Anthropologie. In: ders., *Anthropologische und sozialpsychologische Untersuchungen*, Reinbek 1986, S. 55-69, S. 67.)
42 *Das doppelte Lottchen*, Zürich 1949, S. 25.
43 *The Divided Self*, a. a. O.
44 *Systemische Therapie mit der inneren Familie*, a. a. O.
45 Vgl. Hal & Sidra Stone, *Du bist viele*, München 1994.
46 Vgl. Dagmar Lorenz, *Verändert das Netz den Menschen?*, in: *Psychologie Heute*. August 1997, S. 44-50.
47 *Life on the Screen. Identity in the Age of Internet*. New York 1995.
48 *Die Fröhliche Wissenschaft*, Leipzig 1908, S. 312
49 Der Mann ohne Eigenschaften hat immerhin noch einen Namen. Der moderne Mensch ist deshalb noch leicht identifizierbar. »Dein Nam' ist nur mein Feind. Du bleibst du selbst. Und wärst du auch kein Montague. Was ist denn Montague? es ist nicht Hand, nicht Fuss, nicht Arm noch Antlitz, noch ein andrer Teil. Was ist ein Name? Was uns Rose heißt, wie es auch heiße, würde lieblich duften; so Romeo, wenn er auch anders hieße, er würde doch den köstlichen Gehalt bewahrn, welcher sein ist ohne Titel. O Romeo, leg' deinen Namen ab, und für den Namen, der dein Selbst nicht ist, nimm meines ganz« (Shakespeare, *Romeo und Julia*, Werke, Bd. 2, Berlin 1962, S. 307). »Die Idee zu dem Titel »Der Name der Rose« kam mir wie zufällig – suggeriert Umberto Eco in der Nachschrift zu: *Im Namen der Rose*, München 1986, S. 11; zur freien, eigenverantworteten Namenswahl vgl. auch Faith Popcorn, *Clicking*, München 1996, Kap. 3. Nach der Auflösung der Namensheimat, die kurz bevorsteht (vgl. das Namensgerangel im modernen Eherecht), bleibt das somatische Ich. Wer weiß, wann sich dieses, das derzeit noch durch Gentest, Fingerabdruck, Handschrift bestimmbar ist, ebenfalls auflöst. Ein guter Bluthund kann die Witterung einer Person unter einer Million anderer herausfinden. Aber er ist nicht in der Lage, sich selber im Spiegel zu erkennen. Vielleicht wird die Individuation, die es uns ermöglicht, Gesichter, oder Stimmen oder Haltungen zu unterscheiden, technisch, etwa mit den Mitteln der Humangenetik und der Transplantationschirurgie rückgängig gemacht. Etwa durch Austauschen des für die Witterung bzw. den Geruch verbindlichen Organs oder durch vollständige und periodische Neuaufbauten des Schädels (wofür die technischen Möglichkeiten bereitstehen).
50 Robert Musil, *Der Mann ohne Eigenschaften*, a. a. O., S. 1582.

Anmerkungen Teil I, Kap. 8

1 Vgl. Manuel Gasser, *Das Selbstbildnis*, Zürich 1961.
2 Erster Band, Zweiter Abschnitt. Leipzig 1919, S. 111.
3 Vgl. Bruno Brehm, *Das Ebenbild*, München 1954.
4 Anselm Glück, *toter winkel, blinder fleck*, a. a. O., S. 215, 214.
5 *Legenda Aurea*, Heidelberg 1984.
6 Caroline Walker Bynum, *Fragmentierung und Erlösung*, Frankfurt am Main 1996, S. 226ff.
7 Ich, in: ders., *Das Wörterbuch der 90er Jahre. Ein Gesellschaftspanorama*, Hamburg 1991, S. 95-106, S. 97.
8 Ebd., S. 99.
9 Zit. in Andreas Gestrich u. a., *Biographie-sozialgeschichtlich*, Göttingen 1988, S. 5.
10 Vgl. dazu: Manfred Frank, *Fragmente einer Geschichte der Selbstbewußtseinstheorie von Kant bis Sartre*, in: ders. (Hg.), *Selbstbewußtseinstheorien von Fichte bis Sartre*, a. a. O., S. 413-599.
11 Vgl. Thomas Metzinger, *Niemand sein*, in: Sybille Krämer (Hg.), *Bewußtsein*, Frankfurt am Main 1996, S. 130-155, S. 151.
12 Ebd., S. 151.
13 Ebd., S. 112.
14 *Sendboten der Gewalt*, a. a. O., S. 20.
15 Louis Dumont, *Individualismus. Zur Ideologie der Moderne*, a. a. O., S. 51.
16 a. a. O., Buch III, 12.
17 Liz Bijnsdorp, *Die 147 Personen, die ich bin*, a. a. O.
18 Vgl. Petrus Lombardus, der in seinen Sentenzen (Buch 4, Distinktionen 43) die Fragen behandelt, ob die zum Zeitpunkt des Jüngsten Gerichts Lebenden erst sterben müßten, bevor sie wiedererweckt würden; welches Alter, Geschlecht, Größe wiederauferstehen; ob jede Substanz, die irgendwann im oder auf dem Körper gewesen sei (Fingernägel, Zähne oder Haare), zu den entsprechenden Gliedern zurückkehrten; ob die abgegangenen Föten wiedererweckt würden, etc.
19 »Es sind noch 27 Alterspersonen übriggeblieben; alle anderen sind im Laufe der letzten vier Jahre integriert worden« – Liz Bijnsdorp, a. a. O., S. 295.
20 Robert B. Ornstein, *Multimind – Ein neues Modell des menschlichen Geistes*, Paderborn 1990; vgl. dazu auch die Anmerkungen von Gerd Gerken, *Die fraktale Marke*, Düsseldorf u. a. 1994, S. 96ff.
21 Howard Gardner, *Abschied vom IQ – Die Rahmen-Theorie der vielfachen Intelligenzen*, Stuttgart 1991.

Anmerkungen Teil I, Exkurs 1

1 Luigi Pirandello, *Mattia Pascal*, Zürich 1995.
2 Luigi Pirandello, *Sechs Personen suchen einen Autor*, a. a. O.
3 Jacques Derrida, *Die Schrift und die Differenz*, Frankfurt am Main 1976, S. 422ff.
4 Vgl. Thomas Eberle, *Sinnkonstruktion in Alltag und Wissenschaft*, Bern, Stuttgart 1984; Anne Honer, *Lebensweltliche Ethnographie*, Wiesbaden 1993.

5 Vgl. Max Pollner, *Mundanes Denken*, in: Elmar Weingarten, Fritz Sack (Hg.), *Ethnomethodologie. Die methodische Konstruktion der Realität*, Frankfurt am Main 1976. Und eben Peter Sloterdijk, *Sphären I. Blasen.* Frankfurt am Main 1998: »Die europäische Wissenschaftskultur ist, ihrer Zurichtung auf Gegenständlichkeit wegen, im Ansatz wie im Resultat ein Unternehmen zur Dethematisierung der sphärischen Extase.« S. 80
6 Zygmunt Bauman, *Eine soziologische Theorie der Postmoderne*, in: ders., *Ansichten der Postmoderne*, Berlin 1995, S. 221-241.
7 Zum Stand Ronald Hitzler, Anne Honer (Hg.), *Sozialwissenschaftliche Hermeneutik*, Opladen 1997.
8 Zygmunt Bauman, *Die Wiederverzauberung der Welt*, in: ders., *Ansichten der Postmoderne*, a. a. O., S. 5-28, S. 6; vgl. auch Bernhard Giesen, *Entzauberte Soziologie oder: Abschied von der klassischen Gesellschaftstheorie*, a. a. O.; sowie Kurt Imhof, *Entzauberung*, in: ders., *Gaetano Romano. Die Diskontinuität der Moderne*, Frankfurt am Main, New York 1996, S. 12-68.
9 *Stilübungen*, Frankfurt am Main 1990; vgl. auch Pevec, Georges, *Das Leben. Eine Gebrauchsanweisung*, Frankfurt am Main 1982.
10 Robert Ornstein, *Multimind – Ein neues Modell des menschlichen Geistes*, a. a. O.
11 Stephen Wright, *Aufbruch in die Nacht*, Reinbek 1996, S. 49.
12 Vgl. Peter Gross, *Komplexität und Option*, in: Heinrich W. Ahlemeyer, Roswita Königswieser (Hg.), *Komplexität managen. Strategien, Konzepte und Fallbeispiele*, Wiesbaden 1997.
13 Vgl. Alan Watt, *Zen-Buddhismus*, a. a. O., S. 69ff.
14 Thomas Bernhard, *Der Keller*, Salzburg 1976, S. 42f.
15 Alfred Schütz, *Don Quixote und das Problem der Realität*, in: ders., *Gesammelte Aufsätze*, Bd. 2, Den Haag 1972, S. 102-129, S. 110.
16 Heinrich Heine, Einleitung zu: *Der sinnreiche Junker Don Quixote von La Mancha*, Stuttgart 1870, S. 8.
17 *Der Mann ohne Eigenschaften*, a. a. O., S. 1083
18 *Don Quixote und das Problem der Realität*, a. a. O., S. 111.
19 *Zum Verhältnis von Alltagswissen und Wissenschaft*, in: Karlheinz Rebel (Hg.), *Wissenschaftstransfer in der Weiterbildung*, Weinheim, Basel 1989, S. 28-36; auch Anne Honer, *Lebensweltliche Ethnographie*, Wiesbaden 1993, S. 13-117.8
20 Zygmunt Bauman, *Eine soziologische Theorie der Postmoderne*, a. a. O., S. 229.
21 Im Sinne einer Suche nach einer verborgenen Objektivität, der man habhaft werde, wenn man lange genug grabe.
22 Vgl. Sherry Turkle, *Leben im Netz. Identität in Zeiten des Internet*, Reinbek 1997.
23 Ingeborg Bachmann, *Malina*, Frankfurt am Main 1997, S. 313.
24 Vgl. dazu Pierre Bourdieu, *Störenfried Soziologie*, in: Jochachim Fritz-Vannahme (Hg.), *Wozu heute noch Soziologie?*, Opladen 1996, S. 65-71.
25 Warnfried Dettling, *Fach ohne Boden*, ebenda, S. 12-20, S. 16.
26 Vgl. Niklas Luhmann, *Paradigm lost: Über die ethische Reflexion der Moral*, Frankfurt am Main 1990.
27 *Das Altern einer Generation*, a. a. O., S. 13.
28 Vgl. Georg Henrik von Wright, *Determinismus, Wahrheit und Zeitlichkeit*, in: Kienzle, Bertram (1994) (Hg.), *Zustand und Ereignis*, Frankfurt am Main, S. 171-190.

29 Vgl. Susanne Lüdemann, *Die Nachahmung der Gesellschaft*, in: Jörg Huber, Martin Heller, *Konturen des Unentschiedenen*, Basel, Frankfurt am Main 1997, S. 79-99.
30 Frankfurt am Main 1992.
31 Arnold Gehlen, *Zeit-Bilder*, Bonn 1960, S. 204.
32 Vgl. Kevin Kelly, *Das Ende der Kontrolle*, Mannheim 1997.
33 *Verfällt die ›soziologische Methode‹?*, in: Wolfang Zapf (Hg.), *Die Modernisierung moderner Gesellschaften*, Frankfurt am Main, New York 1991, S. 743-770.
34 Conrad Geertz, *Dichte Beschreibung*, Frankfurt am Main 1987.
35 Vgl. Hubertus v. Amelunxen u. a., *Fotografie nach der Fotografie*, Dresden, Basel 1995.
36 Georg Henrik von Wright, *Determinismus, Wahrheit und Zeitlichkeit*, a. a. O., S. 177.
37 Ebenda, S. 176.
38 Niklas Luhmann, *Organisation*, in: Willi Küpper, Günther Ortmann (Hg.), *Mikropolitik*, Opladen 1992, S. 165-187.
39 Albert Camus, *Die Boote*, in: Marie Smith (Hg.), *Traumwelten*, Hamburg 1994, S. 7-15, S. 13.
40 Thomas Bernhard, *Watten*, Frankfurt am Main 1988, Seite 9.
41 Vgl. Peter L. Berger, *Das Problem der mannigfaltigen Wirklichkeiten: Alfred Schütz und Robert Musil*, in: Richard Grathoff, Bernhard Waldenfels (Hg.), *Sozialität und Intersubjektivität*, München 1983, S. 229-252.
42 Vgl. Roberto Cotroneo (1997), *Die verlorene Partitur*, Frankfurt am Main/Leipzig.
43 *Expertenwissen oder Situationsdeutung? Kultur und Institutionen im desorganisierten Kapitalismus*, in: Ulrich Beck, Anthony Giddens, Scott Lash, *Reflexive Modernisierung*, Frankfurt am Main 1996, S. 338-365, S. 360.
44 Zit. in Gebhard Gamm, *Der Deutsche Idealismus*, Stuttgart 1997, S. 178.

Anmerkungen Teil II, Einleitung

1 Erzählt in Dorothee Sölle, *Mystik und Widerstand*, Hamburg 1997, S. 262.
2 Vgl. Zygmunt Bauman, *Flaneure, Spieler und Touristen*, Hamburg 1997.
3 Erregend dazu das Buch des Kardiologen A. J. Dunning, *Anorexia nervosa*, in: Ders., *Extreme*, Frankfurt am Main 1992, S. 238-269.
4 Jacques Derrida, *Das Subjektil ent-sinnen*, in: P. Thevenin, Jacques Derrida, A. Artaus, *Zeichnungen und Porträts*, München 1986, S. 49-109.
5 Gott hat eine Zunge und ein Herz – aber nie wird ihm ein Verdauungsorgan zugeschrieben, ein allzu deutliches Zeichen der Unvollkommenheit, des Falls. Vgl. Mary Douglas, *Ritual, Tabu und Körpersymbolik*, a. a. O., S. 3 ff.
6 Vgl. Vintila Ivanceanu, Josef Schweikhardt, *ZeroKörper*, a. a. O., S. 282.

Anmerkungen Teil II, Kap. 1

1 Georg Büchner, *Lenz*, Stuttgart 1957, S. 4.
2 William S. Burroughs, *The Naked Lunch*, Wiesbaden 1962, S. 104.
3 Vgl. Christina von Braun, *Nichtich*, Frankfurt am Main 1990 (3. Aufl.), S. 467.
4 Selvini Palazzoli, *Magersucht*, Stuttgart 1982, S. 114.
5 Kestenberg et al., zit. in Christina von Braun, *Nichtich*, a. a. O., S. 462.
6 Reinhard Jirgel, *Hundsnächte*, München 1997, S. 345.
7 Bettina Galvagni, *Melancholia*, in: *manuskripte*, 133, 1996, S. 3-13, S. 5 f.
8 Ebd., S. 12.
9 Pablo Picasso, *Die verborgene Sammlung*, München 1997.
10 Julius Engelmann u. a., *Der Weltverkehr und seine Mittel. Erste Abteilung*, Leipzig und Berlin 1879, S. 423.
11 Christian Fuchs, *Wanderer von gestern abend bis morgen nacht*, Salzburg/Wien 1990, S. 5.
12 Peter Glaser u. a., *Online-Universum*, München 1996, S. 19.
13 Theopolis, a. a. O., S. 13.
14 Peter Glaser u. a., *Online-Universum*, a. a. O., S. 110.
15 Ebd., S. 112.
16 Was ihn dazu macht, ist »seine Fähigkeit, sich mit allem zu vereinigen, was er vernichten will. Er ist selbst reflexiv wie ein hegelianischer Automat und selbstlos wie ein Buddha. In ihm ist Posthumanität vollendete Tatsache. Er ist die erste Maschine, die eine Mystikerin sein könnte. Um sie zu deprogrammieren, mußte man die Elemente selbst bemühen: Im letzten Moment erst löst sich der unzerstörbare Zerstörer im glühenden Kessel einer Stahlkocherei auf, dem einzigen Ort, wo die Umwandlung des substantiellen in das subjektlose Element noch gelingen kann. Was nicht mehr erschlossen werden kann, kann nur noch eingeschmolzen werden...«, so Peter Sloterdijk, *Sendboten der Gewalt*, a. a. O., S. 39 f.
17 Ein uraltes Motiv. Drastisch etwa in Signorellis Auferstehung des Fleisches im Dom von Orvieto, wo sich schweißglänzende Körper wie Bodybuilder aus gallertartiger Erde herausarbeiten.
18 William J. Mitchell, *City of Bits*, Basel, Boston, Berlin 1996, S. 33.
19 Claudia Schmölders, *Der Mensch im Körper im Nest*, MS, a. a. O., S. 8.
20 Pauline Terrehorst, *Ein beängstigendes Modell*, in: *Kunstforum*, Januar 1996, S. 206-209, S. 208.
21 Vgl. dazu Norbert Bolz, Willem van Reijen (Hg.), *Ruinen des Denkens*, Frankfurt am Main 1996.
22 Inez van Lamsweerde, *Photos*, Kunsthaus Zürich 1996, Katalog.
23 In den Fahrtwind geneigt, sogar besonders ausdrucksstark. Sie sind die stummen, gegossenen und auf Kühlerhauben von Rolls-Royce oder Buick festgeschraubten Vorläufer, besser Vorflieger der Modelle wie etwa »*Spirit of Ecstasy*« für Rolls-Royce, der *Pfauenkopf* von Lalique, oder »*Göttin*«, hergestellt von Fernstedt Mfg, Detroit, für *Buick*. Vgl. Giorgio Manganelli u. a., *Die Nymphe auf dem Kühler*, in: *FMR. Magazin für Kunst und Kultur*, Juli/August 1988, S. 43-75.
24 Man beachte Lepris *Mund der Wahrheit* oder Leonore Finis *Engel der Anah...!* (beide in Georges Bataille: *Die Tränen des Eros*, München 1993,

S. 236, 221). Man vertiefe sich in Marcus Tomlinsons *La Femme Arbre* oder Nigel Scotts *Three Stripes Clash* oder Paolo Roversis *W Europe*, Helmut Newtons *Absolut Lady* oder, ja vor allem, Inez van Lamswerdes *Well basically* (alle in: Lovatt-Smith, Lisa/Patrick Remy, *Fashion. Images de Mode*, Göttingen 1996, S. 158f., 138, 129, 116). Und man nehme sich Zeit für die neuen Heiligenbücher wie *Fashion* von Camille Nickerson/Neville Wakefield (Zürich, Berlin, New York 1996) mit Andachtsbildern und Martyriumsszenen von Nobuyoshi Araki, David Armstrong, Jeff Burton, Bruce Davidson, Corinne Day, Inez Lamsweerde, Craig McDean, Ellen von Unwerth u. a.; und man greife schließlich zurück auf die *Geschichte der Märtyrer* (Aschaffenburg 1984) von Hannes Gertner. Und man vgl. auch Peter Stucky, *Das Multimedia-Laboratorium*, MS, ETH-Zürich 1994, wo dargestellt wird, wie mit Hilfe einer neuen Generation von Softwarewerkzeugen und einer Hard-Copy-Plattform das Multimedia Laboratorium der Universität Zürich neuerdings in der Lage ist, dreidimensionale Objektkopien mit der Technik der Stereolithographie herzustellen. Mit Hilfe dieser lassen sich Operationen wie etwa komplette Neuaufbauten des Gesichts planen, üben, und vermutlich bald vollautomatisch durchführen. Nicht nur für Models!

Anmerkungen Teil II, Kap. 2

1 Zygmunt Bauman, *Tod, Unsterblichkeit und andere Lebensstrategien*, Frankfurt am Main 1994, S. 8.
2 Vgl. Guido Ceronetti, *Das Schweigen des Körpers*, Frankfurt am Main 1983, S. 114.
3 Vgl. Philippe Ariès, *Geschichte des Todes*, München, Wien 1980, S. 728.
4 Patrick Roth, *Corpus Christi*, Frankfurt am Main 1996, S. 18.
5 Marc Augé, *Orte und Nicht-Orte*, a. a. O., S. 12.
6 Ebd., S. 140.
7 Ebd., S. 127.
8 Ebd., S. 130.
9 Claudia Schmölders, *Der Mensch im Körper im Nest*, a. a. O., S. 11.
10 Vgl. Peter Gross, *Alle sind fremd. Leben in der Multioptionsgesellschaft*, in: Helmut Neuhaus (Hg.), *Leben mit Fremden*, Atzelsberger Gespräche 1996, Erlangen 1997 (Erlanger Forschungen, Reihe A, Bd. 77), S. 45-55.

Anmerkungen Teil II, Kap. 3

1 John Naisbitt, *Megatrends Asien*, Wien 1995.
2 Carl Schmitt, *Land und Meer*, Köln-Lövenich 1981.
3 Ebd., S. 32.
4 Peter Sloterdijk, *Im selben Boot. Versuch über die Hyperpolitik*, Frankfurt am Main 1993, S. 13f.
5 Hans Blumenberg, *Schiffbruch als Zuschauer*, Frankfurt am Main 1979, S. 22.
6 Michel Foucault, *Andere Räume,* in: Internationale Bauausstellung Berlin (Hg.), *Idee, Prozeß, Ergebnis*, Berlin 1987, S. 337-340, S. 340.

7 Jürgen Habermas, *Die Einheit der Vernunft in der Vielheit ihrer Stimmen*, in: *Merkur* 467, 1988, S. 10-14, S. 13.
8 Vgl. dazu Felix Philipp Ingold, *Literatur und Aviatik*, Frankfurt am Main 1980.
9 Niklas Luhmann, *Die Realität der Massenmedien*, Opladen 1996, S. 9.
10 Vgl. Peter Sloterdijk, *Technologie und Weltmanagement*, in: ders., *Medien-Zeit*, Stuttgart 1994, S. 67-107, S. 89; indes: »Nach einem einzigen Monat ohne Massenmedien würden sich große moderne Nationen in Stammesgesellschaften, in winzige Clan-Häufchen und Dorfökonomien auflösen«. Vgl. Peter Sloterdijk, *Selbstversuch. Ein Gespräch mit Carlos Oliveirra*, München, Wien 1996, S. 134.
11 *Der Mensch im Körper im Nest*, a. a. O., S. 13.
12 Robert Steinemann, *Rondo à l'américaine*, Zürich 1995.
13 Reto Hänny, *Flug*, Frankfurt am Main 1985, S. 329.
14 Zygmunt Bauman, *Parvenu und Paria*, a. a. O., S. 56f.
15 Ebd., S. 57.
16 Vgl. Claudia Schmölders, für die der Gattungsumbau des mütterlichen Geschlechts in den Entwürfen der Flug- und Kommunikationstechnologie ganz nach dem ornithoiden Modell betrieben wird, in: *Der Mensch im Körper im Nest*, a. a. O. Die Kennzeichen des »hypermodernen« Mannes, wie ihn Gottfried Benn in der Erzählung *Der Ptolemäer* (1949) schildert (»...verkümmertes Gebiß, zerbrechlicher als heute, ohne hinteren Backenzahn, hohe Stirn (mit Haarschwund verbunden)...«) läßt sich gleichfalls ornithoid deuten, in: ders., *Sämtliche Erzählungen*, Reinbek 1970, S. 200. Vgl. auch Fashion Images. a. a. O.; *Das Jeff Koons Handbuch*, München, Paris, London 1992.
17 Marc Augé, *Orte und Nicht-Orte*, a. a. O., S. 44.
18 Vgl. Gert Kähler, *Dampfer, Architektur und gesellschaftlicher Fortschritt oder der Fliegende Holländer in der Architektur der Moderne*, in: Barbara Steiner, Stephan Schmidt-Wulffen (Hg.), *In Bewegung. Denkmodelle zur Veränderung von Architektur und bildender Kunst*, Schriften des Kunstvereins Hamburg, Hamburg 1994, S. 9-29.
19 Sepp Moser, *Flughäfen*, Zürich 1995 (Vontobel-Stiftung). Vgl. auch David Bosshart, *Die Zukunft des Konsums*, Düsseldorf, München 1997, S. 255ff.
20 Bill Gates, *Der Weg nach vorn*, Hamburg 1995, S. 124.
21 Vgl. David Graham Shane, *Homeless Vehicle Projekt*, in: *Kunstforum*, Bd. 136, Febr. – Mai 1997, S. 100-102.
22 Vgl. Anselm Wagner, *Everybody is a Satellite*, in: *noëma*, Nr. 45, Sept/Okt 1997, S. 30-44.
23 Micky Reman, *Aufenthalt in Transitonia*, in: ders., *Der Globaltrottel*, Berlin 1984.
24 Ebd., S. 37.
25 Ebd.
26 Ebd., S. 38.

Anmerkungen II, Kap. 4

1 Vgl. Aurel Schmidt, *Reisen. Raum. Körper. Deplazierungen am Ende bzw. am Anfang des Milleniums. Oder: die Reise bin ich*, in: *Kunstforum*, Febr. – Mai 1997, S. 86-96.

2 Elisabeth Bronfen, *Nur über ihre Leiche. Tod, Weiblichkeit und Ästhetik*, München 1994.
3 Jorge Luis Borges, *Die Theologen*, in: ders., *Labyrinthe*, München 1959, S. 31-42.
4 Milan Kundera, *Die Unsterblichkeit*, a. a. O., S. 10.
5 Roland Barthes, *Der plurale Körper*, in: Claudia Gehrke, *Ich habe einen Körper*, München 1981, S. 26-28, S. 27.
6 »... warte, bis die Masse Körpertemperatur angenommen, sich dem Gehörgang angepaßt, gegen außen ihn abgedichtet hat. Und vernehme nun den gewaltigen Lärm in meinem Innern... das Knacken der Kiefergelenke und Halswirbel, die Schluck- und Gurgelgeräusche im Hals, den Herzschlag gleich hinterm Trommelfell, das Brubbeln im Darm... der Körper selbst ist jetzt ein Faß voller Kampflärm und Drohgeräusche, ist nur noch, so jedenfalls kommt es mir vor, ein Haufen von schreiendem Fleisch. So wohne ich.« Felix Philipp Ingold, *Freie Hand*, a. a. O., S. 146. Dieses Wohnen will aufgegeben werden.
7 Tom Wolfe, *Das bonbonfarben tangerinrot-gespritzte Stromlinienbaby*, Reinbek 1968.
8 *Der negative Horizont*, München, Wien 1983, S. 33.
9 Vgl. Daniel Diemers, *Die virtuelle Triade*, Diplomarbeit, Universität St. Gallen 1997.
10 Pauline Terrehorst, *Ein beängstigendes Modell. Zu neuen Fotoarbeiten von Inez van Lamsweerde*, in: *Kunstforum*, Bd. 132, 1996, S. 206-210, S. 209.
11 Zit. in: Marina Warner, *Eva, die Schlange und der Tod*, in: *FMR, Magazin für Kunst und Kultur*, März, April 1988, S. 98-106, S. 98.
12 Pauline Terrehorst, *Ein beängstigendes Modell*, a. a. O., S. 209.
13 Aziz + Cucher, *Nachrichten aus Dystopia*, in: *Kunstforum*, Bd. 132, 1996, S. 172-176. In einem an der ETH Zürich entwickelten Bioreaktor kann menschliche Oberhaut rasch und kostengünstig vermehrt werden. Besonders bei großflächigen Verbrennungen ist die Abdeckung mit Haut für den Patienten lebensrettend. Aus einer drei bis vier Quadratzentimeter großen Probe der eigenen Haut kann mit der neuen Methode innert zwölf Tagen ein halber Quadratmeter Haut wachsen. Früher brauchte man dazu drei bis vier Wochen, und die Kosten beliefen sich auf 50000 bis 100000 Franken. Mit dem ETH-Bioreaktor verringern sie sich auf die Hälfte. Hauttransplantationen werden auch in der Wiederherstellungs- und plastischen Chirurgie häufig gebraucht. Im Gewebekultur-Bioreaktor wachsen die Hautzellen dank Computersteuerung in einer Nährlösung unter stets optimalen Bedingungen. Er wurde am Technisch-chemischen Laboratorium der ETH Zürich mit Unterstüzung des Schweizerischen Nationalfonds entwickelt und gebaut und ist bereits zur Patentierung angemeldet. Gesucht werden noch Partner aus der Wirtschaft für die kommerzielle Nutzung (*Tages-Anzeiger*, 28. 2. 1996).
14 Jean Baudrillard, *Das perfekte Verbrechen*, a. a. O., 1996, S. 17.
15 Naomi Wolf, *Der Mythos Schönheit*, Hamburg 1993.
16 Vgl. Mark Dery, *Cyber*, Berlin 1997, S. 324.
17 Hermann Broch, *Die Schlafwandler*, Zürich 1931, S. 19f.
18 Vgl. Mark Dery, *Cyber*, a. a. O., S. 27.
19 Claude Simon, *Georgica*, Reinbek 1992, S. 61: In fiebrigeindrucksvoller

Weise ist der Zeremoniell-Uniformierte in *Sun City* von Frank Miller ins Zeichnerische übersetzt (Dark Stars Comics, Milwaukie 1992; deutsch Carlsen Comic, Hamburg 1994).
20 Arthur und Marilouise Kroker, *Hacking the Future*, Wien 1996, S. 86ff.
21 Ebd., S. 38; Vgl. den »KoO« (Körper ohne Organe), wie ihn Deleuze und Guattari beschwören: »Der Körper ohne Organe: dort kommt man nie an, kann man nie ankommen, dort ist man nie gänzlich angelangt, darauf strebt man unaufhörlich zu, es ist eine äußerste Grenze«.*Wie sich einen Körper ohne Organe machen?* In: Claudia Gehrke (Hg.), *Ich habe einen Körper*, a. a. O., S. 262-293, S. 262; Vgl. auch Vintila Ivanceanu, Josef Schweikhardt, *ZeroKörper. Der abgeschaffte Mensch*, Wien 1997.

Anmerkungen Teil II, Kap. 5

1 Vgl. z. B. Robert A. Monroe, *Der Mann mit den zwei Leben. Reisen außerhalb des Körpers*, München 1986; Raymond Moody, *Leben nach dem Tode*, Reinbek 1977; Michael Murphy, *Der Quanten-Mensch*, Wessobrunn (Integral) 1994.
2 Guido Ceronetti, *Das Schweigen des Körpers*, a. a. O., S. 38.
3 Madonna verbirgt sich, indem sie sich entbirgt! Vgl. Ebba D. Drolshagen, *Die Macht der Schönen und ihre (De-) Konstruktion im Film*, in: Ernst Karpf u. a. (Hg.), *»Bei mir bist Du schön«: die Macht der Schönheit und ihre Konstruktion im Film*, Marburg 1994 (Arnoldshaimer Filmgespräche; Bd. 11), S. 75-95.
4 Harald Neumann, *Beiträge zur Nekrophilie*, Frankfurt am Main 1988, S. 77.
5 Vgl. Camille Nickerson, Neville Wakefield (Hg.), *Fashion. Photography of the Nineties*, Zürich, Berlin, New York 1996.
6 E. T. A. Hoffmann, *Der Sandmann*, in: Klaus Völker (Hg.), *Künstliche Menschen*, München 1976, S. 145-176.
7 Ebd., S. 167.
8 Ebd., S. 168.
9 Ebd., S. 170.
10 Milan Kundera, *Die Unsterblichkeit*, a. a. O., 1990, S. 10, 13.
11 *Abendländische Eschatologie*, a. a. O., S. 7f.
12 Marina Warner, *Eva, die Schlange und der Tod*, in: *FMR* 13, 1988, S. 98-120.
13 Elisabeth Bronfen, *Die schöne Leiche*, a. a. O.
14 Vgl. meine Hinweise unter dem Titel *Der Tod und das Mädchen*, in: *Psychologie Heute*, Jan. 1997, S. 44-50.
15 Zit. in Isolde Ohlbaum, *Denn alle Lust will Ewigkeit*, Erotische Skulpturen auf europäischen Friedhöfen, Nördlingen 1987, S. 36.
16 Ingeborg Bachmann, *Der gute Gott von Manhattan*, München 1958, zit. in Isolde Ohlbaum, *Denn alle Lust will Ewigkeit*, a. a. O., S. 48.
17 Rüdiger Safranski, *Wieviel Wahrheit braucht der Mensch?*, München, Wien 1990, S. 50. Und Alice Schwarzer, *Eine tödliche Liebe. Petra Kelly und Gert Bastian*, München 1993.
18 Jean Baudrillard, *Vom zeremoniellen zum geklonten Körper: Der Einbruch des Obszönen*, in: Dieter Kamper, Christoph Wulf (Hg.), *Die Wiederkehr des Körpers*, Frankfurt am Main 1982, S. 350-362, S. 358.
19 Vgl. dazu William J. Mitchell, *City of Bits*, a. a. O.

20 Gilles Deleuze, Félix Guattari, *28. Nov. 1974 – Wie sich einen Körper ohne Organe machen?*, a. a. O.
21 William S. Burroughs, *The Naked Lunch*, a. a. O., S. 70.
22 Stefan der Nizzaner, *Erfinder der Therrorie*, zit. in: Gilles Deleuze, Félix Guattari, *Wie sich einen Körper ohne Organe machen?*, a. a. O., S. 264.

Anmerkungen Teil II, Kap. 6

1 Vgl. Franz Josef Wetz, *Die Gleichgültigkeit der Welt*, Frankfurt am Main 1994, S. 208.
2 Josef Metzinger, *Niemand sein*, a. a. O., S. 130.
3 Henri Bergson, *Schöpferische Entwicklung*, Jena 1921, Kap. 2.
4 Rainald Goetz, *Hirn*, Frankfurt am Main 1986, S. 165.
5 Vgl. Alexander Garcia Düttmann, *Bilderverbote*, in: Jörg Huber, Martin Heller (Hg.), *Konturen des Unentschiedenen*, Zürich 1997 (Museum für Gestaltung), S. 221-239.
6 Vgl. etwa Urs Allemann, *Der alte Mann und die Bank*, Wien 1993, S. 86 ff. Während Hemingways alter Mann (und das Meer) gegen Naturgewalten sich abkämpft, kämpft Allemanns Held gegen die Inkontinenz.
7 Vgl. Deborah Cameron, *Verbal Hygiene*, London, New York: Routledge 1995; *German Trash*, a. a. O., S. 218, vgl. Christian Kravagna 1996, »z. B.: Punkt 17.20 Uhr: AUA!: das Erwachen: 1. mein Bett: total vollgekotzt u. vollgeblutet. 2. meine Klamotten: total verdreckt und vermanscht. 3. ich: (Wiedererkennungsversuche vor dem Spiegel:) verschwiemelt-verquollenes Gesicht mit 1 riesigen blutverkrusteten Furche auf d. rechten Schläfe u. 1 derartig zerkratzten rechten Wange, daß es aussieht, als hätte mich eine Raubkatze angefallen (außerdem: mein linker Arm läßt sich nicht richtig bewegen, überall Dreck u. Blut... u. der Gestank!!!): ICH IST EIN GANZ ANDERER! Notdürftigste Wäsche, aber das ist schon zuviel: ich kann mich nicht aufrecht halten, leg mich auf die Fliesen, liege viel. 10 Min.: der sterbende Held...«; drastischer noch in Videos oder Performances wie jenen von Elke Koystufek, in denen eine endlose Aneinanderreihung von infantiler und regressiver Sexualität (Würgen, Kotzen, Verschmieren, Grimassieren) vorgeführt wird.
8 Marianne Fritz, *Was soll man denn da machen*, Frankfurt am Main 1985, S. 139.
9 *Die unendliche Fahrt*, a. a. O., S. 8.
10 Vgl. Gilles Deleuze, *Das Bewegungs-Bild*, Frankfurt am Main 1997.
11 »Aber ich entdeckte in dieser Schrift eine seltsam ausdruckslose Kälte und eine Gleichgültigkeit...«. Was Yasushi Inoue (*Das Jagdgewehr*, Frankfurt am Main 1964, S. 13) über eine ihm vorliegende Schrift sagt, gilt für die Schrift insgesamt.
12 *Was ist Literatur?*, Reinbek 1958, S. 9.
13 *Klang und Krach*, Frankfurt am Main 1988.
14 Vgl. Martin Heidegger, *Sein und Zeit*, Tübingen 1963, § 35.
15 *Was ist Literatur?*, a. a. O. 1958, S. 12.
16 Ebd., S. 18.
17 *Young British Art*, Wolfsburg. Kunstmuseum. Januar-März 1997.
18 Penguin Books 1987.

19 A. a. O., Reinbek 1995.
20 *Dessen Sprache du nicht verstehst*, Frankfurt am Main 1986, 12 Bde.
21 *Das Buch der Unruhe*, Frankfurt am Main 1987.
22 Christoph Ransmaier, *Die letzte Welt*, Frankfurt am Main 1991, S. 7.
23 Georges Bataille, *Die Tränen des Eros*, S. 10, S. 245 f.
24 Zit. in Walter Nigg, *Grosse Heilige*, Zürich 1946, S. 196.
25 Vgl. Hubertus von Amelunxen u. a. (Hg.), *Fotografie nach der Fotografie*, a. a. O., S. 276 f.
26 Vgl. Christoph Blase, *Das digitale Modell*, in: *Kunst-Bulletin* 1/2, 1997, S. 10-16.

Anmerkungen Teil II, Kap. 7

1 Rainer Maria Rilke, *Aufzeichnungen des Malte Laurids Brigge*, a. a. O., S. 25 f.
2 Vgl. Christiane von Wahlert, *Die Dunkle Kammer. Präliminarien zu »Film und Tod«*, in: Karpf, Ernst u. a. (Hg.), *Kino und Tod. Zur filmischen Inszenierung von Vergänglichkeit*, Marburg 1993 (Arnoldshaimer Filmgespräche Bd. 10), S. 17-25.
3 *Die helle Kammer. Bemerkungen zur Fotografie*, Frankfurt 1989, S. 103.
4 Vgl. Christiane von Wahlert, *Die Dunkle Kammer*, a. a. O., S. 18.
5 Ebd., S. 19.
6 Giorgio Manganelli u. a., *Die Nymphe auf dem Kühler*, in: *FMR, Magazin für Kunst und Kultur*, Nr. 15, 1988, S. 43-74.
7 *Gesammelte Werke*, Bd. 3, Frankfurt am Main, S. 1234.
8 Vgl. Aurel Schmidt, *Reisen. Raum. Körper*, in: *Kunstforum*, Febr.-Mai 1997, S. 86-95.
9 *Der Mensch, seine Natur und seine Stellung in der Welt*, Bonn 1958, S. 385.
10 Die Welt als ein galaktisches Love-Mobil, das Weltall mit dem Requiem von Mozart oder der Vesper von Rachmaninoff flutend – ein Traum.

Anmerkungen Teil II, Kap. 8

1 Z. B. in den Arbeiten Erving Goffmans, etwa *Interaktionsrituale*, Frankfurt am Main 1975; *Wir alle spielen Theater*, München 1969.
2 Vgl. Ronald Hitzler, Elmar Koenen, *Kehren die Individuen zurück? Zwei divergente Antworten auf eine institutionentheoretische Frage*, in: Ulrich Beck, Elisabeth Beck-Gernsheim (Hg.), *Riskante Freiheiten*, Frankfurt am Main 1994, S. 447-466.
3 *Was ist Soziologie?*, München 1970, S. 14. Und übrigens: Manch einer würde sich freuen, wenn man von hohen Mauern mit Gummibällchen nach ihm werfen würde!
4 Zit in: Volker Michels (Hg.), *Materialien zu Hermann Hesses »Der Steppenwolf«*, Frankfurt am Main 1972, S. 41.
5 Vgl. Peter Gross, *Wir alle sind fremd*, a. a. O. 1997.
6 *Fluchtgeschwindigkeit*, München 1996, S. 165.
7 Ebd., S. 177.
8 1993, S. 21.
9 Ebd., S. 21.

10 Vgl. den von Ulrich Beck und Elisabeth Beck-Gernsheim herausgegebenen Sammelband *Riskante Freiheiten*, Frankfurt am Main 1994; auch Karl Otto Hondrich, *Wie werden wir die sozialen Zwänge los? Zur Dialektik von Individualisierung*, in: *Merkur* 9 (1997), S. 283-293.
11 *Randbemerkungen zu einer Sozialgeschichte des Schweigens*, in: Peter Burke, *Reden und Schweigen*, Berlin 1994, S. 77ff.
12 *Reden und Schweigen*, a. a. O., S. 79.
13 Hadayatullah Hübsch, *Nobody's going to be able to make any music*, a. a. O., S. 215.
14 *Der Ausdruck der Gemütsbewegungen bei dem Menschen und den Tieren*, Stuttgart 1974, S. 78.
15 Vgl. Lothar Schöne, *Theater und andere Perversitäten*, in: ders. (Hg.): *Mephisto ist müde*, S. 55-67, S. 55.

Anmerkungen Teil II, Exkurs 2

1 Vgl. Hal Stone, Sidra Stone, *Du bist viele. Das 100fache Selbst und seine Entdeckung durch die Voice Dialogue-Methode*, München 1994.
2 In diesem Sinne Liz Bijndsorp, *Die 147 Personen die ich bin*, Stuttgart 1996.
3 Vgl. Richard C. Schwartz, *Systemische Therapie mit der inneren Familie*, München 1997.
4 Carl Schmitt, *Politische Theologie*, München, Leipzig 1922, S. 31; Christian Graf von Krockow, *Die Entscheidung*, Frankfurt am Main, New York 1990, S. 56; und die Unsumme an Entscheidungstheorien, die ebenfalls Problemanzeigen sind.
5 Peter Sloterdijk, *Sendboten der Gewalt. Zur Metaphysik des Aktions-Kinos*, in: ders., *Medien-Zeit*, Stuttgart 1994, S. 7-43.
6 Matthias Junge (1996): *Individualisierungsprozesse und der Wandel von Institutionen. Ein Beitrag zur Theorie reflexiver Modernisierung*, in: Kölner Zeitschrift für Soziologie und Sozialpsychologie, Jg. 48, Heft 4, S. 728-747.
7 *Ideologie und Utopie*, Frankfurt am Main 1952, S. 213 f.
8 Vgl. Georg Kohler, *Über den Ort der Utopie*, in: ders., *Die Melancholie des Detektivs*, a. a. O., S. 85-93.
9 *Die Krankheit zum Tode*, Reinbek 1962, S. 13.
10 »Ich versuche nun zu zeigen, daß es nicht selbstverständlich ist, für das moderne Individuum voreingenommen zu sein; daß sein Kampf mit den Institutionen unentschieden bleibt...« (Elmar J. Koenen, *Die Selbstbindung der Individuen*, in: Ulrich Beck/Elisabeth Beck-Gernsheim (Hg.), *Riskante Freiheiten*, S. 451-459, S. 453, 458.
11 *Die Stufen des Organischen und der Mensch*, a. a. O., S. 311.
12 Vgl. Jacob Taubes, *Abendländische Eschatologie*, a. a. O., S. 174.
13 Vgl. Niklas Luhmann, *Die gesellschaftliche Differenzierung und das Individuum*, in: ders., *Soziologische Aufklärung* 6, Opladen 1995, S. 125-142.
14 Ronald Hitzler, *Die trivialen Probleme des Individuums*, in: Ulrich Beck/Elisabeth Beck-Gernsheim (Hg.), *Riskante Freiheiten*, a. a. O., S. 460.
15 Reinbek 1961, S. 13.
16 *Wie werden wir die sozialen Zwänge los?*, a. a. O., S. 284.
17 Ladislaus Boros, *mysterium mortis*, a. a. O.
18 Ebd., S. 108.

19 »Wenn ich jetzt nun einmal Soziologe bin (...), dann wesentlich deshalb, um dem noch immer spukenden Betrieb, der mit Kollektivbegriffen arbeitet, ein Ende zu machen«, so Max Weber (1920).
20 *Der Steppenwolf*, Frankfurt am Main 1955, S. 183.
21 Vgl. zur Entwicklung der Multiplizität der Psyche Richard C. Schwartz, *Systemische Therapie mit der inneren Familie*, a. a. O., S. 27ff.
22 *Die Antiquiertheit des Menschen*, a. a. O., S. 141.
23 Emmanuel Lévinas, *Totalität und Unendlichkeit*, Freiburg, München 1987, vgl. S. 82.
24 Emmanuel Lévinas, *Zwischen uns. Versuche über das Denken an den Anderen*, München, Wien 1995, S. 24.
25 Ebd., S. 25.
26 Zit. in Taubes, *Abendländische Eschatologie*, a. a. O., S. 174.
27 Ebd.

Anmerkungen Teil III, Einleitung

1 *Die Stufen des Organischen und der Mensch*, a. a. O., S. 310.
2 Bernhard Waldenfels, *Ordnung im Potentialis*, in: ders., *Der Stachel des Fremden*, Frankfurt am Main 1985, S. 15-27, S. 18.
3 Franz Kafka, *Die Verwandlung*, in: ders., *Das Urteil. Erzählungen*, Berlin, Weimar 1985, S. 26-80, S. 30.
4 A. a. O., Reinbek 1997.
5 *Die Langsamkeit*, a. a. O., S. 6.

Anmerkungen Teil III, Kap. 1

1 Vgl. zum theologisch-anthropologischen Kontext: Paul Tillich, *Systematische Theologie, Bd. II*, a. a. O.
2 *Sendboten der Gewalt. Zur Metaphysik des Aktions-Kino*, a. a. O., S. 7-43.
3 Ebd., S. 34f.
4 Hermann Friedmann, *Wissenschaft und Symbol*, München 1949, S. 327. Wenn Sloterdijk im Vorwort zu seinem neuen Buch *Sphären* schreibt, »Der vorliegende Rechenschaftsbericht vom Anfang an und Gestaltwandel der Sphären ist unseres Wissens der erste Versuch, nach dem Scheitern von Oswald Spenglers sogenannter Morphologie der Weltgeschichte wieder einen Formbegriff, eine höchstrangige Stellung in einer anthropologischen und kulturhistorischen Untersuchung darzustellen« (S. 78), so irrt er. Friedmanns morphologischer Viralismus konfrontiert mit einer ebenso unvergleichlichen wie spekulativen Energie wie Spenglers »Morphologie der Weltgeschichte« und entwickelt eine integrale, symbolnahe Wissenschaft, an die Sloterdijks Versuch übrigens erinnert.
5 *Sendboten der Gewalt*, a. a. O., S. 21.
6 Peter L. Berger, Thomas Luckmann, *Modernität, Pluralismus und Sinnkrise*, Gütersloh 1995, S. 2.
7 Hans Redeker, *Helmut Plessner oder Die verkörperte Philosophie*, Berlin 1993, S. 23.
8 Ebd., S. 4.

9 *Sechs Vorschläge für das nächste Jahrtausend*, a. a. O., S. 22.
10 *Die unerträgliche Leichtigkeit des Seins*, a. a. O., S. 8.
11 Ebd.
12 Ebd.
13 Ebd., S. 9.
14 *Die Krankheit zum Tode*, a. a. O., S. 34.
15 Ebd., S. 34.
16 Ebd., S. 34f.
17 Ebd., S. 40.

Anmerkungen Teil III, Kap. 2

1 *Die Kultur der Renaissance in Italien*, a. a. O., S. 111.
2 Arnold Gehlen, *Anthropologische und sozialpsychologische Untersuchungen*, a. a. O., S. 67.
3 Carl Schmitt, *Politische Theologie*, a. a. O., S. 31.
4 Ebd., S. 37.
5 Heinz von Foerster, *Mit den Augen des anderen*, in: ders., *Wissen und Gewissen*, Frankfurt am Main 1994, S. 350-364; vgl. auch Peter Gross, *Management in der Multioptionsgesellschaft*, MS, St. Gallen 1998.
6 Vgl. Reinhart Koselleck, ›Erfahrungsraum‹ und ›Erwartungshorizont‹ – zwei historische Kategorien, in: ders., *Vergangene Zukunft*, Frankfurt am Main 1979, S. 349-375, S. 362.
7 *Das Individuum und die Freiheit*, Berlin 1984, S. 216.
8 Marc Augé, *Orte und Nichtorte*, a. a. O., S. 140.
9 Vgl. Stefan Breuer, *Die Gesellschaft des Verschwindens*, Hamburg 1992.
10 *Risikogesellschaft*, Frankfurt am Main 1986, S. 207.
11 Vgl. Mircea Eliade, Ioan P. Culianu, *Handbuch der Religionen*, Frankfurt am Main 1995, S. 315.
12 A. a. O., S. 199; vgl. auch Wilhelm: *Philosophie der Lebenskunst*, Frankfurt am Main 1998, S. 188 ff
13 Ebd., S. 22.
14 Deutscher Thriller von Mario Azzopardi, 1995.

Anmerkungen Teil III, Kap. 3

1 Italo Calvino, *Vorschläge für das nächste Jahrtausend*, a. a. O., S. 16.
2 Ebd.
3 Vgl. Peter Gross, Allein zu Haus. Die herrschende Ungezwungenheit – und ihre Kehrseite. In: *Neue Zürcher Zeitung* Nr. 301, 29. Dez. 1998, S. 41
4 Alexander Koyré, *Von der geschlossenen Welt zum unendlichen Universum*, Frankfurt am Main 1980, S. 8.
5 Ebd.
6 Vgl. Peter Gross, *Innovation und Option*, in: Thexis 3.97.
7 Niklas Luhmann, *Soziologie des Risikos*, Berlin, New York 1991, S. 37.
8 Ebd., S. 37.
9 Botho Strauss, *Niemand anderes*, München, Wien 1987, S. 26.
10 Ebd., S. 26f.

11 Ebd.
12 Heintel, *Über Entscheidung*, a. a. O., S. 163.

Anmerkungen Teil III, Kap. 4

1 Vgl. Morris Berman, *Coming to our Senses*, London, Unwin 1990, S. 98.
2 *Abendländische Eschatologie*, a. a. O., S. 125; vgl. auch Hans Christoph Binswanger, *Geld und Magie*, Stuttgart 1985.
3 *Eurotaoismus*, Frankfurt am Main 1989, S. 264.
4 *Drei Fassungen des Judas*, in: ders., *Labyrinthe*, München 1959, S. 198-205, S. 201.
5 Ebd., Anm. 1.
6 Ders., *Geschichte vom Krieger und der Gefangenen*, in: ebd., S. 42-48, S. 47.
7 Milan Kundera, *Die Langsamkeit*, a. a. O., S. 6.
8 Zit. in Michael Murphy, *Der Quanten-Mensch*, a. a. O., S. 548.

Anmerkungen Teil III, Kap. 5

1 So beginnt auch Sloterdjik seine Sphären-Trilogie. Vgl. *Sphären I. Blasen*, a. a. O., S. 17
2 Claudia Schmölders, *Nestflucht*, in: *Lettre international* 91, Sommer 1997.
3 Jean-Paul Sartre, *Gesichter*, in: ders., *Die Transzendenz des Ego*, Reinbek 1997, S. 327-335, S. 327.
4 *Selbstversuch*, a. a. O., S. 25.
5 *Das Buch der Unruhe*, Frankfurt am Main 1987, S. 26f.
6 Ebd., S. 27.
7 Vgl. dazu Alois Hahn, *Identität und Selbstthematisierung*, in: ders., Volker Kapp (Hg.), *Selbstthematisierung und Selbstzeugnis: Bekenntnis und Geständnis*, Frankfurt am Main 1987, S. 9-25.
8 Zit. in Heiko Ernst, *Psychotrends*, a. a. O., S. 96.
9 Vladimir Nabokov, *Szenen aus dem Leben eines Doppelungeheuers*, in: Ders., *Der schwere Rauch. Gesammelte Erzählungen*, Reinbek 1983, S. 134-141, S. 115.
10 Vgl. dazu: Mark Dery, *CYBER*, Berlin 1997; Arthur Kroker, *Spasm*, New York 1993; Vintila Invanceanu, Josef Schweikhardt, *ZeroKörper*, a. a. O.
11 *Der Mann ohne Eigenschaften*, a. a. O., S. 587
12 *Norns-Handbuch*, Warner Interactive, Hamburg 1997, S. 5.
13 Vgl. Richard Eisenmenger, *Mein Liebling – Tamagotchi*, Haar bei München 1997.
14 *Der Weg nach vorn*, a. a. O., S. 253.
15 Vgl. Thomas Luckmann, *Kommentar zu Martin Seels Referat »Medien der Realität und Realität der Medien*, MS, a. a. O.; und Kierkegaard: »Wie gesagt, Punkt ein Uhr war ich auf dem Höhepunkt, wo ich das Allerhöchste ahnte, da beginnt plötzlich etwas in meinem Auge zu kratzen; ob es eine Augenwimper, eine Faser, ein Staubkorn war, ich weiß es nicht, aber das weiß ich, daß ich im selben Augenblick beinahe in den Abgrund der Verzweiflung stürzte, etwas, das jeder leicht verstehen wird, der so hoch oben schwebte wie ich...« *Die Wiederholung*, a. a. O., S. 44.

16 Vgl. dazu: Gerhard Roth, *Kann Geist das Gehirn überleben?*, in: *Merkur*, 6 (1997), S. 549-556.
17 Reinbek 1996, S. 353; vgl. auch B. Mettale, *Postmodern Fiction*, New York, London 1987, zit. in: Carlos Rincon, *Die Differenz der Welten und der historische Blick auf die Postmoderne*, in: Robert Weinmann u. a. (Hg.), *Postmoderne – globale Differenz*, Frankfurt am Main 1992, S. 358-366, S. 358.
18 Balavat. Neue Galerie Marienberg, Maximilianstr. 35, München. 22.9.-12.10.1997.
19 Bruce Sterling, *Spiegelschatten*, München 1986.

Anmerkungen Teil III, Kap. 6

1 *Die fatalen Strategien*, München 1985, S. 10.
2 Dorion Sagan, *Was Narziß sah: Das ozeanische ›Ich‹*, in: John Brockmann (Hg.), *Neue Realität*, München 1990, S. 140-167, S. 167.
3 Ebd.
4 *Der negative Horizont*, München, Wien 1989, S. 33.
5 Franz Kafka, *Die Verwandlung*, S. 30.
6 Zit. in Michael Murphy, *Der Quanten-Mensch*, a. a. O., S. 550.
7 Zit. Ebd.
8 Paul Virillo, *Der negative Horizont*, a. a. O., S. 36.
9 Das elfte Kennzeichen mystischer Vereinigung – Augustin Poulain, *Die Fülle der Gnaden*, in: Michael Murphy, *Der Quanten-Mensch*, a. a. O., S. 548.
10 *Der negative Horizont*, a. a. O., S. 39.
11 *Individualismus*, a. a. O., S. 51.
12 Robert Steinemann, *Rondo à l' américaine*, a. a. O.; An schönen Sonntagen umfahren Tausende von Radfahrern den Bodensee, es ist eine Art Wallfahrt, über die Fahrräder gebeugt wird der Ausgangspunkt der Fahrt als Ziel angestrebt.
13 Zit. in Walter Nigg, *Grosse Heilige*, Zürich 1949, S. 195.
14 Ebd., S. 196.
15 Niklas Luhmann, Peter Fuchs, *Reden und Schweigen*, Frankfurt am Main 1989, S. 26.
16 Romano Guardini, *Wille und Wahrheit*, Mainz 1950, S. 78.
17 *Selbstversuch*, a. a. O., S. 23.

Anmerkungen Teil III, Kap. 7

1 A. a. O., S. 15.
2 *Die unerträgliche Leichtigkeit des Seins*, a. a. O., S. 8.
3 Ebd.
4 Reinbek 1961.
5 Ebd., S. 7.
6 Ebd., S. 22.
7 Ebd., S. 34.
8 Helmut Plessner, *Homo absconditus*, in: *Merkur* 1969, S. 989-998.
9 *Die Wiederholung*, a. a. O., S. 34.
10 Ebd.

11 Max Weber, *Wissenschaft als Beruf*, a. a. O., S. 249.
12 Robert Musil, *Allerhand Fragliches. Aphorismen*, Reinbek 1996, S. 30.
13 Vgl. Michael Murphy, *Der Quanten-Mensch*, a. a. O., S. 550.
14 Bergenfield/New Jersey, New York 1993.
15 Ebd., S. 41.
16 Norman Ohler, *Frequenzen*, in: *Rowohlts Literatur Magazin* 37, Juni 1996, S. 23-30.
17 Ebd., S. 24.
18 Georges Chevrot, *Unsere Heilige Messe*, Einsiedeln, Köln 1946, S. 8.
19 Ebd.
20 Ebd., S. 410.
21 Niklas Luhmann, Peter Fuchs, *Reden und Schweigen*, a. a. O., S. 30.
22 Ebd., S. 31.

Anmerkungen Teil III, Kap. 8

1 Vgl. Peter Gross, *Individualisierung als Verhängnis?*, in: Karl Gabriel u. a., *Modernität und Solidarität. Konsequenzen gesellschaftlicher Modernisierung*, Freiburg im Breisgau 1997, S. 135-151.
2 A. a. O., S. 13; vgl. auch Michael Theunissen, *Das Selbst auf dem Grund der Verzweiflung*, Frankfurt am Main 1997.
3 Julian Jaynes, *Die Entstehung des Bewußtseins durch den Zusammenbruch der bikameralen Psyche*, Reinbek 1988.
4 Vgl. Caroline Walker Bynum, *Materielle Kontinuität, individuelles Überleben und die Auferstehung des Leibes: Eine scholastische Diskussion im Mittelalter und heute*, in: dies.; *Fragmentierung und Erlösung*, a. a. O., S. 226-303.
5 Vgl. Alois Hahn, *Identität und Selbstthematisierung*, in: Volker Kapp (Hg.), *Selbstthematisierung und Selbstzeugnis. Bekenntnis und Geständnis*, S. 9-25.
6 Ebd. S. 20.
7 Fjodor M. Dostojewskij, *Aus dem Dunkel der Großstadt*, München 1921, S. 10.
8 Vgl. Marina Warner, *Monster, Wilde, Unschuldsengel*, a. a. O., S. 100ff.
9 Caroline Walker Bynum, *Materielle Kontinuität, Individuelles Überleben und die Auferstehung des Leibes: Eine scholastische Diskussion im Mittelalter und heute*, in: dies.: *Fragmentierung und Erlösung*, a. a. O., S. 232ff.
10 Ebd., S. 281.
11 Fjodor M. Dostojewskij, *Aus dem Dunkel der Großstadt*, a. a. O., S. 6.
12 »Schmücke Dich o' liebe Seele«, Abendmahlslied.
13 Emanuele Lévinas, *Zwischen uns. Versuche über das Denken an den Anderen*, München, Wien 1995, S. 24ff.
14 *Ich und Du*, Heidelberg 1962.
15 Zygmunt Baumann, *Moderne und Ambivalenz*, Hamburg 1992, S. 244f.
16 Friedrich Hölderlin, *Hyperion*, Erstes Buch, Stuttgart 1995, S. 9.
17 Ebd.

Anmerkungen Teil III, Exkurs 3

1 Friedrich Hölderlin, *Hyperion*, a. a. O., S. 25.
2 Vgl. Gerhard Gamm, *Der Deutsche Idealismus. Eine Einführung in die Philosophie von Fichte, Hegel und Schelling*, Stuttgart 1997, S. 12.
3 Vgl. Otto A. Böhmer, *Klein Ich. Ein Dialog*, in: *Merkur* 6 (1997), S. 510-524, S. 510.
4 Rainer Maria Rilke, *Duineser Elegien*, a. a. O., S. 103.
5 Robert Walser, Unveröffentlichtes Mikrogramm.
6 *Sphären I. Blasen*, a. a. O.
7 *Das Bild des Menschen im Lichte der modernen Anthropologie*, in: ders.: *Anthropologische und sozialpsychologische Untersuchungen*, Reinbek 1986, S. 55-69, S. 67.
8 Was in der Lebenskunst des Tao Nichtstun, Nichthandeln, Loslassen bedeutet. Vgl. Theo Fischer, *Wu Wei*, Reinbek 1992.
9 Ingeborg Bachmann, *Malina*, a. a. O., S. 308f.
10 Henry David Thoreau, *Walden oder Leben in den Wäldern*, Zürich 1979, S. 280.
11 Ebd.
12 Zit. in Jörg Zirfas, *Präsenz und Ewigkeit. Eine Anthropologie des Glücks*, Berlin 1993, S. 35.
13 Vgl. die zweite Wahrheit der buddhistischen Lehre, daß der Anfang des Leidens das Begehren sei. Die dritte Wahrheit besagt, daß die Vernichtung des Begehrens das Verlöschen des Leidens bringt. Vgl. Hans Wolfgang Schumann, *Buddhismus, Stifter, Schulen und Systeme*, München 1993, S. 55ff.
14 Jörg Zirfas, *Präsenz und Ewigkeit*, a. a. O., S. 25ff.
15 Zit. in ebd., S. 43.
16 Ebd.
17 Ulrich Horstmann, *Der lange Schatten der Melancholie*, Essen 1985, S. 9.
18 Zit. ebd., S. 10.
19 Vgl. dazu Helmuth Kiesel, *Wissenschaftliche Diagnose und dichterische Vision der Moderne. Max Weber und Ernst Jünger*, Heidelberg 1994.
20 Yashusi Inoue, *Das Jagdgewehr*, a. a. O., S. 15
21 Imperativ beginnen moderne Soziologen mit solchen Sätzen. »Gesellschaft ist ein Menschenwerk.« Vgl. etwa Ilja Srubar, *Lob der Angst vor dem Fliegen. Zur Autogenese sozialer Ordnung*, in: Walter M. Sprondel (Hg.), *Die Objektivität der Ordnungen und ihre kommunikative Konstruktion*, Frankfurt am Main 1994, S. 95-121, S. 95; oder: »Gesellschaften sind, wie wir seit geraumer Zeit wissen, soziale Konstruktionen«, so Günter Dux, *Handlung, Handlungsstrukur und Gesellschaft*, in: Walter M. Sprondel (Hg.), *Die Objektivität der Ordnungen und ihre kommunikative Konstruktion*, Frankfurt am Main 1994, S. 121-140, S. 121.
22 Vgl. Verena Kast, *Paare*, Stuttgart 1987, S. 151ff.
23 Ebd., S. 154.
24 Vgl. dazu Karl Löwith, *Gott, Mensch und Welt in der Metaphysik von Descartes bis Nietzsche*, Göttingen 1967, S. 156ff.

Anmerkungen Nachwort

I.

1 Vgl. Peter Gross, *Die Multioptionsgesellschaft*, a. a. O., S. 364 ff.
2 Vgl. Hans Krämer, *Selbstverwirklichung*, in: Holmer Steinfath (Hg.), *Was ist ein gutes Leben? Philosophische Reflexionen*, Frankfurt am Main 1998, S. 94-124, S. 101.
3 Jacob Burckhardt, *Die Kultur der Renaissance in Italien*, Erster Band, Leipzig 1919, S. 111.
4 Vgl. auch Philip J. Lee, *Anbetung des Selbst*, in: Peter Sloterdijk, Thomas H. Macho (Hg.), *Weltrevolution der Seele*, Zürich 1993, S. 216-228.
5 Elfriede Jelinek, *nicht bei sich und doch zu hause*, in: Elfriede Jelinek, Brigitte Landes (Hg.), *Jelineks Wahl*, München 1998, S. 11-23
6 *Bekenntnisse*, a. a. O., VIII, 7.16.
7 Zygmunt Bauman, *Flaneure, Spieler und Touristen*, Hamburg 1997; vgl. dazu Caroline Walker Bynum, *Materielle Kontinuität, individuelles Überleben und die Auferstehung des Leibes: Eine scholastische Diskussion im Mittelalter und heute*, in: dies.: *Fragmentierung und Erlösung*, Frankfurt am Main 1966, S. 226-302.
8 Vgl. Jacob Taubes, *Abendländische Eschatologie*, a. a. O.
9 Vgl. dazu Leszek Kolakowski, *Die Suche nach der verlorenen Gewißheit. Denk-Wege mit Edmund Husserl*, Stuttgart, Berlin, Köln, Mainz 1977; auch Jörg Zirfas, *Präsenz und Ewigkeit. Eine Anthropologie des Glücks*, Berlin 1993.
10 Elfriede Jelinek, *Wolken. Heim*, Köln 1990, S. 56.
11 Rainer Maria Rilke, *Duineser Elegien*, Stuttgart 1997, S. 37.
12 Reinbek 1997.
13 Otto Kallscheuer, *Der Nachfolger*, in: *Neue Zürcher Zeitung*, Nr. 218, 1997, S. 67f.
14 Vgl. Pia Endres, *Der Zwischenmensch*, Frankfurt am Main 1991, S. 31.
15 Vgl. Albert Camus, *Der erste Mensch*, Reinbek 1995, Zweiter Teil, Kap. 2 (»Sich selbst unklar«).
16 *Auf den Gipfeln der Verzweiflung*, Frankfurt am Main 1989, S. 133.
17 Walter Schulz, *Ich und Welt. Philosophie der Subjektivität*, Pfullingen 1979, S. 11.
18 *Duineser Elegien*, a. a. O., S. 37.
19 *Kontingenz, Ironie und Solidarität*, a. a. O., S. 50.
20 So Helmut Plessner, *Die Stufen des Organischen und der Mensch*, a. a. O., S. 310.
21 Ebd.
22 Vgl. Dieter Claessens, *Instinkt, Psyche, Geltung*, a. a. O.
23 Vgl. Claudia Schmölders, *Nestflucht*, in: *Lettre international* 91, 1997, S. 91-94, S. 94.
24 Die Buchreihe zur dritten Moderne enthält Manifeste zum Reengineering, zur Restrukturierung und zur Globalisierung.

II.

25 Vgl. Elke Heitmüller, *Der Liebe ins Gesicht sehen*, in: *Ästhetik und Kommunikation*, Dez. 1996, S. 165-169.
26 Vgl. Ulrich Schnabel, Andreas Sentker, *Wie kommt die Welt in den Kopf?*, Reinbek 1997; Franz Mechsner, *Die Suche nach dem Ich*, in: *GEO*, 2 (1998), S. 62-80; Dieter Henrich, *Inflation in Subjektivität?*, in: *Merkur* 1 (1998), S. 46-55.
27 *Der Absturz in die Zeit*, a. a. O., S. 19.
28 Vgl. Theo Fischer, *Wu wei. Die Lebenskunst des Tao*, Reinbek. 1992.
29 Helmuth Plessner, *Die Stufen des Organischen und der Mensch*, a. a. O., S. 310.
30 Werner »Tiki« Küstenmacher, *Reisen zum Mond. Vorbereitung, Anreise, Leben*, Unterfischbach 1997.
31 Mark Dery, *Cyber*, a. a. O., S. 310. Vgl. auch Bernd Guggenberger, *Das digitale Nirwana*, a. a. O.
32 Mark Dery, *Cyber*, a. a. O., S. 325.
33 Vgl. Vintila Ivanceanu, Josef Schweikhardt, *ZeroKörper. Der abgeschaffte Mensch*, a. a. O., S. 75
34 Rainer Maria Rilke, *Duineser Elegien*, a. a. O., S. 37. Oder, wie Herder sagt, sie sind »gebrochen und durch katoprische Spiegel auseinandergeworfene Strahlen seines Bildes«. Johann Gottfried Herder, *Ideen zur Philosophie der Geschichte der Menschheit*, Zweites Buch, Berlin 1887.
35 Arnold Gehlen, *Das Bild des Menschen im Lichte der modernen Anthropologie*, a. a. O., S. 67.
36 Emil Cioran, *Von Tränen und Heiligen*, Frankfurt am Main 1988, S. 81.
37 Vgl. Peter Gross, *Die Multioptionsgesellschaft*, a. a. O., S. 364ff.
38 Thomas Bernhard, *Ungenach*, Frankfurt am Main 1968, S. 16f.

III.

39 Vgl. dazu die Bemerkung von Hermann Lübbe, Dieter Henrich, u. a. In: Odo Marquard, Karlheinz Stierle (Hg.), *Identität*, München 1979.
40 Vgl. Wilhelm Schmid: *Philosophie der Lebenskunst*, Frankfurt am Main 1998, S. 248
41 Emmanuel Lévinas, *Die Spur des Anderen*, Freiburg, München 1987, S. 187.
42 Yasushi Inoue, *Das Jagdgewehr*, a. a. O., S. 9.
43 Vgl. Heiner Hastedt, *Der Wert des Einzelnen. Eine Verteidigung des Individualismus*, Frankfurt am Main 1998.
44 Vgl. Max Preglau, *Das postmoderne Selbst. Jenseits von Solidarität und Gemeinschaft?*, Freiburg i. Br. 1998
45 Manfred Sommer, *Zur Formierung der Autobiographie aus Selbstverteidigung und Selbstsuche (Stoa und Augustinus)*, in: Odo Marquard, Karlheinz Stierle (Hg.), *Identität*, München 1979, S. 699-703.
46 *Die Brüder Karamasoff*, München 1923, S. 476f.
47 *Doom Patrols*, Mannheim 1997, S. 202
48 Vgl. dazu Peter Sloterdjik, *Sphären I. Blasen*, a. a. O.
49 Vgl. dazu Albert Camus, *Der Mythos von Sisyphos*, Reinbek 1959.

50 Ernst Jünger, *Über den Schmerz*, in: *Essays I*, Stuttgart 1960, S. 149-201, S. 158
51 Vgl. dazu Hans Robert Jauss, »Gottesprädikate als Identitätsvorgaben in der augustinischen Tradition der Autobiographie«. In: Odo Marquard, Karlheinz Stierle (Hg.), *Identität*, München ²1996. Von Bertolt Brecht stammt die Minigeschichte, wie jemand jemanden, den er lange nicht gesehen, mit den Worten begrüßt: »Sie haben sich gar nicht verändert«. »Oh«, sagte der andere und erbleichte. Bertolt Brecht, *Geschichten vom Herrn Keuner*, in: ders., *Gesammelte Werke*, Frankfurt am Main 1980, Bd. 5, S. 383.
55 Steven Sahviro, *Doom Patrols*, a. a. O., S. 202
56 Wolfgang Welsch, *Subjektsein heute*, a. a. O., S. 173.
57 Wie dies für Wolfgang Welschs Idee einer »transversalen Vernunft« überhaupt gilt.
58 »*Wer denn dann?*« In: Elfriede Jelinek, Birgitte Landes (Hg.), *Jelineks Wahl*, a. a. O., S. 197-203, 197.

Literatur

Ahlemeyer, Heinrich W./Roswita Königswieser (Hg.) (1997): *Komplexität managen. Strategien, Konzepte und Fallbeispiele*, FAZ.
Aigner, Christoph W. (1997): Ohne Titel, in: *Neue Zürcher Zeitung* vom 24.6. 1997, Nr. 143, S. 45.
Allemann, Urs (1993): *Der alte Mann und die Bank*, Wien.
Amelunxen, Hubertus von u. a. (Hg.) (1995): *Fotografie nach der Fotografie*, Dresden, Basel.
Améry, Carl (1994): *Die Botschaft des Jahrtausends. Von Leben, Tod und Würde*, München.
Anders, Günter (1956): *Die Antiquiertheit des Menschen. Über die Seele im Zeitalter der zweiten technischen Revolution*, München.
Anz, Philipp/Patrick Walder (1995): *Techno*, Zürich.
Ariès, Philippe (1980): *Geschichte des Todes*, München, Wien.
Auclair, Marcelle (1953): *Das Leben der Heiligen Teresa von Avila*, Zürich.
Augé, Marc (1994): *Orte und Nicht-Orte. Vorüberlegungen zu einer Ethnologie der Einsamkeit*, Frankfurt am Main.
Augustinus, Aurelius (1955): *Bekenntnisse*, Frankfurt am Main, Hamburg.
Auster, Paul (1987): *In the Country of Last Things*, New York.
Aziz + Cucher (1996): *Nachrichten aus Dystopia*, in: Kunstforum Nr. 132.

Bachmann, Ingeborg (1958): *Der gute Gott von Manhattan*, München.
Bachmann, Ingeborg (1997): *Malina*, Frankfurt am Main.
Baecker, Dirk (1994): *Postheroisches Management*, Berlin.
Balthasar, Hans Urs von (1945): *Das Herz der Welt*, Zürich.
Barck, Karlheinz (1990): *Aisthesis. Wahrnehmung heute oder Perspektiven einer anderen Ästhetik*, Leipzig.
Barck, Karlheinz (1993): *Autorschaft und Management. Eine poetologische Skizze*, Stuttgart.
Bardmann, Theodor M. (1994): *Wenn aus Arbeit Abfall wird. Aufbau und Abbau organisatorischer Realitäten*, Frankfurt am Main.
Barkhaus, Annette u. a. (1996): *Identität, Leiblichkeit, Normativität*, Frankfurt am Main.
Bataille, Georges (1993): *Die Tränen des Eros*, München.
Baudrillard, Jean (1987): *Amerika*, München.
Baudrillard, Jean (1990): *Kool Killer oder der Aufstand der Zeichen*, in: Barck, Karlheinz u. a. (Hg.): *Aisthesis*, Leipzig, S. 214-252.
Baudrillard, Jean (1996): *Das perfekte Verbrechen*, München.
Bauman, Zygmunt (1992): *Moderne und Ambivalenz. Das Ende der Eindeutigkeit*, Hamburg.
Bauman, Zygmunt (1994): *Tod, Unsterblichkeit und andere Lebensstrategien*, Frankfurt am Main.
Bauman, Zygmunt (1995): *Ansichten der Postmoderne*, Berlin.
Bauman, Zygmunt (1996): *Gewalt – modern und postmodern*, in: Miller, Max/ Hans-Georg Soeffner (Hg.): *Modernität und Barbarei*, Frankfurt am Main.
Bauman, Zygmunt (1997): *Flaneure, Spieler und Touristen*, Hamburg.
Beahrs, Jonathan O. (1982): *Unity and Multiplicity*, New York: Mazel.

Beck, Ulrich (1986): *Risikogesellschaft. Auf dem Weg in eine andere Moderne*, Frankfurt am Main.
Beck, Ulrich/Elisabeth Beck-Gernsheim (Hg.) (1994): *Riskante Freiheiten*, Frankfurt am Main.
Beck, Ulrich/Anthony Giddens/Scott Lash (1996): *Reflexive Modernisierung*, Frankfurt am Main.
Benedek, Susanne/Adolphe Binder (1996): *Von tanzenden Kleidern und sprechenden Leibern. Crossdressing als Auflösung der Geschlechterpolarität*, Fulda.
Benevolo, Leonardo (1993): *Fixierte Unendlichkeit*, Frankfurt am Main, New York.
Benjamin, Jessica (1995): *Die Fesseln der Liebe. Psychoanalyse, Feminismus und das Problem der Macht*, Frankfurt am Main.
Benjamin, Walter (1969): *Über Literatur*, Frankfurt am Main.
Benn, Gottfried (1959): *Das moderne Ich*, in: ders., *Essays, Reden, Vorträge*, Wiesbaden, München.
Benn, Gottfried (1961): *Vermischte Schriften*, Wiesbaden, München.
Benn, Gottfried (1970): *Sämtliche Erzählungen*, Reinbek.
Berg, Sibylle (1998): *Sex II*, Leipzig.
Berger, Peter L. (1983): *Das Problem der mannigfaltigen Wirklichkeiten: Alfred Schütz und Robert Musil*, in: Grathoff, Richard/Bernhard Waldenfels (Hg.): *Sozialität und Intersubjektivität*, München, S. 229-252.
Berger, Peter L./Thomas Luckmann (1995): *Modernität, Pluralismus und Sinnkrise*, Gütersloh.
Bergson, Henri (1921): *Schöpferische Entwicklung*, Jena.
Berlin, Isaia (1995): *Freiheit – Vier Versuche*, Frankfurt am Main.
Berman, Morris (1990): *Coming to our Senses*, London.
Bernhard, Thomas (1968): *Ungenach*, Frankfurt am Main.
Bernhard, Thomas (1976): *Der Keller*, Salzburg.
Bernhard, Thomas (1988): *Watten*, Frankfurt am Main.
Bertram, Hans (1985): *Flug in die Hölle*, München.
Bijnsdorp, Liz (1996): *Die 147 Personen, die ich bin*, Stuttgart.
Binswanger, Hans Christoph (1985): *Geld und Magie*, Stuttgart.
Blase, Christoph (1997): *Das digitale Modell*, in: *Kunst-Bulletin* 1/2, S. 10-16.
Bloch, Ernst (1959): *Das Prinzip Hoffnung*, 3 Bde., Frankfurt am Main.
Blumenberg, Hans (1979): *Schiffbruch als Zuschauer*, Frankfurt am Main.
Böhme, Hartmut (1994): *Das Dickicht der Städte – Ende der Philosophie?*, in: *Neue Zürcher Zeitung*, 13./14. 8. 1994.
Böhmer, Otto A. (1997): *Klein Ich. Ein Dialog*, in: *Merkur* 6.
Bollmann, Stefan (Hg.) (1995): *Kursbuch neue Medien*, Mannheim.
Bolz, Norbert (1991): *Eine kurze Geschichte des Scheins*, München.
Bolz, Norbert/Willem van Reijen (Hg.) (1996): *Ruinen des Denkens*, Frankfurt am Main.
Borges, Jorge Luis (1959): *Labyrinthe*, München.
Boros, Ladislaus (1993): *mysterium mortis*, Mainz.
Bosshart, David (1997): *Die Zukunft des Konsums*, Düsseldorf, München.
Bourdieu, Pierre (1996): *Störenfried Soziologie*, in: Dettling, Warnfried u. a.: *Wozu heute noch Soziologie?*, Opladen 1996, S. 65-71.
Braun, Christina von (1990): *Nichtich*, Frankfurt am Main.
Brehm, Bruno (1954): *Das Ebenbild*, München.

Breuer, Stefan (1992): *Die Gesellschaft des Verschwindens. Von der Selbstzerstörung der technischen Zivilisation*, Hamburg.
Broch, Hermann (1931): *Die Schlafwandler*, Zürich.
Brockman, John (Hg.) (1990): *Neue Realität*, München.
Brockmann, John (1996): *Die dritte Kultur*, München.
Bronfen, Elisabeth (1994): *Nur über ihre Leiche. Tod, Weiblichkeit und Ästhetik*, München.
Brose, Hans-Georg/Bruno Hildebrand (1988): *Vom Ende der Individualisierung zu Individualität ohne Ende*, Opladen.
Brosziewski, Achim (1998): *Virtualität als Modus unternehmerischer Selbstbewertung*, in: Brill, Andreas/Michael de Vries (Hg.): *Virtuelle Wirtschaft*, Opladen, S. 87-101.
Bubner, Rudolf (1985): *Christologie und Evolution*, Stuttgart.
Büchner, Georg (1957): *Lenz*, Stuttgart.
Bude, Heinz (1993): *Die soziologische Erzählung*, in: Jung, Thomas/Stefan Müller-Doohm (Hg.): *»Wirklichkeit« im Deutungsprozeß*, Frankfurt am Main, S. 409-430.
Bude, Heinz (1995): *Das Altern einer Generation*, Frankfurt am Main.
Burckhardt, Jacob (1919): *Die Kultur der Renaissance in Italien, Erster Band*, Leipzig.
Burke, Peter (1994): *Reden und Schweigen*, Berlin.
Burroughs, William S. (1962): *The Naked Lunch*, Wiesbaden.

Calvino, Italo (1991): *Sechs Vorschläge für das nächste Jahrtausend*, München, Wien.
Cameron, Deborah (1995): *Verbal Hygiene*, London und New York.
Camus, Albert (1994): *Die Boote*, in: Smith, M. (Hg.): *Traumwelten*, Hamburg, S. 7-15.
Camus, Albert (1995): *Der erste Mensch*, Zweiter Teil, Kap. 2, Reinbek.
Carlson, Lewis/Frank Unger (1994): *Highland Park oder Die Zukunft der Stadt*, Berlin und Weimar.
Ceronetti, Guido (1983): *Das Schweigen des Körpers*, Frankfurt am Main.
Cervantes, Miguel (1870): *Der sinnreiche Junker Don Quixote von La Mancha*, Stuttgart, 2 Bde.
Chevrot, Georges (1946): *Unsere Heilige Messe*, Einsiedeln, Köln.
Cioran, Emile M. (1980): *Der Absturz in die Zeit*, Stuttgart.
Cioran, Emile M. (1988): *Von Tränen und Heiligen*, Frankfurt am Main.
Cioran, Emile M. (1997): *Auf den Gipfeln der Verzweiflung*, Frankfurt am Main.
Claessens, Dieter (1968): *Instinkt, Psyche, Geltung*, Köln, Opladen.
Corboz, André (1992): *Die »Großstadt« Schweiz oder Zur Notwendigkeit und von den Abhängigkeiten einer Stadtplanung*, in: Helms, Hans G. (Hg.): *Die Stadt als Gabentisch*, Leipzig.
Cotroneo, Roberto (1997): *Die verlorene Partitur*, Frankfurt am Main, Leipzig.
Crabtree, Alexander (1985): *Multiple Man: Explorations in Possession and Multiple Personality*, Toronto.

Daniel, Klaus (1981): *Theorien der Subjektivität*, Frankfurt am Main, New York.
Davis, Mike (1994): *City of Quartz*, Berlin, Göttingen.

Davis, Mike (1994): *Urban Control. Jenseits von Blade Runner*, in: *Die Beute*, 3.
Deleuze, Gilles/Félix Guattari (1974): *Wie sich einen Körper ohne Organe machen?*, In: Gehrke, Claudia (Hg.) (1981): *Ich habe einen Körper*, München, S. 262-293.
Deleuze, Gilles (1997): *Das Bewegungs-Bild*, Frankfurt am Main.
Derrida, Jacques (1989): *»Zweiundfünfzig Aphorismen für eine Vorrede«*, in: Papadakis, Andreas (Hg.): *Dekonstruktivismus*, Stuttgart, S. 67-71.
Dery, Marc (1997): *Cyber*, Berlin.
Diederichsen, D. (1993): *Freiheit macht arm*, Köln.
Diemers, Daniel (1997): *Die virtuelle Triade*, Diplomarbeit, Universität St. Gallen.
Diotima (1989): *Der Mensch ist zwei*, Wien.
Dostojewskij, Fjodor M. (1921): *Die Dämonen*, München.
Dostojewskij, Fjodor M. (1921): *Aus dem Dunkel der Großstadt*, München.
Dostojewskij, Fjodor M. (1923): *Die Brüder Karamasoff*, München.
Douglas, Mary (1974): *Ritual, Tabu und Körpersymbolik*, Frankfurt am Main.
Dumont, Louis (1991): *Individualismus. Zur Ideologie der Moderne*, Frankfurt am Main, New York.
Dumont, Louis (1991): *Genesis I*, in: ders.: *Individualismus. Zur Ideologie der Moderne*, Frankfurt am Main, New York.
Dux, Günter (1994): *Handlung, Handlungsstruktur und Gesellschaft*, in: Sprondel, Walter M. (Hg.) (1994): *Die Objektivität der Ordnungen und ihre kommunikative Konstruktion*, Frankfurt am Main, S. 121-140.

Eberle, Thomas S. (1984): *Sinnkonstruktion in Alltag und Wissenschaft*, Bern, Stuttgart.
Eco, Umberto (1986): *Im Namen der Rose*, München.
Edelman, Jeffrey (1997): *Trekkie Mania*, Düsseldorf.
Eickelpasch, Rolf/Burkhard Lehmann (1983): *Soziologie ohne Gesellschaft*, München.
Eickelpasch, Rolf/Armin Nassehi (Hg.) (1997): *Utopie und Moderne*, Frankfurt am Main.
Eisenmenger, Richard (1997): *Mein Liebling – Tamagotchi*, Haar bei München.
Eisenstadt, Shmuel N. (1996): *Barbarei und Moderne*, in: Miller, Max/Hans-Georg Soeffner (Hg.): *Modernität und Barbarei*, Frankfurt am Main.
Eliade, Mircea/Ioan P. Culianu (1995): *Handbuch der Religionen*, Frankfurt am Main.
Elster, John (Hg.): (1986): *The Multiple Self*, Cambridge: Cambridge-University.
Endres, Pia (1991): *Der Zwischenmensch*, Frankfurt am Main.
Engelmann, Julius u. a. (1879): *Der Weltverkehr und seine Mittel. Erste Abteilung*, Leipzig und Berlin.
Enquist, Per Olov (1987): *Gestürzter Engel*, München, Wien.
Enzensberger, Hans Magnus (1993): *Aussichten auf den Bürgerkrieg*, Frankfurt am Main.
Ernst, Heiko (1996): *Psychotrends. Das Ich im 21. Jahrhundert*, München, Zürich.
Esser, Hartmut (1991): *Verfällt die »soziologische Methode«?*, in: Zapf, Wolfgang (Hg.) (1991): *Die Modernisierung moderner Gesellschaften*, Frankfurt am Main, New York, S. 743-770.

Evans, Peter J. (1994): *Cyber Tribes*, in: *Manga Mania*, Nr. 17, Berlin.

Fashion Images (1992): *Das Jeff Koons Handbuch*, München, Paris, London.
Fest, Joachim (1993): *Die schwierige Freiheit*, Berlin.
Fichte, Johann Gottlieb (1981): *Die Bestimmung des Menschen*, Stuttgart.
Foerster, Heinz von (1994): *Mit den Augen des anderen*, in: ders.: *Wissen und Gewissen*, Frankfurt am Main, S. 350-364.
Foucault, Michel (1990): *Andere Räume*, in: Barck, Karlheinz u. a. (Hg.) (1990): *Aisthesis*, Leipzig, S. 34-47.
Franck, Sebastian (1995): *Paradoxa*, Berlin.
Frank, Manfred (1979): *Die unendliche Fahrt*, Frankfurt am Main.
Frank, Manfred (Hg.) (1991): *Selbstbewußtseinstheorien von Fichte bis Sartre*, Frankfurt am Main.
Friedmann, Hermann (1949): *Wissenschaft und Symbol*, München.
Frisch, Max (1998): *Mein Name sei Gantenbein*, Frankfurt am Main.
Fritz-Vannahme, Joachim (1996): *Wozu heute noch Soziologie?*, Opladen.
Fritz, Marianne (1985): *Was soll man denn da machen?*, Frankfurt am Main, 12. Bde.
Fritz, Marianne (1996): *Naturgemäß I*, Frankfurt am Main.
Fuchs, Christian (1990): *Wanderer von gestern abend bis morgen nacht*, Salzburg, Wien.
Fuchs, Peter (1989): *Die Weltflucht der Mönche*. Anmerkungen zur Funktion des monastisch-asketischen Schweigens, in: Luhmann, Niklas/Peter Fuchs: *Reden und Schweigen*, Frankfurt am Main, S. 21-46.

Gabriel, Karl u. a. (1997): *Modernität und Solidarität. Konsequenzen gesellschaftlicher Modernisierung*, Freiburg im Breisgau.
Gall, Lothar (Hg.) (1985): *Liberalismus*, Königstein/Ts.
Galvagni, Bettina (1996): *Melancholia*, in: *manuskripte*, 133.
Gamm, Gerhard (1997): *Der Deutsche Idealismus*, Stuttgart.
Gardner, Howard (1991): *Abschied vom IQ – Die Rahmen-Theorie der vielfachen Intelligenzen*, Stuttgart.
Gass, William H. (1995): *Wie man aus Wörtern eine Welt macht*, Salzburg, Wien.
Gasser, Manuel (1961): *Das Selbstbildnis*, Zürich.
Gates, Bill (1995): *Der Weg nach vorn*, Hamburg.
Gazzaniga, Michael (1985): *The Social Brain*, New York.
Geertz, Conrad (1987): *Dichte Beschreibung*, Frankfurt am Main.
Gehlen, Arnold (1957): *Die Seele im technischen Zeitalter*, Reinbek.
Gehlen, Arnold (1960): *Zeit-Bilder*, Bonn.
Gehlen, Arnold (1961): *Das Bild des Menschen im Lichte der modernen Anthropologie*, Reinbek, S. 51-62.
Gehlen, Arnold (1986): *Anthropologische und sozial-psychologische Untersuchungen*, Reinbek.
Gehlen, Arnold (1996): *Zur Situtation der modernen Kunst*, in: *Merkur* Heft 8.
Gehrke, Claudia (1981): *Ich habe einen Körper*, München.
Gentinetta, Claudius (1991): *Jenseits*, Zürich.
Gergen, Kenneth (1992): *Die Übervölkerung des Ichs*, in: *gdi-impuls* 3
Gerken, Gerd (1994): *Die fraktale Marke*, Düsseldorf.
Gertner, Hannes (1984): *Geschichte der Märtyrer*, Aschaffenburg.

Gestrich, Andreas (1988): *Biographie – sozialgeschichtlich*, Göttingen.
Gibson, William (1993): *Virtual Light*, New York.
Giddens, Anthony (1991): *Modernität and Self-Identity*, Cambridge, Polity Press.
Giddens, Anthony (1995): *Konsequenzen der Moderne*, Frankfurt am Main.
Giddens, Anthony (1997): *Jenseits von Links und Rechts*, Frankfurt am Main.
Giesen, Berhard (1991): *Entzauberte Soziologie oder: Abschied von der klassischen Gesellschaftstheorie*, in: Zapf, Wolfgang (Hg.) (1991): *Die Modernisierung moderner Gesellschaften*, Frankfurt am Main, New York, S. 770-784.
Giesen, Bernhard (1991): *Die Entdinglichung des Sozialen. Eine evolutionstheoretische Perspektive auf die Postmoderne*, Frankfurt am Main.
Giovinazzo, Buddy (1995): *Cracktown*, Berlin.
Glaser, Peter u. a. (1996): *Online-Universum*, München.
Glück, Anselm (1996): *toter winkel, blinder fleck*, Graz, Wien.
Goebel, Johannes/Christoph Clermont (1997): *Die Tugend der Orientierungslosigkeit*, Berlin.
Godwin, Malcolm (1995): *Engel. Eine bedrohte Art*, Frankfurt am Main.
Goetz, Rainald (1986): *Hirn*, Frankfurt am Main.
Goetz, Rainald (1998): *Rave*, Frankfurt am Main.
Goffman, Erving (1969): *Wir alle spielen Theater*, München.
Goffman, Erving (1975): *Interaktionsrituale*, Frankfurt am Main.
Goffman, Erving (1982): *Das Individuum im öffentlichen Austausch. Mikrostudien zur öffentlichen Ordnung*, Frankfurt.
Grathoff, Richard/Bernhard Waldenfels (1983): *Sozialität und Intersubjektivität*, München.
Gray, John u. a. (Hg.) (1995): *The Cyborg Handbook*, London: Routledge.
Gross, Peter (1983): *Die Verheißungen der Dienstleistungsgesellschaft*, Opladen.
Gross, Peter (1994): *Himmelwärts. Die Eroberung der Alpen*, in: Sprondel, Walter M. (Hg.) (1994): *Die Objektivität der Ordnungen und ihre kommunikative Konstruktion*, Frankfurt am Main, S. 356-379.
Gross, Peter (1994): *Die Multioptionsgesellschaft*, Frankfurt am Main.
Gross, Peter (1995): *Bilder des Endlosen. Die Wiederentdeckung der Transzendenz*, in: *Neue Zürcher Zeitung*, 4. 8. 1995.
Gross, Peter (1995): *Abschied von der monogamen Arbeit*, in: *gdi-Impuls* 3, S. 31-40.
Gross, Peter (1997): *Individualisierung als Verhängnis?*, in: Gabriel, Karl u. a. (1997): *Modernität und Solidarität. Konsequenzen gesellschaftlicher Modernisierung*, Freiburg im Breisgau, S. 135-151.
Gross, Peter (1997): *Der Tod und das Mädchen*, in: *Psychologie heute*, Januar, S. 44-58.
Gross, Peter (1997): *Alle sind fremd*, in: *Erlanger Forschungen Reihe A, Geisteswissenschaften*, Band 77, 45-55.
Gross, Peter (1998): *Komplexität und Option*, in: Ahlemeyer, Heinrich W./Roswita Königswieser (Hg.): *Komplexität managen*, Wiesbaden, S. 347-361.
Gross, Peter (1998): *Plopp. Auf Schollen vorwärts*, in: *gdi-Impuls* 4
Gross, Peter (1998): *Allein zu Haus*, in: *Neue Zürcher Zeitung*, Nr. 301, S. 41
Gross, Peter (1999): *Wrack und Barke*, in: Keller, Ursula (Hg.) (1999): *Perspektiven der Stadtkultur*, Frankfurt am Main.

Gross, Peter (1999): *Außer Kontrolle? Individualisierung, Pluralisierung und Entscheidung*, in: Hettlage, Robert (Hg.): *Individualisierung*, Opladen.
Grosz, Elisabeth (1994): *Volatile Bodies*, Indiana University Press.
Guardini, Romano (1950): *Wille und Wahrheit*, Mainz.
Guggenberger, Bernd (1997): *Das digitale Nirwana*, Berlin.
Gumbrecht, Hans Ulrich (1991): *Tod des Subjekts als Ekstase der Subjektivität*, in: Weinmann, Robert u. a. (Hg.): *Postmoderne – globale Differenz*, Frankfurt am Main.
Gumbrecht, Hans Ulrich (1995): *California Graffiti (II)*, in: Merkur 6.
Günther, Gero (1996): *Walkman*, in: *Rowohlt Literatur Magazin* 37, Juni, S. 14-23.
Gutthke, Karl S. (1971): *Die Mythologie der entgötterten Welt*, Göttingen.

Haas, Alois M. (1996): *Mystik als Aussage. Erfahrungs-, Denk- und Redeformen christlicher Mystik*, Frankfurt am Main.
Habermas, Jürgen (1988): *Die Einheit der Vernunft in der Vielheit ihrer Stimmen*, in: *Merkur*, 42. Jg., Heft 4
Hacking, Ian (1996): *Multiple Persönlichkeit. Zur Geschichte der Seele in der Moderne*, München, Wien.
Hagen, Thomas/Hermann Schwengel (Hg.) (1996): *Wer inszeniert das Leben?*, Frankfurt am Main.
Hahn, Alois (1987): *Identität und Selbstthematisierung*, in: ders.: Kapp, Volker (Hg.): *Selbstthematisierung und Selbstzeugnis: Bekenntnis und Geständnis*, Frankfurt am Main.
Hänny, Reto (1985): *Flug*, Frankfurt am Main.
Haraway, Donna (1991): *Cyborg Manifesto*, in: *Simians, Cyborgs and Women*, London, S. 149-182.
Harrison, Paul (1994): *Die dritte Revolution*, Heidelberg, Berlin, Oxford.
Hastedt, Heiner (1998): *Der Wert des Einzelnen. Eine Verteidigung des Individualismus*, Frankfurt am Main.
Hegel, G. W. F. (1970): *Werke, Bd. 3*, Frankfurt am Main.
Heidegger, Martin (1927/1963): *Sein und Zeit*, Halle, Tübingen.
Heine, Heinrich (1870): *Einleitung zu Miguel Cervantes de Saavedra: Der sinnreiche Junker Don Quixote von La Mancha*, Stuttgart, S. I-IV.
Heine, Heinrich (1970): *Werke und Briefe, Bd. 7*, Berlin-Ost.
Heintel, Peter (1986): *Über Entscheidung*, in: *Wiener Jahrbuch für Philosophie*, Bd. XVIII, S. 150-170.
Heisig, Daniela (1996): *Anima*, Olten.
Heitmüller, Elke (1996): *Der Liebe ins Gesicht sehen*, in: *Ästhetik und Kommunikation*, Dez., S. 165-169.
Helms, Hans G. (Hg.) (1992): *Die Stadt als Gabentisch*, Leipzig.
Henrich, Dieter (1998): *Inflation in Subjektivität?*, in: *Merkur*, 52. Jg., Heft 1.
Herder, Johann Gottfried (1887): *Ideen zur Philosophie der Geschichte der Menschheit, Zweites Buch*, Berlin.
Hesse, Hermann (1970): *Gesammelte Werke, Band 7*, Frankfurt am Main.
Heym, Georg (1911): *Der fliegende Holländer*, Berlin.
Hitzler, Ronald (1988): *Sinnwelten*, Opladen.
Hitzler, Ronald (1991): *Der banale Proteus. Eine ›postmoderne‹ Metapher?*, in: Möhrt/Ingo, Gerhard Fröhlich (Hg.): *Der unendliche Prozeß der Zivilisation*, Frankfurt am Main, New York, S. 219-228.

Hitzler, Ronald (1992): *Der Goffmensch. Überlegungen zu einer dramatologischen Anthropologie*, in: Soziale Welt, 43. Jg., 4, S. 449-461.
Hitzler, Ronald/Anne Honer (1996): *Bastelexistenz. Über subjektive Konsequenzen der Individualisierung*, in: Ulrich Beck/Elisabeth Beck-Gernsheim (Hg.) (1996): *Riskante Freiheiten*, Frankfurt am Main, S. 307-316.
Hitzler, Ronald/Anne Honer (1997): *Sozialwissenschaftliche Hermeneutik*, Opladen.
Hondrich, Karl Otto (1995): *Systemveränderung sozialistischer Gesellschaften – eine Herausforderung für die soziologische Theorie*, in: Wolfang Zapf (Hg.) (1991): *Die Modernisierung moderner Gesellschaften*, Frankfurt am Main, New York, S. 553-558.
Hondrich, Karl Otto (1997): *Wie werden wir die sozialen Zwänge los? Zur Dialektik von Individualisierung*, in: Merkur, 51. Jg, Heft 4, S. 283-297.
Honer, Anne (1993): *Lebensweltliche Ethnographie*, Wiesbaden.
Horkheimer, Max (1981): *Kritische Theorie*, Frankfurt am Main.
Horkheimer, Max/Theodor W. Adorno (1969): *Dialektik der Aufklärung*, Frankfurt am Main.
Horstmann, Ulrich (1985): *Der lange Schatten der Melancholie*, Essen.
Hölderlin, Friedrich (1995): *Gedichte*, Stuttgart.
Hölderlin, Friedrich (1995): *Hyperion*. Zweiter Band, Stuttgart.
Huber, Jörg/Martin Keller (1997): *Konturen des Unentschiedenen*, Frankfurt am Main.
Hübsch, Hadayatullah (1996): *Nobody's going to be able to make any music*, in: Stahl, Enno (Hg.): *German Trash*, Berlin.

Imhof, Kurt (1996): *Gaetano Romano. Die Diskontinuität der Moderne*, Frankfurt am Main, New York.
Ingold, Felix Philipp (1972): *Schulden und Schuld bei F. M. Dostojewskij*, MS. St. Gallen.
Ingold, Felix Philipp (1980): *Literatur und Aviatik*, Frankfurt am Main.
Ingold, Felix Philipp (1993): *Autorschaft und Management. Eine poetologische Skizze*, Stuttgart.
Ingold, Felix Philipp (1996): *Weiterschreiben. Beispiele heutiger Autorenpoetik*, in: *Manuskripte*, 36. Jg., 132. Heft, Juni 1996, S. 97-105.
Ingold, Felix Philipp (1996): *Auf Luftwegen. Fliegerei und Künstlertum*, in: *Kunst des Fliegens*, Lindau.
Ingold, Felix Philipp (1996): *Freie Hand*, München, Wien.
Ingold, Felix Philipp (1996): *Unter sich*, Graz, Wien.
Inoue, Yasushi (1964): *Das Jagdgewehr*, Frankfurt am Main.
Internationale Buchausstellung Berlin (Hg.) (1987): *Idee, Prozeß, Ergebnis*, Berlin.
Ivanceanu, Vintila/Josef Schweikhardt (1997): *ZeroKörper: der abgeschaffte Mensch*, Wien.

James, William (1909): *Psychologie*, Leipzig.
Jaynes, Julian (1988): *Die Entstehung des Bewußtseins durch den Zusammenbruch der bikameralen Psyche*, Reinbek.
Jelinek, Elfriede (1990): *Wolken. Heim*, Köln.
Jelinek, Elfriede (1995): *Die Kinder der Toten*, Reinbek.
Jelinek, Elfriede (Hg.) (1998): *Jelineks Wahl*, München.

Jirgl, Reinhard (1997): *Hundsnächte*, München.
Junge, Matthias (1996): *Individualisierungsprozesse und der Wandel von Institutionen. Ein Beitrag zur Theorie reflexiver Modernisierung*, in: Kölner Zeitschrift für Soziologie und Sozialpsychologie, Jg. 48, Heft 4, S. 728-747.
Jünger, Ernst (1950): *Das abenteuerliche Herz. Zweite Fassung*, Frankfurt am Main.
Jünger, Ernst (1960): *Essays I*, Stuttgart.
Jünger, Ernst (1978-1993): *Eumeswil, Sämtliche Werke*, Bd. 17, Stuttgart.
Jünger, Ernst (1990): *Die Schere*, Stuttgart.

Kafka, Franz (1985): *Das Urteil. Erzählungen*, Berlin, Weimar.
Kafka, Franz (1985): *Die Verwandlung*, in: ders. (1985): *Das Urteil. Erzählungen*, Berlin, Weimar.
Kallscheuer, Otto (1977): *Der Nachfolger*, in: Neue Zürcher Zeitung, Nr. 218.
Kamper, Dieter/Christoph Wulf (Hg.) (1982): *Die Wiederkehr des Körpers*, Frankfurt am Main.
Kapp, Volker (Hg.) (1987): *Selbstthematisierung und Selbstzeugnis: Bekenntnis und Geständnis*, Frankfurt am Main.
Karpf, Ernst u. a. (1993): *Kino und Tod. Zur filmischen Inszenierung von Vergänglichkeit*, Marburg, Arnoldshaimer Filmgespräche Bd. 10.
Karpf, Ernst u. a. (1994): *»Bei mir bist Du schön«: die Macht der Schönheit und ihre Konstruktion im Film*, Marburg, Arnoldshaimer Filmgespräche Bd. 11.
Kassner, Rudolf (1977): *Der Einzelne und der Kollektivmensch*, Pfullingen.
Kast, Verena (1987): *Paare*, Stuttgart.
Kästner, Erich (1949): *Das doppelte Lottchen*, Zürich.
Kelly, Kevin (1997): *Das Ende der Kontrolle*, Mannheim.
Kerouac, Jack (1955): *On the Road*, New York.
Kertész, Imre (1998): *Ich – ein anderer*, Berlin.
Keupp, Heiner (1992): *Die verlorene Einheit oder: Ohne Angst verschieden sein können*, in: Universitas 9, S. 867-875.
Keupp, Heiner (1994): *Zugänge zum Subjekt. Perspektiven einer reflexiven Sozialpsychologie*, Frankfurt am Main.
Kienzle, Bertram (Hg.) (1994): *Zustand und Ereignis*, Frankfurt am Main.
Kierkegaard, Sören (1962): *Die Wiederholung*, in: Werke II, Reinbek.
Kierkegaard, Sören (1962): *Die Krankheit zum Tode*, in: Werke IV, Reinbek.
Kiesel, Helmut (1994): *Wissenschaftliche Diagnose und dichterische Vision der Moderne. Max Weber und Ernst Jünger*, Heidelberg.
Kling, Thomas (1997): *Itinerar*, Frankfurt am Main.
Kohler, Georg (1994): *Die Melancholie des Detektivs*, Wien.
Kohler, Georg (1994): *Die »Gottesstadt« Zu Idee und Begriff des Utopischen*, in: ders. (1994): *Die Melancholie des Detektivs*, Wien.
Kohler, Georg (1994): *Die Wiederkehr des Politischen und die Politik*, in: ders./Martin Meyer (Hg.): *Die Folgen von 1989*, München.
Kolakowski, Leszek (1977): *Die Suche nach der verlorenen Gewißheit*, Stuttgart, Berlin, Köln, Mainz.
Kon, Igor S. (1983): *Die Entdeckung des Ichs*, Köln.
Kondylis, Panajotis (1986): *Die Aufklärung im Rahmen des neuzeitlichen Rationalismus*, Stuttgart.
Kondylis, Panajotis (1991): *Der Niedergang der bürgerlichen Denk- und Lebensform*, Weinheim.

Kondylis, Panajotis (1992): *Planetarische Politik nach dem Kalten Krieg*, Berlin.
Kosellek, Reinhart (1979): *Vergangene Zukunft*, Frankfurt am Main.
Koyré, Alexander (1980): *Von der geschlossenen Welt zum unendlichen Universum*, Frankfurt am Main.
Krämer, Hans (1988): *Selbstverwirklichung*, in: Holmer Steinfath (Hg.): *Was ist ein gutes Leben? Philosophische Reflexionen*, Frankfurt am Main, S. 94-124, S. 101.
Krämer, Sibylle (1996): *Bewußtsein*, Frankfurt am Main.
Kravagna, Christian (1996): »*Ich möchte funktionieren, nicht perfekt, aber doch*, in: *Texte zur Kunst*, Mai 1996, S. 43-53.
Krockow, Graf Christian von (1990): *Die Entscheidung*, Frankfurt am Main, New York.
Kroker, Arthur (1993): *Spasm*, New York.
Kroker, Arthur /Marielouise Kroker (1996): *Hacking the Future. Kalifornischer Dialog*, Wien.
Kundera, Milan (1984): *Die unerträgliche Leichtigkeit des Seins*, München, Wien.
Kundera, Milan (1990): *Unsterblichkeit*, München, Wien.
Kundera, Milan (1995): *Die Langsamkeit*, München, Wien.
Küpper, Willi/Günther Ortmann (Hg.) (1992): *Mikropolitik*, Opladen.
Küstenmacher, Werner »Tiki« (1997): *Reisen zum Mond. Vorbereitung, Anreise, Leben*, Unterfischbach.

Lamsweerde van, Inez (1996): *Photos*. Kunsthaus Zürich.
Lang, Bernhard/Colleen McDannel (1996): *Der Himmel. Eine Kulturgeschichte des ewigen Lebens*, Frankfurt am Main, Leipzig.
Lash, Scott (1996): *Reflexivität und ihre Doppelungen*, in: Beck, Ulrich u. a.: *Reflexive Modernisierung. Eine Kontroverse*, Frankfurt am Main, S. 195-289.
Legenda Aurea (1984): Heidelberg.
Lehanka, Marko (1996): *Alle Toten 14*, in: Rowohlts *Literatur Magazin* 37, Juni, S. 96-100.
Leontovitsch, Victor (1985): *Das Wesen des Liberalismus*, in: Gall, Lothar (Hg.): *Liberalismus*, Königstein/Ts., S. 37-54.
Lévinas, Emmanuel (1995): *Zwischen uns. Versuche über das Denken an den Anderen*, München, Wien.
Loosli, Arthur (1982): *Piranesia. Variationen zu den Ansichten der Tempel von Paestum des Giovanni Battista Piranesi*, Bern.
Lorenz, Dagmar (1997): *Verändert das Netz den Menschen?* In: *Psychologie Heute*, August 1997.
Lovatt-Smith, Lisa/Patrick Remy (1996): *Fashion. Images de Mode*, Göttingen.
Löwith, Karl (1967): *Gott, Mensch und Welt in der Metaphysik von Descartes bis Nietzsche*, Göttingen.
Luckmann, Thomas (1980): *Persönliche Identität als evolutionäres und historisches Problem*, in: ders.: *Lebenswelt und Gesellschaft*, Paderborn, S. 123-142.
Luckmann, Thomas (1989): *Zum Verhältnis von Alltagswissen und Wissenschaft*, in: Karl-Heinz Rebel (Hg.) (1989): *Wissenschaftstransfer in der Weiterbildung*, Weinheim, Basel, S. 28-36.
Luckmann, Thomas (1991): *Die unsichtbare Religion*, Frankfurt am Main.
Luhmann, Niklas/Peter Fuchs (1989): *Reden und Schweigen*, Frankfurt am Main.

Luhmann, Niklas (1990): *Paradigm lost: Über die ethische Reflexion der Moral*, Frankfurt am Main.
Luhmann, Niklas (1991): *Soziologie des Risikos*, Berlin, New York.
Luhmann, Niklas (1995): *Soziologische Aufklärung. 6*, Opladen.
Luhmann, Niklas (1996): *Die Sinnform Religion*, in: *Soziale Systeme, Zeitschrift für soziologische Theorie*, 1/96, S. 3-35.
Luhmann, Niklas (1996): *Die Realität der Massenmedien*, Opladen.
Luther, Jörn (1996): *Voll das Leben*, in: Stahl, Enno (Hg.): *German Trash*, Galrev.
Lyotard, Jean-François (1979): *Apathie in der Theorie*, Berlin.

Macho, Thomas H. (1993): *Umsturz nach innen. Figuren der gnostischen Revolte*, in: Sloterdijk, Peter/Thomas H. Macho (Hg.): *Weltrevolution der Seele*, Zürich, S. 485-525.
Mall, Sepp (1996): *Brüder*, Innsbruck.
Manganelli, Giorgio u. a. (1988): *Die Nymphe auf dem Kühler*, in: *FMR. Magazin für Kunst und Kultur* Nr. 15, Juli/August 1988, S. 43-49.
Mann, Heinrich (1918): *Der Untertan*, Leipzig.
Masurin, Charles Robert (1969): *Melmoth der Wanderer*, München.
Mechsner, Franz (1998): *Die Suche nach dem Ich*, in: *GEO* 2.
Mead, Georg Herbert (1968): *Geist, Identität und Gesellschaft*, Frankfurt am Main.
Mennighaus, Winfried (1996): *Lärm und Schweigen. Religion, Kunst und das Zeitalter des Computers*, in: *Merkur*, 50 Jg., Heft 6, S. 469-480.
Mentrup, Mario (Hg.) (1994): *Bubizin, Mädizin, Magazin*, Berlin.
Messner, Reinhold (1981): *Arena der Einsamkeit*, Frankfurt am Main, Berlin, Wien.
Metzinger, Thomas (1996): *Niemand sein*, in: Krämer, Sybille (Hg.), *Bewußtsein*, Frankfurt am Main, S. 130-155.
Michels, Volker (Hg.) (1972): *Materialien zu Hermann Hesses ›Der Steppenwolf‹*, Frankfurt am Main.
Miller, Frank/Dave Gibson (1992): *Liberty. Ein amerikanischer Traum.* 1: Der Dschungel, Hamburg.
Miller, John (1996): *Over-the-Counter Culture*, in: *Texte zur Kunst*, Mai (Nr. 22), S. 212-220.
Miller, Karl (1987): *Doubles: Studies in Literary History*, Oxford.
Miller, Max/Hans-Georg Soeffner (Hg.) (1996): *Modernität und Barbarei*, Frankfurt am Main.
Mitchell, William J. (1996): *City of Bits*, Basel, Boston, Berlin.
Monroe, Robert A. (1986): *Der Mann mit den zwei Leben. Reisen außerhalb des Körpers*, München.
Montaigne (1995): *Essais*, Frankfurt am Main.
Moody, Raymond (1977): *Leben nach dem Tode*, Reinbek.
Moser, Sepp (1995): *Flughäfen*, Zürich.
Müller, Frank/Geof Darrow (1993): *Hard Boiled. Bd. 2*, Sonneberg.
Müller, Herta (1997): *Heute wäre ich mir lieber nicht begegnet*, Reinbek.
Murphy, Michael (1994): *Der Quanten-Mensch*, Wessobrunn.
Musil, Robert (1952): *Der Mann ohne Eigenschaften*, Hamburg.
Musil, Robert (1996): *Allerhand Fragliches. Aphorismen*, Reinbek.

Nabokov, Vladimir (1983): *Der schwere Rauch. Gesammelte Erzählungen*, Reinbek.
Nabokov, Vladimir (1995): *Erinnerung, sprich*, Reinbek.
Naisbitt, John (1995): *Megatrends Asien*, Wien.
Neckel, Sighard (1991): *Status und Scham*, Frankfurt am Main.
Neckel, Sighard (1993): *Die Macht der Unterscheidung. Beutezüge durch den modernen Alltag*, Frankfurt am Main.
Neuhaus, Helmut (Hg.) (1997): *Leben mit Fremden*, Atzelsberger-Gespräche 1996, Erlangen.
Neumann, Harald (1988): *Beiträge zur Nekrophilie*, Frankfurt am Main.
Nickerson, Camille/Neville Wakefield (1996): *Fashion*, Zürich, Berlin, New York.
Nietzsche, Friedrich (1874): *Vom Nutzen und Nachteil der Historie für das Leben*, Stuttgart.
Nietzsche, Friedrich (o.J.): *Morgenröte. Werke in vier Bänden*, Zweites Buch, Erlangen, Bd. 3.
Nietzsche, Friedrich (o.J.): *Die fröhliche Wissenschaft. Werke in vier Bänden*, Erlangen, Bd. 4.
Nietzsche, Friedrich (o.J.): *Menschliches, Allzumenschliches II*, in: ders.: *Werke*, Bd. 3, Erlangen.
Nigg, Walter (1949): *Grosse Heilige*, Zürich.
Nigg, Walter (1957): *Prophetische Denker*, Zürich, Stuttgart.
Nigg, Walter (1996): *Das ewige Reich*, Zürich.
Norm-Handbuch (1997): *Warner Interactive*, Hamburg.
Novalis (1978): *Heinrich von Ofterdingen. Paralipomena*, Stuttgart.
Novalis (1978): *Hymnen an die Nacht*, Stuttgart.

Ogilvy, J. (1977): *Many Dimensional Man. Decentralizing Self, Society and the Sacred*, New York.
Ohlbaum, Isolde (1987): *Denn alle Lust will Ewigkeit. Erotische Skulpturen auf europäischen Friedhöfen*, Nördlingen.
Ohler, Norman (1996): *Frequenzen*, in: *Rowohlts Literatur Magazin* 37, Juni, S. 23.30.
Ornstein, Robert B. (1990): *Multimind – Ein neues Modell des menschlichen Geistes*, Paderborn.
Ornstein, Robert B. (1992): *Multimind. Die Dezentralisierung des Geistes*, in: *gdi-impuls* 4.
Otomo, Kathsuhiro (1991): *Akira. Comics, japanisch 1984-1993; engl. 1993; dtsch. 1994; Bd. 1-19*, Hamburg.

Palazzoli, Selvini (1982): *Magersucht*, Stuttgart.
Papadakis, Andreas (Hg.) (1989): *Dekonstruktivismus: eine Anthologie*, Stuttgart.
Perec, Georges (1982): *Das Leben. Eine Gebrauchsanweisung*, Frankfurt am Main.
Pessoa, Fernando (1987): *Das Buch der Unruhe*, Frankfurt am Main.
Picasso, Pablo (1997): *Die verborgene Sammlung*, München.
Pirandello, Luigi (1995): *Mattia Pascal*, Zürich.
Pirandello, Luigi (1997): *Sechs Personen suchen einen Autor. Gesammelte Werke, Band 6*, Berlin.

Platon (1981): *Das Gastmahl*, Berlin.
Plessner, Helmuth (1972): *Homo absconditus*, in: Rocek, Roman/Oskar Schatz (Hg.): *Philosophische Anthropologie heute*, München, S. 37-51.
Plessner, Helmut (1975): *Die Stufen des Organischen und der Mensch*, Berlin.
Pollner, Max (1976): *Mundanes Denken*, in: Weingarten, Elmar/Fritz Sack (Hg.): *Ethnomethodologie. Die methodische Konstruktion der Realität*, Frankfurt am Main.
Popcorn, Faith (1996): *Clicking*, München.

Queneau, Raymond (1990): *Stilübungen*, Frankfurt am Main.

Ransmaier, Christoph (1991): *Die letzte Welt*, Frankfurt am Main.
Rathe, Gustav (1994): *Der Untergang der Bark Stefano*, Frankfurt am Main.
Rebel, Karlheinz (Hg.) (1989): *Wissenschaftstransfer in der Weiterbildung*, Weinheim, Basel.
Redeker, Hans (1993): *Helmut Plessner oder Die verkörperte Philosophie*, Berlin.
Reman, Micky (1984): *Der Globaltrottel*, Berlin.
Remele, Kurt (1993): *Selbstverwirklichung bei Mönchen, Nonnen und anderen Menschen*, in: WAS. Zeitschrift für Kultur und Politik, Nr. 71, S. 25-33.
Riedel, Christoph (1989): *Subjekt und Individuum*, Darmstadt.
Rilke, Rainer Maria (1996): *Malte Laurids Brigge* (1901), Frankfurt am Main.
Rilke, Rainer Maria (1997): *Duineser Elegien*, Stuttgart.
Rilke, Rainer Maria (1992): *Gedichte*, Stuttgart.
Rincon, Carlos (1987): *Die Differenz der Welten und der historische Blick auf die Postmoderne*, in: Weinmann, Robert u. a. (Hg.): *Postmoderne – globale Differenz*, Frankfurt am Main, S. 358-366.
Rippl, Gabriele (Hg.) (1993): *Unbeschreiblich weiblich. Texte zur feministischen Anthropologie*, Frankfurt am Main.
Rorty, Richard (1989): *Kontingenz, Ironie und Solidarität*, Frankfurt am Main.
Rorty, Richard (1992): *Der Spiegel der Natur*, Frankfurt am Main.
Rorty, Richard (1994): *Hoffnung statt Erkenntnis*, Wien.
Roth, Gerhard (1997): *Kann Geist das Gehirn überleben?*, in: Merkur, 51. Jg., Heft 579, S. 549-555.
Roth, Patrick (1996): *Corpus Christi*, Frankfurt am Main.
Roth, Wolfgang (1994): *Das Wirkliche ist alles Mögliche*, in: Wirklichkeiten? Sprache im technischen Zeitalter, Dez., S. 364-372.
Rötzer, Florian (1991): *Die Hoffnung auf »ästhetische Erkenntnis« im aktuellen philosophischen Diskurs*, in: ders.: *Philosophengespräche zur Kunst*, Berlin, S. 7-25.
Rötzer, Florian (1995): *Die Telepolis. Urbanität im digitalen Zeitalter*, Mannheim.
Rowan, Jan (1990): *Subpersonalities: the people inside us*, London.
Rurik, Thomas (1998): *Theorie der Aufmerksamkeit*, MS. Schwäbisch-Gmünd.
Ryle, Gilbert (1969): *Der Begriff des Geistes*, Stuttgart.

Sachs, Wolfgang (1993): *Die eine Welt*, in: ders. (Hg.): *Wie im Westen so auf Erden*, Reinbek.
Safranski, Rüdiger (1988): *Schopenhauer und die wilden Jahre der Philosophie. Eine Biographie*, München, Wien.

Safranski, Rüdiger (1990): *Wieviel Wahrheit braucht der Mensch?*, München, Wien.

Sagan, Dorion (1990): *Was Narziß sah: Das ozeanische ›Ich‹*, in: Brockmann, John (Hg.): *Neue Realität*, München.

Sample, Paul (1994): *OGRI. The King of the Road*, Kiel.

Sartre, Jean-Paul (1958): *Was ist Literatur?*, Reinbek.

Sartre, Jean-Paul (1997): *Die Transzendenz des Ego*, Reinbek.

Schafer, Murray R. (1988): *Klang und Krach*, Frankfurt am Main.

Schäfer, Wolf (1994): *Ungleichzeitigkeit als Ideologie. Beiträge zur historischen Aufklärung*, Frankfurt am Main.

Schaffnit, Hans-Wolfgang (1996): *Das Gerede. Zum Problem der Krise unseres Redens*, Wien.

Scheler, Max (1960): *Die Wissensformen und die Gesellschaft, Gesammelte Werke*, Bd. 8, Bern.

Schmid, Wilhelm (1998): *Philosophie der Lebenskunst*, Frankfurt am Main.

Schmidt, Aurel (1997): *Reisen. Raum. Körper. Deplazierungen am Ende bzw. am Anfang des Milleniums. Oder: die Reise bin ich*, in: Kunstforum Febr.-Mai.

Schmitt, Carl (1922): *Politische Theologie*, München, Leipzig.

Schmitt, Carl (1981): *Land und Meer*, Köln-Lövenich.

Schmölders, Claudia (1996): *Der Mensch im Körper im Nest*, MS. Berlin.

Schmölders, Claudia: *Nestflucht*, in: Lettre international 91, 1997, S. 91-94.

Schnabel, Ulrich/Andreas Sentker (1997): *Wie kommt die Welt in den Kopf?*, Reinbek.

Schöne, Lothar (Hg.) (1996): *Mephisto ist müde: Welche Zukunft hat das Theater?*, Darmstadt.

Schopenhauer, Arthur (1897): *Die Welt als Wille und Vorstellung*, Bd. 1, Leipzig.

Schramm, Helmar (1996): *Karneval des Denkens*, Berlin.

Schubert, Franz: *Die Winterreise*, op. 89, Nr. 1-24.

Schulz, Walter (1979): *Ich und Welt. Philosophie der Subjektivität*, Pfullingen.

Schulze Gerhard (1994): *Gehen ohne Grund. Eine Skizze zur Kulturgeschichte des Denkens*, in: Kuhlmann, Andreas (Hg.): *Philosophische Ansichten der Kultur der Moderne*, Frankfurt am Main, S. 79-131.

Schulze, Gerhard (1997): *Identität als Stilfrage? Über den kollektiven Wandel der Selbstdefinition*, in: Frey, Hans-Peter, Karl Hausser (Hg.): *Der Mensch als soziales und personales Wesen*, Stuttgart, Bd. 7, S. 105-124.

Schütz, Alfred (1972): *Don Quixote und das Problem der Realität*, in: Schütz Alfred, *Gesammelte Aufsätze, Bd. 2*, Den Haag.

Schütz, Carsten (1997): *Trekkie Mania. Das ultimative Logbuch für Star-Trek-Fans*, Düsseldorf.

Schwartz, Richard C. (1997): *Systemische Therapie mit der inneren Familie*, München.

Schwarzer, Alice (1993): *Eine tödliche Liebe. Petra Kelly und Gert Bastian*, München.

Sennett, Richard (1983): *Verfall und Ende des öffentlichen Lebens*, Frankfurt am Main.

Sennett, Richard (1994): *Civitas. Die Großstadt und die Kultur des Unterschieds*, Frankfurt am Main.

Shakespeare, William (1962): *Werke*, Bd. 2, Berlin.

Shane, David Graham (1997): *Homeless Vehicle Projekt*, in: *Kunstforum* Bd. 136, Februar-Mai.
Shaviro, Steven (1997): *Doom Patrols*, Mannheim.
Sienkewicz, Bill (1987): *Elektra Assassin. Nr. 8*, Epic Comics.
Simmel, Georg (1984): *Das Individuum und die Freiheit*, Berlin.
Simon, Claude (1992): *Georgica*, Reinbek.
Simon & Schuster (1986): *The Society of Mind*, New York.
Sloterdijk, Peter (1993): *Weltfremdheit*, Frankfurt am Main.
Sloterdijk, Peter (1993): *Im selben Boot. Versuch über die Hyperpolitik*, Frankfurt am Main.
Sloterdijk, Peter (1994): *Medien-Zeit*, Stuttgart.
Sloterdijk, Peter (1996): *Selbstversuch. Ein Gespräch mit Carlos Oliveirra*, München, Wien.
Sloterdijk, Peter (1998): *Sphären I. Blasen*, Frankfurt am Main.
Smith, John/Jim Baikie (1989): *Der neue Patriot. Die dunkle Seite des amerikanischen Traums. 2: Die Phönix-Offenbarung*, Bergisch-Gladbach.
Smith, Margarethe (Hg.) (1994): *Traumwelten*, Hamburg.
Soeffner, Hans-Georg (1989): *Auslegung des Alltags – Der Alltag der Auslegung*, Frankfurt am Main.
Sontag, Susan (1980): *Über Photographie*, Frankfurt am Main.
Sprondel, Walter M. (Hg.) (1994): *Die Objektivität der Ordnungen und ihre kommunikative Konstruktion*, Frankfurt am Main.
Stahl, Enno (Hg.) (1996): *German Trash*, Galrev.
Steiner, Barbara/Stephan Schmidt-Wulffen (Hg.) (1994): *In Bewegung. Denkmodelle zur Veränderung von Architektur und bildender Kunst*, Schriften des Kunstvereins, Hamburg.
Steinemann, Robert (1995): *Rondo à l'américaine*, Zürich.
Sterling, Bruce (1986): *Spiegelschatten*, München.
Sternberger, Dolf (1976): *Heinrich Heine und die Abschaffung der Sünde*, Frankfurt am Main.
Stone, Hal & Sidra (1994): *Du bist viele*, München.
Strauss, Botho (1987): *Niemand anderes*, München, Wien.
Stucky, Peter (1994): *Das Multimedia-Laboratorium*, MS. ETH Zürich.
Sukale, Michael (1995): *Sinn und Fortschritt*, MS. Rostock.
Sukale, Michael (1995): *Vom Sinn des Endlosen*, MS. Mogan.

Taubes, Jacob (1991): *Abendländische Eschatologie*, München.
Terrehorst, Pauline (1996): *Ein beängstigendes Modell. Zu neuen Fotoarbeiten von Inez van Lamsweerde*, in: *Kunstforum*, Band 132.
Theunissen, Michael (1997): *Das Selbst auf dem Grund der Verzweiflung*, Frankfurt am Main.
Thies, Christian (1997): *Die Krise des Individuums. Zur Kritik der Moderne bei Adorno und Gehlen*, Reinbek.
Tillich, Paul (1958): *Systematische Theologie, Bd. II.*, Stuttgart.
Trilling, Lionel (1986): *The opposing Self*, London, Secker & Warburg.
Turkle, Sherry (1997): *Leben im Netz, Identität in Zeiten des Internet*, Reinbek.

Utz, Peter (1997): *Robert Walsers Ohralität*, in: *Neue Zürcher Zeitung*, 25./26. Okt., S. 68.

Vattimo, Gianni (1990): *Das Ende der Moderne*, Stuttgart.
Virilio, Paul (1992): *Bunkerarchäologie*, München, Wien.
Virilio, Paul (1996): *Fluchtgeschwindigkeit*, München.
Virilio, Paul (1995): *Der negative Horizont*, Frankfurt am Main.
Voegelin, Eric (1959): *Die neue Wissenschaft der Politik*, München.
Völker, Klaus (Hg.) (1976): *Künstliche Menschen*, München.

Wagner, Anselm (1997): *Everybody is a Satellite*, in: Noëma Nr. 45, September/Oktober.
Waldenfels, Bernhard (1985): *Der Stachel des Fremden*, Frankfurt am Main.
Walker Bynum Caroline (1996): *Fragmentierung und Erlösung*, Frankfurt am Main.
Warner, Marina (1988): *Eva, die Schlange und der Tod*, in: FMR, Magazin für Kunst und Kultur, März/April, S. 98-108.
Warner, Marina (1996): *Monster, Wilde, Unschuldsengel*, Reinbek.
Watts, Alan W. (1961): *Zen-Buddhismus*, Reinbek.
Weber, Max (1991): *Wissenschaft als Beruf*, in: ders.: Schriften zur Wissenschaftslehre, Stuttgart (Hg. Michael Sukale), S. 237-275 (mit einer Einleitung von Michael Sukale).
Weber, Max (1991): *Der Sinn der »Wertfreiheit« der soziologischen und ökonomischen Wissenschaften*, in: ders.: Schriften zur Wissenschaftslehre, Stuttgart (Hg. Michael Sukale).
Weibel, Peter (1995): *Die virtuelle Stadt im telematischen Raum*, in: Fuchs, Gotthard u. a. (Hg.): Mythos Metropole, Frankfurt am Main.
Weingarten, Elmar/Fritz Sack (Hg.) (1976): *Ethnomethodologie. Die methodische Konstruktion der Realität*, Frankfurt am Main.
Weinmann, Robert u. a. (Hg.) (1991): *Postmoderne – globale Differenz*, Frankfurt am Main.
Welsch, Wolfgang (1995): *Transversale Vernunft*, Frankfurt am Main.
Wetz, Franz Josef (1994): *Die Gleichgültigkeit der Welt*, Frankfurt am Main.
Winter, Michael (1993): *Ende eines Traums. Blick zurück auf das utopische Zeitalter*, Stuttgart.
Wolf, Hans-Georg (1994): *A Folk Model of The »Internal Self« in Light of the Contemporary View of Metaphor. The Self as Subject and Object*, Frankfurt am Main.
Wolf, Naomi (1993): *Der Mythos Schönheit*, Hamburg.
Wolfe, Tom (1968): *Das bonbonfarben tangerinrot-gespritzte Stromlinienbaby*, Reinbek.
Wright, Stephen (1996): *Aufbruch in die Nacht*, Reinbek.
Wright, Georg Henrik von (1994): *Determinismus, Wahrheit und Zeitlichkeit*, in: Bertram Kienzle (Hg.): Zustand und Ereignis, Frankfurt am Main.
Wuttke, Dieter (1998): *ad infinitum*, MS, Bamberg.

Zapf, Wolfgang (Hg.) (1991): *Die Modernisierung moderner Gesellschaften*, Frankfurt am Main, New York.
Ziehe, Thomas (1975): *Pubertät und Narzißmus*, Frankfurt am Main.
Zirfas, Jörg (1993): *Präsenz und Ewigkeit*, Berlin.

edition suhrkamp
Eine Auswahl

Abelshauser: Wirtschaftsgeschichte der Bundesrepublik Deutschland 1945-1980. NHB es 1241

Achebe: Heimkehr in ein fremdes Land. es 1413
– Okonkwo oder Das Alte stürzt. es 1138
– Termitenhügel in der Savanne. es 1581

Adorno: Eingriffe. es 3303
– Gesellschaftstheorie und Kulturkritik. es 772
– Jargon der Eigentlichkeit. es 91
– »Ob nach Auschwitz sich noch leben lasse«. es 1844
– Stichworte. es 347

Aebli: Küss mich einmal ordentlich. es 1618
– Mein Arkadien. es 1885

Amnestie oder Die Politik der Erinnerung in der Demokratie. es 2016

Anthropologie nach dem Tode des Menschen. es 1906

Armut im Wohlstand. es 1595

Bachelard: Das Wasser und die Träume. es 1598

Bachtin: Die Ästhetik des Wortes. es 967

Barthes: Der entgegenkommende und der stumpfe Sinn. es 1367
– Kritik und Wahrheit. es 218
– Literatur oder Geschichte. es 303
– Mythen des Alltags. es 92 und es 3309
– Das Rauschen der Sprache. es 1695
– Das Reich der Zeichen. es 1077
– Das semiologische Abenteuer. es 1441
– Das Spiel der Zeichen. es 1841

Beck, Ulrich: Die Erfindung des Politischen. es 1780
– Gegengifte. es 1468
– Risikogesellschaft. es 1365 und es 3326
– Die Suche nach der sozialen Wirklichkeit. es 1961

Becker, Jürgen: Ränder. es 351
– Umgebungen. es 722
Über Jürgen Becker. es 552

Becker, Jurek: Warnung vor dem Schriftsteller. es 1601

Beckett: Endspiel. Fin de Partie. es 96
– Flötentöne. es 1098
– Warten auf Godot. es 3301

Benet: Du wirst es zu nichts bringen. es 1611

Benjamin: Das Kunstwerk im Zeitalter seiner technischen Reproduzierbarkeit. es 28 und es 3305
– Moskauer Tagebuch. es 1020
– Das Passagen-Werk. es 1200
– Über Kinder, Jugend und Erziehung. es 391
– Versuche über Brecht. es 172
– Zur Kritik der Gewalt und andere Aufsätze. es 103

Bernhard: Der deutsche Mittagstisch. es 1480
– Ein Fest für Boris. es 3318

Bertaux: Hölderlin und die Französische Revolution. es 344

Bloch: Abschied von der Utopie? es 1046
– Kampf, nicht Krieg. es 1167

edition suhrkamp
Eine Auswahl

Bloch: Tübinger Einleitung in die Philosophie. es 3308
- Viele Kammern im Welthaus. es 1827

Bloom: Die Topographie des Fehllesens. es 2011

Boal: Theater der Unterdrückten. es 1361

Böhme, Gernot: Ethik im Kontext. es 2025
- Für eine ökologische Naturästhetik. es 1556

Böni: Alvier. es 1146
- Hospiz. es 1004
- Der Johanniterlauf. es 1198

Bohrer: Die Kritik der Romantik. es 1551
- Ohne Gewißheiten. es 1968
- Der romantische Brief. es 1582

Boullosa: Sie sind Kühe, wir sind Schweine. es 1866
- Die Wundertäterin. es 1974

Bourdieu: Praktische Vernunft. es 1985
- Rede und Antwort. es 1547
- Soziologische Fragen. es 1872
- »Die Wirklichkeit ist relational«. es 1842

Bovenschen: Die imaginierte Weiblichkeit. es 921

Braun, Volker: Berichte von Hinze und Kunze. es 1169
- Böhmen am Meer. es 1784
- Es genügt nicht die einfache Wahrheit. es 799
- Gesammelte Stücke. es 1478
- Verheerende Folgen mangelnden Anscheins innerbetrieblicher Demokratie. es 1473

Brecht: Der aufhaltsame Aufstieg des Arturo Ui. es 144
- Aufstieg und Fall der Stadt Mahagonny. es 21
- Ausgewählte Gedichte. es 86
- Baal. es 170
- Biberpelz und roter Hahn. es 634
- Broadway – the hard way. es 1835
- Buckower Elegien. es 1397
- Die Dreigroschenoper. es 229
- Furcht und Elend des Dritten Reiches. es 392
- Die Geschäfte des Herrn Julius Caesar. es 332
- Die Gewehre der Frau Carrar. es 219
- Der gute Mensch von Sezuan. es 73
- Die heilige Johanna der Schlachthöfe. es 113
- Herr Puntila und sein Knecht Matti. es 105
- Ich bin aus den schwarzen Wäldern. es 1832
- Der Jasager und Der Neinsager. es 171
- Der kaukasische Kreidekreis. es 31
- Leben des Galilei. es 1
- Leben Eduards des Zweiten von England. es 245
- Mann ist Mann. es 259
- Die Maßnahme. es 415
- Die Mutter. es 200
- Mutter Courage und ihre Kinder. es 49
- Der Ozeanflug. Die Horatier und die Kuriatier. Die Maßnahme. es 222
- Prosa. es 184
- Die Rundköpfe und die Spitzköpfe. es 605

edition suhrkamp
Eine Auswahl

Brecht: Der Schnaps ist in die Toiletten geflossen. es 1833
– Schweyk im zweiten Weltkrieg. es 132
– Stücke. Bearbeitungen. Bd. 1. es 788
– Stücke. Bearbeitungen. Bd. 2. es 789
– Die Tage der Commune. es 169
– Theaterarbeit in der DDR. 1948–1956. es 1836
– Trommeln in der Nacht. es 490
– Über die bildenden Künste. es 691
– Über experimentelles Theater. es 377
– Der Untergang des Egoisten Johann Fatzer. es 1830 und es 3332
– Unterm dänischen Strohdach. es 1834
– Das Verhör des Lukullus. es 740
Bubner: Ästhetische Erfahrung. es 1564
– Dialektik als Topik. es 1591
– Zwischenrufe. Aus den bewegten Jahren. es 1814
Buch: An alle! es 1935
– Der Herbst des großen Kommunikators. es 1344
– Die Nähe und die Ferne. es 1663
– Die neue Weltunordnung. es 1990
– Waldspaziergang. es 1412
Bürger, Peter: Aktualität und Geschichtlichkeit. es 879
– Theorie der Avantgarde. es 727
Bürgergesellschaft, Recht und Demokratie. es 1912
Butler: Körper von Gewicht. es 1737
– Das Unbehagen der Geschlechter. es 1722
Cavelty: Quifezit oder Eine Reise im Geigenkoffer. es 2001
Celan: Ausgewählte Gedichte. Zwei Reden. es 262 und es 3314
Cornell: Die Versuchung der Pornographie. es 1738
Cortázar: Das Observatorium. es 1527
Dalos: Ungarn – Vom Roten Stern zur Stephanskrone. es 2017
Dedecius: Poetik der Polen. es 1690
Dekonstruktiver Feminismus. es 1678
Deleuze: Kritik und Klinik. es 1919
– Die Logik des Sinns. es 1707
– Unterhandlungen. 1972–1990. es 1778
Deleuze/Guattari: Kafka. es 807
Deleuze/Parnet: Dialoge. es 666
Derrida: Das andere Kap. Die vertagte Demokratie. es 1769
– Geschichte der Lüge. es 2019
– Gesetzeskraft. es 1645 und es 3331
– Schreiben der Differenz. es 1843
– Vergessen wir nicht - die Psychoanalyse! es 1980
Deutschsprachige Gegenwartsliteratur wider ihre Verächter. es 1938
Dieckmann: Glockenläuten und offene Fragen. es 1644
Dieckmann: Temperatursprung. Deutsche Verhältnisse. es 1924

edition suhrkamp
Eine Auswahl

Dieckmann: Vom Einbringen. es 1713

Digitaler Schein. es 1599

Dinescu: Exil im Pfefferkorn. es 1589

Döring: Ein Flamingo, eine Wüste. es 1588
- Schnee und Niemand. es 1779

Dorst: Toller. es 294

Draesner: gedächtnisschleifen. es 1948

Drawert: Alles ist einfach. es 1951
- Haus ohne Menschen. es 1831
- Privateigentum. es 1584
- Spiegelland. es 1715

Dröge/Krämer-Badoni: Die Kneipe. es 1380

Duerr: Frühstück im Grünen. es 1959
- Satyricon. es 1346
- Traumzeit. es 1345

Düttmann: Zwischen den Kulturen. es 1978

Duras: Eden Cinema. es 1443
- Hiroshima mon amour. es 3304
- La Musica Zwei. es 1408
- Sommer 1980. es 1205
- Das tägliche Leben. es 1508
- Der Tod des jungen englischen Fliegers. es 1945
- Vera Baxter oder Die Atlantikstrände. es 1389

Duras/Porte: Die Orte der Marguerite Duras. es 1080

Eco: Zeichen. es 895

Eich: Botschaften des Regens. es 48 und 3306
- Rebellion in der Goldstadt. es 1766

Der eingekreiste Wahnsinn. es 965

Norbert Elias über sich selbst. es 1590 und es 3329

Ende der sozialen Sicherheit? es 1907

Engler: Die ungewollte Moderne. es 1925
- Die zivilisatorische Lücke. es 1772

Enzensberger: Blindenschrift. es 217
- Deutschland, Deutschland unter anderm. es 203 und es 3313
- Einzelheiten I. es 63
- Die Furie des Verschwindens. es 1066
- Landessprache. es 304
- Der Weg ins Freie. es 759

Eppler: Kavalleriepferde beim Hornsignal. es 1788

Esser: Nachruf auf den Standort Deutschland. es 1926

Euchner: Egoismus und Gemeinwohl. es 614

Evans: Im Schatten Hitlers? es 1637

Ewald: Der Vorsorgestaat. es 1676

Falkner: X-te Person Einzahl. es 1996

Farge/Foucault: Familiäre Konflikte: Die »Lettres de cachet«. es 1520

Federman: Surfiction: Der Weg der Literatur. es 1667

Federman/Chambers: Penner Rap. es 2020

Fellinger: Paul de Man - Eine Rekonstruktion. es 1677

Felman: Wahnsinn und Literatur. es 1918

Felsenstein: Die Pflicht, die Wahrheit zu finden. es 1986

316/4/4.97

edition suhrkamp
Eine Auswahl

Fernández Cubas: Das geschenkte Jahr. es 1549

Feyerabend: Briefwechsel mit einem Freund. es 1946
- Erkenntnis für freie Menschen. es 1011
- Wissenschaft als Kunst. es 1231

Versuchungen 1. es 1044

Versuchungen 2. es 1068

Fletcher: Notwehr als Verbrechen. es 1648

Foucault: Psychologie und Geisteskrankheit. es 272
- Raymond Roussel. es 1559

Frank: Einführung in die frühromantische Ästhetik. es 1563
- Gott im Exil. es 1506
- Die Grenzen der Verständigung. es 1481
- Der kommende Gott. es 1142
- Motive der Moderne. es 1456
- Die Unhintergehbarkeit von Individualität. es 1377
- Was ist Neostrukturalismus? es 1203

Franzobel: Das Beuschelgeflecht. Bibapoh. es 1995
- Die Krautflut. es 1987

Fraser: Widerspenstige Praktiken. es 1726

Frevert: Frauen-Geschichte. es 1284

Den Frieden denken. es 1952

Frieden machen. es 2000

Frisch: Biedermann und die Brandstifter. es 41
- Die Chinesische Mauer. es 65
- Don Juan oder Die Liebe zur Geometrie. es 4
- Frühe Stücke. es 154
- Graf Öderland. es 32

Fritsch: Fleischwolf. Ein Gefecht. es 1650
- Steinbruch. es 1554

Fuchs: Westöstlicher Divan. es 1953

Galperin: Die Brücke über die Lethe. es 1627

Gándara: Die Mittelstrecke. es 1597

García Morales: Die Logik des Vampirs. es 1871
- Das Schweigen der Sirenen. es 1647
- Der Süden. Bene. es 1460

Geist gegen den Zeitgeist. es 1630

Genette: Palimpseste. es 1683

Gerhardt: Patientenkarrieren. es 1325

Das Geschlecht der Natur. es 1727

Gewalt und Gerechtigkeit. es 1706

Das Gewalt-Dilemma. es 1905

Ginsburg: Aufzeichnungen eines Blockade-Menschen. es 1672

Globalisierung versus Fragmentierung. es 2022

Glotz: Die falsche Normalisierung. es 1901

Goetz: Festung. es 1793
- Krieg. es 1320
- Kronos. es 1795
- 1989. es 1794

Goytisolo: Ein algerisches Tagebuch. es 1941
- Dissidenten. es 1224
- Landschaften eines Krieges: Tschetschenien. es 1768
- Notizen aus Sarajewo. es 1899

Die Quarantäne. es 1874

edition suhrkamp
Eine Auswahl

Goytisolo: Weder Krieg noch Frieden. es 1966
Graaf: Stella Klein. es 1790
Griffin: Frau und Natur. es 1405
Grill: Wilma. es 1890
Grimm/Hörisch: Wirklichkeitssplitter. es 1965
Gross: Die Multioptionsgesellschaft. es 1917
Grünbein: Grauzone morgens. es 1507 und es 3330
Gruenter: Der Autor als Souffleur. es 1949
– Epiphanien, abgeblendet. es 1870
Gstrein: Anderntags. es 1625
– Einer. es 1483
Günther: Versuche, europäisch zu denken. es 1621
Habermas: Eine Art Schadensabwicklung. es 1453
– Legitimationsprobleme im Spätkapitalismus. es 623
– Die nachholende Revolution. es 1633
– Die Neue Unübersichtlichkeit. es 1321 und es 3325
– Die Normalität einer Berliner Republik. es 1967
– Technik und Wissenschaft als Ideologie. es 287
Hacker, Katharina: Tel Aviv. es 2008
Hänny: Ruch. es 1295
– Zürich, Anfang September. es 1079
Hahn: Unter falschem Namen. es 1723
Handke: Die Innenwelt der Außenwelt der Innenwelt. es 307
– Kaspar. es 322
– Publikumsbeschimpfung und andere Sprechstücke. es 177 und es 3312
– Der Ritt über den Bodensee. es 509
– Wind und Meer. es 431
Happel: Grüne Nachmittage. es 1570
Hart Nibbrig: Die Auferstehung des Körpers im Text. es 1221
Haupt: Sozialgeschichte Frankreichs seit 1789. es 1535
Heijden: Die Drehtür. es 2007
Henrich: Nach dem Ende der Teilung. es 1813
– Eine Republik Deutschland. es 1658
Hensel: Im Schlauch. es 1815
Hentschel: Geschichte der deutschen Sozialpolitik 1880-1980. es 1247
Herbert: Ein Barbar in einem Garten. es 3310
Hertz: Die Spiegelung des Unsichtbaren. es 1939
Hesse: Tractat vom Steppenwolf. es 84
Hettche: Inkubation. es 1787
Die Hexen der Neuzeit. es 743
Hijiya-Kirschnereit: Das Ende der Exotik. es 1466
– Was heißt: Japanische Literatur verstehen? es 1608
Hodjak: Franz, Geschichtensammler. es 1698
– Siebenbürgische Sprechübung. es 1622
Hörisch: Brot und Wein. es 1692
– Gott, Geld und Glück. es 1180
– Kopf oder Zahl. Die Poesie des Geldes. es 1998

edition suhrkamp
Eine Auswahl

Hoffmann-Axthelm: Die dritte Stadt. es 1796
Holanda: Die Wurzeln Brasiliens. es 1942
Holbein: Der belauschte Lärm. es 1643
– Ozeanische Sekunde. es 1771
Hrabal: Die Bafler. es 180
Huchel: Gedichte. es 1828
Im Schatten des Siegers: Japan. es 1495-1498
Irigaray: Ethik der sexuellen Differenz. es 1362
– Speculum. es 946
Jaeger: Geschichte der Wirtschaftsordnung in Deutschland. es 1529
Jansen: Heimat. Abgang. Mehr geht nicht. es 1932
– Reisswolf. es 1693
– Splittergraben. es 1873
Jarausch: Die unverhoffte Einheit. es 1877
Jasper: Die gescheiterte Zähmung. es 1270
Jauß: Literaturgeschichte als Provokation. es 418
Jenseits der Utopie – Theoriekritik der Gegenwart. es 1662
Johansson: Ich habe Shelley geliebt. es 1585
Johnson: Begleitumstände. es 1820 und es 3322
– Das dritte Buch über Achim. es 1819
– Der 5. Kanal. es 1336
– Ingrid Babendererde. es 1817
– Jahrestage 1. es 1822
– Jahrestage 2. es 1823
– Jahrestage 3. es 1824
– Jahrestage 4. es 1825
– Mutmassungen über Jakob. es 1818
– Porträts und Erinnerungen. es 1499
– Versuch, einen Vater zu finden. Marthas Ferien. es 1416
Über Uwe Johnson. es 1821
Joyce: Finnegans Wake. es 1524
– Penelope. es 1106
Judentum im deutschen Sprachraum. es 1613
Kellendonk: Geist und Buchstabe. es 1910
Kenner: Ulysses. es 1104
Ketzer, Zauberer, Hexen. es 1577
Kiesewetter: Industrielle Revolution in Deutschland 1815-1914. es 1539
Kipphardt: In der Sache J. Robert Oppenheimer. es 64
Kirchhoff: Body-Building. es 1005
– Legenden um den eigenen Körper. es 1944
Kleinspehn: Warum sind wir so unersättlich? es 1410
Kling: geschmacksverstärker. es 1523
– Itinerar. es 2006
Klix: Sehen Sprechen Gehen. es 1566
Kluge, Alexander: Gelegenheitsarbeit einer Sklavin. es 733
– Schlachtbeschreibung. es 1193
Koeppen: Morgenrot. es 1454
Kößler/Melber: Chancen internationaler Zivilgesellschaft. es 1797
Kolbe: Abschiede. es 1178
– Bornholm II. es 1402
– Hineingeboren. es 1110

edition suhrkamp
Eine Auswahl

Konrád: Antipolitik. es 1293
- Identität und Hysterie. es 1921
- Die Melancholie der Wiedergeburt. es 1720
- Stimmungsbericht. es 1394
- Vor den Toren des Reiches. es 2015

Krechel: Mit dem Körper des Vaters spielen. es 1716

Krippendorff: Militärkritik. es 1804
- Politische Interpretationen. es 1576
- Staat und Krieg. es 1305
- »Wie die Großen mit den Menschen spielen.« es 1486

Kristeva: Fremde sind wir uns selbst. es 1604
- Geschichten von der Liebe. es 1482
- Mächte des Grauens. es 1684
- Die Revolution der poetischen Sprache. es 949
- Schwarze Sonne - Depression und Melancholie. es 1594

Leggewie: Kultur im Konflikt. es 1960

Lejeune: Der autobiographische Pakt. es 1896

Lem: Dialoge. es 1013

Lenz, Hermann: Leben und Schreiben. es 1425

Lepenies: Benimm und Erkenntnis. es 2018

Leroi-Gourhan: Die Religionen der Vorgeschichte. es 1073

Lesen im Buch der edition suhrkamp. es 1947

Leutenegger: Lebewohl, Gute Reise. es 1001

- Das verlorene Monument. es 1315

Lévi-Strauss: Das Ende des Totemismus. es 128
- Mythos und Bedeutung. es 3323

Lezama Lima: Die amerikanische Ausdruckswelt. es 1457

»Literaturentwicklungsprozesse«. es 1782

Löwenthal: Mitmachen wollte ich nie. es 1014

Lüderssen: Abschaffen des Strafens? es 1914
- Genesis und Geltung. es 1962
- Der Staat geht unter – das Unrecht bleibt? es 1810

Lukács: Gelebtes Denken. es 1088

Maeffert: Bruchstellen. es 1387

Mahony: Der Schriftsteller Sigmund Freud. es 1484

de Man: Allegorien des Lesens. es 1357
- Die Ideologie des Ästhetischen. es 1682

Marcus: Umkehrung der Moral. es 903

Marcuse: Ideen zu einer kritischen Theorie der Gesellschaft. es 300
- Konterrevolution und Revolte. es 591
- Kultur und Gesellschaft 1. es 101

Mattenklott: Blindgänger. es 1343

Mattenklott: Umschreibungen. es 1887

Mayer: Gelebte Literatur. es 1427
- Das Geschehen und das Schweigen. es 342
- Versuche über die Oper. es 1050

edition suhrkamp
Eine Auswahl

Über Hans Mayer. es 887
Mayröcker: Magische Blätter. es 1202
– Magische Blätter II. es 1421
– Magische Blätter III. es 1646
– Magische Blätter IV. es 1954
Meckel: Von den Luftgeschäften der Poesie. es 1578
Meinecke: The Church of John F. Kennedy. es 1997
Menninghaus: Paul Celan. es 1026
– Schwellenkunde. es 1349
Menzel: Auswege aus der Abhängigkeit. es 1312
– Das Ende der Dritten Welt und das Scheitern der Großen Theorie. es 1718
Menzel/Senghaas: Europas Entwicklung und die Dritte Welt. es 1393
Meuschel: Legitimation und Parteiherrschaft in der DDR. es 1688
Miłosz: Zeichen im Dunkel. es 995 und es 3320
Mitscherlich: Krankheit als Konflikt. es 164
– Die Unwirtlichkeit unserer Städte. es 123 und es 3311
Möller: Vernunft und Kritik. es 1269
Morshäuser: Hauptsache Deutsch. es 1626
– Revolver. es 1465
– Warten auf den Führer. es 1879
Moser: Besuche bei den Brüdern und Schwestern. es 1686
– Eine fast normale Familie. es 1223
– Repressive Kriminalpsychiatrie. es 419

– Romane als Krankengeschichten. es 1304
– Verstehen, Urteilen, Verurteilen. es 880
Muschg: Herr, was fehlt Euch? es 1900
– Literatur als Therapie? es 1065
Mythos Internet. es 2010
Mythos Metropole. es 1912
Mythos und Moderne. es 1144
Nachdenken über China. es 1602
Nakane: Die Struktur der japanischen Gesellschaft. es 1204
Narr/Schubert: Weltökonomie. es 1892
Negt/Kluge: Geschichte und Eigensinn. es 1700
Nizon: Am Schreiben gehen. es 1328
Nooteboom: Berliner Notizen. es 1639
– Wie wird man Europäer? es 1869
Oppenheim: Husch, husch, der schönste Vokal entleert sich. es 1232
Ostermaier: Herz Vers Sagen. es 1950
Overbeck: Der Koryphäenkiller. es 2009
Oz: Die Hügel des Libanon. es 1876
Paz: Der menschenfreundliche Menschenfresser. es 1064
– Suche nach einer Mitte. es 1008 und es 3321
– Zwiesprache. es 1290
Penck: Mein Denken. es 1385
Petri: Schöner und unerbittlicher Mummenschanz. es 1528

316/9/4.97